Hans Woller

# Gerd Müller

HANS WOLLER

# Gerd Müller

Oder
Wie das große Geld
in den Fußball kam

Eine Biografie

C.H.Beck

Mit 29 Abbildungen

1. und 2. Auflage. 2019
3. Auflage. 2020

4., durchgesehene Auflage. 2020

www.chbeck.de
Umschlaggestaltung: Rothfos & Gabler, Hamburg
Umschlagabbildung: Länderspiel BRD–UdSSR, 1972 © ullsteinbild – Sven Simon
Satz: Janß GmbH, Pfungstadt
Druck und Bindung: CPI – Ebner & Spiegel, Ulm
Gedruckt auf säurefreiem, alterungsbeständigem Papier
(hergestellt aus chlorfrei gebleichtem Zellstoff)
Printed in Germany
ISBN 978 3 406 75433 3

myclimate

klimaneutral produziert
www.chbeck.de/nachhaltig

# Inhaltsverzeichnis

Anhang

## 1.

# Reiz und Tücken einer Fußballerbiografie

56. Spielminute: Der Ball ist lange in der Luft. Gerd Müller weiß genau, wo er nach der weiten Flanke von Jupp Kapellmann landen wird. Seine Gegenspieler hingegen haben die Ordnung in der Abwehr verloren. Sie sind die Beute völliger Konfusion und erkennen nicht, dass sich auf der rechten Außenbahn der gefürchtete Torjäger des FC Bayern München dem Strafraum nähert. Dann geht, wie häufig, alles so schnell, dass selbst der routinierte Fernsehkommentator den Faden verliert: Müller ist bereits auf der Höhe des Elfmeterpunkts und dringt im nächsten Moment in den Fünfmeterraum ein. Dort stoppt er den Ball in vollem Lauf mit dem rechten Innenrist, lässt ihn kurz vor der Auslinie aufspringen und «kanoniert» ihn dann, «kalt bis ans Herz», aus spitzem Winkel links unter den Querbalken.[1] Der Torhüter hatte gegen den Kunstschuss keine Chance. Der FC Bayern München gewann an diesem 17. Mai 1974 das Endspiel im Europapokal der Landesmeister gegen Atlético Madrid mit 4:0, Müller steuerte mit einem genialen Heber aus zehn Meter Entfernung noch ein weiteres Tor zu dem legendären Sieg bei.[2]

Alles andere wäre eine Überraschung gewesen. Seit Gerd Müller zehn Jahre zuvor zu den Bayern gekommen war, schoss er ein Tor nach dem anderen. Er nutzte fast jede Gelegenheit, die sich ihm bot.[3] Viele Treffer waren spektakulär, voller Witz und Eleganz, zahlreiche fein herausgespielt. Dazu kam eine Unmenge Abstaubertore, die ihn als «Genie des Ungenialen»[4] erscheinen ließen und den frühen Ruhm des FC Bayern begründeten. Es habe «gemüllert»,[5] sagte man, um ein Phänomen zu beschreiben, das die Fußballwelt erstaunte, die Bayern-Fans entzückte und die gegnerischen Mannschaften in die Verzweiflung trieb. Müller ist bis heute der einzige Fußballspieler, «dessen besondere Kunst nicht nur mit einem schmückenden Beiwort, sondern mit einem Verb verewigt wurde».[6] Thomas, der neue Müller, stellt sich in diese Tradition innovativer Wortschöpfung, die nichts mit ihm zu tun hat. Er heißt seinen Twitter-Account «esmuellert» und müsste dafür eigentlich Tantiemen an einen viel Größeren entrichten.[7]

Nicht umsonst nannte man Gerd Müller das «achte Fußball-Weltwunder».[8] Jedes Kind kannte ihn – aus der Presse, aus dem Radio, aus dem Fernsehen, aus der Werbung. Müller war fast überall. 1974 stand er im Zenit seines Könnens und seines Ruhms. Er überragte sogar den «Kaiser» Franz Beckenbauer, den Kapitän des FC Bayern und der Nationalmannschaft, ebenfalls ein Jahrhundertfußballer. Gerd Müller gewann damals binnen weniger Monate alles: Er wurde mit dem FC Bayern deutscher Meister, seine Mannschaft errang – als erster deutscher Klub – den Europapokal der Landesmeister, die heutige Champions League, und mit der Nationalmannschaft wurde er Weltmeister. Franz Beckenbauer, Paul Breitner, Uli Hoeneß, Sepp Maier und Georg «Katsche» Schwarzenbeck waren ebenso erfolgreich,[9] doch Gerd Müller feierte darüber hinaus ganz persönliche Triumphe: Er schoss in fast allen Wettbewerben die wichtigen Tore – auch der Siegtreffer beim 2:1 gegen die Niederlande im Finale der Weltmeisterschaft im Münchner Olympiastadion war sein Werk. Im Trikot der Nationalmannschaft erzielte er 68 Tore bei nur 62 Einsätzen.

In der Bundesliga war er ebenfalls der Schrecken der Torhüter, in 427 Spielen traf er 365 Mal. «Es gibt kein Rezept gegen die Tore von Gerd Müller», erkannte die Münchner «Abendzeitung» im März 1972. «Man betrachtet sie auf den Schauplätzen der Bundesliga schon als höhere Gewalt.»[10] Kein anderer Spieler trug sich häufiger in die Torjägerliste der Bundesliga ein; siebenmal war er erfolgreichster Schütze der Saison. Experten billigen Müllers Rekorden Ewigkeitswert zu.[11] Sein Leben als Fußballer war lange ein Traum, er selbst ein privilegiertes Schoßkind des Glücks – so schien es wenigstens.

Dass den Toren, dem Traum und den glamourösen Begleiterscheinungen des Erfolgs eine Tragödie folgte, wurde kaum bekannt – ihr schrecklicher Schluss fast ganz ignoriert. Die Karriere ging Anfang der 1980er Jahre nach einem Ausflug in das Fußballentwicklungsland Amerika zu Ende, das Experiment als Geschäftsmann scheiterte kurz danach. Müller taumelte in eine schwere Krise und griff immer öfter zur Flasche. Seine Ehe stand vor dem Aus, das Geld wurde knapp, der Alkohol beherrschte sein Leben und drohte es schließlich zu ruinieren. Selbstmord schien der einzige Ausweg zu sein – Müller hätte ihn beinahe eingeschlagen. Vor dem Sturz ins Nichts bewahrte ihn sein alter Verein. Der FC Bayern holte Gerd Müller 1991 aus der Gosse, als der einstige Weltstar nur noch besaß, was er am Leibe trug. Uli Hoeneß überredete ihn zu einer Entziehungskur und bot ihm eine berufliche Perspektive als Trainer. Die Bayern betreuten ihn auch dann noch, als sich eine schwere Demenzerkrankung meldete und nicht mehr stoppen ließ.

Wer war dieser Mann, von dem der Kulturtheoretiker Klaus Theweleit schrieb, er sei «seiner Zeit im Erspüren von Energielinien und Kraftfeldern weit voraus» gewesen und habe ein «Auge, mit dem man mehr sieht auf dem Feld, als eigentlich zu sehen ist»?[12] Der Torjäger stammte aus kleinsten Verhältnissen, sein Bildungskapital war gleich null. Viele beschrieben ihn deshalb als weltfremden Tropf, der mit unendlichem Glück zahlreiche Abstaubertore erzielt habe, im Leben abseits des Platzes aber nicht zurechtgekommen sei. Der Aufstieg vom Provinzkicker zum Weltstar habe ihn ebenso überfordert wie das große Geld und die öffentliche Aufmerksamkeit, die ihm zuteilwurde. Gerd Müller ließ sich so einfach in die Schubladen der Klischees stecken – und er half dabei selbst noch kräftig mit.

Spekulation, Vorurteil und Dramatisierung ersetzten wie selbstverständlich das Argument. Müller hatte sein Etikett als eindimensionaler Abstauber und Mensch – fertig, aus. Die Gründe für seinen Absturz wurden meist nicht einmal erwogen, man hätte sonst äußerst heikle Fragen stellen müssen. Hatte sein Schicksal vielleicht etwas mit dem Haifischbecken FC Bayern zu tun? Mit gewissenlosen Beratern, die ihm das Geld aus der Tasche zogen? Mit zwielichtigen Freunden aus der Politik? Mit seiner Ehe? Pleiten und Katastrophen sind im bezahlten

Fußball wahrhaft keine seltenen Phänomene. Der neue Markt der Medien- und Fernsehgesellschaft stellte viele Profis vor unlösbare Probleme. Müller steht deshalb mitnichten nur für sich allein. An seinem Beispiel zeigen sich vielmehr die Licht- und Schattenseiten des Profifußballs, die Aufstiegs- und Erfolgschancen sowie die Strapazen und Risiken, die das Leben im permanenten Ausnahmezustand mit sich brachte – immer im Fokus der Öffentlichkeit, immer in der Kritik und immer unter höchstem Rivalitäts- und Erfolgsdruck. Gerade Topstars wie Müller gestand man keine Atempause und keine Schwäche zu.

Diese Themen stehen im Mittelpunkt dieses Buches über eine Fußballlegende, die noch immer der Richtwert ist, an dem die Fachleute und der Stammtisch Müllers Nachfolger messen. Das Urteil «einer wie Müller oder keiner wie Müller» entscheidet bis heute über den historischen Rang eines Torjägers. Das Buch möchte aber bei der Nachzeichnung der wechselvollen Biografie voller Dramatik und bitterer Melancholie nicht stehen bleiben. Neben Müller geht es auch um die Geschichte des erfolgreichsten deutschen Fußballvereins, und es geht um die Gesellschaft, in welcher Gerd Müller und der FC Bayern München in den 1960er und 1970er Jahren agierten.

Die Bayern machten damals den letzten Schritt vom Amateur- zum Profifußball – ohne zu wissen, was die Zukunft bereithielt. Der Beruf des bezahlten Fußballspielers bildete sich ja erst heraus, auch das Anforderungsprofil für Manager, Vereinsärzte und das sonstige Personal am Hofe von König Fußball. Hätte den Verantwortlichen des FC Bayern 1965, im Jahr des Aufstiegs in die Bundesliga, jemand prophezeit, ihr Verein werde binnen weniger Jahre der scheinbar übermächtigen Konkurrenz des TSV 1860 München den Rang ablaufen, danach rasch zu einem europäischen Spitzenklub avancieren und Millionen umsetzen – der Bayern-Präsident und seine Mitarbeiter hätten solche Vorhersagen als Hirngespinste abgetan.

Es waren aber keine. Die Geschichte dieser Erfolge und ihrer Voraussetzungen muss noch geschrieben werden. Am Beispiel Müllers wird hier ein Anfang gemacht und erstmals hineingeleuchtet in das soziale, politische und kulturelle Milieu des Profifußballs der 1960er und 1970er Jahre, der als ehrlich, volksnah und vor allem transparent galt und sich auch so gab. Fußball, so schien es, war eine öffentliche Sache. Auf und neben dem Platz flogen die Fetzen, Trainer wurden entlassen, Vereinspräsidenten gestürzt, Spieler verwöhnt und verhöhnt – und das vor aller Augen. Doch was sich hinter den Kulissen abspielte, was sonst noch geschah und den Alltag und die Feiertage des Fußballs bestimmte, das blieb in der Regel unter der Decke.

Hier setzt das Buch ein. Es fragt nach der politischen Vergangenheit des damaligen Leitungspersonals und thematisiert den autoritären Führungsstil, der bei allen Profiklubs herrschte, beim FC Bayern mit seiner erfolgstrunkenen Arroganz aber eine besonders aufreizende Note hatte. Das Interesse richtet sich außerdem auf das Verhältnis von Sport und Medizin und auf die Symbiose von Fußball und Journalismus, die lange Zeit vor allem einem Ziel diente: den schönen Schein zu wahren, weil beide Seiten davon profitierten. Schließlich wird am Beispiel des FC Bayern gezeigt, wie ein Fußballverein in den 1960er und 1970er Jahren funktionierte, wie und warum er von Erfolg zu Erfolg eilte, aber dennoch fast ständig am Rand des Ruins wandelte, weil die Profis mit ihren «Gehaltsexzesse[n]» nie genug bekommen konnten.[13] Dass der Bankrott immer wieder abgewendet und dass ein Müller wie ein Beckenbauer, trotz lukrativer Angebote ausländischer Vereine, beim FC Bayern gehalten werden konnten, gehörte zu den großen und verblüffenden Leistungen der damaligen Vereinsführung.

Ob es dabei mit rechten Dingen zuging oder nicht, kümmerte niemanden. Machenschaften weit jenseits der Legalität waren im Fußball an der Tagesordnung. Konkret hieß das: Schwarzgeldzahlungen und Steuerhinterziehung unter den Augen der CSU und der bayerischen Staatsregierung, die sich eine prächtige politische Dividende aus ihrer Nähe zum Fußball versprachen und deshalb zu diesen neuen Formen gediegenen Verbrechertums nicht nur schwiegen, sondern ihnen systematisch Vorschub leisteten. Der CSU-Vorsitzende Franz Josef Strauß, Finanzminister Ludwig Huber und der Staatssekretär und spätere Münchner Oberbürgermeister Erich Kiesl übernahmen eine Art «Schirmherrschaft» über den FC Bayern München und seine Stars, konnten die damit verbundene Schutzgarantie aber nicht ganz einlösen. Nach einer Dekade nahezu ungestörter Bereicherung flog der Schwindel Ende der 1970er Jahre teilweise auf – mit weit reichenden Folgen für Franz Beckenbauer und den Verein, aber auch für Gerd Müller, selbst wenn dessen Steuerfall durch politische Protektion vertuscht werden konnte.

Die Geschichtswissenschaft und andere Wissenschaften haben sich um solche Themen wenig gekümmert. Obwohl der Profifußball im Gefühlshaushalt vieler Menschen einen herausragenden Platz einnimmt[14] und als Wirtschaftsfaktor und Medienereignis große nationale und internationale Relevanz besitzt, haben Historiker, Politologen und Wirtschaftswissenschaftler ihn lange ignoriert oder vor dem Diktum Dirk Schümers resigniert: «Sperrige Texte aus unsinnlichen Buchstaben», meinte er nicht ganz zu Unrecht, «sind zu schwach, dieses Gesamtkunstwerk zu fassen. Über Fußball kann man nicht schreiben, Fußball ist selbst Literatur.»[15]

Das mag nicht jeder so sehen, jedenfalls spielt der Fußball aber in keiner der großen Darstellungen zur deutschen Geschichte im 20. Jahrhundert oder zur Geschichte der Bundesrepublik eine nennenswerte Rolle.[16] Erst neuerdings wird klar, dass er als gesellschaftliches Phänomen viel zu wichtig ist, um ihn und seine Geschichte als separate Parallelveranstaltung zur «eigentlichen» Geschichte zu betrachten, ohne Bezug zu den Haupt- und Staatsaktionen und zu den sozio-ökonomischen und kulturellen Basisprozessen – eine vernachlässigenswerte Nebenbeigeschichte, die man den Deutungsversuchen der Fußballspieler selbst und der Sportjournalisten überlassen kann, die sich mit ihren aus der Nahoptik gewonnenen Büchern und Reportagen tatsächlich einen eigenen florierenden Kosmos geschaffen haben.

Insbesondere bei Biografien über die großen Ballartisten besteht Nachholbedarf. Gewiss, es gibt eine Flut an Autobiografien, die von fremder Hand verfasst sind, aber keine einzige breit recherchierte und methodisch anspruchsvolle Biografie, die auch die Welt jenseits des Rasenvierecks mit reflektiert. Kicker gelten als biografieunwürdig – und das trotz der Tatsache, dass sich an ihrem Beispiel wichtige politische, gesellschaftliche und kulturelle Trends erfassen, beschreiben und nuancieren lassen und dass Spieler wie Fritz Walter, Franz Beckenbauer und Gerd Müller für Generationen Vorbilder waren, denen sie mit Hingabe nacheiferten. Was sie an Tugenden und Werten verkörperten oder zu verkörpern schienen – ein Uwe Seeler als ehrlicher Malocher, ein Günter Netzer als Jet-Set-Typ oder ein Paul Breitner als Lifestyle-Maoist –, beeinflusste das Leben von Millionen Menschen ebenso wie das, was an Sehnsüchten und Wünschen auf sie projiziert wurde.

Sozialisation ohne das «mythengenerierende Potential des Fußballs»[17] war nicht nur in den weniger begüterten Schichten kaum denkbar. Stars wie Müller und legendäre Spiele wie die 4:2-Niederlage der Nationalmannschaft im Wembley-Stadion 1966[18] beschäftigten die Fantasie aller. Sie waren ewiger Gesprächsstoff[19] und stifteten damit – auch noch im Streit der Fan- und Sympathisantenlager – ein Gemeinschaftsgefühl, das über alle sozialen und politischen Grenzen hinweg verband. Ein Fußballspiel, bemerkte der Schriftsteller Thomas Brussig treffend, ereignet sich als Drama, lebt «jedoch als Epos fort»[20] – manchmal über Generationen – und entfaltet dabei eine Breiten- und Tiefenwirkung, die längst nicht erforscht ist.

Es gibt noch viel zu tun. Die Frage ist nur: Wie und vor allem auf welcher Quellenbasis? Die Vereine leben in der Gegenwart. Sie blicken nur auf das Heute, den Tabellenplatz, das nächste Spiel. Von der eigenen Geschichte zählen nur die eleganten Hochglanzseiten, während alles andere im Giftschrank der Erinnerungen verschlossen bleibt. Die Maßeinheit der Vereine sind Titel und Trophäen. Archive sind deshalb rar, schütter, schlecht organisiert oder nicht zugänglich.[21] Nachlässe von Trainern und Spielern sind ebenfalls selten; Fußballprofis sind keine Schriftgelehrten und haben wenig Zeit für papierene Reflexionen. Wenn sie überhaupt an die Dokumentation ihrer Karrieren dachten, dann erschöpfte sich das meistens in der Sammlung von Fotos und Zeitungsartikeln, die sie selbst betrafen.

Man ist deshalb neben den Beständen in staatlichen, städtischen und Verbandsarchiven vor allem auf die Presse und Interviews mit Zeitzeugen angewiesen. Mit beidem hat es aber eine besondere Bewandtnis: Die Sportpresse berichtete in den 1960er und 1970er Jahren fast ausschließlich über den Fußball selbst und verordnete sich ein striktes Schweigegebot, wenn es um persönliche Schicksale von Spielern, Trainern und Funktionären oder um das Umfeld des Fußballs ging. Die seriöse Tagespresse hielt es ähnlich. Mehr erfährt man aus den Boulevardblättern, die in München mit drei Organen, der «Abendzeitung», der «tz» und der «Bild»-Zeitung, besonders stark vertreten sind und dem Fußball mitsamt seinen Begleiterscheinungen zunehmend mehr Platz einräumten. Aber ist ihnen zu trauen? Was haben sie selbst und wie verlässlich recherchiert, was nur aufgeschnappt oder gar ein bisschen erfunden, um exklusiv zu sein?

Bei den Zeitzeugen sieht es anders, aber nicht viel besser aus. Die Ereignisse liegen dreißig, vierzig Jahre zurück, die eigene Erfahrung wird durch spätere Erkenntnisse und Informationen überlagert und verfälscht. Hinzu kommt, dass viele von ihnen zwar mit mir redeten – mehr als 60, einige mehrmals und über Stunden –, aber wenig sagten. Aus zwei guten Gründen: Gerd Müller ist nicht nur ein Mythos, sondern auch ein kranker Mann, der Mitgefühl verdient und geschont werden muss. Und der FC Bayern München ist nach wie vor ihr Verein, im Erinnerungsdepot vieler Veteranen sogar ihre Schöpfung, die im schönsten Licht erhalten bleiben soll. Unergiebig waren diese Gespräche dennoch nicht. Denn abgesehen davon, dass auch Ausflüchte und Abwehrstrategien subtile Botschaften enthalten, ergaben sich noch aus dem trockensten Interview neue Einsichten und wertvolle Mosaiksteinchen, die das biografische Bild des «Bombers» nach und nach komplettierten.

Offene Worte fanden nur die wenigsten Freunde, Mitspieler und Wegbegleiter, und auch sie meist nur nach der Zusicherung, sie als Quellen nicht zu nennen. Auf ein solches Versprechen bestand auch Uschi Müller, Ehefrau und Hauptperson im Leben von Gerd Müller, die sich viel Zeit für Gespräche mit mir nahm. Ihr blieb bei diesen stundenlangen, mitunter aufwühlenden Befragungen (und ihren präzisierenden Telefonaten als Nachspielen) nicht verborgen, dass in der geplanten Biografie auch die weniger schönen Seiten der Karriere ihres Mannes zur Sprache kommen würden. Sie hatte dennoch die Größe und Souveränität, sich diesen Problemen zu stellen, und zwar in dem sicheren Bewusstsein, dass niemand im Besitz der Wahrheit über ihren Mann ist, selbst sie nicht.[22]

Es versteht sich, dass die zugesicherte Vertraulichkeit gewahrt bleibt. Einige wichtige Thesen des Buches können deshalb nicht auf die in der Forschung übliche Weise belegt werden. Sie beruhen auf mündlichen Informationen, die jedoch in keinem einzigen Fall die alleinige Basis sind. Die Aussagen der Zeitzeugen wurden miteinander verglichen und anhand von Dokumenten oder der Presse verifiziert. Das Kondensat dieser gegenseitigen Bespiegelung und Überprüfung bildet den Kern dieser Darstellung, die aus einem weiteren Grund den Kriterien einer klassischen wissenschaftlichen Studie nicht immer genügen kann: Müllers Leben spielte sich auf dem Platz ab. Abseits davon führte er ein zweites Leben als Privatmann, Geschäftsmann und Werbeikone, das die unerhörte Tragik Gerd Müllers noch mehr bestimmte als sein öffentliches, das tagtäglich in den Zeitungen zu bestaunen war.

Wer seine Biografie entschlüsseln will, muss Zugänge zu dieser Zweitexistenz finden. Aber wie? Müller selbst konnte dazu nicht befragt werden, und zentrale Quellen zum FC Bayern und seinen Stars sind wegen des Steuergeheimnisses noch für viele Jahre gesperrt[23] – ohne sachlich nachvollziehbare Gründe und in einer Zeit, da sogar das Bundeskanzleramt, der Verfassungsschutz und der Bundesnachrichtendienst ihre Unterlagen auf den Tisch gelegt haben. Die «Süddeutsche Zeitung» schrieb dazu im Januar 2018 mit Blick auf die allgemeine Problematik: Warum müssen jene, «die den Fiskus hintergehen, geheim bleiben und vor der Öffentlichkeit geschützt werden?»[24] Das Bayerische Finanzministerium und die nachgeordneten Finanzämter hätten längst die Pflicht, für Transparenz zu sorgen, den Archiven freie Hand zu geben und damit die Forschung zu fördern, anstatt sie zu behindern. Allein schon die Tatsache, dass sie in der Tradition genau jener staatlichen Stellen stehen, die in den 1960er und 1970er Jahren mit den Steuerproblemen des FC Bayern und einzelner seiner Spieler zu tun hatten, und der wie gut auch immer begründete Verdacht, dass sie dabei den Verein und einige Stars zum Steuerbetrug anstifteten und ihnen Schutz vor Ahndung versprachen, müssten sie zu erhöhter Sensibilität veranlassen. Aber das Ministerium ist taub – und damit einer der letzten dunklen Flecke bundesdeutscher Aufarbeitungskultur. Da auch die Registraturen des FC Bayern München verschlossen sind,[25] bleibt dem Historiker nur die Kapitulation – oder seine im Umgang mit schriftlichen und mündlichen Überlieferungen aller Art geschulte Intuition und

Fantasie, die allerdings nur dort zum Einsatz kommen, wo handfeste Quellen fehlen und wo der Versuch einer Feinzeichnung der inneren Verfassung Gerd Müllers mit all ihren Verschlungenheiten unternommen wird.

Der Weg zu diesem Buch war beschwerlich, aber voller vergnüglicher und weniger vergnüglicher Überraschungen. Geplant war ursprünglich die Sozialgeschichte eines Fußballstars und des Profifußballs. Nicht zu ahnen war, dass ich bald in ein Labyrinth von Machenschaften und Manipulationen gelangen würde, in dem an Spitzbuben größeren und kleineren Formats kein Mangel herrschte. Einer Überraschung folgte die nächste, das Befremden wuchs, setzte aber das Vergnügen dennoch nicht außer Kraft, weil die Recherchen mich in die Zeiten eigener, wenn auch bescheidener Fußballherrlichkeit zurückführten und weil ich viele Idole meiner Jugend kennenlernen durfte, die mir damals so viel bedeuteten.

Der Dank, den ich ihnen schulde, gilt auch einigen Funktionären des FC Bayern München, einer Handvoll Journalisten und mehreren Angehörigen des Begleitpersonals in diesem Fußballzirkus, nicht zu vergessen den ganz frühen Weggefährten von Gerd Müller aus seiner Heimat Nördlingen. Bedanken möchte ich mich außerdem für die große Hilfsbereitschaft, die ich in der Bayerischen Staatsbibliothek, in der Stadtbibliothek München, in der Universitätsbibliothek München, in der Bibliothek des Instituts für Zeitgeschichte und in mehreren Archiven erfahren habe. Eigens nennen will ich Anton Löffelmeier vom Stadtarchiv München, Gerhard Fürmetz und Joachim Glasner vom Bayerischen Hauptstaatsarchiv, Robert Bierschneider vom Staatsarchiv München, Brigitte Klein vom DFB-Archiv, das Team der FC Bayern Erlebniswelt sowie Wilfried Sponsel vom Stadtarchiv Nördlingen und Klaus A. Lankheit vom Archiv des Instituts für Zeitgeschichte. Großer Dank gebührt schließlich dem C.H.Beck Verlag und dort namentlich Sebastian Ullrich, der an das waghalsige Projekt glaubte und es mit forderndem Rat begleitete.

Fußball ist ein Mannschaftssport, die Arbeit an einem Buch nicht. Trotzdem braucht jeder Autor stille Zuarbeiter, kluge Stichwortgeber, geduldige Diskutanten und – sie vor allem – jene überaus lästigen Kritiker, die jedes Haar in der Suppe finden. Ich hatte, Gott sei Dank, bei diesem Buch eine ebenso heterogene wie effiziente Mannschaft aus Fußballkennern und -enthusiasten, die mich immer wieder inspiriert, motiviert und korrigiert hat: Renate Bihl und Barbara Schäffler waren eine permanente Stütze. Wertvolle Hinweise und Ratschläge verdanke ich Wolfgang Habermeyer, Raimund Hinko und Udo Horsmann, die mir für Nachfragen zur Verfügung standen und auch sonst ihr unerschöpfliches Fußballwissen mit mir teilten. In diese Reihe gehören auch Martin Hägele, der mir oft den Zugang zu Interviewpartnern erleichterte, und insbesondere Ludger Schulze, der 2014 mit einem trockenen «Ja» den Startschuss für das Unternehmen gab und deshalb als Vater des Buches gelten kann. Der im Februar 2019 verstorbene Hermann Graml, mein alter Mentor, hat das gesamte Manuskript gelesen und mit wichtigen Ratschlägen nicht gespart. Franz-Josef Brüggemeier und Thomas Schlemmer erfüllten darüber hinaus ihre Sonderrollen als Projektanlageberater mit Bravour, und Klaus-Dietmar Henke, der alte Freund und eminente Stilist, zog bei sandigen Passagen die Augenbrauen – herausfordernd und anspornend – so lange hoch, bis eine bessere Lösung gefunden war. Wie dankbar ich ihnen für ihr intensives Coaching und der gesamten Mannschaft für ihre Verbesserungsvorschläge, Hilfestellungen und Ermunterungen bin, habe ich ihnen gesagt und geschrieben. Diesen Weg habe ich auch gewählt, um meiner Frau Gabriele Jaroschka zu danken. Von Geburt und Geblüt nicht wirklich fußballaffin, hat sie bei vielen Recherchen geholfen und jede Zeile des Buches gelesen, am Ende sogar der Sportart selbst etwas abzugewinnen vermocht. Wieder ein Beweis dafür, dass niemand sich der Magie des Balles entziehen kann – ein überflüssiger eigentlich, aber trotzdem schön.

2.

# Der Torjäger aus Nördlingen

Als Gerd Müller am 3. November 1945 in Nördlingen das Licht der Welt erblickte, lag das Deutsche Reich in Trümmern. Fremde Soldaten standen im Land, Lebensmittel waren knapp und die Zukunftsaussichten düster. Es war eine trostlose Zeit, in der sich unter die vielen Seufzer freilich auch ein stilles, optimistisches Aufatmen mischte. Endlich – der Krieg war vorbei, die ruinöse Schreckensherrschaft der Nazis ebenfalls. Es konnte doch nur noch besser werden.

Der Krieg hatte das ziemlich genau in der Mitte von Stuttgart, Nürnberg und München gelegene mittelalterliche Städtchen im schwäbischen Ries lange verschont. Alliierte Bomber zogen zwar schon seit Jahren über den Himmel, ihre tödliche Fracht entluden sie aber erst im Frühjahr 1945 über Nördlingen. Mehr als ein Dutzend Bombenangriffe verzeichnet die Stadtchronik: Zahlreiche Häuser wurden beschädigt, außerdem die evangelische St. Georgs-Kirche und schließlich der Bahnhof; 33 Opfer waren nach diesen Angriffen zu beklagen.[1]

1945 lebten rund 10 000 Menschen in Nördlingen, zwanzig Jahre später waren es wegen des Zustroms von Flüchtlingen und Vertriebenen fast doppelt so viele.[2] Die meisten fanden Lohn und Brot in der Industrie – 1965 war es jeder vierte. Sie arbeiteten in Brauereien, einigen kleineren Fabriken, der traditionsreichen C.H.Beck'schen Buchdruckerei, zahlreichen größeren und kleineren Handwerksbetrieben und den erst 1941 angesiedelten «Collis-Metallwerken GmbH Westhausen», die im Dritten Reich Geschosshülsen hergestellt hatten. Diese Produktionsstätten bestimmten das Gesicht der Stadt, die nach dem Krieg durch die

Ansiedlung neuer moderner Betriebe ihr industrielles Gepräge weiter akzentuierte. Arbeit war hier nicht knapp, reich wurden davon in dem dynamischen Industriestädtchen aber nur die wenigsten. Abgesehen von der selbstbewussten Honoratiorenschaft lebten die meisten bis Anfang der 1960er Jahre von der Hand in den Mund.

Müllers Eltern, Johann Heinrich und Christina Karolina Müller, gehörten zu diesen Habenichtsen.[3] Seit 1928 verheiratet,[4] schlugen sie sich mehr schlecht als recht durch das Leben. Er war Tagelöhner, ehe er eine Anstellung als Fahrer bei der Kohlen-, später Lumpenhandlung Hubel fand.[5] Sie versorgte den Haushalt und kümmerte sich um Gerds ältere Geschwister: zwei Schwestern und einen Bruder; eine Schwester war 1935 im Alter von sieben Jahren gestorben. Hoffnung auf Besserung dieser prekären Lage bestand nicht, das Zukunftspanorama blieb verhangen. Die Müllers wohnten in einem einstöckigen Haus am Stänglesbrunnen Nr. 6 zur Miete. Die kleine, ebenso finstere wie niedrige Wohnung bot wenig Raum, ein Bad gab es nicht, die Toilette befand sich auf dem Gang. Zu mehr reichte der Lohn des Vaters nicht. Um über die Runden zu kommen, musste Karolina Müller putzen gehen und beim Bäcker und Metzger anschreiben lassen.[6] Müllers Jugendfreunde legten Wert auf die Feststellung, dass es nirgends sehr viel anders gewesen sei.[7] Überall herrschte Mangel, niemandem ging es besser. Not fiel so kaum auf.

Johann und Karolina Müller waren im Herbst 1945, als ihr jüngster Sohn zur Welt kam, nicht mehr ganz jung: Sie war 41, er fast 47 Jahre alt. Nachbarn und Freunde beschrieben den Vater als kleinen, schmächtigen, von der schweren Arbeit ausgezehrten Mann, der immer auf Achse war und in der Familie anscheinend keine größere Rolle spielte. Die Mutter ist den Zeitzeugen in lebhafterer Erinnerung geblieben: von ausgesprochen kleiner Statur, arbeitsam, tüchtig und herzlich im Umgang mit ihren Kindern soll sie gewesen sein, sparsam natürlich auch und gottesfürchtig, während der Vater sich gegenüber den religiösen Pflichten laxer verhielt und die evangelische Kirche lieber mied.

Besonderer Förderung und Pflege durch die Eltern erfreute sich Gerd Müller nicht. Auch einen Kindergarten sah er nur von außen. In seinem Milieu wuchs man auf der Straße auf, unbeaufsichtigt, sich selbst überlassen und den Launen der Größeren und Stärkeren ausgesetzt. Eine gewisse Struktur bekam seine Kindheit erst mit der Einschulung, die 1952 erfolgte – aber nicht von Dauer war. Gerd Müller wurde zurückgestellt und versuchte es ein Jahr später ein zweites Mal. Er ging in die evangelische Volksschule in der Judengasse, die allgemein nur «Judenschule» hieß. 50 Kinder saßen dort in einer Klasse. Die Lehrer waren streng. Sie hatten ihr Handwerk in der NS-Zeit oder früher erlernt und ähnelten vielfach Despoten, die schon bei der kleinsten Auffälligkeit zum spanischen Rohr griffen.[8]

Gerd Müller räumte später ein, dass er ungern in die Schule gegangen sei und dort nicht zu den Leistungsstärksten gezählt habe.[9] In Wahrheit war er ein schlechter Schüler, der wenig Interesse am Lehrstoff zeigte und sich am liebsten versteckte. Vor allem im Fach Deutsch haperte es – im Hause Müller sprach man nur den seltsam gepressten schwäbischen Dialekt, den er auch später nie ablegte. Auf der Schulbank hatte er nur die freien Nachmittage und Fußball im Kopf. Er und seine Kameraden berauschten sich 1954 am «Wunder von Bern» und konnten endlos darüber streiten, wer auf dem Bolzplatz in die Rolle von Helmut Rahn, Fritz Walter oder Max Morlock schlüpfen durfte. Namentlich der «Maxl» aus dem nahen Nürnberg stand in Nördlingen hoch im Kurs: Wer sich – wie Müller – Morlock nennen durfte, spielte ihn nicht nur – er war es für einen halben Tag. Bis die Kirchenglocke zum Abendgebet läutete und die Heimkehr zur Familie befahl, jagte Gerd Müller dem Ball nach – im Sommer ebenso wie im Winter, sein Spieltrieb kannte anscheinend keine Pause.

Die Fertigkeiten, die er sich auf der Jagd nach dem Ball erwarb, kamen Müller indirekt auch in der Schule zugute. Die Lehrer wurden im Sportunterricht auf seine Talente aufmerksam und drückten beide Augen zu, wenn die anderen schulischen Leistungen zu wünschen übrig ließen. Müller kam damit durch und schleppte sich mühsam bis zum Schulabschluss in der achten Klasse. Andere Interessen als Fußball hatte er anscheinend nicht. Seine früheren Freunde berichteten höchstens noch von seiner Leidenschaft für Tischtennis, von gelegentlichen Kinobesuchen und der Lektüre von Comic-Heften und Cowboy-Romanen. Anderes und Höheres habe aber auch in ihrer Kindheit und

Jugend keine größere Rolle gespielt. So sei es in der Provinz eben gewesen.[10]

Angesichts der frühen Fixierung auf den Fußball war es fast ein Wunder, dass Müller sich dem TSV Nördlingen erst im Alter von zwölf Jahren anschloss. Der TSV war eine feste Größe, der Stolz der Stadt. Die erste Fußballmannschaft spielte bis 1952 in der nordschwäbischen A-Klasse, ehe ihr im Jahr darauf der Sprung in die zweite Amateurliga gelang. Junge Talente aus der ganzen Umgebung schauten sehnsüchtig auf die Nördlinger, die ihrerseits Jugendarbeit ganz großschrieben. Gerd Müller imponierte der große Verein mit seinen zahlreichen Mitgliedern und Abteilungen ebenfalls. So energisch er auf der Straße sein konnte und so entschlossen er in den gelegentlichen Raufereien auf dem Schulhof auftrat, so schüchtern und unsicher war er, sobald er das gewohnte Milieu verlassen musste. Er scheute den Schritt in den irgendwie fremden Verein, in dem fast lauter Unbekannte aus besseren Kreisen den Ton angaben; die Vorsitzenden nach dem Krieg waren immerhin promovierte Männer.[11]

Von Bekannten immer wieder bedrängt, fasste er sich schließlich doch ein Herz und absolvierte am 22. August 1958, einem Freitag, im Schlepptau eines Freundes ein Probetraining, in dem er sein Können offenbar sofort unter Beweis stellte.[12] Zwei Tage später bestritt er beim TSV Oettingen sein erstes richtiges Fußballspiel für seinen Verein, der 8:3 gewann – vier Tore erzielte der Neuling Gerhard Müller. Der frisch gebackene Torjäger blieb dabei und fand in Georg Münzinger, dem Leiter der Jugendabteilung, einen Freund und Förderer, der vor allem eines erkannte: Der unsichere Müller brauchte ein Umfeld, in dem er Anerkennung spürte, dann war er mit Herz und Seele dabei und zu beachtlichen Leistungen fähig. Münzinger wusste Müller zu nehmen. Er beriet sich mit ihm über die Mannschaftsaufstellung und übertrug ihm sogar – als Zeichen des Vertrauens – die Leitung einer Schülermannschaft, in der die Jüngsten spielten.[13]

Die Erinnerungen scheiden sich, wenn es um die Zahl der Tore geht, die Müller in den Schüler- und Jugendmannschaften des TSV Nördlingen erzielte: 400, 600, 750 – viele waren es in jedem Fall. Einig ist man sich in Nördlingen aber in einem anderen Punkt: Den Veteranen und Funktionären des Vereins war frühzeitig klar, dass hier ein Spieler heranwuchs, der von Jahr zu Jahr besser wurde und zu den schönsten Hoffnungen berechtigte.

Dieses Versprechen auf die Zukunft ebnete Müller anscheinend auch den Weg zu einer Lehrstelle. Attraktive Ausbildungsplätze waren rar. Ohne gute Noten oder Beziehungen landete man schnell beim Arbeitsamt oder als Hilfsarbeiter auf dem Bau. Gerd Müller hatte beides nicht, aber den Ruf eines vielversprechenden Fußballtalents, das man in Nördlingen halten wollte. Also fand sich eine Lösung, und zwar bei der Firma Busse, einer Tuchfabrik. Geschenkt wurde ihm dort als Weberlehrling aber nichts. Er lernte in der Spinnerei, wo das Arbeitspensum 48 Stunden pro Woche betrug.[14] Bei Busse arbeitete man selbstverständlich auch am Samstag, selbst die Lehrlinge, die – gegen alle Paragrafen des Arbeitsrechts – auch von Schichtarbeit nicht verschont blieben. 60 DM erhielt Müller monatlich im ersten Lehrjahr; einen Teil davon musste er bei der Mutter abliefern – für Kost und Logis im Elternhaus.

30 oder 40 DM mehr wären es im zweiten und noch einmal 50 oder 60 im dritten Lehrjahr gewesen. Müller erlebte diese Gehaltssprünge bei Busse aber anscheinend nicht mehr. Vermutlich brach er die Lehre ab.[15] Waren die Anforderungen in der Berufsschule zu hoch? Ließ ihm die Schichtarbeit keine Zeit für intensives Training? Kollidierte die Plackerei auch am Samstag mit den Terminen auf dem Fußballplatz? Man weiß es nicht. Er ging jedenfalls als ungelernter Arbeiter zur Schweißerei Bremshey und Co., wo ihm seine sportlichen Fähigkeiten erneut die Türen öffneten. Der Direktor des Betriebs war nämlich ein Fußballnarr, der es sich in den Kopf gesetzt hatte, die Mannschaft seines Werks zur besten in der Region zu machen. Spieler wie Müller kamen ihm da nur recht.

Das Angebot von Bremshey konnte sich tatsächlich sehen lassen: Müller erhielt eine Anstellung als Löter und kam, wenn er im Akkord arbeitete, auf 600 bis 800 DM im Monat; auch mittlere Beamte, gelernte Brauer oder Metzger verdienten nicht mehr, eher weniger. Außerdem gab es in der Schweißerei keine Schichtarbeit, so dass er regelmäßig zum Training gehen konnte. Mehr wollte Müller nicht, zumal er als

Lokalgröße mit etwas Geld in der Brieftasche langsam auch für die Mädchen der Stadt interessant wurde.

Besonders angetan hatte es ihm die bildhübsche Laura Reinhardt (Jahrgang 1948), die einer ethnischen Gruppe angehörte, deren Nachfahren noch heute in Nördlingen leben und sich weigern, sich Sinti und Roma nennen zu lassen. Sie seien Zigeuner und stolz darauf, ihren traditionellen Namen zu tragen.[16] Die Zigeuner waren 1945 hier angesiedelt worden. Die meisten wohnten in einem lausigen Barackenlager vor den Toren der Stadt, einige wenige in festen Häusern innerhalb der Stadtmauern. Dazu zählte die weit verzweigte Familie Reinhardt, die ganz in der Nähe des Mietshauses der Müllers ein Anwesen erworben hatte. Peter, ein Spross der Reinhardts, begeisterte sich ebenfalls für den Fußball und kam so in Kontakt mit der Clique, in der Gerd Müller dank seiner Fertigkeiten mit dem Ball eine immer größere Rolle spielte.

Es dauerte nicht lange, bis Müller im Haus der Reinhardts ein und aus ging.[17] Er kannte keine Berührungsangst, wurde wie ein «Familienmitglied» behandelt und freundete sich mit den Geschwistern Peter Reinhardts sowie mit dessen Eltern an. Eine besonders herzliche Beziehung bestand offenbar zum ebenfalls fußballverliebten Johann Reinhardt, dem Chef der Familie, den man in Nördlingen und Umgebung voller Respekt als «Zigeunerbaron» bezeichnete. Viele ernst zu nehmende Stimmen behaupten sogar, Gerd Müller sei selbst Zigeuner und der Sohn des Clan-Führers, dem er auffallend geähnelt haben soll.[18]

Gerd Müller kannte diese Gerüchte. Er spielte mit ihnen und antwortete einem engen Vertrauten, der ihn in den 1970er Jahren darauf ansprach, augenzwinkernd, man wisse nie, ob nicht doch etwas dran sei. Später soll er sich sogar explizit zu ihrer Stichhaltigkeit bekannt und sich so eindeutig als Sinto oder Halbsinto geoutet haben, dass man in den Kreisen der Sinti und Roma felsenfest davon überzeugt ist, Gerd Müller sei einer der ihren. Überzeugende Beweise für diese selbst von hochrangigen Sinti- und Roma-Funktionären geäußerte Behauptung gibt es jedoch nicht. Vieles spricht sogar dagegen: Johann Müller war in der fraglichen Zeit anscheinend nicht an der Front,[19] sondern zu Hause. Er meldete im November 1945 die Geburt seines Sohnes auf dem Standesamt und ließ ihn ordnungsgemäß eintragen. Seine Frau hätte viel riskiert, wenn sie sich mit Johann Reinhardt eingelassen hätte. Rassenschande nannten die Nazis so einen Seitensprung, der für Karolina Müller nicht ungefährlich gewesen wäre, wenn er – in einer Kleinstadt nicht unwahrscheinlich – aufgekommen wäre. Auch eine informelle Adoption kommt nicht wirklich in Betracht. Was wäre der Grund dafür gewesen? Und welchen Vorteil hätte die Familie Müller davon gehabt? Sie war vor Gerds Geburt arm und danach ebenfalls, nur dass ein weiterer Esser zu versorgen war.

Fest steht aber, dass Gerd Müller sich zu den Zigeunern stark hingezogen fühlte. Er stritt als Jugendlicher bei den kleinstädtischen Revierkämpfen auf Seiten der Sinti und Roma[20] und verkehrte häufig in der Familie Reinhardt, aus der auch seine erste Jugendliebe kam, Laura, Johann Reinhardts Tochter. Die beiden gingen miteinander ins Kino und ins Schwimmbad und betrachteten sich als zusammengehörig. Es habe sich, so Laura Reinhardt, um eine «innige, aber nicht intime Freundschaft» gehandelt,[21] deren emotionale Tiefe auch Jahrzehnte später zu spüren war, als die noch immer attraktive Laura beim Anblick eines Jugendfotos von Gerd Müller ins Schwärmen geriet. Gerd sei ein «wunderschöner junger Mann mit brauner Haut» gewesen, nicht wie ein «Deutscher mit heller Haut». Er habe wie ein Zigeuner ausgesehen, «wie wenn er von uns kommen tät», und «original zu uns gepasst».[22]

Es gibt keinen Anlass, dem Urteil von Laura Reinhardt zu widersprechen. Das zu Ostern 1962 geschossene Foto zeigt Müller im Kreise seiner Mannschaft, die gerade den von der Ankerbrauerei gestifteten Ernst-Reuter-Gedächtnis-Pokal gewonnen hat – nach einem 6:0-Sieg gegen den VfR Aalen, zu dem Müller fünf Tore beigesteuert hatte. Der junge Mittelstürmer ist 1,76 Meter groß, vermutlich über 70 kg schwer und hat längere schwarze Haare, die – leicht links gescheitelt – kaum zu bändigen sind und ihm etwas Verwegenes verleihen. Keine Frage: Der junge Mann sieht blendend aus, er strotzt vor Kraft und Energie.[23]

Es ist nicht überliefert, aber angesichts des in der Familie grassierenden Fußballfiebers wahrscheinlich, dass Laura ihren Gerd auch auf den Fußballplatz begleitete. Was sie dort erlebte, dürfte sie überrascht haben. Sobald er den Rasen betrat, war Gerd Müller ein anderer Mensch. Er wurde hier seinem verwegenen Aussehen auch im Auftreten voll ge-

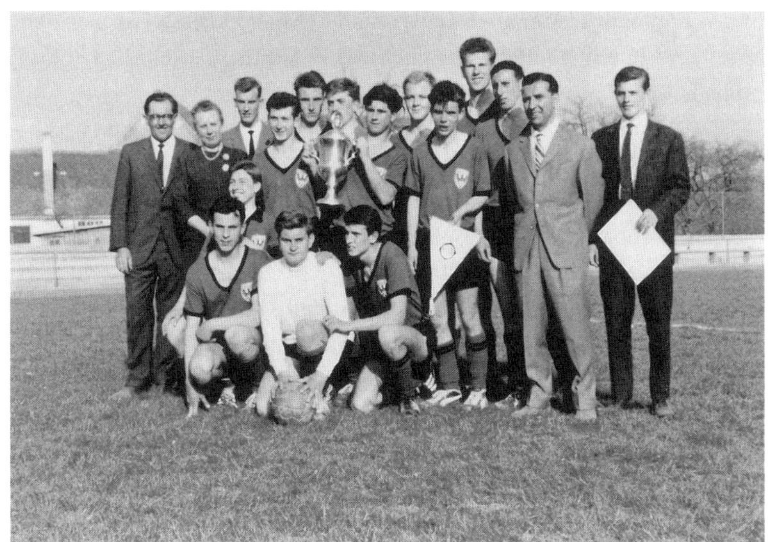

Mit Pokal und tollen Perspektiven

recht. Den zurückhaltenden Jugendlichen, den Laura kannte, gab es jedenfalls nicht mehr. Zu sehen war jetzt ein selbstbewusster junger Mann, ein leidenschaftlicher Draufgänger, der sich mit dem Schiedsrichter anlegte, beherzt in die Zweikämpfe ging und seinen Mitspielern nichts ersparte. Er schnauzte sie an, wenn sie eine Ruhepause einlegten, und feuerte sie bei drohenden Niederlagen mit drastischen Worten zu Höchstleistungen an. Verlieren war schon im Training nicht nach seinem Geschmack. Auf dem Platz tobte er, wenn ein Spiel zu kippen und mit einer Niederlage zu enden schien.

Zum Bersten ehrgeizig, war er andererseits eiskalt, wenn sich ihm eine Chance für einen Treffer bot. Hier zahlte es sich aus, dass er ständig an sich arbeitete – im Training sowieso, aber auch danach und in den Brotzeitpausen im Betrieb. Müller war immer am Ball. Er stand sogar häufig abends allein auf dem Hartplatz hinter der Turnhalle und übte und übte – Elfmeter und Freistöße, angeschnitten und mit voller Wucht, links wie rechts gleich scharf und präzise.[24] Dass er in der Bund A-Jugendmannschaft Tore wie am Fließband schoss, lag nicht nur an seinem Talent, sondern war auch das Ergebnis unermüdlichen Trainingsfleißes.

Dieser unbändige Wille zum Erfolg begleitete Gerd Müller von Beginn seiner Karriere beim TSV Nördlingen an. Er legte auch die Basis für seine Erfolge in der A-Jugendmannschaft: 1962 Nordschwäbische Meisterschaft, 1962/63 Schwäbischer Jugend-Pokalsieger und obendrein Kreismeister, wobei die Nördlinger 1962/63 in allen Wettbewerben zusammen über 310 Treffer erzielten; 240 sollen auf das Konto von Müller gegangen sein – in manchen Spielen «müllerte» es über zehnmal.[25] Die logische Folge dieser eindrucksvollen Bilanz war die mehrmalige Berufung in eine Auswahlmannschaft des Bayerischen Fußballverbandes und die Freistellung für die Seniorenmannschaft des TSV Nördlingen. Für die «Erste» war der erst 17-jährige Müller eigentlich noch nicht spielberechtigt. Der Bayerische Fußballverband konnte aber eine Sondergenehmigung erteilen, wenn die Vereine überzeugend nachwiesen, dass wegen Krankheit oder Verletzung ein personeller Notstand herrschte.

Müller debütierte am 27. April 1963 bei den Senioren, drei Wochen nach dem Tod seines Vaters. Er spielte zweimal, ohne zu treffen. Im dritten Match schlug der Torjäger aber zu: Beim 8:3 gegen den BC Aichach schoss er vier Tore. «Wenn der quicklebendige Müller am Leder war», hieß es in den «Rieser Nachrichten», «herrschte immer Alarmstufe bei den Aichachern».[26] Danach war Schluss. Der Bayerische Fußballverband verweigerte bis kurz vor seinem 18. Geburtstag eine weitere Sondergenehmigung. Erst im Oktober 1963 durfte Müller wieder für die erste Mannschaft auflaufen – Zeit genug, um die Meisterschaft der Saison 1963/64 zu entscheiden. In den 28 folgenden Spielen glückten ihm – sage und schreibe – 45 Treffer. Der TSV Nördlingen stand damit in der Landesliga Süd, er war erstmals in der Vereinsgeschichte viertklassig.[27]

Aber was hieß das schon? Viel weniger als heute, wo auch in den sogenannten Amateurligen Profibedingungen herrschen und gutes Geld verdient werden kann. Gerd Müller lernte noch den Fußball ganz alten Schlages kennen: Der TSV Nördlingen trainierte zweimal in der Woche, dienstags und donnerstags nach der Arbeit, jeweils etwa zwei

Stunden. Das Training stand unter der Leitung einer von allen respektierten Autorität: Konrad Kraft hatte beim 1. FC Nürnberg gespielt, in derselben Mannschaft wie Max Morlock. Er brachte frischen Wind in das Nördlinger Team, in dem er – trotz einer gewissen Leibesfülle – gelegentlich als Spielertrainer selbst mitwirkte. Dreh- und Angelpunkt des Vereins war die Gaststätte «Auktor», wo man oft lange zusammensaß, um die Spiele zu analysieren, zu feiern und zu trinken.[28] Alkohol gehörte zu diesem Männersport wie das Gewitter zum Wetter – nur am Abend vor dem Spiel blieb man abstinent.

Auch sonst ging es eher gemächlich zu. Bei Heimspielen traf sich die Mannschaft nach dem Mittagessen in der Turnhalle vor dem Platz, um sich auf die Partie einzustimmen. Zu Auswärtsspielen reiste sie mit dem Bus, in dem auch die treuesten Anhänger mitfuhren und auf der Heimfahrt die alten Barraslieder erklangen: «In einem Polenstädtchen, da kannt' ich einst ein Mädchen» und «Oh, du schöner Westerwald».[29] Die Ausrüstung stellte der Verein, teilweise zumindest: Die kurzen schwarzen Hosen mussten die Spieler selbst kaufen und waschen. Für Fußballschuhe zahlte der Verein aber immerhin einen Zuschuss in Höhe von 25 DM.[30] Geld spielte ansonsten so gut wie überhaupt keine Rolle. Es gab nur eine kleine Aufwandsentschädigung, die sich bei Auswärtsspielen auf 5 DM, bei Heimspielen auf 3 DM belief.[31]

Gerd Müller fühlte sich hier wohl. Der Torjäger genoss den Respekt seiner Mannschaftskameraden, den Applaus und die anerkennenden Blicke des Publikums und die Wärme im Vereinslokal, das eine neue Heimat für ihn wurde. Alles Geduckte und Unsichere fiel in diesem Biotop vollständiger Akzeptanz von ihm ab. Hier tankte er das Selbstbewusstsein, das ihm aus anderen Quellen versagt blieb. Hier fragte ihn keiner nach seiner politischen Meinung oder anderen Ansichten über Dinge, die ihn wenig kümmerten. Hier ging es ausschließlich um Fußball – und da machte ihm keiner etwas vor. Gerd Müller war ein Produkt dieser kleinen heimeligen, aber auch engen und bedrückenden Welt, die er als Verheißung und Hypothek immer mit sich trug.

# 3.

# Fremd unter Bayern

Im Frühjahr 1964 pfiffen es die Spatzen in ganz Nördlingen von den Dächern: Müller steht unter Beobachtung. Die großen Südvereine der Bundes- und Oberliga sind hinter dem Torjäger her. Wer wird das Rennen machen? Aber will er überhaupt weg?

Müller wusste es selbst nicht genau, tendierte aber dazu, das Risiko eines Wechsels zu einem höherklassigen Verein einzugehen. Der Reiz, mit seinem Hobby schönes Geld zu verdienen, war größer als die Angst vor einem Umzug in eine unbekannte Stadt. Am liebsten wäre ihm ein Engagement beim 1. FC Nürnberg gewesen, dem Klub des legendären Max Morlock, der noch immer das Trikot des deutschen Rekordmeisters trug. Sein Trainer hatte auch bereits erste Kontakte geknüpft. Der «Club», wie die Nürnberger auch heißen, winkte jedoch ab. Der Verein hatte die Kaderplanung für die Spielzeit 1964/65 schon abgeschlossen. Außerdem hatte er bereits zwei Spieler namens Müller unter Vertrag; ein dritter hätte nur Verwirrung gestiftet.

Solche frei erfundenen Anekdoten sind in der großen Fußballsaga beliebt, aber genauso falsch wie die wieder und wieder kolportierte Geschichte von dem Kopf-an-Kopf-Rennen, das sich 1860 München und Bayern München um Gerd Müller geliefert hätten. Beide Vereine, so sagte man, hätten ihm und seiner Familie etwa zur selben Mittagsstunde in Nördlingen ihre Aufwartung gemacht und ihre Angebote unterbreitet – und Müller sei am Ende so aufgeregt und verwirrt gewesen, dass der arme Einfaltspinsel beinahe nicht erkannt hätte, bei welchem Verein er einen Vertrag unterzeichnet hatte.[1]

Dabei war seine Entscheidung für den FC Bayern das Resultat nüchternen Kalküls. Müller wusste genau, was er tat, obwohl er die simple Geschichte der lustigen Pointe wegen selbst immer wieder erzählte und sich damit viel kleiner machte, als er in Wirklichkeit war. 1860 München spielte 1964 in der ein Jahr zuvor ins Leben gerufenen Bundesliga, die der Deutsche Fußballbund (DFB) nach endlosen Diskussionen geschaffen hatte, um den Spitzenvereinen ein ständiges Kräftemessen in einer Liga zu ermöglichen und international den Anschluss nicht zu verlieren. Zuvor hatte es fünf Oberligen und ein Endrundenturnier um die deutsche Meisterschaft gegeben, so dass die leistungsstärksten Mannschaften nur selten aufeinandertrafen. 16 Vereine wurden nach einem komplizierten, nicht immer ganz transparenten Verfahren in die Bundesliga aufgenommen.[2] 1860 München gehörte zu den Glücklichen, die damit auch den letzten Schritt in den Profifußball machen konnten. Der Münchner Traditionsverein war sogar eine besonders begehrte Adresse. In seinen Reihen standen mehrere Nationalspieler und weitere Kandidaten für das Team von Bundestrainer Sepp Herberger. Namentlich die Offensive mit Rudi Brunnenmeier, Fredi Heiß, Hannes Küppers und Peter Grosser zählte zu den besten der Liga, was Müller nicht verborgen geblieben war. Über Fußball wusste er alles, was man in Nördlingen wissen konnte.

Ihm war deshalb auch sofort klar, was es hieß, als er von dem Unterhändler der «Sechziger» hörte, dass 1860 für die Spielzeit 1964/65 bereits drei neue Amateurspieler unter Vertrag genommen hatte. Es hieß: ein Jahr in der Reservemannschaft als unbezahlter Amateur zu spielen, weil der DFB nur drei solche Transfers pro Saison erlaubte,[3] und dann bei der überragenden Konkurrenz auf einen Stammplatz zu hoffen. Walter Fembeck, der Geschäftsführer des FC Bayern, hatte ungleich mehr zu bieten: den Status eines Vertragsspieler genannten Halbprofis und die sofortige Aufnahme in den Kader der ersten Mannschaft, die im Angriff eher dünn besetzt schien.

Fembeck war nicht durch Zufall auf Müller gestoßen. Eine Scouting-Abteilung hatten die Bayern in den 1960er Jahren zwar noch nicht. Späher-Dienste verrichtete aber eine ganze Reihe von Sympathisanten, die in der Provinz Augen und Ohren offen hielten. Einer davon war der Friseurmeister Alexander Kotter aus Bad Wörishofen, dem Müller bei einem Spiel in Oberstdorf durch seine Tore so sehr imponierte, dass er die Bayern-Zentrale in München über seine sensationelle Entdeckung informierte. Fembeck, immer auf der Suche nach Talenten, beobachtete Müller zweimal und empfahl dann dessen Verpflichtung, die auch von der Vereinsführung befürwortet wurde.[4]

Aus Müllers Perspektive hatte das Angebot nur einen Haken: Die Bayern spielten in der Oberliga Süd, also in der zweiten Spielklasse. Sie waren 1963 bei der Gründung der Bundesliga übergangen worden und hatten im Jahr danach den schon sicher geglaubten Aufstieg aus Überheblichkeit verpasst. Aber: Was war das schon angesichts der Vorteile, die ein Engagement bei den Bayern versprach? Der modern geführte Verein strebte mit Verve und guten Aussichten die erste Liga an. Müller durfte in absehbarer Zeit mit der Beförderung vom Vertrags- zum Lizenzspieler (dem eigentlichen Vollprofi) rechnen und konnte sich in der jungen Mannschaft Hoffnungen auf einen Stammplatz machen, den er bei der Münchner Konkurrenz wohl kaum erreicht hätte. Und: Die Kasse stimmte.

5000 DM – ungefähr die gleiche Summe, die sein Vater in einem Jahr verdient hatte – zahlte der FC Bayern an die Mutter, die die «Kassen-Ausgabe-Quittung» unterzeichnen musste, weil Müller noch nicht volljährig war.[5] Fembeck besorgte ihm in München außerdem ein Zimmer bei einer Lehrerin und einen Job bei Möbelhändler Morhart, wo er halbtags als Packer arbeiten sollte. Der Mutter war das nur recht. Es lag außerhalb ihres Vorstellungsvermögens, dass ihr Sohn sein Leben mit Fußball bestreiten konnte. Eine ordentliche Anstellung war in ihren Augen eine Rückversicherung – für den Fall, dass sich der Ausflug in den Profifußball als Enttäuschung erwies.

Und das Monatsgehalt? Bei der Gestaltung der Verträge ließ der DFB den Vereinen offiziell keinen großen Spielraum. Die Fußballfunktionäre hatten sich zwar 1963 für das Profitum entschieden und waren damit dem Weg gefolgt, den andere europäische Länder schon vor längerer Zeit eingeschlagen hatten. Die große Verzögerung hatte ihre Ursache nicht nur in der überlebten Vorstellung der DFB-Funktionäre, dass der Fußball eine «saubere» Sache sei und von den Gesetzen des

Mammons frei gehalten werden müsse. Den Ausschlag gab das zähe Ringen um das Prinzip der Gemeinnützigkeit, das der DFB unbedingt gewahrt wissen wollte. Wäre es aufgehoben worden, hätten die Vereine deftige Steuern zahlen müssen.[6]

Der DFB musste dabei zahlreiche Kompromisse mit den Finanzbehörden schließen. Unter anderem zog er bei der Bezahlung der Vertrags- und Lizenzspieler so enge Grenzen, dass es den Anschein haben konnte, er wolle sich von seiner eigenen Entscheidung für den Profifußball gleich wieder distanzieren. Die Ablösesumme, also der Betrag, den ein Verein dem anderen nach einem Wechsel eines Spielers zu zahlen hatte, durfte 50 000 DM nicht überschreiten. Der Spieler selbst konnte nach der Unterzeichnung eines Zweijahresvertrags höchstens 10 000 DM Handgeld erhalten. Das Monatsgehalt lag bei maximal 1200 DM. Nationalspieler und andere Stars, die ein Verein für besonders befähigt und wichtig erachtete, konnten beim DFB eine Erhöhung auf 1800 DM, in speziell gelagerten Fällen sogar auf 2500 DM beantragen, die aber mitnichten immer gewährt wurde.[7]

Im Ausland war um diese Zeit ungleich mehr zu verdienen. Namentlich die italienischen Vereine lockten mit märchenhaften Summen. Der Hamburger Stürmerstar Uwe Seeler hatte Angebote in Höhe von 500 000 DM, dem Kölner Abwehrrecken Karl-Heinz Schnellinger bot man 750 000 DM, bei anderen Stars aus Südamerika war sogar von ein bis zwei Millionen DM die Rede.[8] Aber auch in der Bundesliga gab es bereits bei der Gründung fast keinen Verein, der sich an das DFB-Statut hielt; schon 1963 war die «offiziell verkündete Gehaltsobergrenze ausgehebelt».[9]

Die Klubs der ersten Liga handelten von Beginn an in einem schon bald im Zeichen der Illegalität stehenden Graubereich, den sie im Einvernehmen mit dem DFB geschaffen hatten, um die steuerlichen Belastungen so gering wie möglich zu halten. Ihre Versicherung, das gesparte Geld in den Amateurbereich, also in den Breitensport zu stecken, diente nur dazu, den Schein der Gemeinnützigkeit aufrechtzuerhalten. Den Nutzen hatten allein die Profis, was dem DFB und den Steuerbehörden ebenso bekannt war wie der großen Politik. Herausragende Spieler konnten nur so finanziert und bei ihren Vereinen gehalten werden. Saubere Wege zum

Erfolg gab es in dem nationalen und internationalen Verdrängungswettbewerb längst nicht mehr. Namentlich den Nationalspielern musste niemand sagen, wie begehrt sie waren und dass sie deutlich mehr verlangen konnten als die vorgeschriebenen Handgelder und das monatliche Fixum in Höhe von 1200 bzw. 1800 DM.[10] Sie und andere Stars erreichten bereits in den Anfangsjahren der Bundesliga ein «Gehaltsniveau, mit dem selbst Chefärzte, Notare oder Sparkassendirektoren [...] nur schwer mithalten konnten».[11]

Von solchen Summen konnte Gerd Müller 1964 allerdings nur träumen. Der FC Bayern zahlte dem Neuzugang mit dem Status eines Vertragsspielers alles in allem 400 DM im Monat, hinzu kamen die gleiche Summe aus seiner Halbtagsbeschäftigung in der Möbelhandlung und Siegprämien, die sich im Idealfall auf ein paar Hundert DM beliefen.[12] Insgesamt hatte er damit nur wenig mehr in der Tasche als in der Schweißerei Bremshey in Nördlingen. Aber er musste nur halbtags arbeiten und war beim FC Bayern München, der nach Höherem strebte.

Beinahe hätte ihm sein alter Verein noch in letzter Minute einen Strich durch die Rechnung gemacht. Der TSV Nördlingen wollte sich in der Landesliga behaupten, man liebäugelte sogar mit dem Aufstieg in die nächsthöhere Klasse. Müller war dafür unverzichtbar und hatte im Laufe der Saison wohl auch schon durchblicken lassen, dass er in Nördlingen bleiben wollte. Streit war also vorprogrammiert. Selbst Oberbürgermeister Hermann Keßler, zugleich der Vereinspräsident, setzte Müller und dessen Mutter unter Druck, um ihn von einem Vereinswechsel abzubringen. Im Raum stand sogar die Drohung, die Freigabe für den FC Bayern zu verweigern, was zu einer einjährigen Sperre von Gerd Müller geführt hätte. Einige Funktionäre gingen noch einen Schritt weiter und streuten das Gerücht, dass es mit Müllers Gesundheit nicht zum Besten stehe.[13] Am Ende glätteten sich die Wogen jedoch rasch wieder. Die maßgeblichen Männer des TSV Nördlingen sahen schließlich ein, dass man einem jungen Spieler eine solche Aufstiegschance nicht verbauen durfte und der Verein stolz sein konnte, dass einer der seinen den Sprung in den Profifußball geschafft hatte. Gerd Müller aber verzieh es seinem alten Verein nie wirklich, dass er versucht hatte, ihm Steine in den Weg zu legen. Er schaltete auf stur und ließ sich namentlich in seiner großen Zeit nach 1970 in seiner Heimatstadt nur noch selten blicken.

Nördlingen liegt 150 km von München entfernt. Nur zwei, drei Stunden Auto- oder Zugfahrt trennten die beiden Städte – eigentlich nichts. Im Gefühlshaushalt von Gerd Müller aber war der Abstand riesengroß, in Kilometern und Stunden gar nicht zu ermessen. Der Abschied aus Nördlingen im Sommer 1964 bedeutete den Bruch mit seiner Jugendliebe Laura und alten Freunden, und er beendete das vertraute Zusammensein mit der fürsorglichen Mutter, die sich schreckliche Sorgen um ihren Sohn machte, der nun ganz allein in einer großen Stadt zurechtkommen musste. Er war noch nie länger von zu Hause weg gewesen und in praktischen Dingen wie Kochen und Wäschewaschen ganz unerfahren. Wie würde es ihm in der bayerischen Hauptstadt ergehen? Alles war dort fremd für den 19-Jährigen aus Nördlingen: die Sprache und vor allem das mondäne Leben auf den Straßen und Plätzen, das die besorgte Mutter nur vom Hörensagen kannte, aber als bedrohlich empfand.

Müller fühlte sich in München tatsächlich verlassen und fand dort nur selten den Mut, auf eigene Faust etwas zu unternehmen. Nur in der gleich ums Eck seiner Wohnung gelegenen Gaststätte «Orleans» tauchte er regelmäßig auf. Ansonsten ging er gelegentlich ins Kino, und hin und wieder traf er sich mit Freunden aus Nördlingen, die in München zu tun hatten. Heimweh, beißendes Heimweh bestimmte sein Leben – am liebsten hätte er schon nach wenigen Wochen seine Koffer gepackt, um nach Nördlingen zurückzukehren.[14]

Dass er sich in München nicht wohl fühlte, hatte auch mit dem neuen Verein zu tun, der sich 1964 anschickte, nach einigen Krisenjahren zu den Großen des deutschen Fußballs aufzuschließen. Die materiellen Voraussetzungen dafür, dass das «schwer rambolierte Bayernschiff»[15] wieder Fahrt aufnehmen könnte, waren allerdings nicht allzu rosig: Der Traditionsverein hatte Mitte der 1960er Jahre etwa 5000 Mitglieder, die einen Jahresbeitrag in Höhe von zunächst 36, dann 60 DM entrichteten.[16] Auch sonst nahm der FC Bayern nur wenig ein, weil das städtische Stadion an der Grünwalder Straße mit seinen rund 40 000 Plätzen zu klein und zu alt war und obendrein über nur wenige teure

Sitzplätze verfügte; 3000 gab es, davon genau 1400 überdachte auf der Haupttribüne. 1963/64 lag der Zuschauerschnitt bei gerade einmal 15 000.[17]

Das tat den Ambitionen des Vereins aber keinen Abbruch. Die Vergangenheit als deutscher Meister von 1932 verpflichtete, und die Konkurrenz der «Löwen» stachelte die Vereinsführung an, alle Kräfte anzuspannen, um ihr großes Ziel, die Bundesliga, zu erreichen und mit den «Sechzigern» gleichzuziehen. Der Torjäger aus Nördlingen war bei dieser Anstrengung nur einer unter vielen. Er musste selbst sehen, wo er blieb. Die führenden Männer waren ihm jedenfalls keine große Hilfe. Im Gegenteil: Sie schüchterten ihn nur noch weiter ein – mit ihrem auftrumpfenden Optimismus, ihrer kämpferischen Arroganz und ihrer selbst postulierten Genialität, die in dem Ausspruch von Robert Schwan gipfelte, er leide unter seiner Intelligenz.[18] Noch als Weltstar sah Müller voller Respekt zu ihnen auf.

An der Spitze des Vereins stand seit 1962 Wilhelm Neudecker (Jahrgang 1913), der aus dem niederbayerischen Straubing stammte, wo er in einfachen, fast ärmlichen Verhältnissen aufgewachsen war.[19] Neudecker, ein deutsch-national gesinnter Mann mit Sympathien für Hitler und die NSDAP, hatte Maurer gelernt, ehe er sich 1932 bei der Bayerischen Landespolizei bewarb, in der er bis 1935 blieb. Nach Hitlers Machtergreifung trat er in die SS und die NSDAP ein, wobei nicht klar ersichtlich ist, wie lange er ihnen angehörte. Nur einige Monate, der SS zwei Jahre oder doch länger? Neudecker ließ die Nachwelt darüber im Unklaren, entfaltete aber wohl weder in der Partei noch in der SS besondere Aktivitäten. 1935 wurde er jedenfalls in die Luftwaffe überführt, in deren Sanitätstruppe er bis Kriegsende diente – zuletzt im Range eines Hauptfeldwebels. Hinweise auf nennenswerte Belastungen aus der NS-Zeit finden sich in den Akten nicht.[20] Neudecker scheint ein ebenso anpassungsfähiger wie zupackender Bursche gewesen zu sein, der nach kurzer Kriegsgefangenschaft rasch wieder auf die Beine kam. Er machte die Meisterprüfung als Maurer, gründete in München ein Baugeschäft und brachte es in den goldenen Jahren des Wirtschaftswunders zu beträchtlichem Reichtum. Mit nicht ganz sauberen Mitteln und Methoden, munkelte man, ohne dass die nie verstummten Korruptionsvorwürfe zu belegen gewesen wären. Er hatte eben – wie andere Baulöwen auch – gute Kontakte in die Politik, und er pflegte und nutzte sie mit Umsicht und Schläue.

Mit dem Fußball hatte Neudecker früher wenig zu tun gehabt, auch bei der Führung eines großen Vereins fehlte ihm jegliche Erfahrung. Er galt als Übergangslösung, fand aber rasch Gefallen an dem publizitätsträchtigen Amt und ließ sich von der großen Bühne nicht mehr verdrängen. Neudecker war ein ambitionierter Geschäftsmann, der zwei einfache Grundsätze hatte: Viele Köche verderben den Brei – und: Geld regiert die Welt. Danach handelte er: Der «Präse», wie er jovial und respektvoll zugleich genannt wurde, gab den Ton an. Jedes seiner Worte glich einem Hoheitsakt, und darin ließ er sich auch vom 1968 geschaffenen Verwaltungsbeirat des FC Bayern München, eigentlich einem Organ der Mitbestimmung, nicht beirren. Eines seiner Mitglieder charakterisierte das hemdsärmelige Verhalten Neudeckers später so: Der Beirat werde nur «gutachterlich gehört [...], ob ein weißer oder ein scheckiger Ball» angeschafft werde.[21] In allen Fragen von einiger Bedeutung aber zählte nur die Stimme Neudeckers, der hinter der Fassade urbaner Gewandtheit wie ein Diktator agierte. «Hier bestimmt nur einer», verkündete er immer wieder, «und das bin ich».[22]

Das galt vor allem für den geschäftlichen Bereich, wo sich fast alles um das Geld drehte. Selbst sparsam bis zum Geiz, konnte er genauso großzügig sein, wenn er eine Chance sah, mit Geld im Fußball etwas zu bewegen. Ihn störten weder hohe Gehälter noch hohe Prämien für seine Spieler, vorausgesetzt, diese fügten sich seinem Kurs, ihre Leistung stimmte und die Finanzen des Vereins blieben einigermaßen stabil.

Neudeckers kongenialer Partner war Robert Schwan.[23] Ebenso herrisch und arrogant wie Neudecker und ebenso geschäftstüchtig wie der Präsident, schrieb sich der anfangs Spielausschussvorsitzender genannte, später Manager titulierte Schwan in die Geschichte des deutschen Fußballs ein – und in die deutsche Kriminalgeschichte, wo in der Sparte Wirtschaftsverbrechen sein Platz aber noch genauer zu bestimmen ist. Der gebürtige Würzburger (Jahrgang 1921) lebte mit seinen Eltern bereits seit 1923 in München, wo sein Vater als Eisenbahnbetriebsassistent sein Geld verdiente. Über Schwans Vorleben ist nicht viel bekannt: Er

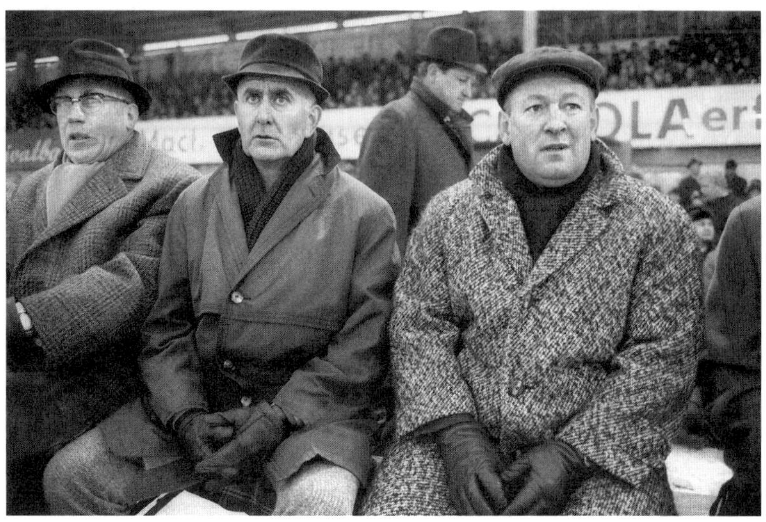

Neudecker, Schwan und Čajkovski – die Väter des Erfolgs

wuchs im Schlachthofviertel auf und wurde im Februar 1941 in die Wehrmacht eingezogen. Als Pionier blieb er zunächst in München, ehe man ihn als Ausbilder zur Aserbaidschanischen Legion abkommandierte, die in Osteuropa vermutlich in der Partisanenbekämpfung eingesetzt war. Das Kriegsende erlebte der verwundete Unteroffizier in München – im Altersheim Schwabing und im Hotel Steinberger, die als Lazarette dienten. Nach 1945 arbeitete Schwan als ambulanter Obst- und Gemüsehändler am Bahnhof, wechselte dann aber in die Versicherungsbranche, wo er es bei der «Braunschweig. Lebens- und Sachversicherungs AG» zum Organisationsdirektor brachte.[24]

Schwan kam 1964 zum FC Bayern. Die Verbindung zum florierenden Fußball konnte seinen Versicherungsgeschäften nicht schaden, also wühlte er sich förmlich in den bekannten Verein hinein. Mehr als ein Dutzend Spieler waren Mitte der 1960er Jahre als Subagenten mit seinen Policen unterwegs. Schwan war beim FC Bayern zunächst ehrenamtlich tätig, seit 1966 arbeitete er als fest besoldeter Angestellter, dessen Einfluss ständig wuchs. Kein anderer deutscher Verein hatte um diese Zeit einen Manager. Man wusste nicht einmal, was das genau war und was er tun sollte. Schwan definierte sein Arbeitsfeld selbst und schuf damit das neue Berufsbild eines Sportmanagers, das heute nicht nur im Fußball gang und gäbe ist. Seine wichtigste Entdeckung war, dass der alte Fußball, der sich nur über den Verkauf von Eintrittskarten finanzierte, anachronistisch geworden war. Neue Einnahmequellen mussten und konnten erschlossen werden, wenn man sich von der Illusion trennte, beim Fußball gehe es um höhere, immaterielle Werte jenseits des Kommerzes, der von ihm ferngehalten werden müsse, weil er Gift sei für den Sport. Schwan vollzog diesen Schritt. In seiner Vision stellten der FC Bayern und alles, was um den Verein herum geschah, eine Ware dar, die sich mit einigem Geschick für teures Geld vermarkten ließ.[25]

Ansätze für einen solchen Paradigmenwechsel gab es auch in anderen Vereinen. Aber niemand ging diesen Weg entschlossener und rücksichtsloser als der Manager des FC Bayern, der damit nicht nur den Verein auf eine neue Basis stellte. Auch die Spieler profitierten davon – und zwar ungleich stärker als in anderen Vereinen, wenn sie bei Schwans Vermarktungsstrategie mitmachten. Dabei war der Manager alles andere als selbstlos. «Ich werde dafür sorgen, dass die Kasse stimmt, auch eure»[26] – mit dieser programmatischen Erklärung soll sich der nicht umsonst mal «Mister 10 Prozent» mal «Mister Zwanzigprozent» genannte Manager bei der Mannschaft eingeführt haben.[27]

Beim dritten Mann an der Vereinsspitze handelte es sich um Wilhelm Otto Hoffmann, einen 1930 geborenen Münchner, der sich in der Hitlerjugend engagiert hatte, ehe er das Studium der Betriebswirtschaft begann und schließlich als Steuerberater ein schwer überschaubares Immobilienimperium aufbaute, das später mit großem Getöse zusammenbrach. Hoffmann schloss sich dem FC Bayern bereits 1958 an, er fungierte zuerst als Schriftführer, ab 1962 dann als Schatzmeister.[28] Die schwierige Aufgabe, leere Kassen zu verwalten, meisterte er – wie er selbst sagte – souverän und unter Rückgriff auf 300 000 DM Schwarzgeld, das noch aus der Ära des Präsidenten Roland Endler stammte und für teure Spielerkäufe verwendet wurde. Das illegale Handgeld in Höhe von 50 000 DM beispielsweise, das der Nationalspieler Herbert Erhardt 1962 bei seinem

Wechsel von der Spielvereinigung Fürth nach München forderte, zahlte Hoffmann aus der schwarzen Kasse.[29]

Komplettiert wurde die Führungsriege der Bayern durch Walter Fembeck, einen 1921 geborenen Wiener, der eine Handelsschule besucht hatte und nach dem «Anschluss» Österreichs der Waffen-SS beigetreten war, wo er es zum Oberscharführer brachte.[30] Fembeck war in der «Schaltzentrale» des FC Bayern, einer kleinen Wohnung in der Sonnenstraße mit ein, zwei Sekretärinnen, Mädchen für alles: Er kümmerte sich um den Alltagsbetrieb und reiste an den Wochenenden in die Provinz, um sich neue Spieler anzusehen und mit ihnen erste Verhandlungen zu führen, wenn sie ihm gefielen.[31]

Dieses Quartett bestimmte bis 1977 die Geschicke des FC Bayern. Danach brach es auseinander – Schwan wurde fristlos gekündigt, Neudecker legte zwei Jahre später im Streit den Vorsitz nieder, Fembeck zog sich 1983 nicht ganz freiwillig aufs Altenteil zurück, während Hoffmann 1979 zum Präsidenten avancierte. Bis dahin bildeten sie eine verschworene Truppe, die in der Aufopferung für den FC Bayern nie vergaß, auch an sich selbst zu denken. Ihre starke Bindung an den Verein zeichnete sie ebenso aus wie der gemeinsame Erfahrungshintergrund: Alle vier stammten aus kleinen Verhältnissen, hatten sich nach 1945 hochgearbeitet und es aus eigener Kraft zu einem gewissen Wohlstand gebracht, Neudecker sogar zu Reichtum. Diesen Wohlstand wollten sie mehren, aber – mit Ausnahme des eher ungeselligen «Präse» – auch in vollen Zügen genießen. Der Dienst bei der Wehrmacht und das Gefühl, mit viel Glück davongekommen zu sein, berechtigten sie – nach eigenem Empfinden – dazu und zu manch anderen maskulinen Dicktuereien, die noch in späteren Berichten viel von ihrer urbanen Spießigkeit verraten.

Keinem von ihnen blieb wegen seiner Tätigkeit beim FC Bayern ein Buß- oder Strafverfahren erspart. Sie hatten alles darangesetzt, ihren Verein zu konsolidieren und an die europäische Spitze zu führen. Die Methoden, derer sie sich dabei bedienten, waren nie über jeden Zweifel erhaben. Das kümmerte sie aber nicht. Das hemdsärmelige Team um Neudecker genoss es geradezu, an der Grenze zur Schlawinerei zu agieren und diese Grenze immer weiter zu ihren Gunsten zu verschieben.

Der Erfolg gab ihnen recht – und erzeugte eine ganz eigene Form von Legitimität, bei der das Wohl des Vereins und ihr eigenes über allem standen. Bis Mitte der 1970er Jahre störte sich kaum jemand an dieser Wurstigkeit gegenüber Recht und Gesetz. Im Fußball war es noch nie ganz sauber zugegangen, auch und gerade beim FC Bayern nicht, der vom DFB schon 1959 zu einer Geldstrafe von 10 000 DM und einem Abzug von acht Punkten verurteilt worden war – wegen der Zahlung von Honoraren an Spieler ohne korrekte Verbuchung.[32] Das Publikum wollte Tore sehen und Erfolge feiern, die große Politik ebenfalls. Minister und Abgeordnete von CSU und SPD drückten beide Augen zu und sonnten sich in der Nähe des FC Bayern, dessen Erfolge sie auch als die ihren reklamierten.

Dass sich diese rasch einstellten, hatte auch mit dem neuen Trainer zu tun, den Neudecker 1963 dank des finanziellen Polsters verpflichten konnte, das sein Vorgänger Endler hinterlassen hatte. Als Gerd Müller ein Jahr später nach München wechselte, amtierte dort kein Geringerer als Zlatko («Tschik») Čajkovski als Übungsleiter.[33] Der 1923 geborene Kroate blickte selbst auf eine beeindruckende Karriere als Fußballer zurück: Der Weltklassespieler gewann mehrere nationale Meisterschaften und 1948 und 1952 mit der jugoslawischen Nationalmannschaft bei den Olympischen Spielen die Silbermedaille. Ehe er zum FC Bayern kam, hatte er den 1. FC Köln zur Meisterschaft und zur Vizemeisterschaft geführt und damit seinen Ruf als Erfolgstrainer begründet.

Die Bayern ließen sich den neuen Trainer einiges kosten. 3500 DM netto dürfte er anfangs im Monat kassiert haben,[34] deutlich mehr als die meisten anderen professionellen Trainer. Wenn es stimmt, was die Veteranen erzählten, handelte er bereits bei seiner Verpflichtung üppige Prämien für den Fall einer Meisterschaft oder eines Pokalsieges aus.[35] Zuvor musste er aber noch eine Mannschaft formieren, die seinen hohen Ansprüchen genügte. Die älteren Spieler hatten in Čajkovskis Konzept eines modernen Offensivfußballs keinen Platz. Er setzte ganz auf die Jugend und trennte sich sogar von Herbert Erhardt (Jahrgang 1930), der als 50-facher Nationalspieler eine feste Größe in der Abwehr der Bayern war. Der raubeinige Stopper alten Stils, der sich von seinen jüngeren Mitspielern siezen ließ, hatte ausgedient und wurde 1965 ohne viel Federlesens auf das Altenteil geschoben, obwohl er noch ein Jahr unter Vertrag stand.[36]

Die Vereinsführung trug den rabiaten Verjüngungsprozess mit, weil er Kosten sparte und weil Čajkovski Erfolg hatte. In der ersten Saison unter seiner Leitung belegte der FC Bayern den zweiten Platz, im Jahr danach den ersten in der Regionalliga Süd. Der Altersdurchschnitt der Mannschaft, die 1964 den Aufstieg knapp verfehlte, lag bei 22,4 Jahren. Franz Beckenbauer war mit 19 der Jüngste, Norbert Wodarczik mit 26 der Älteste.[37] Die Hälfte der Mannschaft kam aus Bayern, immerhin vier hatten schon in der Jugend des FC Bayern gespielt. Fast alle entstammten Arbeiter- und Bauernfamilien, Beckenbauers Vater als Postobersekretär dürfte schon zu den Besseren gezählt haben. Entsprechend war es um den Bildungs- und Ausbildungsgrad bestellt. Der Mannschaftskapitän Adi Kunstwadl war Metzger, Sepp Maier Maschinenschlosser, Beckenbauer – in der Spur des Vaters – Versicherungskaufmann. Mittlere Reife oder Abitur hatte unter denen aus der ersten Elf, deren Daten bekannt sind, nur der in Osterode am Harz geborene Werner Olk, der neben dem Fußball Wirtschafts- und Betriebstechnik studierte und 1965 von Kunstwadl die Binde des Mannschaftskapitäns übernahm.[38] Mitte der 1960er Jahre verstärkte sich das bayerische Element in der Mannschaft weiter. Im letzten Spiel der Aufstiegsrunde zur Bundesliga standen acht Bayern in der Mannschaft, ohne dass sich am Sozialprofil etwas geändert hätte.[39]

Čajkovski, der diese Mannschaft vielversprechender Talente geformt hatte, war ein Fanatiker, der noch als 40-Jähriger nichts lieber tat, als dem Ball nachzujagen. Auf Tourneen im Ausland spielte er mitunter sogar selbst in der Mannschaft mit.[40] Der temperamentvolle Kroate liebte seine Spieler, er lebte und litt mit ihnen und behandelte sie wie seine Söhne. Er sah es ihnen sogar nach, dass sie ihren «Tschik» mitunter nicht ganz ernst nahmen und hinter seinem Rücken über sein gebrochenes Deutsch spotteten.

Mit Gerd Müller hatte er freilich seine Probleme – und anfangs nicht nur er. Zeitzeugen, die über 50 Jahre später von diesen ersten Kontakten berichteten, und Memoiren, die in viel geringerem zeitlichen Abstand entstanden sind, haben den gleichen Tenor: Müller tat sich schwer, Anschluss in der Mannschaft zu finden. Er wirkte gehemmt, schaute mit

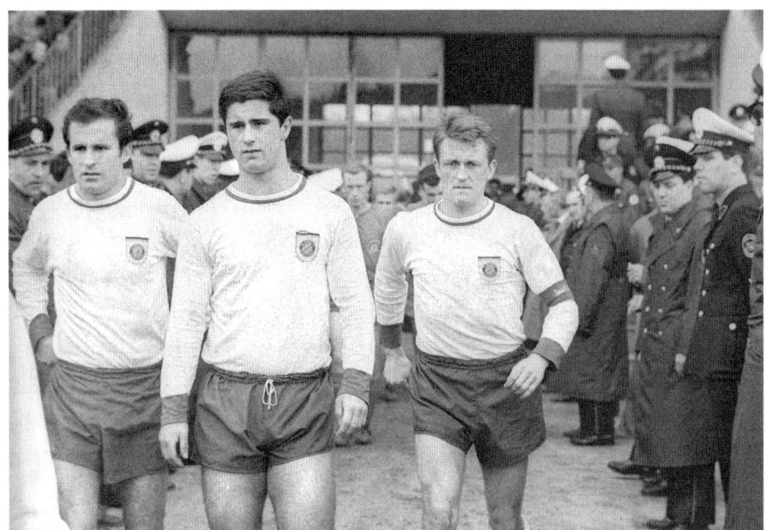

Kein ganz leichter Start beim FC Bayern

großen unsicheren Augen in die neue Umgebung und sprach nur wenig – und noch dazu in einem Dialekt, den kaum einer seiner Mannschaftskameraden wirklich verstand. Verstärkung hatten sie sich anders vorgestellt als durch die Personifizierung der reinsten Scheu.

Entsprechend frostig fiel die Begrüßung aus. Der neue Verein bereitete dem schüchternen Nördlinger mit dem Bürstenschnitt einen nicht gerade herzlichen Empfang. Nicht genug damit, dass der Trainer seine Eignung bezweifelte und ihn anfangs links liegen ließ. «Um Gottes Willen, Fembeck. Was hast Du denn da für einen Spieler gebracht. Der sieht ja aus wie ein Stier», soll er beim ersten Training mit Müller ausgerufen und damit den Stab über ihn gebrochen haben.[41] Ein Probetraining vor der Vertragsunterzeichnung hatte es nicht gegeben. Müller hätte sich einem solchen Test bei einem fremden Großverein auch nicht unterzogen, seine Nerven, sagte er später im Freundes- und Bekanntenkreis, hätten dabei nicht mitgespielt.

Auch seine neuen Mitspieler reagierten nicht anders als der Trainer. «Wir haben uns halb krank gelacht, als wir ihn zum erstenmal sahen», ließ Sepp Maier, der langjährige Mannschaftskamerad von Müller, 1980 in seinen Memoiren schreiben. «Der Rundschädel mit dem kurzgeschorenen Haar, der übergroße Rumpf, die krummen Beine. ‹Ich bin der Torjäger aus Nördlingen›, hatte er schüchtern gesagt. Eine richtige Galavorstellung. Wir schrien vor Lachen.»[42] Franz Beckenbauer hatte sich bereits fünf Jahre zuvor – die beiden spielten da schon über ein Jahrzehnt zusammen in einer Mannschaft – an seine erste Begegnung mit Gerd Müller erinnert: «Als ich ihn das erste Mal sah, dachte ich, mich trifft der Schlag. Das schmalste an ihm war der Kopf. Der saß fast halslos auf rundlichen Schultern. [...] Unwillkürlich fielen mir die Bilder einer modernen Künstlerin ein, die Nanas der Niki de Saint Phalle.»[43] Wo Beckenbauer, der gelernte Versicherungskaufmann, 1964 diese «Bilder» gesehen hat, bleibt sein Geheimnis. Die ersten Nanas (eigentlich handelt es sich um Plastiken) entstanden erst ein Jahr danach und waren anfangs auch nur Insidern bekannt. Der vermeintliche kulturelle Abstand zu Gerd Müller, den Beckenbauer 1964 gespürt haben mochte, musste von ihm noch 1975 möglichst verletzend mit einer schallenden verbalen Ohrfeige markiert werden.

Müller spürte die Ablehnung und den Hochmut, die ihm aus Teilen der Mannschaft entgegenschlugen, und er litt darunter. Die meisten hatten in puncto Bildung und Weltläufigkeit ebenfalls ihre Defizite, Müllers Handicaps aber waren ungleich größer: Keiner kam von so weit unten, kaum einem war die Herkunft aus der Provinz so stark anzumerken – viele stammten aus größeren Städten oder hatten ihre ländlichen Geburtsorte schon vor längerem hinter sich gelassen –, und kaum einer hatte in der Schule und in der Berufsschule so wenig gelernt wie Gerd Müller, der sich ja frühzeitig ganz dem Fußball verschrieben hatte. Anderes hatte und kannte er nicht.

Es versteht sich von selbst, dass sich der Rückkehrwunsch nach Nördlingen angesichts dieser Konstellation nicht verflüchtigte. Er wurde stärker und erhielt neue Dringlichkeit, als Müller vom Verein einen Rüffel wegen zu häufiger Besuche der Gaststätte «Orleans» erhielt[44] und als sich das Training in der Vorbereitungszeit auf die neue Saison als Schwerstarbeit entpuppte. Tschik Čajkovski galt zwar nicht als Feldwebel unter den Trainern, von denen viele sich als «Schleifer», «harte Hunde» und «Sklaventreiber» profilierten und es als Kompliment verstanden, wenn man sie so nannte; diese tief verwurzelten Bilder wahrer Männlichkeit begannen erst in den 1970er Jahren langsam und später immer rascher zu erodieren. Das Konditionstraining und die häufigen Spiele auf kleinen Feldern waren aber zu viel für Müller, der bis dahin oft, aber nie wirklich hart trainiert hatte. «Nach acht Tagen», bekannte er, «hab' ich gedacht, du Trottel, wärst' bloß daheim geblieben, ich war tot vom Trainieren.»[45]

Hinzu kamen viele Testspiele in der bayerischen Provinz, in denen der Trainer auch die Neuzugänge wie Müller regelmäßig zum Einsatz brachte und bis an ihre Leistungsgrenzen forderte. Müller erzielte dabei durchaus seine Tore, hatte dann aber schon bald Pech, als er sich bei einem Vorbereitungsspiel in Straubing die Hand brach und vier Wochen pausieren musste. Der Start in die Saison 1964/65 fand ohne ihn statt, nach elf Spielen stand er immer noch nicht in der Mannschaft, und das, obwohl der FC Bayern weit hinter den Erwartungen zurückgeblieben war und insbesondere im Angriff große Schwächen gezeigt hatte. Schließlich riss dem heftig in die Kritik geratenen Präsidenten der Geduldsfaden. Neudecker forderte den Einsatz des Wunderstürmers aus Nördlingen und setzte sich gegenüber dem zögernden Trainer durch.[46] Er habe, betonte der Präsident später, den Torjäger aus Nördlingen «mit kategorischem Imperativ in die Mannschaft geboxt».[47] Solche Einmischungen waren keine Seltenheit, Neudecker und Schwan beanspruchten immer Sonderrechte und hatten sie auch vertraglich festgelegt. Im Zweifel hatte der «Präse» auch bei der Mannschaftsaufstellung das letzte Wort. So war es am Anfang, und so blieb es bis zum Schluss. Seine Mitbestimmungsambition ging sogar so weit, dass er über die Anschaffung eines Funkgeräts nachdachte, damit er von der Tribüne aus den Trainer unterweisen konnte, wenn der den Überblick verloren zu haben schien.[48]

Am 18. Oktober 1964 absolvierte Gerd Müller auf Druck Neudeckers sein erstes Pflichtspiel in der Regionalliga Süd. Die Münchner gewannen auswärts gegen den Freiburger FC mit 11:2, Gerd Müller steuerte sein erstes Tor zu diesem Kantersieg bei und führte sich überhaupt «glänzend» ein, wie das «Sportmagazin» am Tag danach schrieb.[49] Müller hatte damit auch den Trainer überzeugt, er gehörte jetzt wirklich dazu und stand von nun an in der Stammformation. Er sei, schrieb die Münchner «Abendzeitung» im Februar 1965, ein «Naturtalent, das alles mitbringt, was ein Stürmer braucht: Fleißig, spritzig, uneigennützig, deckt mit dem Körper den Ball geschickt ab und schießt aus jeder Lage. Zentimetergenau kommen seine Pässe.»[50]

Am Ende der Saison belegte die Mannschaft Platz 1. Sie hatte in 36 Spielen 146 Tore erzielt, 33 davon Gerd Müller, der in nur 26 Spielen dabei gewesen war – eine fast unheimliche Quote, die ihm den Ruf eines brandgefährlichen, nie auszuschaltenden Stürmers einbrachte. Müller traf auch in der Aufstiegsrunde zur Bundesliga, die der FC Bayern diesmal souverän gewann; sechs Treffer in sechs Partien gingen auf sein Konto. Die Münchner waren damit erstklassig mit Gerd Müller als nicht mehr wegzudenkendem Faktor in der Mannschaft, der bereits im Winter 1964/65 für höhere Aufgaben in der Juniorennationalmannschaft im Gespräch gewesen war. Eigentlich «müßte man ihn nachträglich zum Juniorenkurs einladen», meinte der «Kicker» am 15. Februar 1965, keine vier Monate nach Müllers Debüt in der Regionalliga, der jetzt auch in der Gunst des Trainers ganz oben rangierte. Čajkovski feierte sich nun sogar als «Entdecker» des Torjägers, den er zuvor als ganz untauglich betrachtet hatte. Er lobte ihn bei jeder Gelegenheit in den höchsten Tönen und verpasste ihm ein liebevoll gemeintes Etikett, das der frisch gebackene Profi aus Nördlingen zu seinem und dem Verdruss seiner späteren Frau nie mehr los wurde. Mit 1,64 selbst kein direkter Riese, nannte Tschik ihn «kleines dickes Müller», obwohl jeder sehen konnte, dass er weder das eine noch das andere war: Er war 1,76 Meter groß und damit nur unwesentlich kleiner als die Hünen Beckenbauer und Roth mit ihren 1,81, sein Mannschaftskapitän Werner Olk brachte es sogar nur auf 1,74 Meter. Müllers bestes Wettkampfgewicht betrug anfangs 80 bis 82 kg, nach 1968 sank es auf 78 kg, schließlich sogar auf 73.[51] Das Einzige, was ihn wirklich von den anderen unterschied, waren seine kräftigen Oberschenkel, die den durchtrainierten Athleten immer schwerfälliger und ungelenker erscheinen ließen, als er in Wirklichkeit war.

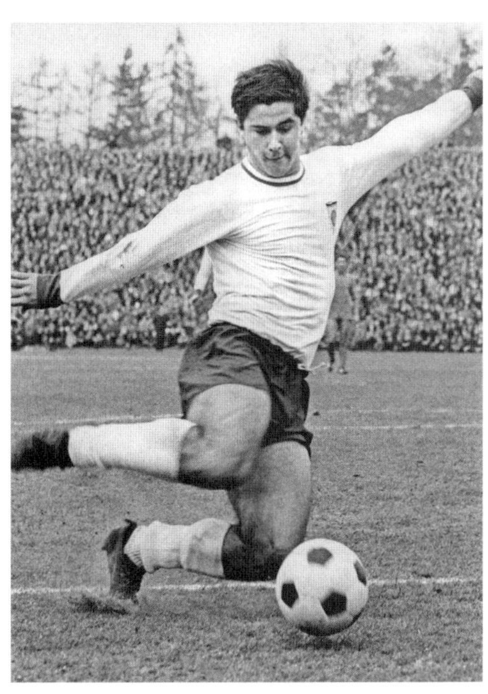

«Ballettänzer» mit «Betonoberschenkeln»

Das Lob des «Kicker» vom Februar 1965 und die überragende Bilanz als Torschütze machten Tschiks Wortschöpfung nicht vergessen; Müller hieß in der Mannschaft bis zum Schluss «der Dicke». Seine Erfolge nahmen aber den spöttischen Stimmen viel von ihrer Resonanz. Die Spötter verstummten zwar nie ganz, sie waren aber immer seltener zu vernehmen. Müller hatte sich durchgebissen und sich nicht nur im Strafraum und durch seine Tore unentbehrlich gemacht. Er war überall einsetzbar und einer der vielseitigsten Spieler des FC Bayern München. Im ersten Bundesligaspiel am 14. August 1965 gegen den Lokalrivalen 1860 München verstärkte er die Verteidigung, später agierte er im Mittelfeld oder hinter den Sturmspitzen, ohne dass seine Torgefährlichkeit litt. Selbst als Manndecker hatte er besondere Qualitäten, schaltete er doch binnen weniger Wochen die überragenden Spielmacher der gesamten Bundesliga aus: Er ließ Peter Grosser vom TSV 1860 München nicht zur Entfaltung kommen, verdammte Wolfgang Overath vom 1. FC Köln zur Wirkungslosigkeit und zeigte sogar dem genialen Günter Netzer von Borussia Mönchengladbach so eindrucksvoll die Grenzen auf, dass der Reporter der Münchner «Abendzeitung» seine schriftstellerischen Ambitionen nicht mehr zähmen konnte: Müller, «der zum Mädchen für alles ernannte frühere Bayern-Torjäger», habe sich in seiner neuen Rolle äußerst wohl gefühlt. Er «füllte Netzers Sorgenbecher bis zum Rand und jene Lücke in der Münchner Deckung, die zuvor sogar einen Beckenbauer ins Schwitzen gebracht hatte».[52]

Die Sportpresse überschlug sich fast angesichts des fulminanten Einstands des Mannes aus Nördlingen. Müller sei der «geistige Lenker» der Bayern gewesen. Er habe «defensive und offensive Aufgaben» ideal verbunden und sei wie «ein Phantom überall dort aufgetaucht», wo der Gegner nicht damit rechnete. Man nannte ihn einen «ungeschliffenen Edelstein», den «Emil Zatopek im Mittelfeld» und den mit «Pferdelungen ausgestatteten Pendler».[53] Das «Energiebündel» sei in eine «Führungsaufgabe» hineingewachsen; «kaum zu glauben, welches Arbeitspensum» er bewältigte.[54] Der «schwarzhaarige Mann mit den Betonoberschenkeln [...] schlängelte sich wie ein Ballettänzer» durch die gegnerische Abwehr.[55] «Müller eroberte die Herzen im Sturm.»[56]

Diese Hymne galt aber nicht nur ihm. Die «jungen Himmelstürmer»[57] des FC Bayern begeisterten die ganze deutsche Fußballwelt und schossen so viele Tore, dass sich in München bald der Slogan einbürgerte: «Wollen Sie Tore sehen, müssen Sie zum FC Bayern gehen.»[58] Der Aufsteiger zeigte mitreißenden Offensivfußball, kombinierte so sicher und elegant, wie man es in deutschen Stadien lange nicht mehr gesehen hatte, und die Bayern hatten mit Franz Beckenbauer nicht nur einen Künstler in ihren Reihen. Auch die anderen Spieler wussten mit dem Ball umzugehen. «Wer den Glauben an die Spielkultur, angeknackst durch die Härte und Taktik der Bundesliga, verloren haben sollte, der schaue sich diese Münchner an», schrieb der «Kicker», das führende Fachorgan, am 8. November 1965.

Am Ende der ersten Bundesligasaison stand der Neuling auf Platz 3 – punktgleich mit dem Tabellenzweiten aus Dortmund und nur drei Punkte hinter dem Lokalrivalen 1860 München, der den Meistertitel

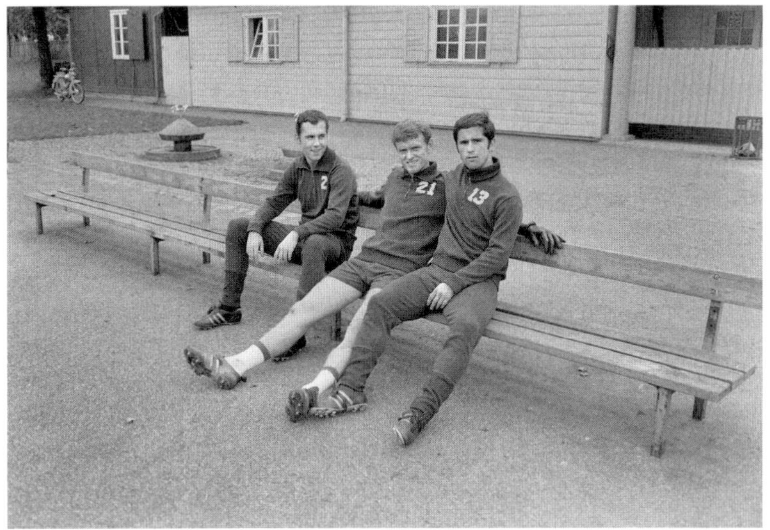

Die «Achse» – zehn Jahre eine Bank

errang. Hinzu kam der Triumph im Endspiel um den DFB-Pokal, das die Bayern im Juni 1966 mit 4:2 gegen den Meidericher SV für sich entschieden. Auf dem Weg dahin entstand eines der großen Narrative, die mit der Geschichte des FC Bayern München untrennbar verbunden sind. Sepp Maier im Tor, Franz Beckenbauer als Abwehrchef und Gerd Müller als Vollstrecker – um «diese drei Persönlichkeiten rankt sich ein Team, das alles kann», diagnostizierte das «Sportmagazin» am 23. Mai 1966. Die «Achse» Maier – Beckenbauer – Müller war geboren, um die sich das Spiel der Bayern tatsächlich mehr als ein Jahrzehnt drehen sollte.

Gerd Müller genoss den neuen Ruhm, den Empfang auf dem Münchner Marienplatz, die erste Einladung zum Aktuellen Sportstudio des ZDF und vor allem die dreiwöchige Amerika-Reise, die nach der so überaus erfolgreichen Saison nötig geworden war – gleichsam als Extraschicht, aus deren Einnahmen der Verein die Gehälter und Prämien der Spieler bestritt. Zwei Jahre zuvor hatte Müller noch gegen Vereine aus der schwäbischen Region gespielt, nun stand er in New York, San Francisco und Chicago auf dem Platz, wo er es mit namhaften Gegnern wie den Tottenham Hotspurs zu tun bekam.[59] Der 20-Jährige war in der großen Welt angekommen und wusste nun auch, dass die Flugangst, die ihm schon bei Reisen nach Berlin und Hamburg zugesetzt hatte, nichts war im Vergleich zu den Ängsten, die ihm der Atlantikflug und die langen Reisen in Amerika bereiteten.

Ansonsten kehrte Müller aber guten Mutes nach München zurück. Er gewann Selbstbewusstsein und legte zumindest im kleinen vertrauten Kreis seine anfängliche Schüchternheit ab. Auch das Heimweh verstummte langsam. Großen Anteil an dieser positiven Entwicklung hatte eine junge, außerordentlich hübsche Frau, die er bereits im Oktober 1965 kennengelernt hatte: Ursula Ebenböck (Jahrgang 1949), genannt Uschi, die in Müllers Leben die zentrale Rolle spielen sollte. Die geborene Münchnerin war 16 Jahre alt, als Müller sich in sie verliebte. Ihr Vater, ein Bauingenieur, und ihre Mutter ließen sich scheiden, als die Tochter vier Jahre alt war. Sie wuchs bei den Großeltern in geordneten bürgerlichen Verhältnissen auf, besuchte acht Jahre die Volksschule und absolvierte dann eine Ausbildung zur Großhandelskauffrau beim Autohaus MAHAG.[60]

Die beiden hatten sich in einer Tchibo-Filiale getroffen, wären sich aber wohl nie nähergekommen, wenn Uschis Kollegen nicht ein wenig kupplerisch nachgeholfen hätten. Liebe auf den ersten Blick war es jedenfalls nicht, was sie zusammenbrachte. Sie fanden sich aber sympathisch, und insbesondere Gerd bemühte sich intensiv und hartnäckig um das aufgeweckte Mädchen, das sich von seinen großzügigen Geschenken ebenso beeindrucken ließ wie von den Urteilen ihres Vaters, der als Bayern-Fan Gerd Müller kannte und wusste, dass seine Tochter im Begriff war, eine überaus gute Partie zu machen. Er habe sie aus der «Fabrik geholt», sie sei ihm mit den «schnellsten Turnschuhen der Welt» nachgelaufen und habe ihn nicht mehr losgelassen, erzählte der Bayern-Star später im Scherz, wohl wissend, dass es ihn einige Mühe gekostet hatte, die anfangs schwankende Uschi für sich zu gewinnen.

Alles Weitere ergab sich dann von selbst. Ein Jahr nach dem ersten Treffen folgte die Verlobung und am 21. August 1967 die Eheschließung unter «Anteilnahme vieler Anhänger des Bayern-Bombers»[61] – erst vor

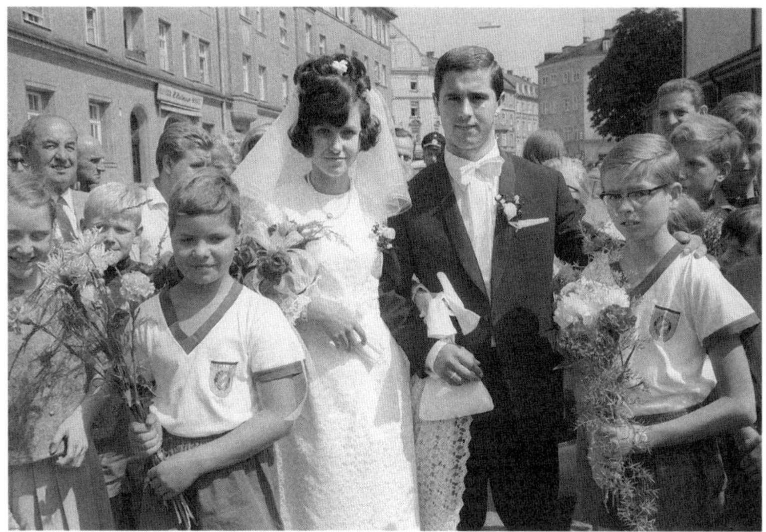

Für immer unter der Haube

dem Standesamt, dann in der katholischen St. Wolfgang-Kirche am Rosenheimer Platz, wo der Protestant und die Katholikin den Beistand höchster Instanzen für ihre Ehe erbaten, obwohl sie weder mit der Kirche noch mit dem Glauben viel anfangen konnten. Anschließend ging es in das Café Waldeck in Höllriegelskreuth, wo eine große Hochzeitsfeier mit über 70 Gästen stieg.[62]

Es war anscheinend nicht ganz leicht gewesen, einen passenden Termin für die Eheschließung zu finden. Das junge Paar hatte im Sommer 1967 alle Hände voll zu tun: Es hatte gerade ein neues Haus in Straßlach, einer kleinen Gemeinde südwestlich von München, bezogen, musste sich um die Einrichtung kümmern und obendrein einen Schäferhund finden, der auf Uschi aufpassen sollte, «wenn er [Gerd] mit dem FC Bayern auf Reisen ist».[63] Der «Torebomber», wie die «Abendzeitung» ihn nannte,[64] absolvierte seit Mitte Juli außerdem wieder das übliche Vorbereitungsprogramm für die Saison 1967/68, die am 19. August begann. Zeit für allzu viel Romantik und eine Hochzeitsreise blieb deshalb nicht. Gerd

Müller kam erst am Tag vor der Trauung von dem Auswärtsspiel in Aachen zurück und stand 24 Stunden danach um elf Uhr wieder auf dem Trainingsplatz an der Säbener Straße. Aber immerhin: «Die Hochzeitsnacht hat das Brautpaar im eigenen Haus in Straßlach verbracht, zu dem ihm der FC Bayern verholfen hat.»[65]

Der Trainer hatte es sich selbstverständlich nicht nehmen lassen, dem Paar bei der Eheschließung die Ehre zu erweisen. Er war froh, wenn seine Spieler so früh wie möglich unter die Haube kamen. Außerfußballerische Anfechtungen hatten, so meinte er, bei verheirateten Spielern keine wirkliche Chance mehr. Franz Beckenbauer und der Rest der Mannschaft waren ebenfalls in Höllriegelskreuth erschienen. Sie überbrachten das Geschenk des Vereins, das ganz im Trend der Zeit lag: ein zwölfteiliges Speiseservice der Firma Rosenthal. Spärlich vertreten waren dagegen die Nördlinger. Nur die Mutter, der Bruder Heinz und der engste Freund Helmut Wurm waren dabei und saßen in Höllriegelskreuth am Katzentisch, wie sich einige Augenzeugen erinnerten.[66]

Über diese sonderbare Behandlung ist viel spekuliert worden, alle Vermutungen haben mit Uschi Müller zu tun. Auf manche Nördlinger, die früher mit Gerd Müller verkehrten, wirkt sie wegen der Hochzeit und deren Begleiterscheinungen noch heute wie ein rotes Tuch. Bevor sie in sein Leben getreten sei, habe Müller viele freie Wochenenden in der alten Heimat verbracht, den Sommerurlaub 1965 ebenfalls, sogar ein Haus habe er sich in Nördlingen bauen wollen.[67] Mit Uschi wurde alles anders. Sie sei es gewesen, heißt es, die seine alten Freunde auf Abstand gehalten und auch den Kontakt zur Mutter auf das Nötigste beschränkt habe. Sie habe von Nördlingen nichts wissen wollen und deshalb für eine strikte Trennung vom ärmlichen Herkunftsmilieu gesorgt, ganz abgesehen davon, dass sie auch für den späteren Ruin Gerd Müllers verantwortlich sei. Sie ganz allein, weil sie sich als etwas Besseres gefühlt habe!

Solche emotionalen Schuldzuweisungen haben ihre eigene Wahrheit, die mit anderen Wahrheiten konkurrieren kann. Tatsache ist, dass Gerd Müller im Streit aus Nördlingen geschieden war, dass er nach der Hochzeit immer seltener dort aufkreuzte und dass die Verbindungen zu seinen früheren Freunden erst lose wurden und dann ganz abrissen.

Wenn er in seine Heimat kam, besuchte er in der Regel nur seine Mutter. Er war dabei fast immer allein. Uschi Müller blieb in München oder später in Amerika bei der Tochter, als im März 1983 Müllers Mutter zu Grabe getragen wurde. Er selbst tauchte beim Begräbnis erst auf, als der offizielle Teil beendet war und sich die große Trauergemeinde bereits verlaufen hatte, so dass er keine Publizität mehr fürchten musste.

Über alles andere scheiden sich die Geister. Überheblichkeit? Eifersucht? Scham über die ärmlichen Verhältnisse? Vielleicht, vielleicht auch nicht. Vieles deutet darauf hin, dass Uschi Müllers Einfluss auf ihren Mann heillos überschätzt wurde. Das von vielen so genannte junge Ding war keine böse Hexe, die ihren Mann in eine Marionette verwandelte, sondern so unerfahren wie unsicher und noch so stark in alten Rollenmustern befangen, dass sie es anfangs nicht gewagt hätte, ihrem Mann Vorschriften zu machen. Sie hatte auch kein Konzept für die Zukunft, sondern höchstens eine Ahnung, dass ihr Mann aufgrund seiner spezifischen Fähigkeiten auf dem Fußballplatz die besten Voraussetzungen für eine steile Karriere mitbrachte. Ruhm winkte, Geld winkte und ein Leben in Wohlstand und Sicherheit obendrein.

Gerd Müller durfte allerdings nicht stehen bleiben, er musste sein Potenzial nutzen. Die ehrgeizige junge Frau hatte etwas vor mit ihrem Leben an der Seite dieses Mannes, der bereits ein Star war und eine noch glänzendere Zukunft vor sich zu haben schien. Vielleicht sah sie die Gefahr einer Stagnation oder eines Rückfalls und spürte zumindest, dass ihr Mann vier schwere Hypotheken mit sich trug, die sie beide behindern konnten: die Bildungsferne, das ängstlich Geduckte, das sich vor allem im Umgang mit «besseren» Kreisen bemerkbar machte, die Nähe zum Milieu der Sinti und Roma und nicht zuletzt der Alkohol, der seinem Bruder und einer seiner Schwestern schwer zusetzte,[68] aber auch im alten Freundeskreis keine geringe Rolle spielte. Ihr Mann musste sich von Nördlingen lösen und in München mehr aus sich machen. Uschi Müller ahnte, dass ihnen eine neue Welt offenstand. Der Fußball öffnete die Tür dazu. Ihr Mann durfte seine große Chance – und sie die ihre – nicht verpassen.

Gerd Müller teilte diese Ahnungen, wenn er sich überhaupt den Kopf darüber zerbrach. Er war keine Puppe in den Händen seiner Frau und sah seine Zukunft ebenfalls in München, ganz zu schweigen davon, dass er nach den Strapazen des Trainings und der vielen Spiele viel zu erschöpft war, um alte Freundschaften zu pflegen. Er wollte lieber seine Ruhe haben. Im Wirbel der ereignisreichen Gegenwart verlor die Vergangenheit rasch an Bedeutung.

Müllers Aufstieg und die damit verbundenen Kollateralschäden hatten noch in dieser steilen Variante viel Paradigmatisches. Der Abschied von der Heimat und der Neubeginn in einer fremden Welt vollziehen sich selten reibungslos. Das Frustrations- und Konfliktpotenzial ist zumal dann groß, wenn der Neubeginn mit rasantem sozialen Aufstieg verbunden ist. Erfolgstypen dieser Art gelten nicht umsonst etwas verächtlich als Parvenus. Die Geschichte der Bundesrepublik Deutschland kennt zahllose Beispiele solch beschwerlicher Übergänge. In der Aufbruchsgesellschaft der 1960er Jahre waren sie ein Massenphänomen. Angesichts durchgreifender Diversifizierungsprozesse entstanden überall neue Sparten und Berufsprofile mit guten Zukunftsprognosen – auch im Sport. Namentlich im aufblühenden Fußball eröffneten sich spektakuläre Karrierechancen für Manager, Reporter, Sportartikelhersteller und vor allem für die Spieler selbst. Anfangs nur einige Hundert, waren es in den 1970er Jahren schon einige Tausend Profis, auf die ein Leben mit Erfolg und Glamour zu warten schien. Die Fußballprofis, so ist mit Recht geschrieben worden, waren die «wahren sozialen Aufsteiger der Nation».[69] Aber nicht nur das: Sie dienten zahlreichen Jugendlichen als Vorbilder und generell «als Symbole für eine angeblich offene Gesellschaft».[70] Wenn ein Müller aus Nördlingen oder ein Roth aus Memmingen es schaffen konnten, warum nicht auch sie? Ihre Karrieren enthielten eine Verheißung, die den allgegenwärtigen Optimismus der 1960er Jahre auf ihre Weise nährte.

Gerd Müllers Aufstieg folgte diesem Trend der Zeit, gleichwohl war er exzeptionell. Nur die wenigsten stiegen so hoch, kaum einer erreichte die neue Umlaufbahn in so kurzer Zeit, und keiner war weniger auf diese Sphären vorbereitet als er. Müller gewann bei diesem Höhenflug viel, hatte aber auch einen schmerzlichen Preis zu zahlen: Er entfremdete sich seiner Heimat, seinen Freunden und seiner Familie. Bruder und Schwestern gingen ihm aus dem Weg, selbst die Mutter sah er nach seinem Umzug nach München nur noch selten. In seiner neuen Umgebung war freilich auch nicht alles Gold, was glänzte. Müller war dort, wie sich bald zeigte, einem Anpassungsstress ausgesetzt, der auch zahlreichen anderen Profis mit einem weniger atemberaubenden Karriereweg zu schaffen machte.[71] Er hatte keinen Leitfaden zur Hand und keinen Lenker an seiner Seite – nur seine junge Frau, die genauso unerfahren war wie er selbst.

4.

# Der Durchbruch

Bei seiner Heirat im August 1967 konnte Gerd Müller auf ein Jahr zurückblicken, das ihm wie ein Märchen vorkommen musste. Ein Jahr voller Siege und Erfolge, die – so schien es – in solcher Dichte nie wiederkehren würden, in den Jahren danach aber doch fast verblassten, weil sich neue, immer größere einstellten, die 1966/67 noch jede Vorstellungskraft sprengten. Nach dem Aufstieg in die Bundesliga erhielt Müller, wie alle anderen Spieler im Kader des FC Bayern, einen neuen, besser dotierten Vertrag als Lizenzspieler und vermutlich ein stattliches Handgeld, das der DFB im Falle einer Vertragsverlängerung auf 10 000 DM pro Jahr begrenzt, im Mai 1966 aber verdoppelt hatte.[1] Es war ein offenes Geheimnis, dass sich so gut wie kein Verein an diese Regelung hielt; auch der FC Bayern zahlte unter der Hand deutlich mehr, als der DFB erlaubte. Der von mehreren Klubs umworbene Rainer Ohlhauser beispielsweise, ein Stürmer der Extraklasse, erhielt solche großzügigen Sonderzuwendungen und einen nagelneuen VW.[2] Anderen Spielern half der Verein beim Hausbau mit einem günstigen Darlehen, wobei sich Spieler und Verein auf eine Art Notwehr gegen die restriktiven Bestimmungen des DFB beriefen, die den Vereinen das Leben schwer machten.

Bei Gerd Müller dürfte es nicht anders gewesen sein. Offiziell bezog er ab Sommer 1965 ein Monatsgehalt in Höhe von 1200 DM, das sich spätestens ein Jahr danach auf 1800 DM erhöhte, weil er seit Oktober 1966 zum Kreis der Nationalspieler zählte. Damit fand auch seine Beschäftigung als Möbelpacker ein Ende, zumal er neben dem Monatsgehalt auch häufig Prämien einstreichen konnte, die – wenn alles gut lief – das reguläre Einkommen verdoppelten oder verdreifachten. 1000 DM gab es für einen Sieg; wenn es gegen den Lokalrivalen 1860 ging, winkten sogar 2000 DM – und beim Pokalsieg im Juni 1966 konnten sich die Spieler über 10 000 DM Prämie freuen.

Ganz gesichert sind diese Zahlen nicht. Sie stammen aus der Presse und von Zeitzeugen, die beim Thema Geld eher schmallippig waren. Tatsache ist aber, dass Gerd Müller im zweiten und dritten Jahr beim FC Bayern finanziell nicht klagen konnte. Sportlich sowieso nicht: Die Bayern wiederholten 1967 den Pokalsieg und errangen im selben Jahr den bis dahin größten Erfolg in der Vereinsgeschichte – im Endspiel um den Europapokal der Pokalsieger, die heutige Europa League, schlugen sie die Glasgow Rangers mit 1:0. Franz «Bulle» Roth erzielte den entscheidenden Treffer, während Gerd Müller auf dem Weg zum Endspiel in neun Begegnungen acht Tore geschossen hatte, darunter einige Siegtreffer in Nerven aufreibenden Zitterpartien, die ihm den Titel «Mister Europacup»[3] einbrachten. Müller war das «As der Bayern», hieß es nach dem 3:2 gegen Tatran Presov.[4] Auf «ihren Gerhard Müller können sich die Bayern verlassen, wenn es darauf ankommt», schrieb die Presse nach dem 3:2 gegen die Shamrock Rovers,[5] als Müller «mit einer mächtigen Bombe unter die Querlatte»[6] das Spiel entschieden hatte. Und ein «Müller-Festspiel» gab es beim 3:1 gegen Standard Lüttich.[7] Der Torjäger der Bayern, so die «Abendzeitung», «ähnelt im Typ und seiner Dynamik Uwe Seeler. Aber er liefert spielerische Delikatessen, die uns Uwe vorenthielt.»[8] Ein größeres Lob war kaum denkbar. Seeler, der Kapitän der Nationalmannschaft, figurierte ja schon zu seinen fußballerischen Lebzeiten neben Fritz Walter in der ersten Reihe der deutschen Kicker-Legenden.

Im Endspiel gegen die Rangers aus Glasgow hätte Müller beinahe gefehlt. Er hatte sich kurz zuvor Elle und Speiche gebrochen, war operiert worden und hätte danach zwingend pausieren müssen. Eine Katastrophe, die von der Presse mit täglichen Bulletins begleitet und schließlich mit vereinten Kräften abgewendet wurde. Die medizinische Abteilung des FC Bayern tat alles, um Müller fit zu machen, und schaffte es am Ende auch, was dem Mannschaftsarzt Dr. Erich Spannbauer den Ehrentitel «Wunderarzt» bescherte.[9] Der Doktor und der Spieler zogen bei diesem geglückten Versuch einer Schnellheilung an einem Strang. Müller ging jeden Tag zum Arzt, trainierte fast unentwegt mit Hanteln und auf dem Fahrrad, um sich in Form zu halten, und spielte am Ende mit einer neuartigen Ledermanschette am verletzten Arm. Ausrichten konnte er mit diesem gravierenden Handicap nicht viel. Doch allein seine Präsenz tat dem FC Bayern gut und schüchterte den Gegner ein.[10]

Gerd Müller war auch in der Bundesliga der Garant für die wichtigen Treffer. Man nannte ihn «Teufelskerl», «Münchens ‹Uwe Seeler›», «Goldjunge» und «Vollblutfußballer». «Wohl dem Klub, der einen Gerhard Müller hat!», fasste der «Kicker» am 27. Februar 1967 die allgemeine Stimmung zusammen. «Ohne Müllers Tore wäre der FC Bayern Letzter!», analysierte das «Sportmagazin» am 13. Februar 1967, nachdem er die Kugel im 21. Spiel zum 21. Mal im Tor versenkt hatte. Am Ende der Saison 1966/67 belegte Müller zusammen mit Lothar Emmerich aus Dortmund Platz 1 der Torjägerliste. 28 Tore verzeichneten die Statistiker. «Fußballer des Jahres 1967» – dieser Titel war der verdiente Lohn für eine Saison voller Höhepunkte. Franz Beckenbauer landete abgeschlagen auf dem zweiten Platz.

Die Führung des FC Bayern sah die Erfolge der jungen Mannschaft um Beckenbauer und Müller mit einem lachenden und einem weinenden Auge. Die Prämien für die Pokalsiege 1966 und 1967 und den Triumph im Europacup rissen große Lücken in den Etat des Vereins, der ohnehin fast ständig ums Überleben kämpfte. Schon zwei, drei Spielausfälle wegen Schnee und Frost waren finanziell kaum zu verkraften. Die Geldnot der Bayern war so groß, dass Präsident Neudecker im Frühjahr 1968 fest entschlossen schien, ein eventuell notwendiges drittes Spiel im Europapokal der Pokalsieger gegen den AC Mailand nicht auf einem neutralen Platz, sondern in Mailand stattfinden zu lassen, weil ihm die «milanisti» zwei Drittel der Nettoeinnahmen in Aussicht gestellt hatten.[11]

Die Bayern siegten sich beinahe zu Tode. Sie waren so knapp bei Kasse, ja so nahe an der Insolvenz, dass der Verein die Gehälter und Prämien nur teilweise oder überhaupt nicht ausbezahlen konnte. Beckenbauer und Müller waren davon anscheinend nicht betroffen. Neudeckers

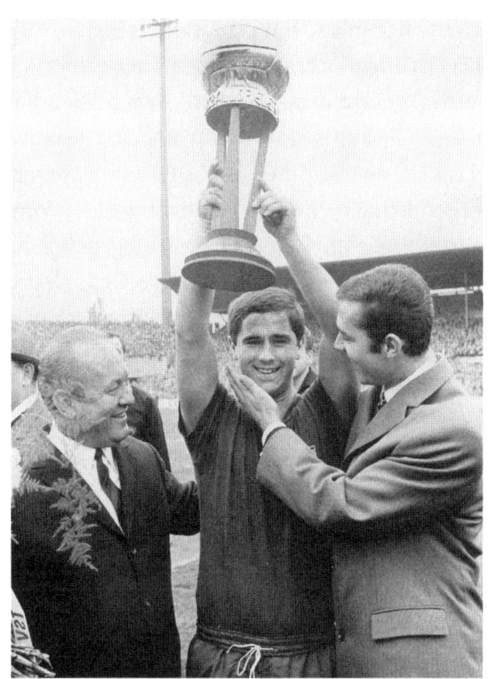

Der Stolz der Mannschaft: Fußballer des Jahres 1967

Stundungsorder betraf nur Spieler, deren Leistung den Präsidenten nicht zufriedengestellt hatte.[12] Für diese hieß es: warten, bis wieder bessere Zeiten kamen.

1968 platzte einigen von ihnen der Kragen. Der Konflikt eskalierte, als Mannschaftskapitän Werner Olk mit der Forderung «Geld oder ich kündige» an die Öffentlichkeit trat und als Rudi Nafziger, der Rechtsaußen des FC Bayern, mit der Behauptung nachsetzte, sein Verein schulde ihm noch 30 000 DM. Er werde notfalls vor Gericht ziehen. Auch die meisten anderen Spieler hatten noch ausstehende Forderungen. «Ja, fast alle bekommen noch etwas», ließ sich ein Spieler im «Kicker» zitieren. «Und wir werden unruhig. Schließlich geht es nicht um ein paar Hunderter [...]. Teilweise warten wir schon drei Jahre auf das Geld.»[13]

Ob und wie der hässliche Streit ausgeräumt wurde, muss im Dunkeln bleiben. Der FC Bayern zahlte im Sommer 1968 an vier Spieler zusammen 100 000 und an sieben weitere zusammen 30 000 DM.[14] Die Erwartungen der Profis lagen aber deutlich höher und mussten nun zurückgeschraubt werden. Anscheinend waren einige Prämien nur mündlich zugesagt worden und die Versprechen so hoch ausgefallen, dass sie den Statuten des DFB widersprachen. Die Spieler hatten dagegen keine rechtliche Handhabe. Sie hätten sich selbst an den Pranger gestellt und dürften deshalb nachgegeben haben.

1969 wiederholte sich diese Geduldsprobe. Die deutsche Meisterschaft und der Pokalsieg, das «Double», brachten den Verein erneut in ärgste finanzielle Bedrängnis. Manche Spieler allerdings auch: Rainer Ohlhauser baute gerade ein Haus. Die Prämien hätten sein Budget entlastet. «Wir haben nichts», versicherte ihm Manager Schwan ein ums andere Mal. Er musste sich also ein zweites Mal gedulden und eine Hypothek aufnehmen. Am Ende, so Ohlhauser, habe er aber sein Geld in Raten bekommen. Die Bayern-Führung habe sich, wenn auch oft mit erheblicher Verzögerung, immer an die Absprachen gehalten.[15]

Solche Engpässe gab es auch bei anderen Vereinen. Bei den Bayern dürften sie besonders groß gewesen sein, weil die Mannschaft erfolgreich und deshalb teuer war und weil sich die Einnahmen wegen des geringen Zuschauerschnitts von 20 000 in engen Grenzen hielten. Sponsoren gab es in den 1960er Jahren noch nicht, auch Einnahmen aus Fernsehübertragungen[16] oder aus der Werbung waren noch Zukunftsmusik. Dem FC Bayern blieb deshalb keine andere Wahl, als auf das Humankapital zu setzen: Er musste Freundschaftsspiel um Freundschaftsspiel absolvieren, um die Kasse aufzufüllen. In den 1960er und 1970er Jahren lief die Mannschaft mehr als vierzigmal pro Jahr zu solchen Partien auf. Nach samstäglichen Auswärtsspielen in der Bundesliga fuhr die Mannschaft nicht nach Hause, sie bestritt am Sonntag eine Begegnung in der Provinz und kehrte erst dann nach München zurück – zum Training und zu einem weiteren Kräftemessen unter der Woche in Miesbach, Rosenheim oder Penzberg.

Hinzu kamen kürzere Gastspiele im Ausland, die zuweilen sogar zwischen zwei Bundesligapartien eingeschoben wurden, und längere Tourneen um die Weihnachtszeit und in der Sommerpause. Im Dezember 1966 beispielsweise starteten die Bayern nach dem letzten Bundesligaspiel des Jahres zu einer nur wenige Tage dauernden Stippvisite nach Südamerika, wo sie bei hochsommerlichen Temperaturen in Buenos Aires und Santiago de Chile spielten. Sie legten dabei 28 000 km zurück und landeten erst am Heiligen Abend um 14.05 Uhr auf dem Flughafen München-Riem.[17]

Müller und Beckenbauer mussten bei diesen Partien mitwirken, ohne die Stars wären die Gagen für den FC Bayern deutlich geringer ausgefallen. Aber auch die anderen Spieler konnten sich keine Pause gönnen. Der Kader war mit 14, 15 Mann relativ klein, die Kerntruppe stand also fast immer auf dem Platz und konnte während der Pflichtspiele auch nicht durch Wechsel entlastet werden, weil die Statuten des DFB erst ab Sommer 1967 den zwölften Mann als Auswechselspieler erlaubten. Die Stammkräfte kamen so Saison für Saison auf rund 80, in den frühen 1970er Jahren sogar auf über 100 Spiele.

Die Familien hatten angesichts solcher Strapazen vielfach das Nachsehen. In den heißen Phasen der Bundesliga und des Europacups sahen die Ehefrauen ihre Männer und die Kinder ihre Väter nur sporadisch. Das Training an der Säbener Straße war noch das Wenigste, obwohl es zusammen mit den häufigen Arztbesuchen auch viele Stunden fraß. Weit mehr Familienzeit kosteten die wochenlange Vorbereitung vor der neuen Saison, das obligatorische, mindestens eintägige, manchmal auch zweitägige Trainingslager vor den Pflichtspielen im heimischen Stadion, die Reisen und Übernachtungen bei Auswärtsspielen und die vielen Tourneen ins Ausland, die damals noch sehr viel mehr Zeit beanspruchten als heute.

Einen kleinen Ausgleich für die Frauen gab es in den 1960er Jahren immerhin noch. Man traf sich nach Heimspielen im Paulaner- oder Löwenbräu-Keller und tauschte sich auch über private Belange aus. Das Gesellige schrieb der FC Bayern damals recht groß. Dafür sorgte schon der Trainer, Tschik Čajkovski, der für sein Leben gern in vertrauter Runde aß und trank. Eine ähnliche verbindende Funktion hatten die Feiern nach großen Erfolgen wie dem Aufstieg in die Bundesliga oder dem Triumph im Europapokal der Pokalsieger und die Weihnachtsfeiern, die im Löwenbräu-Keller über die Bühne gingen und demselben Muster folgten wie derartige Ereignisse in Behörden und größeren Firmen: Es gab Ansprachen, Einlagen von Chören und Sängern, einen Höhepunkt mit dem Zauberer Marvelli und die unvermeidliche Tombola, ehe man – untermalt von den Darbietungen der «lustigen Moosacher» – zum gemütlichen Teil übergehen konnte.[18] Auch hier waren die Frauen selbstverständlich dabei.

Gerd Müller fühlte sich in dieser Vereinsidylle wohl. Vor allem nach Spielen, die er durch seine Tore entschieden hatte, legte er in der Bierkelleratmosphäre seine Scheu und Gehemmtheit ab. Kulturelle und mentale Unterschiede und die Spötteleien, die ihm immer wieder das Leben schwer machten, spielten in Siegerlaune keine Rolle. Hier saßen junge ausgelassene Männer mit ihren Frauen und Freundinnen zusammen und freuten sich – über das gewonnene Spiel und über die Prämien, zumal diese nicht selten bar ausbezahlt wurden. Hier blühte der Flachs, hier floss das Bier, aber nie in Strömen, wie die Zeitzeugen augenzwinkernd versicherten, die Müller in diesem Ambiente als lustig, witzig und überaus kommunikativ erlebten. München war hier wie Nördlingen, wie überhaupt gesagt werden muss, dass die Profis im Löwenbräu-Keller sich von den Amateuren in der Kreis- oder Landesliga noch nicht sonderlich unterschieden. Die Vereinskulturen ähnelten sich, die Profis schlugen erst später andere Wege ein – ihre Zukunft als abgehobene Medienstars zeichnete sich in den späten 1960er Jahren aber schon ab.

Dass Müller beim FC Bayern Fuß fasste und auch in der bayerischen Landeshauptstadt langsam heimisch wurde, lag – neben den stupenden Erfolgen im Verein – insbesondere an seiner Karriere in der Nationalmannschaft. Das Trikot mit dem Bundesadler zu tragen, erfüllte ihn mit enormem Stolz. 1966 waren bei der Weltmeisterschaft in England mit Beckenbauer und Maier nur zwei Bayern-Spieler dabei gewesen. In den Jahren danach schafften mehrere Mannschaftskameraden von Müller den Sprung in das Team von Bundestrainer Helmut Schön, aber keiner konnte sich vor 1970 dauerhaft behaupten – bis auf den Torjäger, der damit in der vereinsinternen Hierarchie auf Platz 2 vorrückte, hinter Beckenbauer und vor Sepp Maier; Torhüter galten lange als eine Spezies für sich. Sie hatten weniger zu sagen und erhielten weniger Geld als «richtige» Fußballer.

Helmut Schön war schon vor der Weltmeisterschaft in England auf den gefährlichen Stürmer des FC Bayern aufmerksam geworden und hatte ihn im März 1965 noch als Regionalligaspieler zu einem Sichtungslehrgang eingeladen, den Müller wegen einer Erkältung nicht absolvieren konnte.[19] Eine Berufung in den Kreis der Englandfahrer kam aber noch zu früh, zumal die Nationalmannschaft im Angriff über eine ganze Reihe auch international erfahrener Kräfte verfügte.[20] Die Einladung Schöns traf aber schon im Herbst 1966 ein: Müller trug am 12. Oktober 1966 im Länderspiel gegen die Türkei zum ersten Mal das Trikot der Nationalmannschaft und musste dabei keinen Geringeren als den legendären Uwe Seeler ersetzen, der verletzt fehlte. Keine leichte Aufgabe, die Müller denn auch heillos überforderte. Er sei ein «totaler Ausfall gewesen», attestierte ihm die Presse: «Auch unter Berücksichtigung ‹mildernder Umstände› für den Neuling».[21]

Schön hielt trotzdem an ihm fest. Der Münchner musste zwar einige Male pausieren, hatte im Notizbuch des Bundestrainers aber weiterhin seinen festen Platz und wurde im April 1967 ein zweites Mal in die Nationalelf berufen. Diesmal ging es in der Qualifikation für die Europameisterschaft gegen Albanien. Die deutsche Mannschaft gewann 6:0, und Müller markierte vier Treffer. Eine Sensation: So viele Tore hatte nach 1945 noch kein Spieler in einem Länderspiel erzielt. An dem «Vollblutfußballer» führe kein Weg mehr vorbei, meinte das «Sportmagazin», während der «Kicker» die seit längerem diskutierte Frage «Uwe Seeler oder Gerd Müller?» für endgültig beantwortet hielt. Beide müssten im Dress der Nationalmannschaft auflaufen.[22]

Doch dann folgte ein herber Rückschlag. Nach der Handverletzung, dem Gewinn des Europapokals und dem Rummel um die Hochzeit hatte Gerd Müller in der Bundesliga Ladehemmung, so dass er auch um seinen Platz in der Nationalmannschaft fürchten und tatsächlich mehrmals aussetzen musste. Richtig in Fahrt kam er in der Saison 1967/68 nicht mehr, weder in der Elf von Helmut Schön noch im Verein, für den er am Ende nur 20 Tore schoss – wenig für ihn.

Auch der FC Bayern blieb 1967/68 weit hinter den Erwartungen zurück. Der Höhenflug schien beendet, die ständige Überspannung der Kräfte machte sich vor allem bei den jungen Spielern bemerkbar. Schon die Vorbereitung auf die Saison war alles andere als optimal verlaufen. In Wahrheit konnte von systematischer Vorbereitung überhaupt keine Rede sein. Die Bayern absolvierten in 18 Tagen zwölf Spiele und fanden nie Zeit, ihre Kondition zu stärken und neue Spielzüge einzuüben. Die Mannschaft war ständig auf Achse und musste sich kurz nach dem Saisonstart auch noch dem Marschbefehl von Neudecker und Schwan nach Barcelona fügen, die dort zwei Turnierspiele verabredet hatten, um frisches Geld einzuspielen.

Als Störfaktor kam um die Jahreswende 1967/68 schließlich noch die unerquickliche Diskussion über die Zukunft des Trainers hinzu. Tschik Čajkovski, der Vater der Mannschaft, wollte weg. Er war der ewigen Einmischungen von Schwan und Neudecker überdrüssig, wartete vergeblich auf eine Verstärkung des kleinen Kaders und hatte wohl auch selbst das Gefühl, das Potenzial der Mannschaft ausgeschöpft zu haben. Der Funke sprang nicht mehr über, die Mannschaft wirkte ausgebrannt, und nicht zuletzt Müller war gelegentlich nur noch ein Schatten seiner selbst.

Geld spielte bei der Entscheidung Čajkovskis ebenfalls eine Rolle. Die Bayern zahlten mittlerweile 17 500 DM brutto im Monat und bei Erfolgen üppige Prämien,[23] gutes Geld also, das aber unregelmäßig kam. Die Konkurrenz aus Hannover bot anscheinend deutlich mehr. Bereits ein halbes Jahr vor Vertragsende war deshalb klar, dass der Trainer in München zur Disposition stand. Neudecker hatte die Stelle ausschreiben lassen, rund ein Dutzend offizielle und inoffizielle Bewerber machten sich Hoffnungen – unter ihnen Max Merkel, der letztlich viel zu teure Lieblingskandidat des Präsidenten, Dettmar Cramer, den Sepp Herberger ins Spiel gebracht hatte, und Branko Zebec, der schließlich den Zuschlag erhielt.[24]

Die mit dem Trainerwechsel verbundenen Spekulationen und Ungewissheiten waren Gift für das Binnenklima des Vereins, zumal gleichzeitig drei weitere Hiobsbotschaften durch die Presse geisterten: Beckenbauer sollte verkauft werden, um die finanziellen Sorgen der Bayern zu beheben. Čajkovski wollte «Bulle» Roth mit nach Hannover nehmen. 80 000 DM Handgeld sollen die Niedersachsen für den dynamischen Mittelfeldspieler geboten haben. Und: Auch Gerd Müller dachte über einen Wechsel nach. Ihn habe es nach Nürnberg gezogen, gab Max Merkel, der Trainer des «Clubs», im Januar 1968 bekannt. Müller habe sich bei ihm erkundigt, ob ein Platz für ihn frei sei.[25] Die erfolgreiche Mannschaft, so schien es, befand sich in Auflösung. Der fünfte Tabellenplatz am Ende der Saison bestätigte solche finsteren Prognosen.

Roth und Beckenbauer blieben in München, und alles deutet darauf hin, dass es sich auch bei dem Wechselwunsch Müllers nur um eine temporäre Anfechtung handelte. Er fühlte sich bei den Bayern wohl, und ihn schreckte auch der Nachfolger von Tschik Čajkovski nicht. Zebec war als Trainer auch ein fast unbeschriebenes Blatt, ein «Mann, der aus dem Dunkeln kam», wie man ihn nannte.[26] Bevor ihn die Bayern holten, hatte er zwei Jahre lang nur Dynamo Zagreb trainiert. Als Spieler hingegen hatte der 1929 geborene Kroate zu den ganz Großen gezählt. 65 Einsätze in der jugoslawischen Nationalmannschaft und zwei Berufungen in die Weltelf sprachen für seine Klasse, die er von 1961 bis 1965 auch bei seinem Engagement bei Alemannia Aachen unter Beweis gestellt hatte.[27]

Dass die Bayern gerade ihn als neuen Trainer verpflichteten, dürfte mit dem Ruf zu tun gehabt haben, der Zebec vorauseilte: Er galt als «harter Hund» und entsprach damit genau dem Männer- und Vorgesetztenbild, das beträchtliche Teile der Öffentlichkeit, namentlich aber auch Neudecker verinnerlicht hatten. Der «Präse» stand noch immer im Banne alter Obrigkeitsreflexe und träumte nicht umsonst von Max Merkel als Trainer des FC Bayern, der – wo immer er war – seiner Truppe die Peitsche gab. Auch Neudecker selbst hielt sich für hart, zäh und abgebrüht und verlangte von seinen Angestellten und Spielern, dass sie mit der letzten Hingabe und Opferbereitschaft bei der Sache waren.

Den Ausschlag für die Verpflichtung des Kroaten gaben aber vor allem finanzielle Erwägungen. Zebec kostete mit 6000 DM brutto im Monat[28] viel weniger als Čajkovski, der 1968 alles in allem zwischen 200 000 und 300 000 DM verdient hatte[29] und auch in anderer Hinsicht relativ anspruchsvoll gewesen war. Tschik pochte auf die Hoheit des Trainers über die Mannschaft und reagierte geradezu allergisch auf die zähen Debatten, die er mit der Vereinsführung über die Mannschaftsaufstellung führen musste. Zebec würde auf seiner ersten Station als

Trainer in der Bundesliga weniger widerborstig sein, meinten Neudecker und Schwan und hatten damit anfangs auch recht. Zebec räumte im Juni 1968 gegenüber dem «Kicker» freimütig ein, dass er sich verpflichtet habe, «alle Fragen der Mannschaft in Übereinkunft mit dem technischen Direktor Robert Schwan zu lösen».[30]

Lange währte dieser Burgfrieden aber nicht. Zebec erwies sich als selbstbewusster Mann, der sich von der Vereinsführung bald noch weniger sagen ließ als sein Vorgänger, der im Überschwang der vielen Erfolge dann doch immer wieder nachgegeben hatte. Zebec tat das nicht. Der Kontrast zu seinem Landsmann Čajkovski konnte überhaupt größer kaum sein, wie sich bald herausstellte. War Tschik ein auf Emotion und Spielfreude setzender Motivator, so wird man Zebec als den ersten Konzepttrainer bezeichnen können, den der FC Bayern hatte. Er hatte neben Sport auch Mathematik und Physik studiert – und das merkte man im Training und bald auch am Spiel der Bayern.

Die Übungseinheiten waren für die meisten Spieler anfangs eine Qual. Während sich bei Čajkovski alles um den Ball drehte, legte Zebec den Hauptakzent auf die Fitness der Spieler, die zuvor tatsächlich zu wünschen übrig gelassen hatte. Wie oft waren die Bayern in der zweiten Halbzeit wegen konditioneller Schwächen eingebrochen! Hier setzte Zebec mit spartanischem Drill an. Nicht genug damit, dass er in der Vorbereitung auf die neue Saison 1968/69 häufiger trainieren ließ als sein Vorgänger. Im Training wehte auch ein ganz anderer Wind. Zebec bestand auf dem kräftezehrenden Zirkeltraining, das mitunter bereits um sieben Uhr morgens begann und durch verschiedene Übungen alle Muskelpartien belastete. Im Lauf des Vormittags verordnete Zebec dann halbstündige Dauerläufe, die deshalb so verhasst waren, weil zwischenzeitlich das Tempo immer wieder verschärft werden musste, bevorzugt bei Steigungen. Nach der Mittagspause ging es von vorne los. «Und das vier Wochen lang», wie der entnervte Sepp Maier in seinen Memoiren schrieb.[31] Der nicht gerade zimperliche «Bulle» Roth schüttelt noch heute den Kopf über diese Schinderei. Er berichtete, dass sich manche Spieler nach solchen Gewaltaktionen übergeben und den Trainer regelrecht verflucht hätten. Seine Methoden seien «nicht mehr menschlich» gewesen.[32]

Neu war für die ballverwöhnten Bayern aber nicht nur die quälende Konditionsarbeit. Zebec war ein ebenso besessener wie sensibler Tüftler, der größten Wert auf genaue Vorbereitung auf den Gegner und intensive taktische Schulung legte, die Čajkovski ganz vernachlässigt hatte. Ausdruck dieses Kurses war die Umstellung auf ein neues Spielsystem – von 4-2-4 auf die Formation 4-3-3 –, das auch unter Čajkovski schon gelegentlich praktiziert worden war, jetzt aber die Regel und perfektioniert wurde. Im Grunde lief diese Umstellung auf eine defensivere Spielweise hinaus, wobei sich die Abwehr- und die Mittelfeldspieler durch langes kontrolliertes Ballhalten und blitzschnelles Umschalten in die Offensive vor ganz neue Aufgaben gestellt sahen. Der mitreißende Hurra-Fußball der Ära Čajkovski gehörte der Vergangenheit an. Die Bayern spielten weniger emotional, dafür aber sehr viel konstanter, rationaler und rationeller als zuvor. Der «Kicker» sprach später von einer «eiskalten Profielf, die selten mehr tut als unbedingt nötig und dabei den Gegner zumeist noch schlecht aussehen läßt».[33]

Gerd Müller, im Training noch nie ein Anhänger strapaziöser Laufarbeit, dürfte unter Zebec ebenfalls gestöhnt haben. Er gehörte aber bereits nach wenigen Monaten zu den großen Gewinnern des neuen Regimes. «Nicht gleich in die Luft gehen, wenn's nicht klappt», scherzte er auf eine damals berühmte Zigarettenwerbung anspielend gegenüber der Presse: «Greife lieber zu Branko Zebec – und es geht alles wie von selbst.»[34] Müller verlor binnen kurzer Zeit sechs Kilo und wirkte nun viel drahtiger, beweglicher und wendiger. Außerdem profitierte er davon, dass Zebec – vor und nach den üblichen Einheiten – ein spezielles Training für Strafraumspieler einführte und das Offensivspiel ganz auf ihn als Spitze zuschnitt.[35] Ohlhauser, der zuvor den Sturm angeführt hatte, zog sich nun in der Regel weiter zurück, während Müller im Angriffszentrum auf die Zuspiele seiner Mitstreiter lauerte. Schließlich kam es ihm zugute, dass der Trainer für Franz Beckenbauer das strenge Pflichtprogramm als Abwehrchef lockerte. Zebec platzierte den knorrigen Georg Schwarzenbeck an seiner Seite, so dass Beckenbauer als freier Mann, als Libero, immer häufiger schnelle Vorstöße über die Mittellinie starten konnte. Daraus entwickelte sich ein Alleinstellungsmerkmal des FC Bayern – das virtuose Zusammenspiel zwischen dem

«Kaiser» und Gerd Müller, das als Doppelpass in die Geschichte des Fußballs eingegangen ist. Beckenbauer zu Müller, Müller zu Beckenbauer und wieder zu Müller zurück – mit fast traumwandlerischer Sicherheit spielten sie sich auf engstem Raum die Bälle zu, ehe meist Müller vollstreckte. Kein Geringerer als Günter Netzer erblickte in diesem fußballerischen Pas de deux «eine Sehenswürdigkeit auf dieser Welt».[36] Auf diese Weise fielen nach 1968 zahlreiche Tore für den FC Bayern München.

30 waren es für Müller in der Saison 1968/69 allein in der Bundesliga, was ihm wieder den Titel «Torschützenkönig des Jahres» einbrachte. Dabei hatte er vier von 34 Partien versäumt, weil er nach einem eher harmlosen Foul an Jupp Heynckes von Borussia Mönchengladbach des Feldes verwiesen worden war und zwei Monate aussetzen musste. In dieser Zeit gewannen die Bayern kein einziges Spiel. Die dabei fast torlosen Münchner hätten einen «Ohne-Müller-Komplex», unkte die Presse und sah sich bestätigt, als die Bayern nach seiner Rückkehr das schwere Auswärtsspiel gegen Hertha BSC Berlin mit 2:1 gewannen – durch zwei Tore von Müller.[37] Dass es mit ihm wieder aufwärts ging, attestierten ihm auch die Experten des «Kicker», die ihn im Sommer 1968 bei der traditionellen Umfrage zur Rangliste des deutschen Fußballs schon abgeschrieben hatten. Er hatte weder das Prädikat «Weltklasse» noch das Prädikat «Internationale Klasse» erhalten, sondern war unter ferner liefen im Kreise derer gelandet, die «immer noch oder schon im Blickfeld» standen.[38]

Ein Jahr später sah die Bilanz ganz anders aus, Mitte 1969 galt Müller in der Gruppe der deutschen Innenstürmer als der Beste. Internationale Klasse bescheinigten ihm nun die Fachleute.[39] Das hatte vor allem mit seinen Leistungen im DFB-Pokal und in der Bundesliga zu tun. Die Bayern gewannen beide Wettbewerbe: den Pokal im Endspiel gegen Schalke 04 mit 2:1, wobei Müller beide Tore und im gesamten Wettbewerb sieben der acht Bayern-Treffer erzielte, und erstmals seit 1932 auch die Meisterschaft mit einem komfortablen Vorsprung von acht Punkten. Auch hier erwies sich Müller als Torfabrik, die mit staunenswerter Präzision und Zuverlässigkeit arbeitete. Er wurde erneut Torschützenkönig und stand mit Beckenbauer in der Elf des Jahres, die der

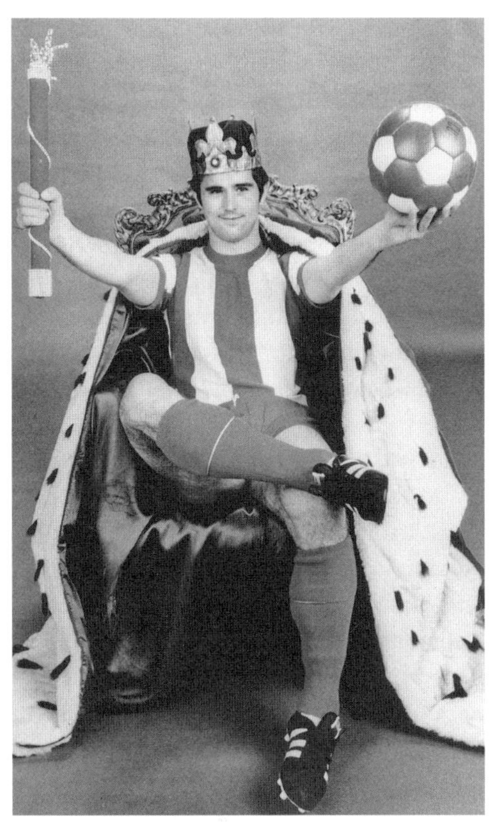
König der Tore

«Kicker» ermittelt hatte. «Es lebe der König», hieß es im «Kicker/Sportmagazin», das ein Bild Müllers veröffentlichte, das ihn in Hermelin gehüllt mit Krone und Zepter zeigte.[40] Neben dem «Kaiser» hatten die Deutschen damit auch einen «König» und die Bayern zwei gekrönte Häupter in ihren Reihen.

Das Publikum huldigte seiner Majestät aber auch wegen der Erfolge mit der Nationalmannschaft, die sich 1968/69 für die Weltmeisterschaft in Mexiko qualifizieren musste. Müller hatte sich nach einer gewissen Durststrecke seinen Platz durch beeindruckende Leistungen zurückerobert und zählte nun definitiv zu den Stammspielern, zumal Uwe Seeler

1968 seinen Rücktritt erklärt hatte und erst im Herbst 1969 wieder in das Team von Helmut Schön zurückkehrte. Sechs Spiele waren auf dem Weg nach Mittelamerika zu absolvieren, der sich mit Gegnern wie Schottland, Österreich und Zypern als überaus schwierig erwies. Müller war in allen Partien dabei und traf jedes Mal: Beim Auswärtsspiel in Nikosia markierte er den Siegtreffer zum 1:0, das Heimspiel gegen Österreich entschied er per Kopf zum 1:0, in Glasgow glich er kurz vor Schluss zum 1:1 aus, und beim 12:0-Heimsieg gegen die Zyprioten schlug er gleich viermal zu. Auch beim alles entscheidenden Heimspiel gegen die Schotten – ein hart umkämpftes 3:2 – trug er sich in die Torschützenliste ein. Ganz Fußball-Deutschland stand Kopf angesichts dieser famosen Trefferquote. Müller war in aller Munde, er wurde zum «Retter der Nation»[41] und avancierte zugleich zum «Bomber der Nation».

Mit diesem martialischen Titel hatten die Sportjournalisten zuvor schon Uwe Seeler geschmückt.[42] Auch Müller selbst war gelegentlich so genannt worden,[43] obwohl ihm und seinem Fußballstil nie etwas anhaftete, was dieses Etikett gerechtfertigt hätte, und er sich auch aus der Nation nicht allzu viel machte, wie sich bald zeigen sollte. Die Realität hatte trotzdem keine Chance gegen das noch immer virulente Bedürfnis nach nationaler und militärischer Zuspitzung. Seit 1969/70 war er jedenfalls der alleinige «Bomber». Ohne seine Tore hätte die WM in Mexiko ohne deutsche Beteiligung stattfinden müssen.

Das wusste auch Gerd Müller. Er leitete daraus den Anspruch ab, im Zentrum der deutschen Offensive zu spielen – und nicht Uwe Seeler, der in seinen Augen zu alt und zu verletzungsanfällig war. Schon die Rückkehr des 32-jährigen Hamburgers in die Nationalmannschaft war nicht nach seinem Geschmack gewesen; erst recht nicht die Tatsache, dass er das Trikot mit der Nummer 9 an den alten Sturmführer abtreten musste, der es zuvor getragen hatte und es jetzt, wie selbstverständlich, wieder trug. Auch der Beifall, der dem überaus beliebten «Uns Uwe» allenthalben entgegenschlug, schmerzte ihn, weil er darin einen Mangel an Respekt und Wertschätzung für seine eigene Leistung erblickte. Was sprach eigentlich für Seeler? Die Tradition, die Anhänglichkeit der Fußballfans – mehr nicht, während er in allen Wettbewerben erfolgreich war und die entscheidenden Tore erzielte.[44]

Mit dieser Meinung hielt Müller auch nicht hinter dem Berg. Er dachte genauso wie die französische Sportzeitung «L'Equipe», die meinte, Helmut Schön betreibe mit Seeler «eine Art Denkmalpflege».[45] Ganz unverblümt forderte er deshalb den Bundestrainer auf, sich zwischen ihm und der Legende Seeler als Sturmspitze zu entscheiden. Die Nationalmannschaft brauche den Hamburger nicht unbedingt, Ohlhauser, sein Sturmpartner vom FC Bayern, sei mindestens genauso gut.[46] Er fühle sich nicht als «zorniger junger Mann» und werde die Entscheidung des Bundestrainers respektieren, allerdings nur, wenn sie zu seinen Gunsten ausfiel. «Ich muß nicht mit nach Mexiko – ich kann auch zu Hause bleiben.»[47]

Aus Müllers dreistem Ultimatum resultierte eine der großen Debatten in der Geschichte der Nationalmannschaft.[48] Sie beschäftigte die Fußballwelt fast zwei Jahre lang und zog Millionen Fans in ihren Bann. Tag für Tag, Woche für Woche prallten im Fall Müller/Seeler die Meinungen aufeinander. Eigentlich waren es Welten: Hier die einen, die der Legende aus Hamburg, dem ewigen Rackerer, dem anständigen Kerl mit Bodenhaftung, der trotz eines Millionenangebots aus Italien seinem Verein die Treue gehalten hatte, den Vorzug gaben – dort die anderen, die den gerade volljährig gewordenen aufsässigen Jungspund mit den jetzt langen Haaren favorisierten, der erst einige Länderspiele absolviert hatte, aber dennoch alle Konventionen und Hierarchien in Frage stellte und auf die Anerkennung seiner Leistung pochte.

Müller befeuerte diese Debatte immer wieder mit markigen Sprüchen und Forderungen. Seine bissigen Interventionen kamen für viele überraschend. Wer ihn näher kannte, wunderte sich freilich nicht. So scheu, schüchtern und zurückhaltend er im Allgemeinen auch auftrat, wenn er auf dem Platz stand oder wenn es sonst wie um Fußball ging, war er ein anderer – unbekümmert, selbstbewusst, mitunter sogar richtig frech. Er sagte dann, was er dachte, und kam gar nicht auf den Gedanken, taktische Rücksichten zu nehmen. Ohne groß zu überlegen, legte er seine Meinung dar und brach dabei – unwissentlich – gleich drei Tabus: Er forderte seinen Einsatz, schlug dem Bundestrainer mit Rainer Ohlhauser eine Alternative für Uwe Seeler vor und drohte mit dem Rückzug aus der Nationalmannschaft, falls er kein Gehör finden sollte.

So etwas hatte es im DFB noch nie gegeben. In der alten, von Sepp Herberger geprägten Fußballwelt wurde man erst notiert (im legendären Notizbuch des «Chefs»), dann offiziell «einberufen» und schließlich vom Trainer aufgestellt, wobei man sich dankbar zeigte und in die Gemeinschaft einordnete, ohne zu murren und ohne Ansprüche zu stellen. Uwe Seeler, die «Inkarnation all jener Tugenden [...], denen sich die Gesellschaft des Wiederaufbaus verschrieben hatte»,[49] hätte es nie gewagt, dem Trainer Ratschläge zu erteilen oder gar Vorschriften zu machen. Er hatte die alten Regeln so verinnerlicht, dass es ihm gar nicht in den Sinn kam, dagegen zu verstoßen. Müller, der Aufsteiger aus der Provinz, setzte sich einfach über sie hinweg. Er hatte seine Meinung und wollte ihr Geltung verschaffen, alles andere kümmerte ihn nicht – am wenigsten die alten Zöpfe und Benimmregeln im DFB, die generationelle Ablösungsprozesse – wie bei Müller und Seeler – bis dahin gar nicht erst aufkommen ließen.

Dabei war Gerd Müller kein Protagonist der damaligen Protestkultur, die Jahre später auch das Team von Helmut Schön erreichte. Er profitierte aber von der in Teilen der Gesellschaft grassierenden Auflehnungsbereitschaft gegen überkommene Leitbilder und Leitfiguren. Wer, wie Müller, diese in Frage stellte und generell den Generationenkonflikt forcierte, stand nie auf verlorenem Posten. Rezeptoren fand er nicht nur in den Medien, die auch im Fußball zunehmend mehr auf personalisierte Berichterstattung setzten und solche Hahnenkämpfe zwischen Alt und Jung liebten. Er fand sie überall, und zwar mindestens so viele wie Uwe Seeler, den diejenigen favorisierten, die am Alten hingen.

Angesichts etwa gleich starker öffentlicher Meinungsbataillone spannte Helmut Schön den Rebellen und den Veteranen einfach zusammen. Der eigentliche Sieger des Streits war aber der Torjäger des FC Bayern. Er spielte in Mexiko an vorderster Front, während Seeler sich als «hängende Spitze» mit einer «dienenden» Rolle zufriedengeben musste. Diese Lösung wäre mit Sepp Herberger wohl kaum möglich gewesen. Der legendäre «Chef» hätte auf seine Autorität gepocht und Müller schon aus erzieherischen Gründen in die Schranken verwiesen. Schön verzichtete auf ein Machtwort. Er war geschmeidiger

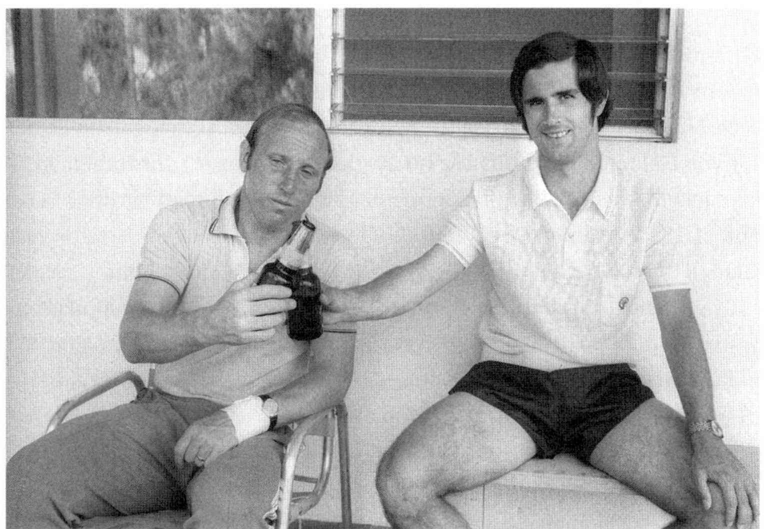

Rivalen und Freunde

und kompromissfähiger und verbannte die beiden Streithähne in Mexiko schließlich sogar in ein Zimmer, wo sie über Wochen bestens harmonierten.[50]

Das Ergebnis gab dem Bundestrainer auch auf dem Platz recht. Die deutsche Mannschaft präsentierte sich in der Hitze Mittelamerikas in ebenso beeindruckender Verfassung wie das neue Stürmerpaar und landete am Ende auf Platz 3. Müller stand bei allen sechs Spielen in der Anfangsformation und erzielte insgesamt zehn der 16 Tore. Nur im kleinen Endspiel um Platz 3 gegen Uruguay blieb er ohne zählbaren Erfolg: Im ersten Spiel gegen Marokko schoss er den Siegtreffer zum 2:1, im zweiten gegen Bulgarien trug er mit drei Toren zum 5:2-Erfolg bei, und das dritte gegen Peru entschied er ganz allein: Müller, Müller, Müller verkündete die Anzeigetafel beim 3:1. Der Mann mit der Rückennummer 13 stand im Strafraum immer an der richtigen Stelle, er zog die Bälle an und verwertete sie mit verblüffender Unbeirrbarkeit. Alle Welt schwärmte von diesem außergewöhnlichen Torjäger, der dann im Viertelfinale gegen England seine Klasse ebenso bewies wie im «Jahrhundertspiel» gegen Italien um den Einzug in das Endspiel.

In beiden Begegnungen lag die deutsche Mannschaft bis kurz vor dem Ende der regulären Spielzeit zurück. Mit viel Glück gelang es der Elf von Helmut Schön, das 1:2 für England und das 0:1 für Italien wettzumachen, ehe Gerd Müller in der Verlängerung zu ganz großer Form auflief. Er entschied das Viertelfinale in León mit einer artistischen Glanzleistung, als er eine Kopfballvorlage von Hannes Löhr – in der Luft stehend – mit dem rechten Fuß fast in Kopfhöhe zum 3:2-Siegtreffer verwandelte. Und er wurde nur wenige Tage nach diesem Kraftakt zum tragischen Helden im Halbfinale gegen Italien, weil zwei Müller-Tore in der Nachspielzeit nicht zum Sieg reichten: Er hatte seine Mannschaft 2:1 in Führung gebracht und den Ausgleich zum 3:3 markiert, bevor Gianni Rivera postwendend das 4:3 für die Italiener besorgte.

Jeder Zuschauer wusste nach dem Schlusspfiff in der Gluthitze des Aztekenstadions von Mexiko City, dass er etwas Besonderes erlebt hatte. Eine französische Tageszeitung sprach sogar vom «atemberaubendste[n] Spiel der Fußballgeschichte»[51] – und niemand hätte bestritten, dass Gerd Müller ihm und dem nicht weniger beeindruckenden Englandspiel seinen Stempel aufgedrückt hatte. Auch in der Heimat war die Begeisterung riesengroß. Alle Zeitungen berichteten über die fabelhaften Leistungen des deutschen Superstürmers, die Münchner Blätter sowieso, aber auch die führenden nationalen Tages- und Wochenzeitungen waren ebenso voll des Lobes wie Müllers Heimatblatt, die «Rieser Nachrichten». Die Stadt Nördlingen schickte sogar ein Grußtelegramm nach Mexiko und ehrte ihren berühmten Sohn mit einem Golddukaten mit der Aufschrift «Fußballweltmeisterschaft Mexiko 1970. Dem Torschützenkönig Gerd Müller».[52]

Zehn Tore hatten dem Mittelstürmer des FC Bayern München diesen Titel eingetragen, nachdem er zuvor in der Bundesligasaison 1969/70 auf Platz 1 der Torjägerliste gelandet war. Das Prädikat «Weltklasse», das ihm der «Kicker» verlieh,[53] war das logische Resultat dieser Erfolgsgeschichte, die sich in den Jahren danach fortsetzte, weil Müller einfach nicht zu stoppen war: Er traf und traf und erwarb sich einen fast schon magischen Ruf der Unfehlbarkeit. Er selbst glaubte blind an seinen Torinstinkt und prophezeite bereits im Februar 1970, dass er mit seinen Toren «einen Rekord aufstellen» werde, «der in die Geschichte eingeht».[54] Diese Sicherheit strahlte auf die ganze Mannschaft aus und ergriff auch das Publikum im Stadion, ja selbst die Rundfunk- und Fernsehkommentatoren, die voller gespannter Erwartung die Stimme hoben, wenn Müller im Strafraum auch nur in die Nähe des Balles kam. Höchste Gefahr war im Verzug, hieß das für die gegnerischen Mannschaften, die sich oft und oft tatsächlich einschüchtern ließen, wenn es gegen den FC Bayern und Gerd Müller ging. Seine Torerfolge setzten diesen charismatischen Zirkel in Gang, und sie waren zugleich die Konsequenz daraus. Gegen Müller war kein Kraut gewachsen – alle wussten und glaubten es und konnten sich doch nicht erklären, warum.

Auch später standen Kommentatoren und Experten vor einem Rätsel, wenn es galt, Müllers Torgefährlichkeit auf die Spur zu kommen. Zwar bezweifelte niemand mehr, dass der Münchner Torjäger weit mehr war als ein kaltblütiger «Abstauber», der nur das Glück hatte, immer am richtigen Platz zu stehen, und dass auch die Klasse seiner Mannschaft und das auf ihn zugeschnittene Angriffsspiel zur Erklärung seiner Torerfolge nicht reichten. Wohl temperierte Zuspiele erhielten auch andere Stürmer und brachten den Ball trotzdem nicht im Tor unter. Es brauchte mehr dazu, vor allem außerordentliche individuelle Talente und Fertigkeiten: Müller schoss links wie rechts gleich sicher und scharf, und er stieg beim Kopfball höher als die Abwehrrecken der gegnerischen Mannschaften. Außerdem war er blitzschnell im Antritt und völlig furchtlos in den Zweikämpfen; er suchte sie und steckte auch in aussichtsloser Lage nie zurück. Hinzu kamen schließlich ein untrügliches Sensorium für den Raum, ein beispielloses Reaktionsvermögen, ein Höchstmaß an artistischer Körperbeherrschung und ein stupendes Ballgefühl, so dass seine Tore mitunter kleinen Kunstwerken glichen, die Fußballliebhaber noch Jahrzehnte später in genießerisches Entzücken versetzen. Niemand sonst besaß eine ähnlich feine Witterung für Situationen und Konstellationen, auch für Zufälle, für die es keine Vorboten gab.[55]

Gerd Müller freute sich über jedes so oder so erzielte Tor auf eine besondere Art und Weise, die ihn von anderen Torjägern abhob und fast ein Markenzeichen für ihn wurde: Er drehte nach einem erfolgreichen Schuss ab, lief ein paar Meter und sprang dann hoch und halb um seine eigene Achse, während er einen Arm in die Luft reckte. Nicht triumphierend oder herausfordernd, sondern glücklich wie ein Kind, das aus purer Lust an der Freude lacht und strahlt, so dass Profit und Profitum für einen langen Augenblick vergessen sind – und der Fußball alles verdrängt. Müller schuf viele solcher, durch nichts getrübter magischer Momente. Er wirkte dabei wie ein Ausbund weltentrückten, fast archaischen Kinderglücks, das die Zeitgenossen nicht weniger für ihn einnahm als die zählbaren Erfolge, die am Ende doch nur in den Bilanzen stehen. Selbst diejenigen, die ihn und seinen Verein mit Skepsis betrachteten, konnten sich dem Zauber seiner Freudensprünge nur schwer entziehen.

Einen Schönheitsfehler hatten die Erfolge des Jahres 1970 allerdings: Die deutschen Sportjournalisten wählten nicht ihn, sondern seinen Rivalen Uwe Seeler zum «Fußballer des Jahres». Gerd Müller verstand die Welt nicht mehr und machte aus seiner Enttäuschung – direkt, wie er sein konnte – auch keinen Hehl. Er haderte mit den sogenannten Experten und vergaß seinen Groll lange nicht. Dabei hätte er sich bald darauf glänzend rehabilitiert fühlen können, als mehr als zwei Dutzend europäische Fachleute ihn als «Europas Spieler des Jahres» auszeichneten.[56] Er war der erste Deutsche, der sich mit diesem Titel schmücken durfte.

Aber: Ein führender ungarischer Sportfunktionär polemisierte gegen diese Wahl, weil er Müller für einen Abstauber und mittelmäßigen Spieler hielt, und löste damit eine breite Debatte in der deutschen Sportöffentlichkeit aus. Die Fachblätter und Tageszeitungen wurden mit Leserbriefen überhäuft, die «Bild»-Zeitung organisierte sogar eine Befragung der Basis, die sich nicht besonders eindrucksvoll für Müller entschied. Magere 60,2 Prozent befürworteten dessen Wahl zum besten Spieler Europas, während fast 40 Prozent die Kritik des Ungarn teilten und ihre Ablehnung zum Teil sogar noch drastischer formulierten.[57] Die Nation und ihr «Bomber» hatten zumindest in den ersten Jahren ihre Schwierigkeiten miteinander. Das Fußballvolk stand lange nicht so einhellig und geschlossen hinter ihm wie hinter Fritz Walter oder Uwe

Seeler, die nicht nur wegen ihrer fußballerischen Klasse als «alter Fritz» und «Uns Uwe» verehrt wurden, sondern auch wegen ihres bescheidenen Auftretens und ihrer ostentativen Heimat- und Vereinstreue als Verkörperung nationaler Tugenden erschienen.

Dass man Müller mit einer gewissen Distanz begegnete, lag auch am FC Bayern München, der – um das mindeste zu sagen – schon Ende der 1960er Jahre nicht zu den beliebtesten Mannschaften zählte. Die Erfolge der Bayern und die mitunter kaltschnäuzige Arroganz ihrer Führung riefen ebenso viele Neider und Kritiker auf den Plan wie der scheinbar leidenschaftslose, kühle und nur erfolgsorientierte Stil, den Branko Zebec der Mannschaft eingeimpft hatte. «Die meisten Bayern-Spieler», analysierte ein Experte später, «entsprechen nicht der Klischee-Vorstellung vom fleißigen Deutschen, der sich im Schweiße seines Angesichts abrackert, schuftet und bis zur Erschöpfung kämpfen muß, um schließlich zu siegen».[58]

Gerd Müller entzog sich nationalen Indienstnahmen aber auch als Person. Er polarisierte – schon durch sein äußeres Erscheinungsbild mit langen Haaren, aber auch durch seine Art, ganz unverblümt seine Meinung zu sagen. Er sei froh, schimpfte er nach einem Pfeifkonzert bei einem WM-Vorbereitungsspiel in Hannover 1970, «daß wir unsere WM-Spiele in Mexiko austragen können und nicht in Deutschland», wo man es niemandem recht machen könne.[59] Uwe Seeler hätte sich zu einer solchen provokanten Aussage nie hinreißen lassen – bei Müller musste man immer damit rechnen. Er hatte den Mumm dazu.

## 5.

# Ein gemachter Mann

Wenn es um seine auf das Private und die Zukunft bezogenen Gefühle und Wünsche ging, war Gerd Müller ein zugeknöpfter, ja verschlossener Mensch. Er gewährte nur selten Einblicke in seine Gemütsverfassung und sprach kaum einmal über das, was er sich vom Leben erwartete. Am weitesten öffnete er sich in seiner Bildautobiografie aus dem Jahr 1969, in der es hieß: «Ich, der ich in Nördlingen einmal ein kleiner Weber und Fußballspieler war», wäre «dumm», wenn «ich nicht zugreifen würde». Diesen Satz bezog er auf ein hypothetisches Angebot aus dem Ausland, das ihm die «erträumte» Million, ein Leben ohne Sorgen und schließlich auch ohne Fußball bescheren würde.[1] Aber eigentlich gilt dieser Satz allgemein – für Geld ebenso wie für dessen Vorstufe, die Popularität. Müller hielt sich in den ersten Jahren genauso wenig zurück wie Franz Beckenbauer und die anderen prominenten Profis des FC Bayern München, die fast alle aus kleinen Vereinen und anonymen Verhältnissen kamen. Sie fühlten sich als Glückspilze und trauten ihren Augen kaum, welche Chancen sich ihnen plötzlich boten. Autogrammstunden, Auftritte im Fernsehen, Interviews, ein Titelfoto für den «Kicker» oder das «Sportmagazin» – die öffentliche Aufmerksamkeit war groß, insbesondere die Wirtschaft hatte den Fußball Mitte der 1960er Jahre für die Werbung entdeckt. «Der Rubel rollt für den Fußballsport», wie Müller erkannt hatte.[2]

Das war nicht immer so gewesen. 1963, beim Start der Bundesliga, hatte die Wirtschaft den Sport und namentlich den Fußball noch weitgehend ignoriert. Der «Kicker» und das «Sportmagazin» beispielsweise mussten fast ganz ohne Anzeigen auskommen. Wenn überhaupt jemand Reklame machte, dann waren es gelegentlich die Bundeswehr, die Milchwirtschaft und selbstverständlich die großen Sportartikelhersteller wie Puma und Adidas. Nur fünf Jahre später bildete Werbung einen beträchtlichen Teil der Fachzeitschriften. Es gab so gut wie keine Ausgabe ohne sechs, sieben ganzseitige Anzeigen, die in ihrer Farbenpracht jetzt auch besonders attraktiv wirkten. Die Werbebranche und die Sportzeitungen reagierten damit auf den Bedeutungszuwachs, den der Fußball nach der Einführung der Bundesliga erlebte und der seinen Niederschlag nicht nur in der Presse und im Fernsehen fand. Fußball entpuppte sich als Magnet – für die Zuschauer und für die Konsumenten, die sich von seinen Stars locken ließen.

Die Zielgruppe war denkbar groß: der sportinteressierte Mann mit typischen Attributen – er rauchte, trank gerne Alkohol, fuhr ein Auto und pflegte es genauso intensiv wie sich selbst; keine Schuppen und immer gut rasiert. Alles, was dieser Idealtypus der Werbefachleute brauchte, boten die großen Firmen in der Sportpresse feil. Dieser Boom kam auch den Stars zugute. So wie die Fachpresse waren nun auch sie als Werbeträger gefragt. Das Geld schien auf der Straße zu liegen. Sie brauchten nur zuzugreifen. Und sie mussten sich beeilen. Denn wer wusste schon, was morgen war.

Die Unsicherheit, die aus solchen Überlegungen rührte, bewirkte zumal in der ersten Generation der Fußballprofis eine Goldgräberstimmung, der ebenso viel Naives wie Gieriges anhaftete. Nie zuvor hatte es im Fußball einen solchen verführerischen Sog mit solchen Gewinnerwartungen gegeben. Die Profis der ersten Stunde machten alles mit – und zwar auch dann, wenn es nur um das Prestige ging und keine größeren finanziellen Vorteile damit verbunden waren. Auch Gerd Müller ließ sich nur selten zweimal bitten. Er vermarktete seine Popularität, wo immer es ging, obwohl ihm das öffentliche Tamtam nicht geheuer war und obwohl er bei solchen Gelegenheiten immer mit seiner Nervosität zu kämpfen hatte. Nicht umsonst hatte er unter Journalisten und Fotografen bald zahlreiche Freunde. Sie mochten ihn, weil er ihnen «alle Wünsche» erfüllte: «Müller in Cowboy-Uniform, Müller mit dem Luftdruckgewehr, Müller in Uniform als Filmheld, Müller mit zehn Fußbällen».[3]

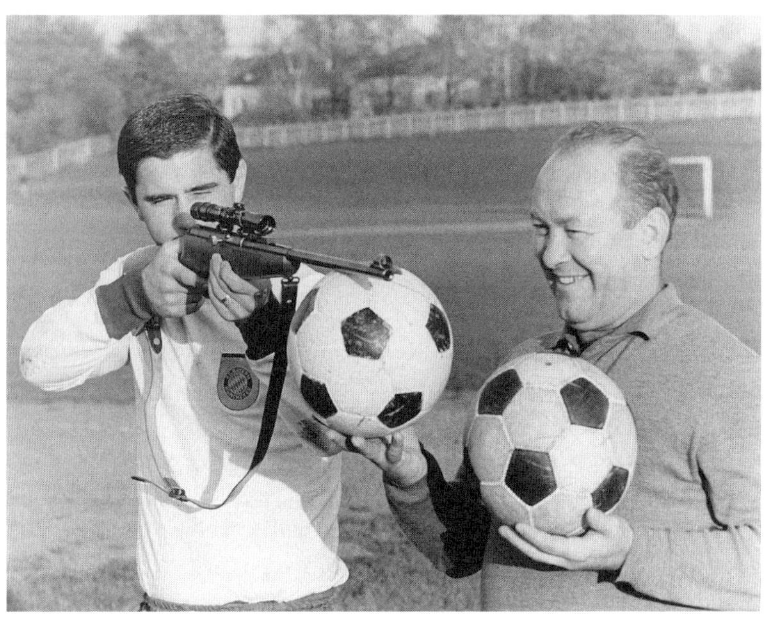

Zu jeder Schandtat bereit

Diese Serviceleistung – mit und ohne pekuniäre Gratifikation – gehörte in seinen Augen dazu; ein Profi musste auf vielen Hochzeiten tanzen, ob es ihm passte oder nicht. Er hatte deshalb auch keine Bedenken, aus seiner Eheschließung ein – für damalige Verhältnisse – öffentliches Ereignis machen zu lassen. Drei, vier Fotografen und Reporter waren vor und nach der standesamtlichen und kirchlichen Trauung dabei und berichteten ausführlich über die Heirat des jungen Paares.[4] Das Fernsehen fehlte – es hatte 1967 weder die Ressourcen noch den Sinn für solche Events, die im strengen Auftragskatalog der öffentlich-rechtlichen Sender noch keinen Platz hatten. Die Boulevardpresse hingegen schätzte die Interessen ihrer Leser anders ein, und auch die Sportzeitungen zogen bald nach. Im «Kicker» und im «Sportmagazin» drehte sich zwar noch immer das meiste um den Sport. Daneben experimentierten die Fachorgane aber auch schon mit neuen Formaten, wobei sie

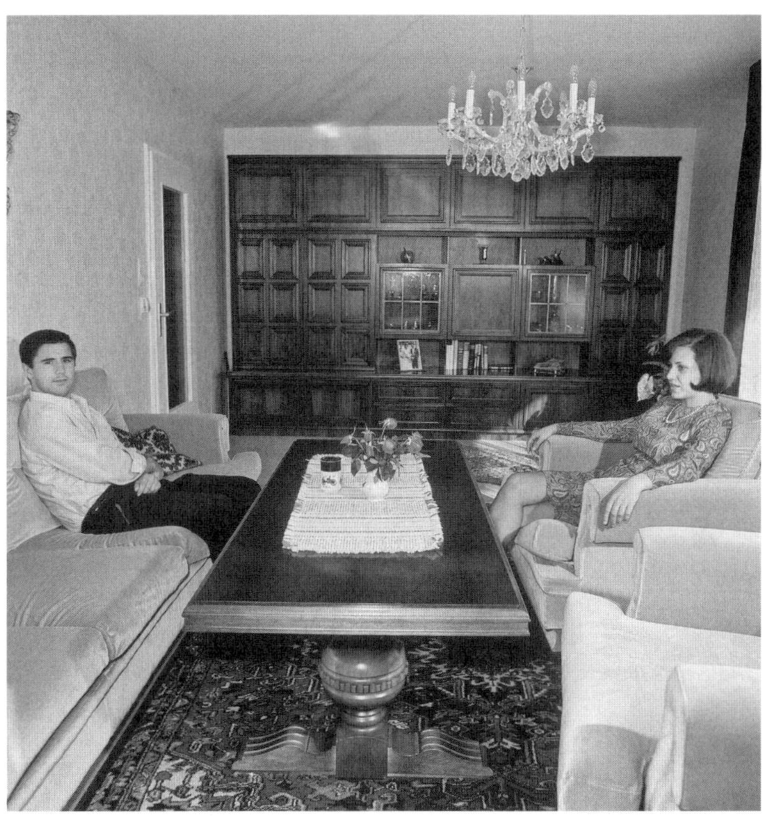

Aufgeräumte Behaglichkeit

hinter dem Spitzensportler auch den Menschen und die Frau an dessen Seite entdeckten.

In diese Kategorie fiel der groß aufgemachte Bericht über einen Besuch bei der Familie Müller, den der «Kicker» am 30. Oktober 1967 veröffentlichte. Gerd und Uschi Müller nahmen sich viel Zeit für ihre Gäste. Sie zeigten ihnen voller Stolz ihr neues «200 000-Mark-Häuschen»[5] im Münchner Vorort Straßlach, das die Eheleute erst kurz zuvor bezogen hatten; im leeren Kinderzimmer stand noch die «Batterie der Sektflaschen von der Party nach dem Einzug». Das Ehepaar führte den

«Kicker»-Berichterstatter in den 1100 Quadratmeter großen Garten und stellte sich geduldig dem mitgereisten Fotografen, der die Familienidylle in vielen Bildern dokumentierte: die Müllers vor dem schmucken Haus, vor der teuren Schrankwand, unter einem Kronleuchter in bequemen Sesseln, der Torjäger mit einem wertvollen Ölgemälde, das ihm der Mannschaftsarzt zur Hochzeit geschenkt hatte, und schließlich das Esszimmer, in dem Uschi Müller ihrem Mann eine Mahlzeit serviert.[6]

Die Rollenverteilung im Hause Müller, die sich darin äußerte, blieb noch geraume Zeit stark von traditionellen Geschlechterbildern geprägt. Der Mann verdiente das Geld, er ließ sich dafür von seiner Frau bedienen und gab auch sonst die Richtung vor. Fußball sei «Männersache», betonte Müller, als man ihn nach seiner Meinung über Frauenfußball fragte. Er würde es seiner Frau verbieten, dem Ball nachzujagen. «Und wenn sie nicht folgen würde, bekäme sie den Hintern voll.» Uschi Müller teilte die Ressentiments ihres Mannes in puncto Frauenfußball. Sie favorisiere andere Sportarten und «habe nach langem Kampf mit Gerd erreicht», dass sie «Ski laufen darf».[7]

Solche Vorurteile passten zu dem aufgeräumten, durch Leistung und Sparsamkeit legitimierten Wohlstand im Hause Müller, der nichts Protziges an sich hatte, in seiner gestellten Bürgerlichkeit aber etwas bieder und spießig wirkte, für ein junges Ehepaar allemal. Der Journalist fand für seine Homestory nicht umsonst die Überschrift «Traumhaus von der Stange». Er machte aber nichts daraus. Ihm und seinen Kollegen, die an ähnlichen Reportagen oder in der Nähe von Fußballvereinen arbeiteten, war nicht an Kritik oder Enthüllung gelegen. Sie gingen in ihrem Sport auf, es gab für sie nichts Schöneres als den Fußball und mit den Spielern auf Du und Du zu stehen. Viele Journalisten lebten in einer Symbiose mit ihrem Klub und seinen Stars.[8] Ihre Vereinsbindung konnte größer kaum sein – aus emotionalen, aber auch aus materiellen Gründen: Man fuhr mit dem Präsidenten in Urlaub, bekam ein zinsloses Darlehen vom Verein oder sonstige Hilfestellungen, etwa wenn es um ein billiges Auto oder um eine günstige Wohnung ging.[9] Der Fußballreporter der «Süddeutschen Zeitung» Hans Schiefele, selbst Mitglied des FC Bayern, schrieb für Franz Beckenbauer ein Buch[10] und fungierte als Schriftleiter der «Clubzeitung des FC Bayern e. V.», ehe Ludwig Koppenwallner, der Sportchef der «Süddeutschen Zeitung», diesen Posten übernahm.[11] An beiden Dienstleistungen verdienten sie eine Menge Geld.

Am weitesten in puncto distanzloser Nähe ging die Münchner «Abendzeitung», die – um nur ein Beispiel zu nennen – den Meistertitel des FC Bayern im Jahre 1969 so begeistert feierte, als sei ihre Betriebsmannschaft deutscher Meister geworden. Sie richtete ein großes Fest aus, bei dem die Spielerfrauen im Mittelpunkt standen, die sich auf Kosten der Zeitung ein bayerisches Dirndl bei Loden Frey kaufen durften.[12] Außerdem brachte die «Abendzeitung» als Zeichen der Verbundenheit eine Extraausgabe über den FC Bayern München heraus und verloste schließlich die Schuhe Müllers, das Trikot Beckenbauers, die Handschuhe Sepp Maiers und andere Devotionalien für einen guten Zweck. Über Wochen hin befand sich die «Abendzeitung» wegen der deutschen Meisterschaft der Bayern in einem Ausnahmezustand.

Die Folge dieser «Rollen-Verquickung» war «eine einseitige Hofberichterstattung».[13] Wer gegen deren Regeln verstieß und es wagte, Defizite des Vereins oder einzelner Spieler anzusprechen, musste jederzeit mit einem Anruf des Präsidenten oder Managers beim Ressortleiter oder beim Chefredakteur der Zeitung rechnen. Gerade Wilhelm Neudecker kannte bei der damals noch nicht so genannten Medienschelte keine Hemmungen und begründete damit eine bis heute währende Tradition. Er beschwerte sich häufig schon bei Nichtigkeiten bei der Münchner Presse, forderte Abmahnungen oder gar Entlassungen der renitenten Reporter und scheute nicht einmal davor zurück, einem Redakteur der «Süddeutschen Zeitung» eine Ohrfeige anzudrohen und ein halbes Jahr Stadionverbot zu erteilen, als dieser sich mit einigen kritischen Bemerkungen an seinem Verein «vergangen» hatte.[14]

Selbst der CSU-Vorsitzende Franz Josef Strauß bekam die Verärgerung des Bayern-Präsidenten zu spüren, als der «Bayernkurier», das Sprachrohr der CSU, es gewagt hatte, einen völlig harmlosen Artikel über Neudecker zu publizieren.[15] Der «Präse» sah darin einen Frontalangriff eines in seinen Augen «ziemlich linksausgerichteten Sportjournalisten, noch dazu einem Preußen», und verlangte Satisfaktion in Form einer Gegendarstellung aus seiner Feder, die Strauß – um «Wiedergutmachung» bemüht – umstandslos bewilligte.[16]

Ihren Grund hatte die Mesalliance zwischen Journalisten und Fußballstars schließlich auch in der Tatsache, dass die Medien Stars wie Müller und Beckenbauer als Stoff dringend brauchten. Die Fußballhelden waren es, die ihre Blätter attraktiv machten und ihre Leser zur Identifizierung einluden – und damit die Auflage in die Höhe trieben. Die Journalisten zeichneten von ihnen deshalb Bilder idealisierter, aber doch auch normaler Helden, auf denen es keine Flecken gab. Mit solchen Fiktionen glaubten sie, die Erwartungen und Wünsche ihrer Leser am besten zu treffen – und mit solchen Prospekten meinten auch Gerd und Uschi Müller, sich der Öffentlichkeit präsentieren zu müssen.

Gerd Müller schien jedenfalls zufrieden mit dem privaten Heldenbild, das die Presse von ihm entwarf. Er fühlte sich geschmeichelt und spielte mit – in einem Spiel, in dem es für ihn und seine Frau nur die Gewinnerstraße zu geben schien. Seine Mannschaftskameraden verhielten sich nicht anders. Der FC Bayern war nicht nur auf dem Platz interessant. Das Team von Čajkovski und Zebec war jünger als die meisten anderen Mannschaften, moderner, unbekümmerter und immer für einen Jux zu haben. Aus seinen Reihen rekrutierten sich mit Beckenbauer, Maier und Müller die ersten Popstars des Fußballs, die auf diesem Feld anfangs eigentlich nur mit Günter Netzer konkurrierten, der sich allerdings als futuristischer Sonderfall inszenierte,[17] während in fast allen anderen Vereinen noch die Biedermänner und Malocher vom Schlage eines Uwe Seeler oder Willi Schulz dominierten. Die jungen Bayern trugen lange Haare, bunte Kleidung, ließen sich später Bärte wachsen und waren bei allem dabei, was der Zeitgeist in puncto Mode und Geschmack auftischte.

Sehr zum Leidwesen des Präsidenten, dem der Anblick seiner Mannschaft den größten Kummer bereitete. Fußballspieler, betonte er, sollten «nicht wie Hippies und Gammler aussehen».[18] Das Publikum der Bayern, meinte er, bestehe aus «solide[n] Arbeiter[n] und Mittelstand. Zu uns kommen die Dreißig- bis Fünfzigjährigen, also eine konservative Schicht. Darauf müssen wir uns einstellen.»[19] Neudecker mochte keine schrägen Vögel. Er wünschte sich Spieler mit kurzen, gescheitelten Haaren und ohne Bart und versuchte, diesen Wunsch ebenso energisch durchzusetzen wie zahlreiche Eltern, Lehrer und Lehrherren gegenüber ihren minderjährigen Schutzbefohlenen. Vor den autoritären Widersachern der haarigen Avantgarde waren alle gleich. Neudecker bediente sich dafür öffentlicher Ermahnungen wie bei Müller und Beckenbauer, die sich davon aber nicht beeindrucken ließen, und blanker Erpressung wie bei Linksaußen Dieter Brenninger, dessen Vertragsverlängerung Neudecker an eine Bedingung knüpfte: «Haare schneiden lassen.»[20]

Durchschlagenden Erfolg hatte der Präsident damit nicht. Fast die ganze Mannschaft ließ sich früher oder später von den neuen Trends infizieren. Auch bodenständigere Gemüter wie Franz Roth und Georg Schwarzenbeck passten sich mit einer gewissen zeitlichen Verzögerung mit Haut und Haaren der jugendbewegten Haute Couture an und fanden auch sonst nichts dabei, ihren neuen Rollen als Stars in der Öffentlichkeit zu genügen. Auch sie öffneten gerne ihre Türen, wenn die Presse anklopfte und Näheres über ihr Privatleben wissen wollte. Ganz zu schweigen vom Trainer, der immer wieder größere und kleinere Schlagzeilen lieferte. Čajkovski setzte hier Maßstäbe einer frühen Spaßkultur. Nicht einmal der Kauf eines bayerischen Trachtenanzugs durfte seine Privatsache bleiben. Tschik informierte die Presse und bestellte sie auf den Trainingsplatz, wo er sich von Manager Robert Schwan den neuen Anzug anpassen ließ. Er saß und wurde von einem Fotografen verewigt.[21]

Gerd Müller gehörte bei alledem nicht zu den Mitläufern oder Nachzüglern. Er war Spitze und entwickelte sich Ende der 1960er Jahre zu einem Tausendsassa der Medien- und Werbewelt. Mit jedem Tor stieg sein Kurswert. Er war ein gefragter Mann und wurde an der Seite von Sepp Maier und Tschik Čajkovski als Schauspieler für den Ulkfilm «Wenn Ludwig ins Manöver zieht» engagiert. Sogar der «Kicker» berichtete mehrere Male über dieses Ereignis und brachte dabei stets ein oder mehrere Fotos der Bayern-Spieler, die den Ausflug in die Filmbranche zu genießen schienen.[22] Außerdem steckte Müller der Presse, dass er in Köln eine Schallplatte aufnehmen werde,[23] und er ließ dieser Ankündigung auch Taten folgen. Das Lied hieß «Raba da da» und war kein Triumph deutscher Ton- und Dichtkunst, aber auch nicht ganz so schlicht wie der Erfolgssong der Rainbows «Balla balla», der damals monatelang die Hitparade anführte und bald das Liedgut deutscher

Feste über Jahrzehnte bereicherte. Zu Müllers Verdruss ging sein Schlager «durch zu schlechte Werbung vollkommen» unter.[24] Da aber auch Beckenbauer und Sepp Maier in diesem Genre debütierten, ließ sich Müller von dem Misserfolg nicht entmutigen. Auf die vorderen Plätze der Hitparaden schaffte er es auch mit weiteren Versuchen nicht: «Das gibt ein Schützenfest» (1968) und «Dann macht es bumm» (1969) waren aber immerhin Achtungserfolge, belächelte zwar, aber ebenso lukrativ wie der Film, der Müller immerhin 3000 DM einbrachte. Die beiden Lieder aus den Jahren 1968/69 wurden 1974 auf einer Platte vereint noch einmal herausgebracht.

Bei den Plattenaufnahmen für «Dann macht es bumm» ließ sich Müller von keinem Geringeren als dem prominenten Schlagersänger Udo Jürgens helfen.[25] Auch ansonsten war er bei Sportlerbällen sowie Zirkus- und Wohltätigkeitsveranstaltungen oft in der Nähe der Großen und Kleinen des Showbusiness zu sehen,[26] die ihrerseits Gefallen daran fanden, sich mit dem etwas exotisch wirkenden Fußballstar zu zeigen. Als der Vereinsarzt der Bayern, Erich Spannbauer, Mitte 1967 eine neue Praxis eröffnete, kamen neben bekannten Patienten aus der Fußballbranche auch der Karikaturist Ernst Maria Lang, der Schauspieler «Blacky» Fuchsberger, der Sportreporter und Kabarettist Sammy Drechsel und die Filmschauspielerin Uschi Glas, deren Stern eben aufzusteigen begann. Gerd Müller war mittendrin und unterhielt sich angeregt mit der Primaballerina Margot Werner, die später auf Chansonsängerin umsattelte und mit ihren Darbietungen diverse Bayern-Feiern krönte. Die fröhliche Runde stieß mit frisch gezapftem Bier an – sechs Hektoliter sollen ausgeschenkt worden sein –, und Müller freute sich, dass der Doktor die schnelle Heilung seines Unterarmbruchs zu Werbezwecken für sein neues sportärztliches Institut reklamierte.[27]

So ging es weiter, ohne dass Müller der öffentlichen Selbstvermarktung überdrüssig geworden wäre. Er trat mehrmals im Aktuellen Sportstudio auf; im Juli 1969 stellte er in dieser Kultsendung des ZDF sogar seine neue Schallplatte vor und nahm dafür einen kleinen Reisemarathon auf sich: von Bad Wiessee mit dem Hubschrauber nach München, von dort mit dem Flugzeug nach Frankfurt und schließlich mit dem Auto nach Mainz – und wieder zurück.[28] Er konnte – bei aller Scheu und bei aller Nervosität – dem Reiz der Popularität am Ende doch nicht widerstehen und hielt es sogar für eine gute Idee, der Presse mitzuteilen, dass er den Führerschein machen und sich einen BMW 2000 kaufen werde. Bis dahin war er als einer der wenigen, wenn nicht als Einziger aus der Mannschaft mit der Straßenbahn zum Training gefahren[29] – in Begleitung eines Fotografen der «Abendzeitung», die ganz wild auf solche Bilder war.

Hinzu kam die Anziehungskraft des Geldes, das Gerd Müller nie aus dem Auge verlor. Niemand vermag zu sagen, für welche Produkte er wann warb und wie viel er dafür kassierte. Die Ergebnisse der Recherche allein in den Sportfachblättern sprechen aber für sich: Sein Konterfei zierte 1968 einen Werbeprospekt der «Süddeutschen Klassenlotterie». Er warb für den Uhrenhersteller Timex, der für jedes Müller-Tor 1000 DM an die Deutsche Sporthilfe spendete. 1969 biss er auf einer ganzseitigen Anzeige für die Firma Mars in einen Schokoriegel, was ihm 20 000 DM eingebracht haben soll. Im selben Jahr stellte er sich dem «Kicker/Sportmagazin» für einen Starschnitt zur Verfügung,[30] und 1969/70 engagierte ihn der Sportartikelhersteller Adidas, der mit einem langfristigen Vertrag lockte und schon bald nach der Fußballweltmeisterschaft in Mexiko 1970 spezielle Gerd-Müller-Schuhe auf den Markt brachte. «Goal» hieß das eine Modell, «Hat-trick» das andere, während das dritte nur noch den Schriftzug Gerd Müller trug, aber ebenfalls den sicheren Torerfolg versprach.[31]

Ein Müller als Werbeträger, das zahlte sich anscheinend aus. Das erkannte auch sein alter Freund Peter Sorg, der einzige Nördlinger, der noch intensive Kontakte zu ihm unterhielt. Sorg kannte Müller aus der Zeit beim TSV. Er eröffnete im September 1969 in seiner Heimatstadt eine Agentur der Thuringia-Versicherung und präsentierte dabei den Torjäger des FC Bayern als seinen Kompagnon. Müller, so Sorg, werde dafür nicht nur seinen Namen hergeben, sondern sich nach seiner Karriere als Fußballer sorgfältig in die Materie einarbeiten.[32] Alles, was in der Stadt und in der Region Rang und Namen hatte, kam zur Eröffnung des Kontors: Oberbürgermeister Dr. Keßler, die Spitzen von Industrie und Handwerk – sie alle lobten die Weitsicht des braven Fußballstars, der sich treu blieb und frühzeitig an seine wirtschaftliche Zukunft dachte. Keßler schloss seine launige Rede mit den Worten, dass «er dem ‹König von Nördlingen› noch sehr viele Tore und einen guten geschäftlichen Erfolg wünsche»,[33] während die vielen Autogrammjäger schon ungeduldig auf das Ende der Veranstaltung warteten. Sie wollten Unterschriften von *ihrem* Gerd und dessen Mannschaftskameraden Werner Olk und Rainer Ohlhauser, die als Begleitschutz mitgereist waren – nicht für Gottes Lohn, versteht sich. Auch sie hielten sich an die Devise, die Gerd Müller in seinen Memoiren aus dem Jahr 1969 ausgegeben hatte: Warum sollte der Rubel «nicht auch zu einem gewissen Teil in meine Tasche rollen?»[34]

6.

# Der unzufriedene «König der Tore»[1]

Gerd Müller gehörte schon vor der Weltmeisterschaft in Mexiko zu den am besten dotierten Werbeträgern. Fünf-, wenn nicht sogar sechsstellige Summen sollen er und Beckenbauer «als lebende Litfaßsäulen» verdient haben, «ehe sie ihre Reise über den großen Teich antraten».[2] Das war aber wenig im Vergleich mit dem, was es nach Mexiko und dem persönlichen Triumph als Torschützenkönig einzuheimsen gab. Müllers Aktien in der Werbebranche schnellten jetzt noch einmal nach oben. Den «Bomber der Nation», der neben Pelé, Riva und Beckenbauer zu den herausragenden Spielern des Turniers gehörte, kannte jedes Kind. Alle Spiele der Nationalmannschaft waren ja im Fernsehen übertragen worden, das sich mittlerweile fast alle Familien leisten konnten. 77 Prozent der westdeutschen Haushalte hatten 1970 einen «Flimmerkasten».[3] Die Einschaltquote lag trotz der nächtlichen Übertragungszeiten aus Mittelamerika im Schnitt bei 62 Prozent, im Spiel gegen England sogar bei 70 Prozent.[4] Alle Helden von León und Mexiko City profitierten von dieser Visibilität, am meisten aber die Torschützen, weil die entscheidenden Szenen in den Tagen und Wochen nach den Spielen immer wieder gezeigt und so fest im kollektiven Gedächtnis verankert wurden.

Kein Wunder also, dass sich der Titel eines WM-Torschützenkönigs gut versilbern ließ. Die Werbemanager rannten Müller die Tür in Straßlach ein. Der Ölkonzern Shell war ebenso darunter wie der Fernsehproduzent Telefunken[5] und der Hersteller von Gesundheitswäsche der Marke «Angoraba», die Müller in der «Bild»-Zeitung empfahl.[6] Auf dem Gehaltszettel schlug sich sein neuer Ruhm jedoch vorerst nicht nieder. Sein Vertrag beim FC Bayern lief noch bis 1973 – und weder der Verein noch Müller selbst dachten nach der Weltmeisterschaft daran, über eine finanzielle Aufstockung zu sprechen. «Es wäre doch einfach unfair von mir», betonte Gerd Müller, «wenn ich jetzt hingehen und mehr Geld verlangen würde. Präsident Wilhelm Neudecker würde mir doch auch nicht weniger Geld auszahlen, wenn ich in Mexiko versagt hätte.»[7]

Solche Äußerungen der Genügsamkeit kamen in der Öffentlichkeit gut an. Für bare Münze muss man sie trotzdem nicht nehmen. Gerd Müller stand der Sinn nie nach finanziellem Verzicht. Er wusste aber genau, dass in der Kasse des FC Bayern Ebbe herrschte und dass dort nicht mehr zu holen war. Also konzentrierte er sich auf seine einträglichen Werbegeschäfte und drei Wochen nach der Rückkehr aus Mittelamerika auch wieder auf den Fußball, der im Trubel der WM-Euphorie etwas ins Hintertreffen geraten war. Die neue Saison 1970/71 drohte nach den Strapazen in Mexiko und der kurzen Verschnaufpause im Urlaub auch deshalb schwierig zu werden, weil der FC Bayern einen neuen Trainer verpflichtet hatte, dem im Vereinsfußball noch die Erfahrung fehlte.

Branko Zebec hatte bereits im Herbst 1969 zu erkennen gegeben, dass er seinen Zweijahresvertrag nicht verlängern werde. Der Kroate wollte den rabiaten Führungsstil von Neudecker nicht länger hinnehmen und kam auch mit Manager Schwan nicht mehr zurecht, der nicht nur die Kaderplanung als seine Sache betrachtete, sondern auch bei der Mannschaftsaufstellung munter mitredete.[8] Selbst das «Double» und die große Akzeptanz, die er bei den Spielern genoss, konnten Zebec nicht mehr umstimmen. Schon im Dezember 1969 war klar, dass der FC Bayern mit Udo Lattek als Trainer in die neue Saison starten würde. Als der Erfolg ausblieb und die Reibereien zunahmen, trennten sich die Bayern bereits im März 1970 von Zebec.

Udo Lattek, der sofort einsprang, war von Beckenbauer empfohlen worden, der den 1935 geborenen Ostpreußen von der Nationalmannschaft kannte.[9] Lattek war als Fußballer über die Regionalliga West nicht hinausgekommen. Dafür hatte er Sport und Englisch studiert und als Studienrat gearbeitet, ehe ihn der DFB zum Trainer der Jugendnationalmannschaft und zum Assistenten im Stab von Helmut Schön berief. Dort war er Beckenbauer aufgefallen, der den Pädagogen und Motivationskünstler Lattek anfangs ebenso schätzte, wie er ihn später hasste.

Für den neuen Mann sprach aber nicht nur die Empfehlung des «Kaisers», dessen Wort beim FC Bayern immer größeres Gewicht erlangte; nicht umsonst trug er seit Mai 1970 als Nachfolger von Werner Olk die Binde des Mannschaftskapitäns. Hinzu kam, dass Lattek zwei junge, gerade 18 Jahre alte Spieler als «Morgengabe»[10] mitbrachte, die zu den großen Hoffnungen im deutschen Fußball zählten: Paul Breitner und Uli Hoeneß, die er in der DFB-Jugendauswahl trainiert und anscheinend so beeindruckt hatte, dass sie ihm zum FC Bayern folgten.

Der brennend ehrgeizige, ungemein selbstbewusst wirkende Lattek passte aber auch sonst gut zu den Münchnern und in die neue Zeit, die nach «68» und der Bildung der sozial-liberalen Koalition in Bonn ganz im Zeichen von Reform und Veränderung zu stehen schien. Auch der FC Bayern blieb davon nicht unberührt. Der autoritär geführte Verein schickte sich um 1970 an, die letzten Reste des alten Amateurfußballs abzustreifen und zu den europäischen Spitzenklubs aufzuschließen. Die Bayern flogen immer häufiger zu Auswärtsspielen, anstatt den Zug oder einen Bus zu nehmen. Sie stiegen in fremden Städten in den besten Hotels ab, bauten den Stab der hauptamtlichen Mitarbeiter von fünf (1965) auf zwölf (1974) aus,[11] errichteten 1971 eine großzügige neue Geschäftsstelle an der Säbener Straße, leisteten sich eine besser ausgestattete medizinische Abteilung und knüpften erste Kontakte zur bayerischen Wirtschaft, um einen langfristigen Sponsor zu finden, wobei BMW und Adidas besonders empfänglich waren.[12] Beim FC Bayern, so ist zu Recht betont worden, waren «früher als in anderen Vereinen Ansätze einer marktwirtschaftlich orientierten Mentalität auszumachen».[13]

Auch beim Training beschritten die Bayern unter Lattek neue Wege. Sie leisteten sich 1973 mit Werner Kern den ersten Co-Trainer der Bundesliga. Der 1946 geborene Oberbayer aus Berchtesgaden hatte Sport für das Lehrfach studiert und brachte die neuesten Erkenntnisse der Wissenschaften in die Trainingsarbeit ein. Kern kümmerte sich vor allem um die Fitness der Spieler und führte auch spezielle Übungseinheiten für Torhüter ein. Sepp Maier hatte bis dahin nicht sehr viel anders trainiert als die Feldspieler; jetzt kam er fast täglich in den Genuss einer speziell auf ihn zugeschnittenen Sonderschicht.[14]

Lattek war für diesen Modernisierungsschub unter konservativen Vorzeichen der richtige Mann. Er war jung, gebildet, gewandt und damit als Repräsentant des aufstrebenden FC Bayern ungleich besser geeignet als der finstere Schweiger Zebec, der sich in der Öffentlichkeit immer selbst im Weg zu stehen schien. Vermarktungsstrategen wie Schwan, die den FC Bayern im Gespräch halten und für die Werbewirtschaft interessant machen wollten, bissen sich an Zebec die Zähne aus, während Lattek die Mikrophone und das Scheinwerferlicht suchte. Seine mit sarkastischen Sprüchen gewürzte Botschaft blieb dabei niemandem verborgen: «Wo ich bin, ist immer oben.»[15] Die Patriarchen Neudecker und Schwan dachten nicht anders, sie verstanden sich anfangs prächtig mit dem forschen neuen Trainer, den der Zeitgeist ihnen geschickt hatte.

Gerd Müller ließ sich von dem Trainerwechsel im März 1970 nicht beeindrucken. Er brachte es in der Saison 1969/70 auf 38 Treffer und wurde damit erneut unangefochten Torschützenkönig. Der FC Bayern musste sich in derselben Spielzeit mit dem zweiten Platz hinter der Borussia aus Mönchengladbach begnügen, die auch ein Jahr später die Nase vor den Münchnern hatte. Insgesamt zählte die Saison 1970/71 zu den schwächeren, die Müller für den FC Bayern spielte. 22 Tore standen am Ende auf seiner Habenseite. Die Erschöpfung nach der WM in Mexiko war ein Grund für dieses kleine Formtief, der personelle Umbruch bei den Bayern der zweite.

Udo Lattek war dabei das geringste Problem. Er arrangierte sich mit den Stars und tastete anfangs weder die Rangordnung in der Mannschaft noch die Hierarchie im Verein an. Anders lagen die Dinge bei Breitner und Hoeneß, die das Binnenklima des FC Bayern rasch nachhaltig veränderten. Sie handelten dabei im Einklang mit einigen Gleichgesinnten in der Mannschaft, die um 1970 ebenfalls zu den Bayern stießen: dem Abiturienten Edgar Schneider oder mit Rainer Zobel, der während seines Engagements in München die Hochschulreife erwarb, nicht zu vergessen Charly Mrosko, den schon sein loses Mundwerk und seine langen Haare als rebellisch auswiesen.[16]

Mit diesen ganz anders gewickelten Nachwuchskräften hielt ein neuer Spielertyp Einzug bei den Bayern, während zugleich mit Rainer Ohlhauser, Dieter Brenninger und Peter Kupferschmidt drei bodenständige Kräfte den Verein verließen, die mit Müller auf einer Wellenlänge lagen. Die meisten Newcomer stammten jetzt und in den folgenden Jahren nicht aus Bayern, sie kamen aus allen Himmelsrichtungen – aus Bremen, Niedersachsen, Nordrhein-Westfalen und Baden-Württemberg. Der FC Bayern verlor damit viel von seiner bayerischen Note.[17] Die regionalkulturelle Verwurzelung, die in den 1960er Jahren so stark gewesen war, löste sich auf, was sich im Übrigen auch an der Sozialstruktur der Vereinsmitglieder ablesen ließ, die sich nicht mehr nur aus München und dem Umland, sondern aus «ganz Bayern, Süddeutschland und den deutschsprachigen Nachbarregionen» rekrutierten.[18]

Diese Entwicklung war in allen Bundesligavereinen zu beobachten, beim FC Bayern vollzog sie sich aber besonders früh und besonders rasch. Neudeckers Verein wurde dadurch nach 1970 zu einem Laboratorium, in dem auch die Avantgarde einer neuen Spielergeneration heranwuchs, die zehn Jahre später in allen Bundesligaklubs dominierte. Sie seien «natürlich Teil dieser 68er-Generation» gewesen,[19] hat Uli Hoeneß später einmal gesagt und damit ins Schwarze getroffen, sofern man «68» nicht nur politisch definiert. Ein bisschen politisch waren Zobel, Schneider und Mrosko auch, selbst der als «links» verschriene Paul Breitner, der mit Mao und Lenin ebenso spielte wie mit den Journalisten, die seinen Revolutionsgaukeleien nur zu gerne auf den Leim gingen.

Im Kern war es aber nicht der Politisierungsgrad, der diese neuen Spieler charakterisierte, sondern eine Mischung aus Bildung und einem bestimmten Habitus, die dem Fußball bis dahin fremd gewesen war:[20] Hoeneß und Co. hatten Abitur, sie wollten studieren und empfanden sich als die ersten Intellektuellen am Ball, die ihr Schicksal nicht irgendwelchen «Präses» oder Managern überließen, sondern selbst in die Hand nahmen. Noch wichtiger dürfte aber gewesen sein, dass es sich bei ihnen durchweg um aufstiegsbesessene Individualisten handelte,[21] die genau wussten, was sie wollten, und bei der Durchsetzung ihrer Interessen auf die Instrumente zurückgriffen, die nach 1968 in Mode kamen: vor allem auf die Selbstinszenierung als Nonkonformisten, die bei den Bayern niemand besser beherrschte als Paul Breitner.

Konkret hieß das: Dieser Spielertypus wollte Karriere machen, in kurzer Zeit viel Geld verdienen und in der Öffentlichkeit etwas gelten. Der Drang, von sich reden zu machen – egal, womit – und im Rampenlicht zu stehen, war schier unstillbar. Geld- und Geltungssucht gingen ineinander auf. Keine Kamera, kein Mikrophon war vor diesen Spielern sicher. Sie fütterten die Medien mit Erklärungen zu gesellschaftlichen Fragen, mit ihren Ansichten zu Gott und der Welt und mit unzähligen Nachrichten aus ihrem Privatleben. Selbst wenn ein Hoeneß nur neue Tapeten und neue Teppiche kaufte, musste die Öffentlichkeit davon erfahren.[22] Er und seine gleich gesinnten Kollegen fanden dafür dankbare Abnehmer bei der Presse, wo um 1970 ebenfalls eine neue Generation Einzug hielt. Jung, modern, vom Umbruch angehaucht, harmonierten diese Journalisten mit den renitenten jungen Bayern sehr viel besser als mit einem wortkargen Schwarzenbeck oder einem einsilbigen Ohlhauser, die den Kontakt zu Presse und Rundfunk zwar nicht gemieden, aber nie den Versuch gemacht hatten, die Medien für ihre Interessen zu benutzen.

Der neue Typ war ganz anders. Der Fußball rangierte auch bei ihm an erster Stelle: Der Ball, der Erfolg, die Leistung wirkten wie eine Droge. Die Spieler dieses Schlages waren aber doppelt süchtig. Ebenso viel Gewinn und Genuss wie aus dem Spiel zogen sie aus den Repräsentationen und Stilisierungen ihrer individuellen Ansprüche, Befindlichkeiten und Extravaganzen. Das goldene Kalb, um das diese leistungsfanatischen Ego-Shooter tanzten, waren immer auch sie selbst.

Uli Hoeneß und Paul Breitner waren – neben Günter Netzer – die Exponenten dieser neuen Spielergeneration. Sie waren ebenso selbstbewusste wie anspruchsvolle «Kinder des Wirtschaftswunders», wie Bundestrainer Helmut Schön sie einmal geringschätzig nannte, der bei ihnen zugleich einen ausgeprägten «Hang zum Materiellen» diagnostizierte.[23] Kameradschaft und Gemeinschaft, die beiden Schlüsselbegriffe des alten Fußballs, galten ihnen wenig, und aufhalten konnte diesen Typus auch so schnell keiner. Schöns Status als Bundestrainer schüchterte die jungen wilden Bayern ebenso wenig ein wie die Autorität eines

Vereinstrainers. Auch vor der Konfrontation mit den Leitwölfen des FC Bayern schreckten sie nicht zurück. Als sie in die Säbener Straße kamen, sei dort vieles verkrustet gewesen, betonte Paul Breitner. Der an Marx und Mao geschulte linke Außenverteidiger meinte sogar, in eine «Klassengesellschaft»[24] geraten zu sein mit Neudecker, dem «Unnahbaren», an der Spitze, Beckenbauer und Schwan eine Ebene darunter und Müller auf der dritten Stufe. «Der Franz war damals ein Übermensch für uns», spitzte er seine Interpretation 1979 im «Stern» zu.[25]

Tatsächlich herrschte beim FC Bayern eine Ordnung, die ganz den Gesetzen der Hierarchie gehorchte. Es gab eine streng eingehaltene Sitzordnung bei den Mannschaftsbesprechungen. Jeder hatte seinen festen Platz beim Mittag- und Abendessen, auf dem Parkplatz vor dem Vereinsgelände,[26] im Mannschaftsbus, im Flugzeug, sogar beim abendlichen Kartenspiel, wo an Tisch 1 nur die Großen Schafkopfen durften.[27] Auf der Massagebank war es nicht anders: Beckenbauer und Müller waren die Ersten, die sich behandeln ließen. Wer es wagte, ihnen in die Quere zu kommen, wurde mit drastischen Worten verscheucht. Als oberster Hüter der Hierarchie erwies sich dabei Robert Schwan, der genau darauf achtete, dass die Richtigen, sprich die Neuankömmlinge und Ersatzspieler, die Mannschaftskoffer und sein Privatgepäck trugen oder sein Pfeifenset aus der Kabine holten, wenn er es vergessen hatte.[28] Die Arrivierten waren von solchen feudalen Hand- und Spanndiensten befreit.

Am meisten ärgerten die Neuzugänge um Breitner und Hoeneß aber die Privilegien, die namentlich Beckenbauer genoss. Der «Kaiser» durfte sogar seine Frau zu Auswärtsspielen, zu Auslandsreisen und in das Trainingslager mitnehmen und im selben Hotel mit ihr schlafen.[29] Auch im Training galten für ihn und Müller Sonderregelungen. Die beiden konnten zwar nicht machen, was sie wollten, enge Grenzen setzte ihnen der Verein aber nicht, wenn es um geschäftliche Termine wie Autogrammstunden und Fototermine ging, die mit Trainingszeiten kollidierten. Sie fehlten dann einfach – und das ziemlich oft, während Lattek und die Vereinsoberen bei den anderen Spielern größten Wert auf Disziplin legten.

Solche Extrawürste waren bis dahin kein Thema gewesen. Die Mannschaft akzeptierte sie im ehrlichen Bewusstsein, dass Beckenbauer und Müller Ausnahmespieler waren, für die eben besondere Regeln galten. Um 1970 kamen solche Verstöße gegen Gleichstellung und Gleichbehandlung überall in der Gesellschaft ins Gerede, und auch beim FC Bayern reagierten die Jüngeren darauf. Vor allem Breitner und Hoeneß stellten die Gewohnheitsrechte der Superstars in Frage, wobei es ihnen aber nicht um die Abschaffung der Ausnahmeregelungen ging. Sie beanspruchten die gleichen Privilegien, die Beckenbauer und Müller genossen, für sich selbst und waren auch sonst nicht zimperlich, wenn es etwa um Forderungen nach «außertariflichen» Sonderzahlungen ging.

Es muss daher nicht extra betont werden, dass die streng geregelte Vereinshierarchie um 1970 zu wanken begann. Die Kritik der Neuzugänge richtete sich primär gegen Beckenbauer, der die Herausforderung annahm und seinen ganzen Einfluss im Verein und in der Presse mobilisierte, um die Angriffe gegen sich zu parieren, ehe er schließlich in die Offensive ging. Auch im Training schlugen er und seine Mannen so heftig zurück, dass insbesondere Hoeneß um seine Schienbeine zu fürchten begann.[30] Man habe sich die respektlosen Jungen schon zurechtgebogen, meinte der robuste Franz Roth, der wusste, wovon er sprach.[31]

Die Unruhe im Verein wurde dadurch noch größer. Die Mannschaft zerfiel zwar nicht in ihre Einzelteile. Wahr ist aber schon, dass sich mehrere Gruppen bildeten, die sich fremd wurden und außerhalb des Spielfelds kaum kommunizierten.[32] «Wir sind nichts weiter als Geschäftsleute, die sich zum Training und zum Spiel treffen», analysierte Gerd Müller. «In diesen 90 Minuten halten wir wie Pech und Schwefel zusammen. Denn beim Fußball geht es nicht nur um die Tore, sondern auch um viel Geld. Nach dem Spiel geht jeder seine eigenen Wege.»[33] Selbst nach wichtigen siegreichen Partien traf man sich nicht mehr in einem der Münchner Bierkeller, die Zweckgemeinschaft lief einfach auseinander. Nach dem Gewinn der deutschen Meisterschaft 1972 beispielsweise verabredeten sich die Hauptdarsteller und Komparsen immerhin zum Abendessen. Eine Gruppe um Beckenbauer speiste im «Haxnbauer», eine zweite um Müller zog der rustikalen Variante aber das Edelrestaurant «Tantris» vor. Erst spät in der Nacht kam es zur

Wiedervereinigung in der Diskothek «Ebsch privé», von wo aus nur noch die unermüdlichen Nachtschwärmer in die Strip-Hochburg «Eve» oder in das «Come in» weiterzogen.[34] Paul Breitners Wutausbruch aus dem Jahr 1973, dieser «Scheißverein» könne nicht einmal seine Siege genießen,[35] hatte eine emotionale Vorgeschichte, die 1970 begann, als das insbesondere von Čajkovski gepflegte Familiäre zunehmend in den Hintergrund trat.

Gerd Müller brauchte diese Form von Familienanschluss, die ihm die Akklimatisierung in München erleichtert hatte. Als sie erodierte, setzte ein schleichender Entfremdungsprozess ein, der sich – trotz mancher Schwankungen – bis zu seinem Karriereende beim FC Bayern nicht mehr stoppen ließ und zeitweise auch seine Leistungen beeinträchtigte. Die Probleme begannen für Müller vor allem nach dem Spiel, wenn er mit den neuen Mannschaftskameraden zusammensaß, wenn er sie reden und mit differenzierten Argumenten über Themen diskutieren hörte, die mit Fußball nichts zu tun hatten.

Auch die Medien, früher seine und Beckenbauers Domäne, hatten jene bald für sich gewonnen. Breitner und Hoeneß waren namentlich in der Boulevardpresse ständig präsent, die Journalisten fraßen ihnen gleichsam aus der Hand. Und: Wie oberklug und herablassend vieles klang, was von diesen talentierten Windmachern kam! Müller musste sich beispielsweise von seinem Sturmpartner Hoeneß sagen lassen, er habe «ganz ordentlich gespielt».[36] Außerdem konnte er im «Kicker» lesen, wie Hoeneß, der sich gerade die ersten Sporen beim FC Bayern zu verdienen begann, dozierte: «Die heutige Art Fußball zu spielen, setzt eine gewisse Intelligenz voraus.» Die Zeit der Analphabeten, so schien die Botschaft zu lauten, sei vorbei.[37] Eine gehörige Portion Herablassung sprach noch 45 Jahre später aus den Worten eines ehemaligen Mitspielers, der das Projekt einer Müller-Biografie für «hirnrissig» hielt. Müller sei ein «sehr einfacher Mensch». Was über ihn zu sagen sei, könne er in «fünf Sätzen» letztgültig zusammenfassen, behauptete er. Für ein weiteres Gespräch über Gerd Müller war ihm die Zeit zu schade.

Wie sehr sich das Binnenklima des FC Bayern verändert hatte, bemerkte auch Franz Beckenbauer. «Eine spöttische Bemerkung beim

Essen, eine kleine Bösartigkeit beim Training, die Luft hatte plötzlich einen giftigen Geruch», ließ er in seinen Memoiren schreiben.[38] Müller spürte diese Luftveränderung ebenfalls. Anders als Beckenbauer hatte er den Sticheleien eines Hoeneß oder Breitner aber wenig entgegenzusetzen. Der Titel eines WM-Torschützenkönigs half ihm dabei nicht. Er fühlte sich zwar nicht mehr genauso hilflos wie in der Anfangszeit beim FC Bayern, als er sich mit seinen Mitspielern sehr schwergetan hatte, aber auch nicht mehr wirklich wohl in seinem Verein.

Es waren ja nicht nur Breitner und Hoeneß, auch andere Mitspieler ließen ihn immer wieder spüren, dass sie ihn nicht ganz ernst nahmen, und machten ihn regelmäßig zum Objekt ihres feinen oder deftigen Spotts. Rainer Zobel, der Müller schätzte und ihm mit viel Empathie begegnete, erzählte eine Geschichte, die erahnen lässt, was der Mittelstürmer des FC Bayern einstecken musste: Die Mannschaft weilte in Mailand oder Turin, Müller saß aufgeräumt beim Frühstück und wollte sich Butter bringen lassen. Er fragte deshalb seine Tischnachbarn, ob jemand wisse, was Butter auf Italienisch heiße. «Burro» – antwortete man ihm. Müller griff das sofort auf und bestellte beim Kellner «burro». Ein, zwei Tage später gastierten die Bayern in Madrid oder Barcelona. Müller verlangte es wieder nach Butter; diesmal wusste er sich aber selbst zu helfen: «Burro», «burro», rief er der konsternierten Bedienung hinterher, ohne zu ahnen, dass er sie gerade als Esel bezeichnet hatte. Die Mannschaft, so Zobel über vierzig Jahre danach, habe «sich gekringelt».[39] Anscheinend gab es viele im Italienischen und Spanischen Beschlagene, die dem dünnhäutigen Müller ihre Überlegenheit demonstrieren mussten.

Schmerzliche Vorfälle dieser Art gab es anscheinend viele. Aber auch sonst ließ Gerd Müller das Gefühl mangelnder Wertschätzung nicht los. Seelers Wahl zum Fußballer des Jahres 1970 hatte ihn darin bestätigt – zehn Tore in Mexiko und 38 in der Bundesliga, beides war Rekord, und man zog ihm doch den bejahrten Uwe vor. Genauso ungerecht fühlte er sich behandelt, wenn alle Welt von Beckenbauer sprach, der nicht erst seit der WM in Mexiko als die unumstrittene Nummer 1 des deutschen Fußballs gehandelt und hofiert wurde. Der «Kaiser» war in aller Munde, er konnte sich vor Werbeaufträgen kaum retten und

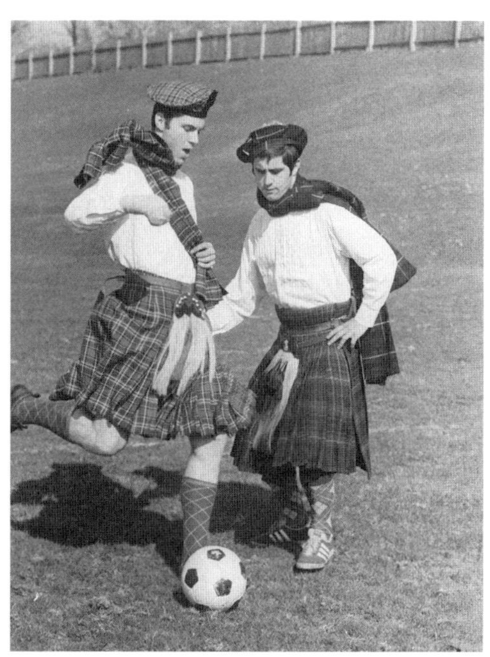

Eintracht in Zwietracht

genoss noch größere öffentliche Aufmerksamkeit als Film- und Schlagerstars.

Müller sah in Beckenbauer ebenfalls einen der ganz Großen, er bewunderte dessen fußballerisches Talent und dessen Gabe, sich in der Öffentlichkeit genauso sicher und elegant zu bewegen wie auf dem Platz. Gleichzeitig litt er aber unter der scheinbaren Omnipräsenz seines Mitspielers, die eigentlich ihm gebührte – ihm allein, weil er sich mit seinen vielen entscheidenden Toren als besser, zumindest als wichtiger empfand. Die Zeitzeugen waren sich einig, wenn die Sprache auf das Duo Beckenbauer und Müller kam: eitel Sonnenschein, nichts habe das Verhältnis der beiden Bayern-Ikonen getrübt. Haben sie bei der Nationalmannschaft und beim FC Bayern nicht jahrelang das Zimmer geteilt? Betont der «Kaiser» nicht bei jeder Gelegenheit, dass der FC Bayern ohne «die Tore vom Gerd» noch heute «in der alten Holzhütte» an der Säbener Straße sitzen würde?[40]

Bei genauerem Hinsehen zerfällt dieses Idyll einer ungetrübten Männerfreundschaft aber rasch. Kaum einem blieb verborgen, dass hinter der Fassade eine untergründige Rivalität nistete, die Beckenbauer in der Regel zu überspielen vermochte,[41] Müller jedoch nicht. Das Gefühl, nicht angemessen gewürdigt zu werden, nagte in ihm und ließ sich ebenso wenig betäuben wie die Vermutung, finanziell schlechter gestellt zu sein als Beckenbauer. Bei den Bayern, bekannte Müller im September 1971, «werde ich immer im Schatten von Beckenbauer stehen. [...] Bei einem anderen Verein habe ich jedoch die Chance, die Nummer Eins zu sein. Auch was das Finanzielle angeht.»[42] Die «Bild»-Zeitung brachte die daraus resultierenden Abwanderungspläne Müllers auf einen einfachen Punkt: Der «Bomber» sei «auf der Flucht vor Kaiser Franz Beckenbauer».[43]

Wie weit die Entfremdung zwischen Müller und dem FC Bayern Anfang der 1970er Jahre fortgeschritten war und welche Rolle dabei das gestörte Binnenklima und das gespannte Verhältnis der beiden Weltstars tatsächlich spielten, vermag niemand zu sagen. Sicher ist aber, dass Gerd Müller ab 1970 in der Öffentlichkeit immer wieder seine Unzufriedenheit zum Ausdruck brachte und von einem Vereinswechsel sprach. Bereits im Juni 1970 offenbarte er einem Reporter der Münchner «Abendzeitung» seinen Traum, für einen der großen italienischen Klubs zu spielen: «Wenn sich eine Möglichkeit bietet, würde ich gerne nach Italien gehen, denn dort kann ich in kurzer Zeit das verdienen, was ich in Deutschland in meiner ganzen Laufbahn bekommen würde.»[44] Einige Monate später war auch für den Sportreporter der «Süddeutschen Zeitung», Hans Schiefele, klar, dass Müller keine Sekunde zögern würde, seinen bis 1973 laufenden Vertrag mit den Bayern zu lösen und nach Italien zu gehen. Seinen Plänen stehe nur der «Eiserne Vorhang», sprich die Ausländersperre entgegen, die der italienische Fußballverband nach der Pleite der «Azzurri» bei der Fußballweltmeisterschaft in England 1966 verhängt hatte.[45]

Ein halbes Jahr später geisterte dasselbe Thema schon wieder durch die Presse. Müller war verärgert, weil er beim «launenhaften Münchner Publikum» sofort in Ungnade fiel und ausgepfiffen wurde,[46] wenn er nicht mit der gewohnten Regelmäßigkeit traf, und weil die Bayern ihren Linksaußen Dieter Brenninger – einen seiner Freunde mit dem alten Stallgeruch des Vereins – gehen lassen wollten. Er werde den Verein ebenfalls verlassen, kündigte er im April 1971 an.[47] War dabei noch von 1973 die Rede, so brachte Müller schon bald danach 1972 ins Spiel,[48] ehe es im September 1971 hieß, der Torjäger der Münchner habe ein Traumangebot in Höhe von einer Million DM von Hertha BSC und bereits mit den Berlinern verhandelt.[49] Laut Auskunft der Hertha hatte Müller sich dem Verein selbst angeboten.[50] Übertroffen wurde das Angebot aus Berlin nur noch durch die Offerte des griechischen Reeders Aristoteles Onassis, der den «Bomber» aus Deutschland mit 1,5 Millionen zu seinem Klub Panathinaikos Athen locken wollte.[51]

Kaum hatten sich die Gemüter etwas beruhigt, ging Müller im Januar 1972 erneut in die Offensive, als er sich dem berühmten Kreuzverhör des «Kicker» stellte und dabei wieder über einen Vereinswechsel spekulierte. Mit «achtzigprozentiger Sicherheit» werde er sich von den Bayern trennen. Sein Wunschverein sei die Borussia aus Mönchengladbach, denkbar seien aber auch der VfB Stuttgart oder ausländische Vereine, wenn die Kasse stimme.[52] Bis Ende März verging keine Woche, in der Müller nicht versichert hätte, dass er sich vom FC Bayern verabschieden werde. Mitte Februar flog er sogar nach Rotterdam, um mit Feyenoord über seine Zukunft zu verhandeln.[53]

Angeheizt wurde dieses Wechselspiel durch das Gerücht, das sich im Frühjahr 1972 zur Gewissheit verdichtete, nämlich dass der DFB endlich die Konsequenzen aus dem permanenten Unterschleif bei den Ablösesummen, Handgeldern und Gehältern ziehen werde. Konkret hieß das: Die Obergrenze für Spielergehälter fiel, und der DFB versprach auch, bei den eigentlich auf 100 000 DM begrenzten Ablösesummen bei einem Vereinswechsel großzügig zu sein. Müller wusste, wie alle Profifußballer, von den bevorstehenden Ereignissen, die ihm ungeahnte Verdienstmöglichkeiten eröffneten. Er wollte von den Bayern weg, pokerte aber auch für den Fall, dass seine Abwanderungspläne unerfüllt bleiben würden. Müller, immer schon unverkrampft, wenn es Kasse zu machen galt, wollte dann wenigstens mehr Geld vom FC Bayern, am besten genauso viel wie der «Kaiser».

Die Vereinsführung verfolgte das Theater um Müller mit wachsendem Missvergnügen. Sie hätte ihn am liebsten gehalten und war auch bereit, seine Bezüge deutlich zu erhöhen. Angesichts der Hartnäckigkeit des Stürmerstars begann sie sich aber schließlich doch auf eine Zukunft ohne Müller einzustellen – vielleicht hatte sie sogar ihr Gutes. Der Verkauf des «Bombers» hätte wieder Ruhe in den Verein gebracht und überdies die angespannten Finanzen saniert. Auch Udo Lattek hatte sich bereits mit dem Weggang abgefunden. Der Trainer plante für die kommende Saison 1972/73 mit Uli Hoeneß in der Spitze.[54]

Dass die «Bild»-Zeitung gegen den Verkauf Müllers mobilisierte und dass sich mehrere Bayern-Stars dezidiert dagegen aussprachen und ihn sogar bedrängten, dem Verein die Treue zu halten, dürfte ohne Einfluss auf dessen Entscheidung geblieben sein, doch in München zu bleiben. Er hatte anscheinend keine andere Wahl. Es fand sich nämlich kein Käufer, der die geforderte Ablösesumme von einigen Millionen aufbringen konnte. Müller musste also zurückstecken, und die Bayern-Führung kam ihm im März 1972 bei den Vertragsverhandlungen finanziell weit entgegen: Sie band ihren Stürmer bis 1975 an den Verein, ließ aber nicht verlauten, zu welchen Bedingungen. In der Presse war von 30 000 DM Grundgehalt im Monat und (Prämien inklusive) einem Jahresverdienst in Höhe von einer halben Million die Rede – und davon, dass Müller damit finanziell auf einer Stufe mit Beckenbauer stehe.[55]

7.

# Geld und Politik

Neudecker konnte sich gratulieren. Die Vertragsverlängerung seines Torjägers erwies sich als Glücksgriff. Die Saison 1971/72 wurde wieder ein Jahr der Superlative für Gerd Müller und kein schlechtes für den Verein. Die Bayern schieden zwar im DFB-Pokal im Viertelfinale und im Europapokal der Pokalsieger im Halbfinale aus. Dafür gewannen sie aber die deutsche Meisterschaft, während sie im Jahr zuvor nur auf Platz 2 gelandet waren.

Gerd Müller hatte an diesem Erfolg entscheidenden Anteil. Er fehlte in keinem der 34 Bundesligaspiele und erzielte von den 101 Treffern des FC Bayern allein 40 – ein Rekord, die 40 Tore, den nicht einmal er selbst übertraf, weshalb er auch bis heute gilt. Wenig überraschend, dass ihn der «Kicker» in der Rangliste des deutschen Fußballs erneut in der Rubrik Weltklasse führte.[1] Dazu trugen auch seine überragenden Leistungen im Trikot der Nationalmannschaft bei, die ihm schon 1971 ein fast überschwängliches Lob des Bundestrainers eingebracht hatten. «Der Müller», sagte Helmut Schön nach dem 1:0-Erfolg gegen Angstgegner Albanien, den der Münchner sichergestellt hatte, «hat den Instinkt des Killers. Er wittert seine Chance und verwertet sie auf engstem Raum.»[2] Namentlich die Endrunde der Europameisterschaft in Belgien 1972 stand ganz in seinem Zeichen: Im Halbfinale gegen die Gastgeber schoss er beide Treffer zum 2:1, und beim Endspielsieg gegen die Sowjetunion mit 3:0 trug er sich ebenfalls zweimal in die Torschützenliste ein; die Torjägerkanone der EM war ihm damit sicher. Ganz Europa jubelte dem Wunderstürmer aus München und der glänzend disponier-

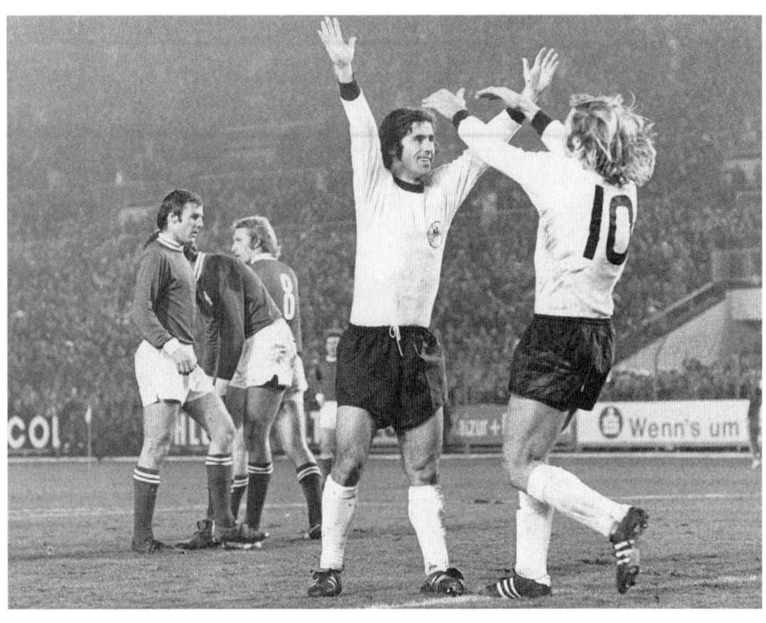


Müller und Netzer – 1972 ein Traumpaar

ten deutschen Mannschaft zu, die bereits im April 1972 im Wembley-Stadion bewiesen hatte, was in ihr steckte. Mit 3:1 waren die Engländer gedemütigt worden – und das vor heimischer Kulisse, wo sie als unbezwingbar galten.[3]

Dass angesichts solcher Erfolge die Frage nach besserer Besoldung nicht nur bei Müller an Brisanz gewann, versteht sich fast von selbst. Mit Maier, Beckenbauer, Schwarzenbeck, Hoeneß, Breitner und Müller gehörten in der Regel sechs Bayern-Spieler zur Stammbelegschaft der Nationalmannschaft, während Roth, Bernd Dürnberger und Zobel zum erweiterten Kader zählten. Die meisten fühlten sich 1971/72 unterbezahlt und erinnerten ihren Präsidenten an dessen Prinzip, dass Leistung sich lohnen sollte. Begehrlichkeiten weckten aber nicht nur diese Empfindungen, sondern auch in ihrem Fall die neuen Regelungen des DFB, die auf eine Freigabe der Gehälter und Ablösesummen hinausliefen. Im Frühjahr 1972 machten deshalb mehrere Bayern-Spieler Neudecker und Manager Schwan ihre Aufwartung und präsentierten ihre Forderungen. «Ausverkauf beim FC Bayern!», titelte der «Kicker» bereits im Februar.[4] Besonders hartnäckig und lange verhandelten Breitner und Hoeneß, die ihren Marktwert genau kannten und offen mit anderen Vereinen über ihre Wechselpläne und finanziellen Vorstellungen sprachen; ihr Ziel war ein Gehalt, das sich nicht wesentlich von dem eines Beckenbauer oder Müller unterschied.[5]

Wie es der Bayern-Führung gelang, die hochkarätige Mannschaft zusammen und bei Laune zu halten, kann nicht genau geklärt werden. Die Beiträge der Mitglieder reichten dafür sicher nicht aus. Der FC Bayern hatte Anfang der 1970er Jahre etwa 7000 Mitglieder, die pro Jahr 60 bis 70 DM zahlten.[6] Deutlich mehr Geld spülten Heimspiele in die Kassen, große Spielräume eröffneten sich Neudecker und Schwan aber auch dadurch nicht, zumal sich bei weniger attraktiven Paarungen mitunter nur 8000, 11 000 oder 12 000 Zuschauer im Stadion an der Grünwalder Straße einfanden. Der Zuschauerschnitt der Bayern lag in der Saison 1971/72 bei 28 000 und damit nur unwesentlich über den Werten der Vorjahre,[7] während der Trend bei zahlreichen anderen Vereinen nach unten wies.[8] Die Ursache dieser Entwicklung erblickten die Fachleute in dem großen Bestechungsskandal, der 1970/71 die Bundesliga erschütterte, den FC Bayern aber nicht erreichte, obwohl es durchaus Indizien gab, die auf eine Verwicklung in Spielmanipulationen hindeuteten. Der DFB ging ihnen aber nicht nach, und Presse und Politik stellten sich ebenfalls blind.[9]

Robert Schwan sah sich trotz des leicht gestiegenen Zuschauerschnitts auch weiterhin zu äußerster Sparsamkeit gezwungen – und zum Abschluss einer Unzahl an Privatspielen, um einigermaßen liquide zu bleiben. Die Bayern-Spieler hatten, von zwei, drei Wochen Sommerurlaub abgesehen, schon in der Ära Čajkovski/Zebec so gut wie keine freie Minute gehabt. Nach 1970 wurden die Strapazen noch größer. Um den Jahreswechsel 1970/71 beispielsweise hielt sich die Mannschaft vom 27. Dezember bis 16. Januar in Südamerika auf. Sie spielte in Kolumbien, Peru, Brasilien und Argentinien, legte bei diesem Reisemarathon 33 000 Kilometer zurück[10] und kam so missmutig und ausgelaugt in der Heimat an, dass der Präsident schwor, nie mehr in Südamerika aufzutreten. Es war eine «Horrorreise»[11] mit vielen hart geführten Partien, mehreren Verletzten und zwei Platzverweisen für Mrosko und Müller, wobei die Hinausstellung namentlich für den «Bomber» ein ebenso langes wie unerquickliches Nachspiel hatte.

Müller war im Spiel gegen Universitario de Deportes aus Lima nach zahlreichen fiesen Fouls der Kragen geplatzt. Er hatte seinen Gegenspieler mit einem Faustschlag niedergestreckt und war dafür des Feldes verwiesen worden. Nach den Gesetzen des DFB drohte deshalb eine Sperre, eine saftige sogar, für die Bundesliga wie für die Nationalmannschaft, weil Müller schon einmal auffällig geworden war. Die Bayern-Führung und er selbst versuchten deshalb, den Fall zu vertuschen, scheiterten aber, weil es zu viele Augenzeugen gab – unter anderen den Presseattaché der deutschen Botschaft – und weil der peruanische Fußballverband einen eindeutigen Bericht an den DFB sandte. Das Verfahren zog sich danach in die Länge, es dauerte mehr als fünf Monate, bis der Chefankläger des DFB seine Forderungen präsentierte: acht Spieltage Sperre, was ein Fehlen des Wiederholungstäters in der Endphase der Bundesliga, im Pokalfinale und in mehreren Spielen der Nationalmannschaft bedeutet hätte.

Größer hätte die Aufregung kaum sein können. «So wahr ich Müller heiße: Nie wieder spiele ich für Deutschland [...] wenn der DFB meine Sperre nicht aussetzt», so lautete das Ultimatum des wieder einmal aufbrausenden Münchner Torjägers,[12] der diesmal allerdings genau wusste, dass er nicht allzu viel riskierte. Der DFB konnte es sich mit ihm nicht verscherzen; nach der WM in Mexiko und dem definitiven Rückzug Uwe Seelers aus der Nationalmannschaft galt Müller als unverzichtbar. Der Fußballverband vertagte deshalb die Entscheidung ein ums andere Mal, hielt sich dann zwar pro forma an seine Paragrafen, legte sie am Ende aber so großzügig aus, dass das Urteil auf eine halbe Begnadigung hinauslief: Müller versäumte kaum ein Bundesligaspiel, durfte an einem wichtigen Spiel der Nationalelf mitwirken und konnte beim Pokalendspiel für die Bayern auflaufen. Die letzte Konsequenz des Rücktritts blieb ihm erspart.[13] Helmut Schön brauchte ihn, und der DFB erwies sich im Umgang mit seinen eigenen Regeln als äußerst flexibel.

Mit der unseligen Südamerikatour waren die Strapazen für den FC Bayern um die Jahreswende 1970/71 noch nicht zu Ende. Kaum in der Heimat zurück, bat Udo Lattek seine Spieler zum da capo beim Training, ehe es zu einem Privatspiel nach Brüssel ging, wo BMW die Dienste des FC Bayern für Werbezwecke benötigte.[14] Kurz darauf startete die Rückrunde der Bundesliga – mitten im Winter, was nichts anderes hieß, als dass die ersten Spiele vielfach bei schneidender Kälte auf hart gefrorenen, nur notdürftig geräumten Schnee- und Eisplätzen stattfinden mussten, die sich beim ersten Sonnenschein in knöcheltiefen Morast verwandelten. Über das Thema Winterpause wurde zwar seit Jahren heftig diskutiert. Eine Lösung ließ aber auf sich warten, so dass die Spieler bis in das Frühjahr hinein nicht nur mit dem Gegner, sondern auch mit den Widrigkeiten der Natur zu kämpfen hatten und dabei einem noch höheren Verletzungsrisiko ausgesetzt waren als bei den ungeliebten Hallenturnieren, die des Geldes wegen auch noch mitgemacht werden mussten. Rasenheizungen setzten sich erst in den 1980er Jahren durch – im Münchner Olympiastadion gab es die erste dieser kostspieligen Anlagen.

1971/72 war die Belastung nicht geringer. Die Bayern absolvierten vor Silvester zwei Spiele in Athen, dann folgten eine Reise nach Marokko und schließlich ein dreitägiges Hallenturnier in Berlin. Zeit zum Krafttanken oder für eine sinnvolle Vorbereitung auf die Pflichtspiele gab es auch jetzt nicht. Die Truppe war ständig im Einsatz, die Spieler wurden zu «Sklaven ihrer eigenen Forderungen».[15] «Wir haben den Flughafen München-Riem gehasst», schimpfte der Medizinmann «Ritchie» Müller.[16] Die Frau von Dieter Brenninger meinte: «Unsere Männer gehören zu einer Truppe, die wie ein Zirkus durch die Gegend zieht. Heute hier, morgen da, aber selten zu Hause.»[17] Auch Gerd Müller stöhnte: «Man kommt ja nur noch nach Hause, um frische Wäsche abzuholen.»[18]

Solche Unmutsäußerungen waren der Vereinsspitze bekannt. Robert Schwan wusste aber genau, dass die Profis zwar gerne murrten und raunzten, aber niemals daran dachten, Konsequenzen daraus zu ziehen. «Unsere Spieler verdienen außergewöhnlich gut», ließ er verlauten. «Also müssen sie auch Außergewöhnliches leisten. Wer das nicht will, muß sich einen Verein suchen, der nur einmal pro Woche spielt, bei dem er aber auch nur 2000 Mark im Monat verdient.»[19] Damit war der Fall erledigt.

Die Höhe der Einnahmen aus den Freundschaftsspielen im In- und Ausland blieb ein streng gehütetes Geheimnis. Zeitzeugen nannten hohe DM- und Dollarsummen, die Robert Schwan immer in bar einkassierte und nie regulär verbuchte. Nach einer ausgiebigen Südamerikatournee mit vielen Spielen ließ er lediglich 5000 DM Gewinn in die Bücher schreiben. Der Löwenanteil dieser illegalen Einnahmen ging direkt an die Spieler. Gelegentlich zahlte Schwan bereits auf der Heimreise im Flugzeug. Jeder Spieler erhielt einen Briefumschlag mit einer bestimmten Summe – einige Hundert Dollar die Normalsterblichen, ein Vielfaches die Stars wie Beckenbauer und Müller, wie der «Kaiser» später offen bekannte: Mit «dicken Bündeln» seien sie zurückgekehrt.[20] So hätten sie ihr Gehalt verdient, «von dem der DFB nichts wissen durfte». Selbst Olympia-Amateure (wie Uli Hoeneß und Edgar Schneider), die eigentlich vom Verein nichts hätten bekommen dürfen, wurden «auf diese Weise mit Riesensummen an Vertragsgeldern abgefunden», wie Neudecker in seinen Memoiren schrieb. «Einer dieser Edelamateure – so hat mir ein Insider erzählt – soll am Vormittag kassiert haben und am Nachmittag mit dem Geld gleich in die Schweiz geflogen sein.»[21]

In der Regel schwiegen die Bayern-Spieler über diese Form der Entlohnung ebenso wie über die Zwischenlandungen in Zürich, wo der Manager einen Teil der Einnahmen auf einem Sonderkonto deponierte – sicher und gewinnbringend.[22] Angst vor dem deutschen Zoll steckte jedenfalls nicht hinter dieser Maßnahme. Für den Fall einer drohenden Kontrolle hatte man politischen Begleitschutz in Gestalt von Staatssekretär Erich Kiesl aus dem Innenministerium, der auf einer der vielen Rückreisen den verdutzten Zöllnern auf dem Münchner Flughafen erklärt haben soll: «Ich bin der Staatssekretär Kiesl und das ist der FC Bayern München – also lasst uns durchgehen.» 300 000 bis 350 000 DM brauchte die Vereinsführung Jahr für Jahr an Schwarzgeld, damit sie ihren geschriebenen und ungeschriebenen Verpflichtungen gegenüber den Spielern nachkommen konnte. Er habe immer mit einem Bein im Gefängnis gestanden, sagte einer, der es wissen muss.[23]

Die Erlöse aus den «Schwarzgeld-Touren um die halbe Welt»[24] waren gewiss mehr als ein Tropfen auf den heißen Stein. Sie waren genauso nötig und willkommen wie die Einnahmen aus dem Geschäft mit dem Fernsehen, die einige Jahre zuvor noch kaum ins Gewicht gefallen waren. In der Saison 1965/66 hatten ARD und ZDF magere 127 000 DM für die Übertragungsrechte an den DFB überwiesen, der damit die Vereine der ersten und zweiten Ligen bedachte.[25] 1969/70 lag der entsprechende Betrag bereits bei 2,3 Millionen DM.[26] Für Europacupspiele zahlten die Fernsehsender 1971 160 000 DM,[27] wobei aber nicht jedes Spiel des FC Bayern in europäischen Wettbewerben übertragen wurde; mitunter erfuhren die Zuschauer vor den Bildschirmen erst wenige Stunden vor Spielbeginn von ihrem Glück.

Auch die Fernsehgelder reichten dem FC Bayern aber nicht, um über die Runden zu kommen und Stars wie Müller und Beckenbauer bezahlen zu können. Der Verein brauchte steuerliche Entlastung, sprich politischen Flankenschutz, der allerdings nicht leicht zu finden und auch nicht ganz verlässlich war, wenn es um – wie soll man sagen? – innovative finanzielle Zugeständnisse ging. Der natürliche Ansprechpartner wäre eigentlich die von der SPD geführte Stadt München mit Oberbürgermeister Hans-Jochen Vogel gewesen. Eine gewisse Nähe zu ihr gab es auch. Der Präsident war nämlich 1964, gegen seine Überzeugung, der SPD beigetreten, weil «ich mir», wie er in seinen Memoiren schrieb, «für den FC Bayern von nun an Vorteile erhoffte». Er kandidierte für die sozialdemokratischen «Roten» sogar für den Landtag,[28] blieb aber ohne Erfolg.[29]

Das Problem mit der Stadtspitze war nur, dass die Sozialdemokraten mit der Konkurrenz des FC Bayern, den «Löwen» von 1860, sympathisierten, die lange als die Nummer 1 der Stadt galten und wegen ihres Images als Arbeiterverein aus Giesing auch besser mit der sozialdemokratischen Führungsriege harmonierten. Die Bayern fühlten sich dagegen etwas stiefmütterlich behandelt – und zwar auch dann noch, als die Stadt angesichts der Erfolge von Beckenbauer, Müller und Co. auf Äquidistanz zu achten begann. Die städtische SPD und die «Löwen» waren in ihren Augen eben doch unzertrennlich.

Die Bayern-Spitze suchte ihr Heil deshalb bei der stärksten Kraft in

Bayern, bei der CSU, die ihrerseits nicht abgeneigt war, die ersten Kontakte zu vertiefen und dieses Zusammenspiel zu einer Wesensverwandtschaft zu stilisieren: Der FC Bayern schmückte die CSU, und die Partei von Franz Josef Strauß bot dem immer klammen Verein politische Unterstützung bei finanziellen Problemen, ganz abgesehen davon, dass sich die Führungen in ihrer Mischung aus autoritärer Hemdsärmeligkeit, nüchterner Geschäftstüchtigkeit und konservativ bemäntelter Modernität ähnelten und deshalb sympathisch fanden.

Es war so kein Zufall, dass einige prominente Männer der CSU seit längerem nummerierte Mitglieder beim FC Bayern waren: Erich Kiesl, der bayerische Finanzminister Ludwig Huber und der CSU-Vorsitzende Strauß,[30] der bereits seit 1965 zu den Bayern zählte; sein Mitgliedsausweis trug die Nummer 7104.[31] Sie fühlten sich als Fußballfans und genossen es, wenn sie sich in der Nähe von Beckenbauer und Müller aufhalten oder mit ihnen, wie namentlich Kiesl, auf Reisen gehen konnten.

Der erfolgreiche FC Bayern passte hervorragend in die Strategie der von der CSU gestellten Staatsregierung, ihrem Land ein neues Image zu verpassen und das moderne Bayern als Gegenmodell zum Bund zu positionieren, in dem eine Koalition aus SPD und FDP die Richtung bestimmte. Die CSU präsentierte sich als leistungsstark, zukunftsfähig, aber doch auch als konservativ-bodenständig,[32] also genauso wie der FC Bayern mit den vielen Landeskindern in seinen Reihen, der sich anschickte, sich im deutschen Fußball dauerhaft an der Spitze zu etablieren. Der FC Bayern und das moderne CSU-Bayern – beides gehörte zusammen und ließ sich gut als Einheit verkaufen.

Anfang der 1960er Jahre wären solche Gedankenspiele mitleidig belächelt worden. Fußball galt damals noch als Sport für das untere Drittel der Gesellschaft. Die besseren Kreise hatten keinen Sinn für ihn. Sie registrierten den Fußball vielleicht alle vier Jahre bei den Weltmeisterschaften, ansonsten verachteten und bemitleideten sie aber die Massen, die an den Wochenenden, auch bei Wind und Wetter, in die Stadien strömten und sich dort ihrer zweifelhaften Leidenschaft überließen.

Spätestens in den 1970er Jahren war von diesen Vorurteilen nicht mehr viel übrig. Zum FC Bayern bekannten sich nun Schauspieler, Schlagersänger, Kabarettisten, Banker und Industrielle; Senta Berger und Gerd Fröbe, der Sänger Gus Backus und Max Greger, der Leiter eines bekannten Tanzorchesters, traten dem Verein sogar als Mitglieder bei.[33] Wie viel sich in den vergangenen zehn Jahren verändert hatte, zeigt nicht zuletzt ein Blick auf die Zusammensetzung des Verwaltungsbeirats der Bayern. Wilhelm Neudecker hatte dieses Gremium 1967/68 ins Leben gerufen. Der Beirat sollte das Präsidium beraten und vor allem für eine bessere Verankerung des FC Bayern in der Politik und Gesellschaft der Stadt und des Freistaats sorgen. Eckhart Müller-Heydenreich, ein dem Verein eng verbundener Rechtsanwalt und SPD-Kommunalpolitiker, war von Neudecker mit der Integration des neuen Gremiums in die Satzung beauftragt, dabei aber auch gewarnt worden: Er durfte sich vom gefährlichen Modetrend der Mitbestimmung keinesfalls anstecken lassen und es mit den Kompetenzen des Verwaltungsbeirats nur ja nicht übertreiben. Der Präsident hatte ihm unumwunden erklärt: «Aber, gell, das weißt schon, entscheiden tu allein ich.»[34]

1968 gehörten diesem noch überschaubaren Gremium ein SPD-Bundestagsabgeordneter, ein Mitglied des Landtags von der CSU, ein Staatssekretär sowie ein Vorstandsmitglied der Bayerischen Staatsbank an.[35] Mitte der 1970er Jahre zählte es bereits 18 Mitglieder, die Neudecker mit Bedacht und viel Sinn für Netzwerkbildung ausgesucht hatte. Den Vorsitz führte Staatssekretär Erich Kiesl, der spätere Oberbürgermeister der Stadt München. «Der Weg zur Stadtverwaltung sollte uns demnach jederzeit gesichert sein», wie der Präsident betonte.[36] Flankiert wurde Kiesl von Seiten der Politik von drei Stadträten, einem Bundestagsabgeordneten, einem Mitglied des Bayerischen Senats und dem Leiter der Bayerischen Staatskanzlei. Ansonsten wimmelte es vor prominenten Firmeninhabern, Managern und selbstständigen Kaufleuten – unter ihnen Friedrich Jahn, der Inhaber der «Wienerwald»-Kette, der Wurstfabrikant Rudolf Houdek, der Gastronom Gerd Käfer und der Direktor von Magirus-Deutz, Herbert Jakisch.[37] Der FC Bayern war in den besten Kreisen Münchens fest verwurzelt. Berührungsängste gab es höchstens nach unten.

Die Einführung der Bundesliga mit ihren häufigen Spitzenspielen hatte dem Ansehen des Fußballs ebenso gutgetan wie der Erfolg der Nationalmannschaft bei den Fußballweltmeisterschaften 1966 und 1970: Das umstrittene dritte Tor in Wembley und die tragische Niederlage im Jahrhundertspiel gegen Italien in Mexiko City hatten die ganze Nation ergriffen. Das Fernsehen tat ein Übriges, um die Attraktivität des Fußballs zu erhöhen. Samstag für Samstag saßen Millionen vor den Bildschirmen, um die Sportschau in der ARD oder das Aktuelle Sportstudio im ZDF zu sehen[38] – Männer vor allem, aber zunehmend auch Frauen, die in den 1970er Jahren auch in den Stadien keine Seltenheit mehr waren. Es war deshalb nur konsequent, dass sich die Werbewirtschaft und immer häufiger auch die Politik für den Fußball interessierten. Abgeordnete, Bürgermeister und Minister bevölkerten nicht nur den Verwaltungsbeirat des FC Bayern, sie zeigten sich auch in den Stadien, wo sie mit den Siegern feierten und mit den Verlierern trauerten. Sie demonstrierten damit ihre dünkelfreie Bodenständigkeit, was im Zeichen des Abschieds von den Honoratiorenparteien und des Aufschwungs von Massenparteien immer bedeutsamer wurde.[39]

Die Führung des FC Bayern erkannte die Chancen, die sich aus diesen Wandlungsprozessen ergaben, und wusste genau, was sie zu tun hatte: Sie bekannte sich immer offener zu ihren Sympathien für die Partei, von der sie am meisten erwarten durfte: die CSU. Wilhelm Neudecker, der Präsident, ging mit gutem Beispiel voran. Nicht genug damit, dass er 1970 von der SPD zur CSU wechselte, in der er mit seinem Hass auf die Linken und seiner Vorliebe für Diktatoren wie Franco den äußersten rechten Flügel stärkte.[40] Er ging bei der politischen Landschaftspflege noch mehrere Schritte weiter. Er hofierte den CSU-Vorsitzenden Franz Josef Strauß,[41] lud ihn zu Weihnachtsfeiern und Geburtstagen ein und gratulierte ihm zu allen erdenklichen Erfolgen. Außerdem unterstützte er den Wahlkampf von Umweltminister Max Streibl,[42] und schließlich setzte er 1972 alles in seiner Kraft Stehende ein, um Willy Brandt als Bundeskanzler zu stürzen, der damals um seine hauchdünne Mehrheit im Bundestag fürchten musste und beinahe zu Fall gebracht worden wäre. Neudecker wollte der nach der Macht greifenden CDU/CSU zu Diensten zu sein, wie er 1980 in einem Brief an den Leiter der Bayerischen Staatskanzlei bekannte: Er habe sein «Bestes» gegeben, um den mit ihm aus dem Verwaltungsbeirat des Vereins gut bekannten SPD-Wackelkandidaten, den Bundestagsabgeordneten Günther Müller, umzudrehen und für die CDU/CSU zu gewinnen, die bei einem konstruktiven Misstrauensvotum gegen den Kanzler jede Stimme brauchte – und die von Müller schließlich auch bekam. «Unser hochverehrter jetziger Ministerpräsident Franz Josef Strauß hat mir seinerzeit erklärt: ‹Wenn Sie das fertig bringen, gehen Sie in die Europäische Geschichte ein.›»[43] Mag sein, so Neudecker weiter, «daß diese Abwerbung auf höherer Ebene schon eingeleitet war, dennoch habe ich dem jetzigen Justizminister Dr. Hans-Jochen Vogel [...] nicht widersprochen, als er bei einer Unterbezirkssitzung erklärte: ‹Der Übertritt von Dr. G. Müller wurde im Hause Neudecker in Bad Wiessee vollzogen.›»[44]

Nicht wenige Spieler folgten dem Beispiel des Präsidenten und schlugen gerne ein, als ihnen prominente CSU-Politiker die Hand boten. Sepp Maier warb unverhohlen für die Christlich-Soziale Union.[45] Franz Beckenbauers Äußerung über Willy Brandt, der Kanzler sei ein «nationales Unglück», ließ keinen Zweifel, dass sein Herz am rechten Fleck saß.[46] Der «Kaiser» stellte außerdem ein Foto von sich für den zu Wahlkampfzwecken eingesetzten Fußballkalender der CSU zur Verfügung[47] und sandte vor der Bundestagswahl im Herbst 1972 zusammen mit seinem Manager Robert Schwan ein Telegramm an Strauß, in dem er der CDU/CSU viel Erfolg wünschte.[48]

Nicht zu reden von Uli Hoeneß, der wie immer keine halben Sachen machte. Er zeigte von Beginn seiner Karriere an, dass er die CSU für die richtige politische Kraft hielt, und ließ sich auch in Wahlkampfzeiten nicht lange bitten.[49] 1976 kündigte er an, er werde an «mehreren Wahlkampfveranstaltungen teilnehmen und auch auf der Straße für die CSU werben».[50] Drei Jahre später unterstützte er die Initiative «Jugend für Strauß»,[51] und 1980 engagierte er sich für den späteren CSU-Landtagskandidaten Dietrich Freiherrn von Gumppenberg.[52] Ganz besonders lag Hoeneß aber der Kontakt zu Strauß am Herzen. Er lud den CSU-Vorsitzenden samt Ehefrau Marianne im November 1973 sogar zu seiner kirchlichen Trauung ein[53] und hatte mit seinen Avancen so großen Erfolg, dass Strauß auch noch zur abendlichen Hochzeitsparty in einem Nachtclub blieb, wo er zu vorgerückter Stunde eine «witzige Stegreifrede» auf das Brautpaar hielt.[54] 1976 war die Freundschaft schon so gefestigt, dass sich der viel beschäftigte Politiker die Zeit nahm, den Nationalspieler in einem längeren, fast väterlichen Schreiben zu trösten, als dieser im Endspiel der Europameisterschaft in Belgrad den entscheidenden Elfmeter in den Nachthimmel gejagt hatte.[55] Der «liebe Herr Hoeneß» hatte es danach schriftlich, dass Menschen keine Maschinen sind.

Eine Hand wusch die andere, aber richtig sauber wurde keine. Was das konkret hieß, kann wegen der dürftigen Quellenlage nicht in allen Aspekten ausgeleuchtet werden – in einigen aber schon. Das gilt etwa für den Erlass von Steuernachzahlungen, der dem FC Bayern, aber auch 1860 München und einigen anderen Fußballvereinen zugutekam;[56] 677 000 DM sollen die beiden Münchner Profimannschaften Anfang der 1970er Jahre bei diesem staatlichen Notopfer gespart haben.

Auch bei der Vergnügungssteuer konnten sich die Bayern auf die Christlich-Soziale Union verlassen. Wilhelm Neudecker war diese Steuer schon lange ein Dorn im Auge, aber nicht nur sie. Er forderte eine generelle Befreiung von Steuern und ähnlich großzügige Subventionen für den Fußball, wie es sie im kulturellen Bereich längst gab.[57] Sein Verein, behauptete er, ächze unter einer ungeheuren Steuerlast. Er führte Ende der 1960er Jahre 7,5 Prozent, später nur noch fünf Prozent der Einnahmen aus den Heimspielen als Vergnügungssteuer ab,[58] zahlte Mehrwertsteuer in Höhe von elf Prozent, entrichtete eine Baunotabgabe an die Stadt und musste auch für die Stadionmiete tief in die Tasche greifen; 300 000 DM pro Jahr waren es für den Sportplatz an der Grünwalder Straße.[59]

Entlastung tat also Not und war wohl auch angemessen, weil außer dem FC Bayern nur noch drei Bundesligavereine Vergnügungssteuer zahlten, von denen zwei die Steuer «direkt oder auf dem Umwege über Zuschüsse» zurückerhielten. Alle anderen Landesregierungen hatten ihre Vereine davon befreit. Neudecker nutzte deshalb seine Kontakte und bat den Fraktionsvorsitzenden der CSU im Bayerischen Landtag, Ludwig Huber, für eine Aufhebung dieser lästigen Steuer zu sorgen, die den FC Bayern Jahr für Jahr 150 000 DM kostete.[60] Huber nahm sich der Sache sofort an, stieß aber im federführenden Innenministerium auf

Widerstand,[61] wo man fürchtete, dass «eine weitere Bevorzugung der Fußballspiele gegenüber anderen Berufssportveranstaltungen mit dem Gleichheitssatz nicht vereinbar sei».[62]

Im Frühjahr 1972 schaltete sich anscheinend auch der CSU-Vorsitzende in den Steuerstreit ein. Neudecker hatte Franz Josef Strauß ganz unverblümt mitgeteilt, was er von ihm erwartete und was die CSU bei entsprechender Gegenleistung von seinem Verein zu erwarten hatte: «Wenn Sie dafür sorgen, daß Bundesliga-Vereine keine Vergnügungssteuern mehr zahlen müssen, setze ich durch, daß alle Bayern die CSU wählen.»[63] Das und die dringende Bitte des mittlerweile zum Finanzminister aufgestiegenen Ludwig Huber, «wenn irgend möglich, eine Befreiung des Vereins von dieser Steuer [zu] erwirken»,[64] blieb nicht folgenlos. Bereits im Juni 1972 lag ein Gesetzesvorschlag der CSU auf dem Tisch,[65] der besagte, dass Fußballspiele, an denen Lizenzspieler beteiligt waren, nicht mehr von der Vergnügungssteuer betroffen sein sollten[66] – andere Veranstaltungen mit Profisportlern aber schon.

«CSU stürmt für den FC Bayern», titelte die «Süddeutsche Zeitung» Mitte Januar 1973, nachdem der Landtag das maßgeblich von Finanzminister Huber inspirierte Gesetz beschlossen hatte.[67] Die SPD-Fraktion, die Abgeordneten der FDP im Landtag, der Bayerische Senat und vor allem die sozialdemokratische Führung der bayerischen Landeshauptstadt protestierten scharf gegen diese Entscheidung, die die Stadt München Einnahmen in beträchtlicher Höhe kostete; die Rede war von einigen Hunderttausend DM. Ein FDP-Abgeordneter sah darin eine «lex FC Bayern oder eine lex Beckenbauer», die als «Honorar» für die Wahlkampfhilfen des FC Bayern anzusehen sei.[68]

Die CSU-Mehrheit ließ sich davon aber ebenso wenig beeindrucken[69] wie von der Klage einer Tennisakademie vor dem Bayerischen Verfassungsgericht, das das neue Gesetz tatsächlich für verfassungswidrig hielt, weil nur der FC Bayern davon profitierte, während etwa Tennisvereine vom Fiskus durchaus zur Kasse gebeten wurden, wenn sie Profisport betrieben.[70] Das Urteil des Bayerischen Verfassungsgerichtshofs bedeutete aber nicht viel, weil im Januar 1978 die zwischenzeitlich noch einmal novellierte Vergnügungssteuer für alle Sportarten endgültig wegfiel.[71]

Die Staatsregierung kam dem FC Bayern auch entgegen, als Neudecker im Frühjahr 1972 den Plan präsentierte, das letzte Saisonspiel gegen Schalke 04 in das fast fertige Olympiastadion zu verlegen,[72] wo ungleich größere Einnahmen zu erwarten waren als im alten Stadion an der Grünwalder Straße. Huber und die CSU kannten und verstanden die Nöte Neudeckers: Der FC Bayern bewegte sich 1972 wieder einmal am Rande des Bankrotts. Die teure Truppe um Beckenbauer und Müller fraß fast alle Reserven auf und brauchte dringend Nachschub. Huber bot deshalb seinen ganzen Einfluss auf, um den zögernden Organisationschef der Olympischen Spiele, Willi Daume, umzustimmen. Logistische Probleme und die auf Hochtouren laufenden Bauarbeiten sprachen eigentlich gegen eine vorzeitige Nutzung des neuen Stadions. Mit solchen Argumenten war kurz zuvor das Ansinnen des mittlerweile zweitklassigen TSV 1860 München abgelehnt worden, ein wichtiges Aufstiegsspiel im Olympiastadion stattfinden zu lassen.[73]

Bei den Bayern zählten diese Gründe nicht – jedenfalls nicht für Huber, der seinem Verein ein weiteres Mal behilflich war. Es sei «ausschließlich Deinem Einsatz [...] zuzuschreiben, daß das Bundesligaspiel des FC Bayern gegen FC Schalke 04 nun doch im Olympiastadion ausgetragen werden kann», schrieb der Verwaltungsbeiratsvorsitzende des FC Bayern, Staatssekretär Erich Kiesl, am 31. Mai 1972 an Huber. «Dies weiß auch Präsident Neudecker sehr genau. [...] Für Deine Bemühungen darf ich Dir, auch im Namen des FC Bayern, auf das Herzlichste danken.»[74]

80 000 Zuschauer erlebten am 28. Juni 1972 den 5:1-Triumph der Münchner, die damit deutscher Meister wurden, fast so viele wie in den vier letzten Heimspielen zusammen, in denen sich manchmal nur 15 000 im Stadion an der Grünwalder Straße verloren hatten. Ohne die Bruttorekordeinnahme in Höhe von 1,2 Millionen DM «hätte der Klub einen Kredit aufnehmen müssen, um noch ausstehende Spielergehälter zahlen zu können».[75] Das war es aber nicht allein: Das für die Sommerspiele gebaute Olympiastadion behob schlagartig die Sorgen, die den Fußball in der bayerischen Landeshauptstadt mit seiner einzigen größeren, aber längst veralteten Sportarena an der Grünwalder Straße seit Jahrzehnten bedrückten.

Der Umzug in das Olympiastadion markierte eine Wende in der Geschichte des FC Bayern. Die futuristisch anmutende Sportstätte auf dem Oberwiesenfeld, diese «Symphonie aus Stahl, Beton und Chemie», wie die «Bild»-Zeitung schwärmte,[76] war leicht zu erreichen – mit U-Bahn, Bus oder mit dem eigenen Wagen; Parkplätze standen dafür in ausreichender Zahl zur Verfügung. Das neue Stadion bot 76 000 bis 80 000 Zuschauern Platz, 45 000 davon konnten sitzen und mussten dafür vor allem dann deutlich mehr zahlen als die Fans auf den Stehplätzen, wenn sie eine Karte für die überdachte Haupttribüne hatten. Kein anderer Bundesligaklub verfügte über eine ähnlich moderne Anlage mit so viel Komfort, so vielen Konsummöglichkeiten und so vielen Plätzen – über eine Million DM floss in die Kassen, wenn das Stadion ausverkauft war.

Das Olympiastadion bescherte dem FC Bayern einen Standortvorteil, der kaum zu überschätzen ist. In der Saison 1972/73 sahen im Bundesligadurchschnitt 16 000 Zuschauer ein Spiel, bei den Bayern waren es 31 000, was auch an den Leistungen der Mannschaft lag,[77] aber ebenso mit dem neuen Stadion zu tun hatte, das sich zumal bei Europacupspielen als wahre Goldgrube erwies; zwischen 1973 und 1977 war das Olympiastadion bei solchen Spitzenspielen elfmal ausverkauft. Das moderne Stadion eröffnete dem FC Bayern ganz neue finanzielle Spielräume. Ohne diese Einnahmen wäre der Verein kurzfristig in arge finanzielle Schwierigkeiten geraten, mittelfristig hätte er die hochkarätig besetzte Mannschaft kaum halten können.

Ohne solche strukturellen und politischen Weichenstellungen wäre auch die Karriere von Gerd Müller ganz anders verlaufen. Er hätte sich 1972 eine Vertragsverlängerung zu besseren Bedingungen aus dem Kopf schlagen oder über einen Vereinswechsel nachdenken müssen. Dass er blieb und – wie Beckenbauer – den Lockrufen anderer Klubs widerstand, hatte aber nicht nur mit der staatlichen Entwicklungshilfe für den FC Bayern zu tun. Er und der «Kaiser» profitierten auch von ganz gezielten Fördermaßnahmen für Hochbegabte, die – wie schon so vieles andere – ebenfalls der bayerische Finanzminister Ludwig Huber ausgeheckt hatte.

Huber galt nach 1972 als der starke Mann in der Regierung von Alfons Goppel und wurde als kommender Ministerpräsident gehandelt.

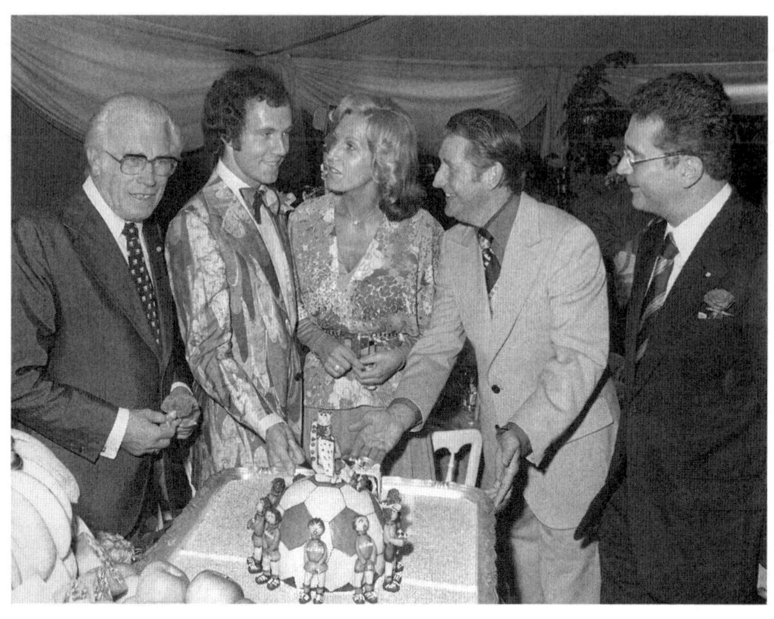

Ludwig Huber (rechts) als Salonlöwe überall dabei – auch bei Beckenbauers 30. Geburtstag

Selbst ein begeisterter Sportler und Fußballnarr, hatte er es sich anscheinend in den Kopf gesetzt, neben der CSU auch die Geschicke des FC Bayern zu bestimmen. Vor allem lag ihm daran, die «bayerische Achse» von Maier, Beckenbauer und Müller zu erhalten. Es waren keine leeren Worte, wenn er dem Präsidenten im Dezember 1972 schrieb, er sei dem FC Bayern «seit Jahren verbunden» und werde Neudecker und dem «Verein jederzeit zur Verfügung stehen […], wenn es darum geht, Anliegen aufgeschlossen und freundschaftlich zu erörtern».[78] Selbst bei Schwierigkeiten mit Steuerbehörden wollte der Finanzminister gerne behilflich sein. «Franz, wenn was ist, nur melden», rief er Beckenbauer auf einem Fest in Grünwald über einige Tische hinweg ungeniert zu.[79]

Wilhelm Neudecker bezeugte 1980 in einem Brief an den Chef der Bayerischen Staatskanzlei, Rainer Keßler, ebenfalls, wie sehr sich Huber für die Spitzenkräfte des FC Bayern ins Zeug legte. Er sei in den «Anfangsjahren von Franz Beckenbauer» zusammen mit dem Geschäftsführer des FC Bayern, Walter Fembeck, bei Huber gewesen und habe ihm folgende Frage gestellt: «Herr Staatsminister, wir können Franz Beckenbauer aus finanziellen Gründen nicht mehr halten, inwieweit können Sie uns helfen?» Der Minister habe darauf geantwortet: «Herr Neudecker, Ihr seid doch Geschäftsleute und werdet Euch doch helfen können. Gebt Franz alles, was er verlangt, aber laßt ihn nur nicht weg von München. Er ist sowohl für Ihren Verein als auch politisch für das Land Bayern sehr wichtig. Sie spielen doch so viel im Ausland, da können Sie sich doch helfen.»[80]

In seinen später geschriebenen, ungedruckten Memoiren berichtete Neudecker fast wortgleich über das Gespräch im Finanzministerium, mit dem Unterschied nur, dass er nicht mit dem Minister selbst, sondern mit dessen Staatssekretär gesprochen haben wollte, der am Ende der Unterredung augenzwinkernd gewarnt habe: «Aber laßt Euch nicht erwischen, sonst schick' ich Euch die Fahndung.»[81]

So oder so. Deutlicher konnten der bayerische Finanzminister oder sein Stellvertreter kaum werden. Sie kannten die Finanznöte des FC Bayern und wussten vom Sinn und Zweck der vielen Freundschaftsspiele, die organisiert werden mussten, um die finanziellen Lücken wenigstens notdürftig zu schließen. Ihnen wäre es nicht im Traum eingefallen, das fußballerische Aushängeschild und dessen wichtigste Repräsentanten an den Pranger zu stellen. Im Gegenteil: Sie stifteten die Bayern-Führung zu illegalen Praktiken an und erteilten ihr, glaubt man den Memoiren Neudeckers, die Lizenz zum doppelten Steuerbetrug bei Einnahmen im Ausland – durch den Verein und durch den begünstigten Spieler, denn das Verfahren funktionierte nur, wenn beide Seiten mitmachten und wenn die Spitze des Finanzministeriums die Augen verschloss.

Was für Beckenbauer galt, galt auch für Gerd Müller, über den der Finanzminister anscheinend ebenfalls seine schützende Hand zu halten versprach. Huber war nicht nur ein gern gesehener Gast in Müllers Haus in Straßlach,[82] die Müllers verkehrten auch beim Minister privat, wo sie den späteren Ministerpräsidenten Max Streibl, den Chefredakteur des «Bayernkuriers», Wilfried Scharnagl, den Geschäftsmann Jost

Hurler und viele andere illustre Gäste kennenlernten. Ludwig Huber verschaffte dem Stiefbruder von Uschi Müller eine gut dotierte Stelle bei einer Bank und wurde immer dann bemüht, wenn es um geschäftliche Fragen ging. Als die Müllers 1972 beispielsweise ihren unternehmerischen Radius erweitern und eine Lotto-Toto-Bezirksstelle übernehmen wollten, wandten sie sich vertrauensvoll an den Finanzminister, der für derlei Sinekuren zuständig war, und wurden tatsächlich nicht enttäuscht. «Der Minister», so hieß es in einer Aktennotiz aus seinem Büro vom 11. Juli 1972, «möchte dieses Begehren nachdrücklich unterstützen und bittet um Prüfung, wie Herr Müller zu einer derartigen Bezirksstelle gelangen kann».[83]

Eine Woche zuvor hatte sich Huber ähnlich hilfsbereit und engagiert gezeigt. Damals war es um Müllers erneuten Einstieg in das Versicherungswesen gegangen, den Huber ihm nach seinem Debüt bei der Thuringia in Nördlingen nahegelegt hatte, für die er allerdings nur seinen Namen hergegeben hatte. Nicht weniger als eine Generalagentur sollte der auf diesem Feld gänzlich unerfahrene Fußballprofi übernehmen. Der Finanzminister wusste auch, bei welcher Gesellschaft. «Es besteht Interesse daran, daß Herr Müller, der sicher werbemäßig sehr attraktiv wäre, eine Tätigkeit im Bereich Ihrer Versicherung übernimmt», schrieb Huber am 10. Juli 1972 in sehr entschiedenem Ton an den Präsidenten der Bayerischen Versicherungskammer, Dr. Wehgartner. «Ich wäre Ihnen dankbar, wenn Sie unter diesem Gesichtspunkt überprüfen würden, ob die Möglichkeit besteht, Herrn Gerd Müller eine Generalagentur der Bayerischen Versicherungskammer zu übertragen.»[84] Eine Bezirksstelle bei Lotto-Toto und eine Generalagentur bei der Versicherungskammer – davon hätte man auch ohne Tore und ohne Fußball gut leben können.

Im Gegenzug ließ sich der eher unpolitische Stürmerstar mehrmals für die Zwecke der CSU einspannen. Im Herbst 1972 beispielsweise schrieb Gerd Müller ein Telegramm an den CSU-Vorsitzenden Franz Josef Strauß, wohl wissend, dass es im Wahlkampf an die Öffentlichkeit gelangen würde. Es hieß darin: «Nach diesem harten Wahlkampf, der wie so oft leider mit diffamierenden Äußerungen gegen Sie geführt wurde, wünsche ich Ihnen von ganzem Herzen einen eindeutigen Sieg, der es Ihnen ermöglicht, wieder stabile politische und wirtschaftliche

Verhältnisse zu schaffen. Meine Stimme für die CSU soll dafür ein kleiner Beitrag sein.»[85]

Gerd Müller zeigte sich außerdem mit dem bayerischen Finanzminister in dessen Wahlkreis[86] und fand schließlich auch nichts dabei, Huber 1972 mit nach Paris zu nehmen, als er dort zum zweiten Mal mit dem «Goldenen Schuh», der Trophäe für den besten Torschützen des Jahres in Europa, ausgezeichnet wurde. Huber und Müller zogen wegen einer Entführungsdrohung, die von arabischen Terroristen ausging, «wie siamesische Zwillinge» durch die französische Hauptstadt, ließen sich aber durch den polizeilichen Geleitschutz nicht in ihrem Genuss- und Erlebnisdrang beeinträchtigen: Sie speisten in teuren Restaurants, flanierten auf den Champs-Élysées und schauten abends selbstverständlich auch im Moulin Rouge vorbei – zum Wohlgefallen des mitgereisten Journalisten, der seine Bilder und Storys für die Daheimgebliebenen hatte und in seinem Bericht nicht zu erwähnen vergaß, dass der Finanzminister und das Ehepaar Müller die Reise in einem Privatjet absolvierten, den ihnen Friedrich Jahn, der Inhaber der «Wienerwald»-Kette, ein Intimus von Franz Josef Strauß, zur Verfügung gestellt hatte.[87] Den Verdacht, dass die Inszenierung auch Wahlkampfzwecken gedient haben könnte, wies Huber natürlich weit von sich.[88] Schließlich sei er mit dem Ehepaar seit Jahren gut befreundet.[89]

Wie im Falle Beckenbauers sorgte Huber sich auch beim «Bomber» vor allem um die Finanzen; sie waren ja das entscheidende Bindemittel, um die Zukunft des FC Bayern zu sichern. Da er als viel beschäftigter Minister nicht immer zur Verfügung stand, empfahl er der Familie Müller, seinen engen Mitarbeiter und Vertrauten Erwin Nehl als Manager zu verpflichten.[90] Ein guter Rat?

## 8.

# Mit Manager auf dem Holzweg

Walter Fembeck rollte mit den Augen. Der langjährige Geschäftsführer des FC Bayern erinnerte sich auch nach über vierzig Jahren noch lebhaft an Erwin Nehl, der plötzlich ganz überraschend als Müllers Manager aufgekreuzt sei. Verachtung schwang mit, als er den Namen Nehl fallen ließ. Fembeck nannte ihn den «kleinen Adjutanten Ludwig Hubers» und hielt sich auch sonst mit abfälligen Bemerkungen nicht zurück.[1] Gute Erinnerungen hat niemand an Nehl, alle Zeitzeugen sahen in ihm einen bösen Geist, der den gutmütigen Gerd Müller ausgenützt und finanziell schwer geschädigt habe. Manche attestierten ihm sogar, ein notorischer Lügner und Schwindler gewesen zu sein.[2]

Viel ist über seine Biografie nicht bekannt. Man weiß nur, dass er im Mai 1935 im Landkreis Dessau geboren wurde, von Beruf kaufmännischer Angestellter war[3] und in den 1960er Jahren zur Führungsriege der Vereinigung der Opfer des Stalinismus (VOS) zählte, obwohl er selbst in der DDR nicht inhaftiert gewesen war.[4] Er war Landesvorsitzender der VOS in Bayern, ehe er 1970 wegen erheblicher Beitragsschulden ausgeschlossen wurde, und kam als solcher Mitte der 1960er Jahre auch in Kontakt zu Franz Josef Strauß und zur CSU, der er bald als Mitglied angehörte. Stramm antikommunistisch gesinnt, fand er später eine Stellung in der Parteizentrale der CSU, wo Ludwig Huber auf den ebenso ehrgeizigen wie beflissenen Mann aufmerksam wurde.[5] Huber fand Gefallen an dem umtriebigen Nehl und nahm ihn, überlastet wie er als stellvertretender Vorsitzender des Organisationskomitees für die Olympischen Spiele war, als Sportberater in seine Dienste.[6]

Die Familie Müller hatte gegen Hubers Empfehlung nichts einzuwenden. Nehl hatte die denkbar besten Referenzen. Er stammte aus dem Umfeld der CSU und ging dank seiner Beziehungen zum Minister im Finanzministerium ein und aus. Sichereren Händen konnte man sein Geld nicht anvertrauen. Dass die Müllers überhaupt das Bedürfnis nach einem Manager verspürten, hatte mit den permanent wachsenden Einnahmen und mit der Tatsache zu tun, dass die anfängliche sporadische Kooperation mit Robert Schwan zunehmend schwieriger wurde und 1972 ganz in die Brüche ging. Müller sah seine «Interessen nicht mehr stark genug durch Herrn Schwan vertreten», er und seine Frau trauten ihm wohl auch nicht mehr.[7]

Das Misstrauen hatte seine Ursachen vor allem in den latenten Spannungen zwischen Beckenbauer und Müller,[8] die Anfang der 1970er Jahre nicht mehr zu übersehen waren und schließlich auch die Beziehungen zwischen Müller und Schwan belasteten. Robert Schwan war seit 1966 – neben seiner Beschäftigung bei den Bayern – Manager und Erzieher von Franz Beckenbauer. Er setzte dabei ganz neue Maßstäbe. Des «Kaisers» Aufstieg zur hoch dotierten Marke und zum vielfachen Millionär war sein Werk. Schwan zog die Werbeaufträge an Land, er handelte die Verträge aus, und er bugsierte Beckenbauer in die richtigen gesellschaftlichen Kreise, wo neue rentable Aufgaben auf seinen Schützling und ihn selbst warteten. Das Duo machte damit viel Geld, es hatte aber nicht nur Freunde. Auch beim FC Bayern betrachteten es viele als unglückliche Konstruktion, dass der Manager und der Mannschaftskapitän in einer Symbiose lebten, die nicht auf das Geschäftliche beschränkt blieb, sondern zunehmend häufiger den Sport betraf; ohne die beiden ging beim FC Bayern nichts. Paul Breitner sagte später, Beckenbauer und Schwan «taten, was sie wollten». Sie seien «unantastbar, unangreifbar, unerreichbar» gewesen.[9]

Vieles deutet darauf hin, dass insbesondere Uschi Müller diese Einschätzung teilte und dass sie sich den von Schwan und Co. dominierten Macht- und Einflussstrukturen im Verein nicht fügen wollte. Sie handelte dabei nicht als emanzipierte Frau; dafür war sie zu jung und unerfahren. Die ersten Diskussionen der späten 1960er Jahre über ungleiche Rollenverteilungen zwischen den Geschlechtern und diskriminierte

Frauen in Familie, Wirtschaft und Gesellschaft dürften an ihr – wie an den meisten Frauen damals – fast spurlos vorüber gegangen sein. Der rebellische Zeitgeist hatte sie nur eben angehaucht. Aber das genügte und begünstigte ihre eher instinktive Abneigung gegen die ostentative Männerwirtschaft, die überall herrschte, beim FC Bayern mit seinem Patriarchen an der Spitze aber besonders ausgeprägt war.

Uschi Müller hatte ihren eigenen Kopf und setzte ihn immer häufiger durch. Anfang der 1970er Jahre war sie längst nicht mehr das kleine «Fußballfrauchen»,[10] das die Münchner «Abendzeitung» einst in ihr gesehen hatte, sondern von allen Nationalspielerfrauen diejenige, die «vielleicht am modernsten, attraktivsten und flottesten» wirkte.[11] Sie war misstrauisch gegen Autoritäten und wollte sich von «denen» an der Vereinsspitze nichts mehr sagen lassen. Ganz abgesehen davon, dass sie Schwan im Verdacht hatte, ihren Mann im Vergleich mit Beckenbauer zu benachteiligen, und dass sie auch das schöne Geld reute, das der Manager für seine Dienste verlangte.

Im Grunde genommen scheint Uschi Müller aber weder mit dem Manager noch mit dem «Franzl», wie ihr Mann seinen Mitspieler nannte, viel anzufangen gewusst zu haben. Dessen Arroganz ging ihr vermutlich genauso gegen den Strich wie seine Dauerpräsenz bei öffentlichen Veranstaltungen und in den Medien. Der FC Bayern schien abseits des Fußballplatzes nur noch aus Beckenbauer zu bestehen.[12] Alles drehte sich um den «Kaiser»: Er hatte die meisten Werbeaufträge, er gab die meisten Interviews, und er produzierte die meisten Schlagzeilen – und das alles mit einer fast unverschämten Lässigkeit, die insbesondere bei jungen Frauen ihre Wirkung nicht verfehlte. Sie lagen ihm zu Füßen und himmelten ihn an, wenn er alles, was er betrat, in einen Laufsteg zu verwandeln schien – immer elegant, immer modisch gekleidet und sehr attraktiv. «Seit ein paar Jahren gab es die Pille», so Beckenbauer im Rückblick auf diese stürmische Zeit, «die sexuelle Revolution hatte ihren Höhepunkt erreicht, die Prediger der freien Liebe waren unterwegs, und wir Fußballer waren eine Art Popstars dieser Zeit. Es war kein Mangel an Abenteuern, und wir haben nicht anders gelebt als die anderen jungen Männer in diesen Jahren, in denen das Wort Aids und seine Schrecken noch weit entfernt waren.»[13]

Uschi Müller dürfte genau gewusst haben, worauf Beckenbauer anspielte. Ihr Mann wird ihr darüber ebenso detailreich berichtet haben wie manchen Journalisten, die aber auch so von den Eskapaden der Bayern-Spieler in Trainingslagern, bei Auswärtsspielen und auf Dienstreisen erfahren hatten.[14] Was sie davon hielt, mag dahingestellt bleiben. Von ihrem Mann ist jedenfalls bekannt, dass ihm solche sexuellen Dicktuereien fremd waren. Er lächelte darüber, beteiligte sich aber nie an diesen Ausschweifungen und deren rhetorischen Ausschmückungen, die in Männerbünden wie Fußballmannschaften gang und gäbe waren und dort eigene Hierarchien konstituierten[15] – mit Beckenbauer auch hier an der Spitze.

Müller wäre es niemals in den Sinn gekommen, in seinen Memoiren darüber zu berichten, wie der «liebe Schwan» – selbst ein Schürzenjäger der Sonderklasse – schaute, «wenn wir uns mit einer netten Maus im Auto vergnügt haben und uns quietschende Stoßdämpfer und Federn verrieten».[16] Solche lasziven Plumpheiten kamen ihm nicht über die Lippen. Von Journalisten auf eines ihrer Lieblingsthemen, die vom DFB verordnete sexuelle Enthaltsamkeit vor Spielen der Nationalmannschaft, angesprochen, meinte Gerd Müller nur trocken: «Man sollte [vor einem Spiel] nicht mehr mit seiner Frau zusammen sein. Aber ich bin nicht sicher, ob es etwas ausmacht.»[17]

Von der diskreten Uschi Müller ist kein Wort dazu überliefert. Leicht vorstellbar aber ist, dass sie die öffentliche Inszenierung einer heilen Ehewelt empörte, die Beckenbauer und seine Frau Brigitte – allen Gerüchten zum Trotz – mit ebenso großer Virtuosität betrieben wie die Münchner Boulevardjournalisten, die das «Kaiser»-Paar fast ständig umschwirrten. Überhaupt Brigitte oder BB, wie sie assoziationsträchtig auch genannt wurde, die seit 1966 mit dem Bayern-Star verheiratet war, mit ihm in einer luxuriösen Villa in Grünwald mit «Blacky» Fuchsberger als Nachbar wohnte und seitdem alles tat, um ihren eher phlegmatischen «Franzl» auf der gesellschaftlichen Reputationsleiter einige Sprossen hochzustemmen und einen anderen Mann aus ihm zu machen: Beckenbauer setzte sich ans Klavier, er besuchte den Wiener Opernball und die Wagnerfestspiele in Bayreuth, nahm Reitunterricht und lernte Englisch, um ihretwillen und in Anwesenheit von Fotografen, die jeden Augenaufschlag für die Ewigkeit festhielten. Uschi Müller selbst bestritt, dass sie mit der «Kaiserin» ein Problem hatte. Einige Zeitzeugen waren aber sicher, dass sie die «BB» und deren gesellschaftliche Streberei verachtete, dass sie in ihr aber auch eine Rivalin erblickte, die sie um ihre öffentliche Rolle beneidete. Sie wäre zu gerne eine «zweite Brigitte Beckenbauer» geworden, meinte nicht nur der frühere Präsident des FC Bayern, Willi O. Hoffmann.[18]

Nichts deutete darauf hin, wenn er in die Oper ging oder bei einem Empfang auftauchte, dass Beckenbauer in der kleinen Welt eines Postobersekretärs aufgewachsen war. Er hatte sie nach einigen Anfangsschwierigkeiten mühelos hinter sich gelassen und bei seinen Auftritten vor der Presse rasch in einen charmanten Phrasenmodus gefunden, der ihm schließlich zur zweiten Natur wurde. Beckenbauer hatte gleichsam das Fach gewechselt, während Gerd Müller in seiner neuen Rolle als Star nicht so brillierte, obwohl er nicht wenige Gelegenheiten dazu gehabt hätte. Anfang der 1970er Jahre war er sogar beliebter als der «Kaiser». Die größten Akzeptanzwerte erzielte er von 1972 bis 1974, als er die Torleute das Fürchten lehrte und die «Bild»-Zeitung ihn zum «König aller Torjäger» ausrief.[19] Der «Torjäger der Superlative»[20] wurde bis Mitte der 1970er Jahre mit Kaskaden von Lobeshymnen bedacht.

Im Dezember 1972 ergab eine Umfrage des Wickert-Instituts für Markt- und Meinungsforschung, dass Gerd Müller mit 26 Prozent der beliebteste deutsche Sportler sei – knapp vor Beckenbauer mit 24 Prozent und weit vor der Doppelolympiasiegerin Heide Rosendahl mit 18 Prozent, die darüber völlig die Fassung verlor und fast hemmungslos über die beiden Hauptgewinner herzog: «Der Müller steht nur vorne rum, und der Beckenbauer tut auch nicht viel.»[21] Ein gutes Jahr später ein ähnliches Ergebnis: Im Januar 1974 spielten 10 000 «Kicker»-Leser Bundestrainer. Sie sollten die 22 Spieler nennen, die bei der WM im eigenen Land unbedingt dabei sein sollten, und – siehe da – fast alle (9581) hielten Gerd Müller für unverzichtbar, während Franz Beckenbauer mit 6825 weit abgeschlagen war.[22] Dessen lässig-distanzierte Lebens- und Spielweise kam nicht annähernd so gut an wie das bescheidene Auftreten Gerd Müllers. Auch ihm stieg der Erfolg anfangs durchaus zu Kopf. Namentlich nach der Weltmeisterschaft in Mexiko schien er in

Gefahr, die Bodenhaftung zu verlieren. Er verhielt sich Fans gegenüber abweisend, ignorierte Autogrammwünsche als lästige Zumutungen und ließ sich zu der hochmütigen Äußerung hinreißen, «unter 500 Mark» werde er «keinen Schritt aus seiner Haustüre machen».[23] Solche Fehltritte blieben aber Episode. In der Regel wirkte er auch außerhalb des Spielfeldes kein bisschen unnahbar oder arrogant.

So sahen es anscheinend auch die Leser der Jugendzeitschrift «Bravo», die erst 1972/73 den Sport entdeckte, danach aber namentlich dem Fußball und seinen Stars immer breiteren Raum gab.[24] Seit 1972 zeichneten ihre Leser nicht nur Sänger und Schauspieler mit dem «Goldenen Otto» aus, sondern auch Sportler. Diese rückten damit endgültig in den Rang von Unterhaltungskünstlern auf, denen sie sich auch phänotypisch immer mehr annäherten. 1972 landete Gerd Müller auf Platz 3,[25] hinter dem amerikanischen Wunderschwimmer Mark Spitz und Günter Netzer, während er in den zwei Jahren danach – jetzt unter der neuen Rubrik «Fußballer des Jahres» – jeweils die Nummer 1 belegte, ehe er 1975 Sepp Maier den Vortritt lassen und sich 1976 mit dem dritten Platz zufriedengeben musste. Zumindest bei der Jugend gab es keinen Fußballspieler, der in dieser Zeitspanne solche Zustimmungsquoten erzielte wie der authentische Müller.[26] Er sei eine «Seele von Mensch», ein «Mensch wie du und ich» und ein «Pfundskerl»: Er sei einfach und gutmütig geblieben und «stürzt sich nicht mit Maßanzügen ins Nachtleben, er ist in seiner Freizeit am liebsten bei Ehefrau Uschi und seinem süßen Töchterchen Nicole».[27]

Anders als Beckenbauer konnte Müller mit seiner Popularität aber wenig anfangen. Gewiss, er zog enorme finanzielle Vorteile daraus. Aber ansonsten gewöhnte er sich nie daran, berühmt zu sein. Im Gegenteil: Sein Ruhm war ihm unheimlich. Er erdrückte ihn fast, weil er in seinen Augen mit Rollenerwartungen verbunden war, die ihm als unerfüllbar erschienen. Namentlich in der Münchner Gesellschaft tat er sich zunehmend schwerer. Die sogenannte Schickeria respektierte den erfolgreichen Torjäger zwar. Die Aura des ebenso exotischen wie unbefangenen Fußballers, die ihm Zugang zu diesen Kreisen verschafft hatte, verbrauchte sich aber auch rasch. Um wie Beckenbauer wirklich dazuzugehören, musste Müller schon mehr bieten als Fußball. Er musste sich den Gepflogenheiten dieser neuen, um sich selbst kreisenden Glitzerwelt anpassen, die sich immer wichtiger nahm: plaudern, witzig sein und sich durch spektakuläre Auftritte selbst inszenieren und verkaufen – alles Eigenschaften, die er in größerer Runde und in besseren Kreisen vermissen ließ.

Wie man ihn dort einschätzte und wie gerne man ihn dort belächelte, brachte Sammy Drechsel, ein Intellektueller aus der Rundfunk- und Kabarettszene, im Oktober 1973 bei einem Festempfang zu Neudeckers 60. Geburtstag zum Ausdruck. Es hatte aus diesem Anlass schon eine fast unendliche Reihe von Reden gegeben. Der boshafte Drechsel wollte aber, so sagte er der «Abendzeitung», unbedingt eine weitere hören – nämlich eine «freie Rede von Gerd Müller»,[28] der dafür ebenso wenig geschaffen war wie Sammy Drechsel für den Posten des Mittelstürmers beim FC Bayern München. Die Lacher hatte Drechsel trotzdem auf seiner Seite – und nicht nur er.

Der weltberühmte Gerd Müller wirkte in dieser Umgebung zunehmend nervöser. Seine jugendliche Unbefangenheit, die ihm früher geholfen hatte, schien wie weggeblasen. Müller achtete permanent darauf, nur ja keinen Fauxpas zu begehen. Er versuchte zwar, mit anderen ins Gespräch zu kommen. Oft vergeblich – da half es auch nicht, dass er sich nach der neuesten Mode kleidete, dass er Pelze trug und dass er sich die Haare und einen Bart wachsen ließ, wie es der Geschmack der Zeit verlangte – das Fremdheitsgefühl blieb und wollte nicht mehr weichen. Müller kam in diesem Ambiente einfach nicht zurecht. Es reizte ihn zwar durchaus, aber nicht mehr so sehr, dass er sich ernsthaft bemüht hätte, dem Umgangston in diesen Kreisen gerecht zu werden. Müller konnte es nicht und wollte es immer weniger. Der Preis war ihm zu hoch, während andere Bayern-Spieler Rhetorik- und Benimmkurse besuchten und sich auch sonst dem Juste Milieu Münchens anpassten.

Die Müllers zogen daraus ihre Konsequenzen. Sie mieden das Scheinwerferlicht in all seinen Varianten. Der Torjäger blieb nach dem Spiel nur noch selten mit seinen Mitstreitern zusammen, meistens fuhr er, so rasch es ging, nach Hause. «Das war nix fürn Gerd», erinnerte sich Sepp Maier noch viele Jahre später. «Auch bei unseren Faschingsausflügen war er nie dabei, die waren legendär. Da sind wir Faschingsdienstag nach dem Training immer zum Feiern und Durchmachen in die Stadt. [...] Oder wenn wir abends mal in die Disco sind, der Gerd ist immer daheim geblieben.»[29] Uschi Müller ließ sich im Kreis der Spielerfrauen ebenfalls kaum noch sehen, im Stadion erst recht nicht. Als die Ehefrau von Udo Lattek Anfang der 1970er Jahre ein Damenkränzchen ins Leben rief, um den Mannschaftsgeist zu stärken, war sie nicht dabei. Auch größeren Empfängen und sonstigen gesellschaftlichen Veranstaltungen blieb das Ehepaar Müller immer häufiger fern. Es traf sich lieber mit einem Kreis von Freunden, die sich seit langem kannten – und wo sie unter sich waren.

Das hieß freilich nicht, dass die Müllers sich nichts gegönnt hätten. Sie fuhren elegante Autos, leisteten sich einen luxuriösen Swimmingpool, speisten regelmäßig im «Tantris», das Eckart Witzigmann zu einem raffinierten Drei-Sterne-Restaurant hochgekocht hatte,[30] und Uschi Müller kaufte gern teuer ein,[31] während ihr Mann sich ein Vergnügen daraus machte, einen eigenen Taxifahrer zu engagieren.[32] Nur: Gerd Müller hängte diese Extravaganzen nicht ständig an die große Glocke, um nicht als Angeber dazustehen. Stattdessen kultivierte er in zahlreichen Interviews und privaten Gesprächen – warum auch immer – das Bild eines ganz einfachen Mannes, der am liebsten Kartoffelsalat aß, Cowboy-Filme mochte, gerne Comics las und einfach seine Ruhe haben wollte – ein Bild, das sich einprägte und sich schließlich durch sein eigenes Zutun verselbstständigte, so dass für andere, lebenstreuere Schilderungen kein Platz mehr blieb.

Der partielle Rückzug aus der Öffentlichkeit machte die Sache leichter, aber nicht besser. Der Schatten der Beckenbauers war allgegenwärtig, wie sich immer wieder zeigte. Brigitte Beckenbauer ging in der Säbener Straße aus und ein, sie tauchte bei der Nationalmannschaft auf und gab Interviews, als gehöre sie zum Tross der deutschen Elf. Diese Dauerpräsenz nervte die Müllers und provozierte anscheinend wie selbstverständlich die Frage, ob der FC Bayern den «Kaiser» nicht auch finanziell besser behandelte als jeden anderen Spieler, den Torjäger inbegriffen.

Diese Frage stand seit 1970 im Raum und kam trotz aller Beteuerungen Neudeckers, keinen seiner beiden Topstars zu benachteiligen, nicht zur Ruhe. Namentlich bei den Vertragsverhandlungen von 1972 spielte der Vergleich mit Beckenbauer eine zentrale Rolle. Dessen Handgeld und Monatsgehalt lagen höher, und verantwortlich war dafür nur einer: Manager Robert Schwan, der schon aus eigenem Interesse für seinen Hauptschützling sorgte, während er Müller als Klienten auch bei Werbeverträgen links liegen ließ.

Nahrung erhielt dieser Verdacht Anfang der 1970er Jahre, als bekannt wurde, dass Willi O. Hoffmann, Wilhelm Neudecker und das Duo Beckenbauer/Schwan ein größeres Grundstück im oberbayerischen Schliersee (fast 50 000 Quadratmeter) gekauft hatten, auf dem sie 100 Apartmenthäuser und ein Ferienzentrum errichten wollten,[33] aber nicht konnten, weil ihnen das Landratsamt Miesbach die Baugenehmigung trotz höchster politischer Protektion versagte und weil am Ende auch die Marktgemeinde Schliersee die vielfältigen Bedenken des Landratsamtes teilte.[34] Erich Kiesl, ihr Mann im Innenministerium, soll den künftigen Bauherren prahlerisch geraten haben: «Kaufen Sie das Grundstück, wir bringen die Planung durch, wer dagegen ist, den lasse ich mir kommen.»[35]

Die Immobilienspekulanten, die mit einer Investition von einigen Hunderttausend DM ein Millionengeschäft machen wollten, veräußerten daraufhin das im Grunde fast wertlose Grundstück – gewinnbringend, wie man munkelte[36] – an den eigenen Verein, der aus Gründen der steuerlichen Abschreibung vorgab, dort ein modernes Trainingscamp und eine Ausbildungsstätte für den Nachwuchs zu bauen.[37] Gerd Müller fühlte sich ausgeschlossen. Ob er sich an dem vielversprechend erscheinenden Geschäft der Vereinsgrößen beteiligt hätte oder nicht – er wäre liebend gerne gefragt worden.[38]

Solche und ähnliche Erfahrungen waren es, die Uschi und Gerd Müller bewogen, die unersprießliche Kooperation mit Schwan zu beenden. Fast alle Zeitzeugen behaupteten, irgendwann einmal gehört zu haben, dass Uschi Müller sich nicht mit den «Brosamen» vom Tisch Beckenbauers zufriedengeben und keinesfalls das «fünfte Rad am Wagen» werden wollte. Das hätte ihren ganzen Stolz verletzt. Lieber nahm sie die Dinge selbst in die Hand, ehe sie diese schließlich einem angeblichen Experten wie Nehl übertrug, der mit dem FC Bayern nichts zu tun hatte. Wann das genau geschah und zu welchen Konditionen sie den Rat Ludwig Hubers beherzigte, Erwin Nehl als Manager ihres Mannes und damit als Verwalter ihres Vermögens zu engagieren, ist nicht bekannt.

Von einem Berater Müllers war erstmals im Mai 1972 die Rede. Der Mann wollte aber anonym bleiben – man wusste nur, dass er «durch politisches Engagement über weitreichende Kontakte» verfügte,[39] die sich sofort auszuzahlen schienen, als er seinem Klienten 180 Autogrammstunden – «Honorar jeweils vierstellig» – vermittelte. Im Frühjahr 1973 trat Nehl dann auch namentlich an die Öffentlichkeit – als Leiter der «Agentur Gerd Müller» und sogleich wieder mit einer spektakulären Aktion,[40] als er Röntgenaufnahmen von Müllers gebrochenem Wadenbein nicht ganz billig an eine Illustrierte verkaufte.[41]

Wie über Nehls Herkunft und Vergangenheit liegt auch über seiner weiteren Tätigkeit als Manager ein dichter Schleier. Gesichert ist nur, dass er Prokura bei Bankgeschäften erhielt, weil die Müllers dem Adlatus des Ministers vollkommen vertrauten, und dass er bei ihnen das Bewusstsein stärkte, dass Müllers Name «den gleichen Wert trägt und die gleiche Ausstrahlung hat, wie der des Franz Beckenbauer».[42] Ob der «Bomber» und der «Kaiser» deshalb die «härtesten Rivalen auf dem deutschen Werbemarkt» wurden, wie die «Bild»-Zeitung schrieb, mag dahingestellt bleiben. Wahr ist aber schon, dass im Vorfeld der Weltmeisterschaft von 1974 der Lockruf des Geldes immer lauter wurde und dass es letztlich nur drei Nationalspieler waren, die – jeder in einem anderen Marktsegment – ganz große Schnitte machen konnten: der Jet-Set-Typ Günter Netzer, der Mann der High Society Franz Beckenbauer und Gerd Müller als Verkörperung des braven Familienvaters. 300 000 bis 400 000 DM sollen sie in den Wochen und Monaten vor der Weltmeisterschaft an Werbeeinnahmen erzielt haben.[43]

Diese Konkurrenz um das große Geld schürte die latenten Konflikte der beiden Bayern-Stars – und Nehl schürte dabei kräftig mit. Der Manager hetzte hinter den Kulissen gegen Beckenbauer, und er war es, der Müller darauf aufmerksam machte, dass Adidas bei den Werbemaßnahmen Beckenbauer und Overath bevorzugte. Nehl veranlasste Müller deshalb, einen geharnischten Brief nach Herzogenaurach zu schreiben und Gleichbehandlung zu fordern. Ähnlich aggressive Töne musste sich Neudecker anhören, als Nehl entdeckt hatte, dass Franz Beckenbauer eine eigene Stadionzeitung, das «Bayern-Echo», herausgab, sein Schützling aber keine eigene Postille hatte. Müller erhielt daraufhin ebenfalls ein Blatt, das er «Stadion-Kurier» nannte,[44] womit für die «Abendzeitung» der «Kampf um den Werbeetat der Anzeigenkunden am Fußballplatz» begonnen hatte.[45]

Man kann es sich leicht vorstellen: Nehl machte sich mit solchen Initiativen keine Freunde. Vor allem an der Säbener Straße sah man es nicht gern, dass er überall mitredete, überall dabei sein wollte und dieselben Rechte beanspruchte wie Robert Schwan. Er reiste zu Auswärtsspielen im Mannschaftsbus oder im Flugzeug mit und verlangte sogar Zutritt zur Kabine, wo sich die Spieler auf die bevorstehende Partie vorbereiteten. Als er 1973 den gerade ad acta gelegten Plan eines Vereinswechsels von Müller aufwärmte, ruinierte er die Beziehungen zu den Bayern vollends.

Ob Nehl hier auf eigene Faust handelte oder im Auftrag der Müllers, weiß man nicht. Die Motive des Managers waren vermutlich ebenso undurchsichtig wie die seiner Klienten. Wollten sie nur Aufmerksamkeit erregen oder den FC Bayern wirklich verlassen, weil sie sich in München nicht mehr wohl fühlten? Viel spricht dafür, dass sie tatsächlich weg und im Ausland neu beginnen wollten, zumal Gerd Müller im Frühjahr 1973 wieder einmal mit dem raubeinigen Präsidenten zusammengestoßen war. Er hatte einen Wadenbeinbruch erlitten, im Interesse der Mannschaft im Europacupspiel gegen Ajax Amsterdam aber die Zähne zusammengebissen – und musste sich danach von Neudecker wegen mangelnder Form öffentlich kritisieren lassen.[46] Ein Krisengespräch mit dem Präsidenten sorgte für Entspannung, eine dauerhafte Klärung brachte es aber nicht. Müller konnte nachtragend und stur sein, er schmollte leicht und kam dann aus seinem Winkel nur schwer wieder heraus.

Nehl forcierte die Abwanderungspläne im Sommer 1973 jedenfalls nach Kräften. Diesmal stammte der potenzielle Käufer aus Spanien. Der FC Barcelona war an dem Münchner Goalgetter brennend interessiert und signalisierte, dass er sich für ihn in beträchtliche Unkosten stürzen wollte.[47] Die Rede war von einem Handgeld in Höhe von 1,5 Millionen DM für drei Jahre – netto, versteht sich – und einer Ablösesumme für den FC Bayern, die sich auf 2,5 Millionen DM belief.[48] Wer wäre angesichts solcher Summen nicht schwach geworden? Uschi und Gerd Müller bekundeten lebhaftes Interesse, Nehl, der von dem Deal ebenfalls profitiert hätte, sowieso, und auch der FC Bayern sah das viele Geld und die Chance, den Verein mittelfristig zu sanieren. Präsident Neudecker ließ sich im «Kicker» mit folgenden Worten zitieren: «Wir wären sehr glücklich, wenn Gerd Müller bei uns bleiben würde, aber es ist allein seine Entscheidung. Wir wollen jedenfalls nur zufriedene Spieler haben.»[49] Man wolle «dem Gerd nichts in den Weg legen».[50]

Robert Schwan und Armando Carabén Ribó, der Bevollmächtigte des FC Barcelona, wurden sich am 10. Juli 1973 tatsächlich rasch einig.[51] Der von ihnen unterzeichnete Vertrag blieb am Ende aber totes Papier, weil Müller nach intensiver Beratung mit einem «seiner besten Freunde», dem bayerischen Finanzminister Ludwig Huber, einen Rückzieher machte.[52] Huber, so hieß es, habe seinem Duzfreund Müller – wie ein Jahr zuvor – erneut großzügige Hilfen beim Aufbau einer beruflichen Existenz nach dem Ende der Karriere in Aussicht gestellt, worauf Spötter meinten, dabei könne es sich nur um «einen sicheren Wahlkreis der CSU im Bayerischen Wald» gehandelt haben.[53] Tatsache ist jedenfalls, dass Huber in den entscheidenden Tagen mehrmals mit Müller telefonierte und ihm dringend riet, das Angebot von Barcelona nicht zu akzeptieren – als «Freund und ohne jeglichen politischen Hintergrund», wie aus dem Finanzministerium zu hören war.[54]

Hubers freundschaftlicher Rat, in München zu bleiben, dürfte Müller nicht überrascht haben. Dass der Minister die Stammelf des FC Bayern zusammenhalten wollte, war ihm längst bekannt, und dass Huber auf politische Dividende hoffte, wird Müller ebenfalls nicht erstaunt haben. «Ein Minister hat den Münchner Bayern-Bomber für Deutschland gerettet»,[55] mit dieser Schlagzeile einer Boulevardzeitung rechneten beide. Huber musste vermutlich schon mehr bieten als vage Zukunftsperspektiven, um die spanische Offerte zu entkräften. Bei Worten allein wird es hier ebenso wenig geblieben sein wie im Fall Beckenbauer, den Huber in vergleichbarer Lage ebenfalls zum Bleiben animierte. Er hatte dem FC Bayern damals ungeniert zu Schwarzgeldzahlungen geraten und dem «Kaiser» obendrein das «Schweizer Modell» einer Steuervermeidung schmackhaft gemacht, das – wie Beckenbauer später einräumte – mit der «Steuergesetzgebung nicht übereinstimmt[e]».[56] Brutto ließ sich auf diese Weise anscheinend in Netto verwandeln, wodurch die Angebote aus dem Ausland viel von ihrem Reiz verloren.

In diesem Fall freilich nicht. Denn der FC Barcelona erhöhte nach Müllers Absage sein Angebot noch zweimal. Schließlich waren es sieben Millionen, die der spanische Spitzenklub an den FC Bayern und Gerd Müller überwiesen hätte. Eine Einigung schien zum Greifen nahe – sie wäre auf ein Netto-Handgeld für Müller in Höhe von etwa 500 000 DM pro Jahr, ein garantiertes Netto-Monatsgehalt von 5000 DM und eine Wohnung sowie auf eine Erfolgsprämie für Manager Nehl in Höhe von 100 000 DM hinausgelaufen, von der Müller aber anscheinend nichts wusste.[57]

Das war zu viel für Müller, ein solches Angebot konnte und wollte er nicht ausschlagen, während seine Frau eher skeptisch blieb und als «bremsende Kraft» wirkte, wie sie später bekannte.[58] Spanien war ihr nicht geheuer, bei einem italienischen Verein hätte sie keine größeren Bedenken gehabt. Sie kannte das Land von mehreren Urlaubsreisen und wusste, dass dort auch ein Haller und ein Schnellinger gut zurechtgekommen waren. Aber Spanien – der Sprung ins Unbekannte war ihr unheimlich und zu riskant.

Neudecker hatte schon im Juni mit dem Weggang des «Bombers» gerechnet. Der Präsident des FC Bayern hatte deshalb den DFB informiert, der Müllers Abwanderungsplänen zwar nicht zustimmen, aber in Absprache mit dem Bundestrainer klären musste, wie es nach einem Wechsel nach Spanien um dessen Zukunft in der Nationalmannschaft bestellt sein würde. Die Zentrale des deutschen Fußballs verfolgte deshalb den Vertragspoker in München und Barcelona mit Argusaugen und wachsendem Missmut. Sie befürchtete ein Jahr vor der Weltmeisterschaft im eigenen Land die «Republikflucht der Nationalspieler»,[59] nachdem Günter Netzer im Juni 1973 seinen Wechsel zu Real Madrid bekannt gegeben hatte. «Netzer war nur der Anfang», titelte die «Bild»-Zeitung und vermutete: «Spanier wollen unsere halbe Nationalelf kaufen.»[60]

Wie viele würden noch folgen und dem Bundestrainer nicht mehr regelmäßig zur Verfügung stehen, wenn die ausländischen Vereine ihre eigenen Interessen verfolgten und die Freigabe der deutschen Nationalspieler zu Testspielen und längeren Trainingslagern verweigerten? Der DFB hatte 1966 und 1970 ungute Erfahrungen mit den immer wieder unabkömmlichen sogenannten Legionären Helmut Haller, Albert Brülls und Karl-Heinz Schnellinger in Italien gemacht und wollte nicht noch einmal in eine solche Lage geraten. Sein äußerstes Zugeständnis bestand darin, einen Vorvertrag zu akzeptieren, der Müller schon jetzt an Barcelona gebunden hätte, aber erst 1974 in Kraft getreten wäre[61] – was freilich die Spanier entschieden ablehnten. Sie wollten Müller für die bevorstehende Saison, also sofort.

Das Problem des DFB war nur: Er hatte keine rechtliche Handhabe, wie auf einer Präsidiumssitzung am 8. Juni 1973 deutlich wurde. Der DFB beschloss deshalb, «keine Verpflichtungserklärungen von Spielern zu verlangen oder Vereinbarungen mit Spielern der Nationalmannschaft zu schließen, die den Wechsel dieser Spieler ins Ausland einschränken». Es sollte vielmehr versucht werden, diese Frage im Rahmen der FIFA bzw. der UEFA zu lösen.[62] Konkret hieß das: Dem DFB waren die Hände gebunden.

Das hinderte Hermann Neuberger, den Vizepräsidenten, jedoch nicht, eine einschüchternde Drohkulisse aufzubauen, die nicht nur Müller galt. Beim DFB seien «Überlegungen im Gang», sagte er dem «Kicker» Mitte Juni 1973, «einen Auslandsstopp für die deutschen Nationalspieler zu erlassen».[63] Nachdem sich abzeichnete, dass Müller das erneuerte Angebot aus Barcelona akzeptieren würde, verschärfte Neuberger den Ton noch einmal: «Es bleibt dabei: Müller bekommt von uns keine Freigabe. [...] Wir müssen das einmal mit allen Konsequenzen durchfechten. [...] Es geht nicht nur um Müller, auch für alle anderen Nationalspieler gilt, daß es während der Saison keine Freigabe fürs Ausland gibt.»[64] Wenn Müller wolle, könne er «ja den DFB verklagen».[65]

Das wirkte. Müller blieb und verzichtete auf den langwierigen Rechtsweg, der seine Mitwirkung an der Weltmeisterschaft 1974 gefährdet hätte. Er ließ es sich aber nicht nehmen, den DFB mit starken

Worten anzuprangern: «Ich respektiere die Sperre des DFB», betonte er, «obwohl sie nicht im Einklang mit dem im Grundgesetz verankerten Recht nach freier Berufswahl steht».[66]

Gerd Müller schien dennoch erleichtert. Ganz wohl war ihm beim Gedanken an Barcelona anscheinend nie gewesen. Er konzentrierte sich nach dem Hin und Her um seinen Vereinswechsel wieder ganz auf den Fußball. Folgenlos blieb das unerfreuliche Intermezzo aber nicht. Müller hegte seitdem einen tiefen Groll gegen den DFB, und sein Manager hatte mit dem gescheiterten Transfer fast alle Glaubwürdigkeit eingebüßt. Groß war sie ohnehin nicht gewesen. Spielerberater standen in den 1960er und 1970er Jahren generell in keinem guten Ruf, sie galten als «Krebsgeschwür»,[67] die den Fußball zum Geschäft degradierten und nur am schnellen Geld interessiert waren. Nehls ebenso undurchsichtiges wie großspuriges Auftreten bestätigte diese Vorurteile gegenüber dem neuen Berufsstand, und der «Kicker» sprach offen aus, was viele dachten: Nehl lüge Journalisten gegenüber «das Blaue vom Himmel» herab. Er sei für derartige «Geschäfte eine Nummer zu klein geschnitten», sein Geschäftsgebaren habe Müller «in ein nicht sehr zuträgliches Gerede gebracht».[68] Auch der FC Bayern zog schon bald drastische Konsequenzen. Nehl durfte die Kabine nicht mehr betreten, und Neudecker wollte ihn auch bei Reisen zu Auswärtsspielen nicht mehr sehen.[69] Der «Präse» erteilte ihm schließlich sogar Hausverbot in den Vereinsanlagen an der Säbener Straße und ließ ihn unter dem Vorwand, einen Spieler des FC Bayern diffamiert zu haben, Anfang 1974 aus dem Verein auszuschließen.[70]

Nehls Verbindung zu Ludwig Huber war zu diesem Zeitpunkt ebenfalls abgerissen. Der Minister hatte ihm zuvor noch einen Posten bei der bayerischen Staatlichen Lotterieverwaltung verschafft,[71] dann aber wegen finanzieller Unregelmäßigkeiten den Kontakt abgebrochen und ein «Hausverbot im Ministerium» verhängt. Es bestehe «Anweisung, daß Herr Nehl nicht einmal telefonisch mit dem Herrn Minister verbunden werden darf», hieß es in einer Aktennotiz des persönlichen Referenten Hubers.[72] Im Hause Müller wird man diesen Bruch und den Imageverlust Nehls besonders aufmerksam verfolgt haben. Vor allem die Tatsache, dass der Manager bei den Verhandlungen mit Barcelona eine prächtige Provision in Höhe von 100 000 DM für sich selbst gefordert, aber nie darüber gesprochen hatte, dürfte nicht unkommentiert geblieben sein.

Mit dem Argwohn, der daraus entstand, wuchs die Entfremdung und mit ihr bei Uschi Müller die Entschlossenheit, die Geschäfte künftig selbst zu führen. Bereits Anfang 1975 sprach man in München von einer Vertragsauflösung mit Nehl,[73] der damit nicht ganz aus dem Spiel war, dessen Einfluss aber ständig sank. Er kümmerte sich weiter um Werbeaufträge und Autogrammstunden und wirtschaftete dabei, den umlaufenden Gerüchten zufolge, wie schon zuvor tüchtig in die eigene Tasche.[74] Mit den größeren Projekten wie dem Kauf zweier Sportgeschäfte in Aschheim und Pasing und dem Erwerb von Reihenhäusern und einer Eigentumswohnung[75] hatte er aber nichts zu tun. Diese Unternehmungen liefen über den Schreibtisch von Uschi Müller, die Mitte der 1970er Jahre endgültig zur zweiten Managerin im deutschen Fußballgeschäft avancierte – nach Italia Walter, die ihrem Fritz ebenfalls den Rücken frei gehalten und den Weg gezeigt hatte.[76]

Nehls Vertrag lief im Juni 1976 aus.[77] Danach trennten sich die Wege für immer. Er habe «schließlich bei der Sache was gelernt», kommentierte Gerd Müller,[78] der Nehl aber nie explizit bezichtigte, ihm finanziell geschadet zu haben, obwohl alle Welt davon sprach. Er habe ihm «blind vertraut», aber er könne «nichts beweisen»,[79] mehr könne er dazu nicht sagen: «Scheiße».[80] Auch Ludwig Huber machte er öffentlich keinen Vorwurf, dass er ihm einen Aufschneider als Manager empfohlen hatte. Müller hätte sich in das eigene Fleisch geschnitten, wenn er deutlicher geworden wäre und Einzelheiten genannt hätte, und er hätte Huber bloßgestellt, den er noch immer schätzte und als Schutzpatron bei Steuerproblemen brauchte.

9.

# Der Weltmeister

Der «Bomber» blieb im Lande. Der FC Barcelona musste auf Gerd Müller ebenso verzichten wie Real Madrid, das 1973/74 in Straßlach anklopfte. Die Katalanen verpflichteten deshalb im Herbst 1973 den Holländer Johan Cruyff, während die Königlichen aus Madrid neun Monate danach Paul Breitner unter Vertrag nahmen, der beim FC Bayern – trotz seiner unbestrittenen fußballerischen Qualitäten – wegen seiner permanenten Attacken auf den Präsidenten und die Vereinshierarchie zur Persona non grata geworden war,[1] aber anscheinend auch Geld brauchte.[2] Gerd Müller hingegen hielt sich an das Versprechen, das er an seinem 28. Geburtstag Manager Robert Schwan gegeben hatte, er werde noch lange bei den Bayern spielen.[3]

Ruhe kehrte an der Säbener Straße dennoch nicht ein. Breitner war es mitnichten allein, der für Konfliktstoff sorgte. Auch Hoeneß schraubte seine Ansprüche nicht zurück und legte sich immer wieder mit der Vereinsführung und mit Beckenbauer an. Hinzu kam, dass die Münchner für die Saison 1973/74 personell spektakulär aufrüsteten: Der dynamische Allrounder Jupp Kapellmann kam vom 1. FC Köln zum FC Bayern, der dafür fast eine Million DM auf den Tisch legen musste; so viel war bei einem Wechsel in der Bundesliga noch nie bezahlt worden. Kapellmann, heute ein angesehener Orthopäde, der sich damals von der Betriebswirtschaft auf die Medizin verlegte, machte fast 45 Jahre später keinen Hehl daraus, dass man ihn in München nicht mit offenen Armen empfangen habe. Wie groß die Skepsis war, konnte er schon beim ersten Training an den finsteren Mienen seiner neuen Mannschaftskameraden ablesen.[4] Paul Breitner hatte schon vor dem Transfer verlauten lassen: «Den brauchen wir nicht»,[5] Kapellmanns Verpflichtung sei «Unsinn».[6]

Auch Gerd Müller begegnete dem Neuzugang nicht gerade freundlich. Er war mit Kapellmann erst ein halbes Jahr zuvor auf einem Hallenturnier in Berlin heftig aneinandergeraten und hatte ihm nach einer Reihe unsauberer Attacken sogar einen Faustschlag verpasst.[7] War der Kölner die hohe Ablösesumme wirklich wert? Wo rangierte er im Gehaltsgefüge der Mannschaft? War auch er einer der vorlauten Besserwisser, die schon jetzt das Klima im Verein zu bestimmen suchten? Müller stand mit diesen Fragen nicht allein. Dass der FC Bayern Verstärkung brauchte, bezweifelte niemand. Aber musste es ausgerechnet Kapellmann sein, ein ehrgeiziger Eigenbrötler, der Privilegien der besonderen Art beanspruchte und zugestanden bekam? Er durfte an der Ludwig-Maximilians-Universität studieren und im Training fehlen, wenn es sich mit Vorlesungen oder Seminaren überschnitt. Nicht jeder hatte Verständnis für dieses großzügige Entgegenkommen, das für zusätzlichen Konfliktstoff sorgte und das weiter erodieren ließ, was gerade Gerd Müller so dringend brauchte: den inneren Zusammenhalt der ohnehin schon zerstrittenen Truppe.

Der Leistung tat dieser Erosionsprozess allerdings zunächst keinen Abbruch. Der harte Konkurrenzkampf um die freien Plätze im Team erhöhte die Motivation und den Einsatzwillen der Spieler, die sich längst nicht mehr als «elf Freunde» fühlten, sondern sich als gewinnorientierte Erwerbsgemeinschaft betrachteten, deren wichtigste Währung der Erfolg und die DM waren. Nirgends waren die «Selektionsmechanismen» so unerbittlich wie bei den Bayern, betonte Jupp Kapellmann, der sich als Leistungsfanatiker bald Respekt verschaffte, aber selbst unter den «Intellektuellen» der Mannschaft ein Außenseiter blieb.[8]

Die Aussicht auf die Weltmeisterschaft im eigenen Land tat ein Übriges, um Kampfgeist und Siegeswillen des FC Bayern zu stimulieren. Fast alle deutschen Stammspieler der Mannschaft durften sich ja Hoffnung machen, von Bundestrainer Helmut Schön in den WM-Kader berufen zu werden. Teil einer eingespielten Vereinsmannschaft zu sein, erhöhte die Chancen zumal dann, wenn das Team auch noch Erfolg hatte. Und das war bei den Bayern der Fall. Sie gewannen vor der WM 1974 zweimal die deutsche Meisterschaft – 1972/73 mit einem haushohen Vorsprung vor dem 1. FC Köln und 1973/74 mit einem Punkt vor Borussia Mönchengladbach – und holten schließlich 1974 gegen Atlético Madrid auch noch den Europapokal der Landesmeister, die heutige Champions League, womit sie sich endgültig an der europäischen Spitze etablierten. Gerd Müller musste in dieser Zeit weder um seinen Stammplatz im Verein bangen noch Konkurrenz in der Nationalmannschaft fürchten. Er war gesetzt und wurde seinem Ruf als «Torfabrik» in beiden Teams gerecht: 1972/73 erzielte er in der Bundesliga 36 Treffer, 1973/74 30, im Europapokal der Landesmeister brachte er es in insgesamt 16 Spielen auf phänomenale 21 Tore, und im Trikot der Nationalmannschaft traf er im gleichen Zeitraum in 21 Begegnungen 17 Mal.

Dabei war insbesondere das letzte Jahr vor der Weltmeisterschaft für ihn nicht frei von Sorgen. Schon die Vorbereitung auf die neue Saison erwies sich wegen der vielen Reisen und der vielen Spiele erneut als reinste Tortur. Auch nach dem Start in die Bundesliga im August 1973 hörten die Freundschaftsspiele unter der Woche nicht auf. Alle Spieler stöhnten über diese Plackerei, die eine konzentrierte Trainingsarbeit kaum mehr zuließ. Der DFB-Pokal, der Europapokal und die Vorbereitungsspiele der Nationalmannschaft forderten ja schließlich auch noch ihren Tribut. Gerd Müller stand 1972/73 und 1973/74 jeweils mehr als 100 Mal auf dem Platz.

Krisen waren deshalb fast schon vorprogrammiert. Eine der schwersten erlebten die Bayern im Herbst 1973, als sie in mehreren Spielen leer ausgingen und im Europapokal-Wettbewerb beinahe in der ersten Runde gegen den unbekannten schwedischen Verein Atvidabergs FF ausgeschieden wären. Auch Gerd Müller kam nicht in Fahrt. Er startete schlecht in die neue Saison,[9] traf selten und musste sich nicht nur vom «Kicker» scharfe Kritik gefallen lassen. Auch Franz Beckenbauer schonte den Torjäger mit Ladehemmung nicht: «Das geht jetzt schon ein halbes Jahr so», schimpfte der Mannschaftskapitän der Bayern über ihn. «Er macht es sich zu leicht. Früher ist er auch auf die Flügel gegangen.»[10]

Das geschah in aller Öffentlichkeit, was den empfindlichen Torjäger umso mehr erzürnte, als er in solchen Situationen selbst so hart mit sich ins Gericht ging wie keiner seiner Kritiker. «Ich weiß selbst, wie schlecht ich bin. Das braucht mir keiner zu sagen», wetterte er nach einer Reihe von Spielen ohne Torerfolg.[11] Er zweifelte dann an sich, wurde aggressiv gegenüber Sturmpartnern und Schiedsrichtern und traute sich zumal dann nichts mehr zu, wenn – wie es immer wieder vorkam – von den Rängen Pfiffe und «Müller raus»-Rufe zu hören waren. Jede Torflaute hatte eine persönliche Krise zur Folge, die sich bis zur Depression steigern konnte, wie er im April 1976 offen bekannte.[12]

Auf dem Betzenberg in Kaiserslautern wurden die entkräfteten Bayern am 20. Oktober 1973 regelrecht gedemütigt. Nach einer sicheren 4:1-Führung in der 57. Minute durch ein Tor von Gerd Müller verließen sie am Ende noch als Verlierer den Platz: 7:4 stand es für die «roten Teufel» aus Kaiserslautern, die den Gästen aus München in der zweiten Halbzeit in allen Belangen überlegen waren. «Wer glaubt, nicht mehr die volle Leistung bringen zu können, soll die Hand heben. Er bekommt von mir sofort die Freigabe», polterte Präsident Neudecker.[13]

Nach dem Debakel vom Betzenberg und dem Machtwort des Präsidenten fingen sich die Bayern wieder. Die Wende brachte das deutsch-deutsche Duell im Europapokal der Landesmeister mit Dynamo Dresden Ende Oktober/Anfang November, das der FC Bayern in zwei atemberaubenden Spielen knapp für sich entschied: 4:3 gewannen die Münchner im Olympiastadion, 3:3 stand es am Ende der Partie im Rudolf-Harbig-Stadion in Dresden.[14] Spieler des Tages war beide Male der unerhört dynamische Uli Hoeneß, der mit seinen blitzschnellen Gegenstößen die gegnerische Abwehr wieder und wieder auseinanderriss. Für die Entscheidung aber sorgte einmal mehr Gerd Müller: Er schoss den Siegtreffer in München und markierte den Ausgleich in Dresden, wo er sich auch im Mittelfeld und in der Defensive verdient machte. Unter den Experten herrschte Einigkeit: Der «Bomber» sei der beste Abwehrspieler gewesen, er habe der Mannschaft Halt gegeben.[15]

In der Bundesliga ließ der Aufschwung etwas länger auf sich warten. Nach der Winterpause spielten die Bayern aber wie verwandelt. Dazu trug auch bei, dass das Team von Udo Lattek um die Weihnachtszeit einmal nicht auf Tournee um die Welt geschickt worden war. Es blieb im Lande und hatte genügend Zeit, die leeren Batterien aufzuladen und sich gezielt auf die Rückrunde der Bundesliga und den Endspurt im Europacup vorzubereiten. Das zahlte sich aus. Der FC Bayern zog nach Siegen über ZSKA Sofia und Ujpest Dozsa Budapest in das Endspiel im europäischen Wettbewerb ein, das er im Mai 1974 gegen Atlético Madrid bestritt: Das eigentliche Finale endete nach dem legendären Treffer von «Katsche» Schwarzenbeck in allerletzter Minute mit 1:1,[16] im Wiederholungsspiel ließen die Münchner ihren Gegnern aber keine Chance; 4:0 hieß es am Ende der Partie.

Im Frühjahr 1974 standen schließlich auch in der Bundesliga die Zeichen auf Durchmarsch. Bereits am 33. Spieltag war die Meisterschaft nach einem 1:0-Sieg gegen Kickers Offenbach entschieden: Wer für das Endergebnis verantwortlich zeichnete, muss nicht eigens gesagt werden. Der Münchner Torjäger strotzte im Frühjahr 1974 vor Ehrgeiz, Energie und nicht zuletzt vor Sicherheit, was auch daran gelegen haben mag, dass er im März seinen noch ein Jahr laufenden Vertrag zu den alten Bedingungen bis 1979 verlängerte und dass ihm der FC Bayern nach dem Ende seiner Karriere einen Posten als Spielertrainer bei den Amateuren in Aussicht stellte.[17] Er hatte damit bei einem garantierten Grundeinkommen von etwa 400 000 bis 500 000 DM pro Jahr, ohne Prämien und Nebeneinkünfte, endgültig ausgesorgt[18] – jedenfalls theoretisch. Die großen öffentlichen Erwartungen wegen der WM im eigenen Land berührten ihn nun ebenso wenig wie die Querelen im Verein, die angesichts der Erfolgsserien an Schärfe verloren. Müller schottete sich ab, konzentrierte sich ausschließlich auf den Fußball und überließ sich dabei ganz seinem Torhunger, der ihn immer schon wie ein Kompass zum Erfolg geführt hatte. Dieses Vertrauen in seine bewährten Instinkte gab ihm eine fast gespenstische Kaltblütigkeit im Strafraum, die mehr als nur einen Gegner in die Verzweiflung trieb.

Ivica Horvat, der Trainer von Schalke 04, stellte Anfang Februar 1974 nach einer 5:1-Pleite seiner Mannschaft im Olympiastadion und drei «Bomber»-Toren fest: «Müller ist Müller – unbezahlbar.»[19] Sein Kollege Hannes Baldauf, der Trainer von Hannover 96, hieb in dieselbe Kerbe. Die Hannoveraner zogen kurz danach im DFB-Pokal mit 2:3 den Kürzeren und kassierten dabei ebenfalls drei Tore von Müller. «Müller», so der fast schon fatalistische Baldauf, «ist 50 Prozent des FC Bayern

München. Kann man ihn nicht ausschalten, kann man auch nicht gewinnen.»[20] Die «Süddeutsche Zeitung» stimmte Mitte März nach einem 1:1-Unentschieden in Frankfurt ebenfalls eine Lobeshymne an: «Es ging wie der Blitz, den scharf getretenen Paß von Beckenbauer anzunehmen, sich zu drehen und aus etwa elf Metern flach in die linke Ecke zu schießen. Das kann eben nur ein Gerd Müller – unnachahmlich.»[21]

Unnachahmlich, unbezahlbar, unheimlich – viele derselben Kritiker, die Müller ein halbes Jahr zuvor fast abgeschrieben hatten, waren nun ganz anderen Sinnes. Der Torjäger des FC Bayern war im Frühjahr 1974 – wie vier Jahre zuvor in Mexiko – in Hochform und rückte Ende Mai mit sechs weiteren Spielern seiner Mannschaft als deutscher Meister und Europapokalsieger in die spartanische Sportschule Malente in Schleswig-Holstein ein, die wegen der als allgegenwärtig empfundenen Terrorgefahr – Stichwort Rote Armee Fraktion – wie eine Festung abgeriegelt war. Hier begann, geschützt von Beamten der GSG 9, die letzte Etappe der Vorbereitung auf die Weltmeisterschaft.

Richtigen Urlaub hatte sich nach den Strapazen der regulären Saison keiner der Spieler von Helmut Schön gegönnt. Müßiggang verbot sich, die Form durfte nicht leiden. Gerd Müller fuhr mit seiner Familie vor dem WM-Start noch einige Tage in das italienische Abano, wo er Abend für Abend mit dem örtlichen Fußballverein trainierte.[22] Franz Beckenbauer verpflichtete sogar Werner Kern, die rechte Hand von Udo Lattek, als Personal Trainer, der ihm den letzten konditionellen Schliff verpassen sollte.[23] Er wie die anderen WM-Fahrer wollte nichts dem Zufall überlassen und sich in Bestform präsentieren.

Gerd Müller teilte sich in Malente das Zimmer mit Franz Beckenbauer, dem Mannschaftskapitän, der wegen der Terrorgefahr sogar mit einer Pistole unter dem Kopfkissen schlief.[24] Ihr Zimmer entwickelte sich während des Turniers zur heimlichen Kommandozentrale der deutschen Elf, weil Helmut Schön angesichts der Spannungen in der Mannschaft die Zügel mehr und mehr entglitten. Ungelöste Fragen, die für diese Reizzustände sorgten, gab es genug: Sollten Günter Netzer und Wolfgang Overath, beide herausragende Mittelfeldstrategen, gemeinsam auflaufen? Wer sollte die Flügelzange, wer das defensive Mittelfeld bilden? Wo, wie oft und wie lange durften die Spieler ihre Frauen sehen? Welches Mittel gab es gegen den Lagerkoller, der in der Abgeschiedenheit von Malente von Beginn an drohte? Wie hoch fielen im Erfolgsfall die Prämien aus?

Diese Fragen beschäftigten im Juni/Juli 1974 die halbe Nation. Im Zimmer von Beckenbauer und Müller wurden sie entschieden – oder zumindest vorentschieden, ehe der Bundestrainer seinen Segen dazu gab. Hier beriet man abends und nachts über die Mannschaftsaufstellung, hier besprach der Kapitän mit seinen engsten Vertrauten die Taktik für das nächste Spiel, und hier versuchten die Wortführer des Teams auch, eine gemeinsame Linie zu finden, als es in der «Nervenmühle»[25] von Malente um die Prämien ging. Beckenbauer, so will es die deutsche WM-Saga, habe dabei in allen wichtigen Fragen den Ton angegeben, während Gerd Müller die scheue Zurückhaltung in Person gewesen sei. Er selbst leistete dieser Version der Geschichte wieder einmal Vorschub.

Bernd Hölzenbein von der Frankfurter Eintracht, der sich im Verlauf der WM mehr und mehr in den Vordergrund spielte und auch in der Endspielmannschaft stand, hat die Dinge anders in Erinnerung.[26] In seinen Augen gab es in der Mannschaft zwei «absolute Chefs»: Beckenbauer und Müller, wobei er durchaus einräumte, dass man es sich angesichts des eindimensionalen Müller-Bildes mehr als vierzig Jahre später kaum mehr vorstellen könne, wie dominant der Bayern-Stürmer 1974 aufgetreten sei. Wenn Beckenbauer etwas gewollt habe, dann sei das geschehen, bei Müller habe es sich aber nicht anders verhalten, zumal dessen Fußballverstand von allen geschätzt worden sei. Auch vom Bundestrainer, der im ständigen Gedankenaustausch mit seinem Stürmerstar stand. Müller wusste alles über seinen Sport, er konnte das Spiel lesen und hatte ein fotografisches Gedächtnis, wenn es um die Analyse einzelner Partien ging. Jeden Spielzug, jedes Defizit der eigenen Mannschaft und jeden Vorzug seiner Mitspieler hatte er präsent.[27] Vor allem mit Blick auf seine Sturmpartner, sprich die Außenstürmer als seine Zulieferer auf den Flügeln, besaß er dezidierte eigene Ansichten, die er auch – koste es, was es wolle – durchzusetzen verstand, wie ein anderer Zeitzeuge betonte. «Wenn Jürgen Grabowski», der technisch versierte Alleskönner aus Frankfurt, «nicht spielt», soll Müller vor dem Endspiel gedroht haben, «fahre ich nach Hause, dann könnt ihr die WM allein machen».[28] Er bekam seinen Willen, Grabowski stand im Finale und bot eine mehr als ansprechende Leistung.

Müller sprach, wie es scheint, auch bei dem kniffligsten Problem, das Helmut Schön und die DFB-Spitze in Malente zu lösen hatten, ein gewichtiges Wort mit: bei der Prämienregelung, die das deutsche Team über Tage unter Hochspannung hielt. 30 000 DM hatte der DFB für den Titelgewinn vorgesehen, ein Viertel dessen, was die italienische Squadra Azzurra und das niederländische Oranje-Team bei einem Titelgewinn bekommen hätten, wie Beckenbauer und Co. erfahren hatten. Dabei konnte es nach Meinung der Wortführer um den Kapitän nicht bleiben, sie forderten deutlich mehr. Bei den zähen Verhandlungen stießen im Grunde zwei Welten aufeinander: die alte der DFB-Funktionäre, die immer noch an ihren immateriellen Werten hingen, und die neue der ausgekochten Profispieler, die ihren fairen Anteil am «Geschäft mit Riesenumsätzen»[29] beanspruchten und sogar mit sofortiger Abreise drohten, wenn sie kein Gehör finden sollten. Nach heftigen Wortwechseln einigte man sich schließlich auf 60 000 DM, die auch der Mannschaftskapitän für akzeptabel hielt und in der Mannschaft durchsetzen konnte.

Damit war der Streit ums Geld aber nicht beendet. Die Spieler verlangten auch von Adidas, dem offiziellen Ausstatter der Nationalmannschaft, eine Sonderprämie, so wie bei der Weltmeisterschaft in Mexiko, wo sie 10 000 DM erhalten hatten. Sie forderten jetzt das Doppelte an «Schuhgeld»[30] und drohten mit einer spektakulären Aktion, sollte Adidas nicht einlenken: «Wenn das Problem nicht […] aus der Welt geräumt wird, überpinseln wir die weißen Werbestreifen mit schwarzer Farbe.»[31] Die Manager aus Herzogenaurach ließen sich aber nicht erpressen. Sie verwiesen auf den Ausstattervertrag mit dem DFB, der dem Verband 175 000 DM, im Falle eines Sieges bei der Weltmeisterschaft sogar 220 000 DM in Aussicht stellte, und erklärten das Problem einer Zusatzprämie zur Sache des Fußballverbandes,[32] der am Ende – vermutlich mit Unterstützung von Adidas – tatsächlich weitere 10 000 DM zugestand.[33]

Müller hielt Beckenbauer in dem giftigen Gefeilsche mit Adidas und dem DFB die Stange. Er trug den Kompromiss mit, den nur die

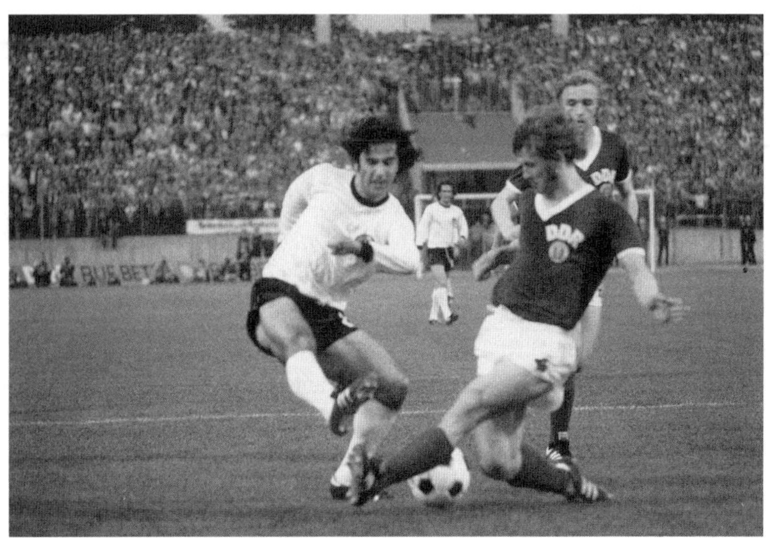


Ohnmächtig im deutsch-deutschen Duell

Hälfte der Mannschaft wirklich wollte, während die andere mehr verlangte, und er ging mit gutem Beispiel voran, als es galt, sich wieder auf den Fußball zu konzentrieren.

Zunächst sah es freilich ganz so aus, als hätte man sich den erbitterten Prämienstreit sparen können. Für die deutsche Mannschaft lief es nämlich vor heimischem Publikum alles andere als gut. In der Vorrunde gab es in einem lausig schlechten Spiel gegen Chile ein 1:0 und ein standesgemäßes 3:0 gegen Australien, ehe die Nationalelf nach der 0:1-Niederlage gegen die DDR in puncto Aufstellung und Einstellung umzudenken begann. «Das Stenogramm unseres Spiels gegen die DDR ist etwa so spannend wie die Lektüre eines Telefonbuches; Monotonie bei allen Angriffen», schrieb der «Kicker»,[34] der das deutsch-deutsche Treffen aber ansonsten als normales Spiel behandelte.

Der Systemkonflikt zwischen Ost und West im Kalten Krieg hatte auf dem Rasen keinen Platz, dort herrschte eine «brüderliche Atmosphäre».[35] In den anderen Zeitungen fand der Bruderkrieg ebenfalls nicht statt. Selbst die «Bild»-Zeitung, sonst immer für eine Entgleisung gut, wenn es gegen die DDR ging, gab sich ungewöhnlich zahm. «Bild» sprach zwar von einer «Blamage», betonte aber auch durchaus zweideutig: «Noch ist Deutschland nicht verloren.»[36] Im Übrigen suchte sie die Ursache für die Niederlage ganz nüchtern bei einzelnen Spielern wie Breitner und Hoeneß, die sich nicht an taktische Vorgaben gehalten hatten, und bei Bundestrainer Helmut Schön, der dem Springerblatt wegen seiner Liberalität ohnehin nichts recht machen konnte. Gerd Müller kam ebenfalls nicht gut weg. «Bild» fragte sich und die Nation, wer in der Mannschaft um Himmels willen denn wohl Tore schießen solle, und kannte auch die Antwort: Müller «mit Sicherheit nicht». Die Gegner wüssten jetzt nämlich ganz genau, wie man ihn durch mehrfache Manndeckung ausschalten könne.[37]

In der zweiten Finalrunde, in der die Endspielteilnehmer ermittelt wurden, bekam es die Mannschaft von Helmut Schön mit Jugoslawien, Schweden und Polen zu tun. Wirklich großen Fußball vermochte sie auch jetzt nicht zu bieten. Das Team riss sich aber zusammen, nachdem Franz Beckenbauer, sekundiert von Müller, so klar wie schonungslos die Schwächen angesprochen und namentlich den allzu lässigen Hoeneß heftig kritisiert hatte. Und die DFB-Elf gewann: 2:0 gegen Jugoslawien, 4:2 gegen Schweden und 1:0 gegen Polen. Gerd Müller, der wie schon in Mexiko die Nummer 13 trug, war in der Vorrunde kaum zum Zug gekommen. «Was ist nur mit dem Bomber los?», fragte sich nicht nur die «Bild»-Zeitung.[38] Die gegnerische Abwehr hatte meist zwei Sonderbewacher auf ihn angesetzt und ihn damit neutralisiert; ein Tor stand zu Buche – gegen Australien.

Aber: Je näher die Entscheidung rückte, desto überzeugender trat Müller auf. Gegen Jugoslawien traf er einmal, im Schwedenspiel blieb ihm ein Torerfolg zwar versagt, er war aber an allen vier Treffern als Vorbereiter maßgeblich beteiligt, und gegen die Polen wurde er seinem Ruf als Mann der entscheidenden Tore wieder einmal gerecht. Dabei stand die Partie in Frankfurt unter keinem guten Stern. Es goss wie aus Kübeln, Dutzende Helfer versuchten, der Wassermassen Herr zu werden und den Platz bespielbar zu machen. Der Schiedsrichter zögerte lange mit einer Entscheidung, pfiff die Partie gegen Polen mit 30-minütiger Verspätung aber schließlich doch an.

Die deutsche Mannschaft mühte sich redlich, aber vergeblich, den Gegner unter Druck zu setzen. Der glitschige Boden ließ keinen geordneten Spielaufbau zu, immer wieder blieb der Ball in einer Pfütze liegen, dem Zufall waren Tür und Tor geöffnet. Die Polen kamen mit den widrigen Verhältnissen lange besser zurecht. Angriff um Angriff rollte auf Torhüter Sepp Maier zu, der blendend hielt und zum «Helden von Frankfurt» avancierte. Erst in der zweiten Halbzeit fanden die Deutschen allmählich zu ihrem Spiel. Sie kamen auch zu einigen Chancen und erhielten in der 54. Minute sogar einen Elfmeter zugesprochen, den Uli Hoeneß allerdings vergab.

Eine Viertelstunde vor Schluss fiel dann die Entscheidung in der Partie, die später – ohne Rücksicht auf sprachliche Feinheiten – zur «Wasserschlacht» stilisiert wurde. Bernd Hölzenbein spielte den Ball auf halblinks Rainer Bonhof in den Lauf. Der junge Mittelfeldspieler von Borussia Mönchengladbach versuchte, an einem polnischen Abwehrspieler vorbeizugehen, blieb aber hängen. Er verlor das Leder, das allerdings auch der Pole nach einem Pressschlag nicht zu kontrollieren vermochte. Der Ball rollte in die Nähe des Elfmeterpunkts, wo Müller und seine Gegenspieler auf ein Zuspiel gewartet hatten. Und hier zeigte der Torjäger aus München einmal mehr seine Qualitäten: Er reagierte schneller als seine Widersacher, er war auf dem völlig durchnässten Boden sicherer auf den Beinen als sie, und er bewies Umsicht, Nervenstärke und großes technisches Können, als er aus zehn Metern Entfernung abzog und den Ball mit einem präzisen Spannstoß unhaltbar für den glänzend disponierten Keeper in die Maschen jagte.[39] Er wisse selbst nicht, sagte er dem «Kicker» nach dem Spiel, «woher ich die Ruhe genommen habe, um kalt meine Torchance zu nutzen».[40] So habe man den «Bomber lange nicht mehr gesehen», meinte «Bild».[41]

Die deutsche Mannschaft stand damit im Endspiel, wo sie am 7. Juli im Münchner Olympiastadion auf die Oranjes, das Team der Niederlande, traf, das in der ersten und zweiten Runde begeisternden Fußball geboten und mit Ruud Krol, Arie Haan, Johan Neeskens und vor allem Johan Cruyff mehrere Weltstars in seinen Reihen hatte;[42] kein Wunder also, dass die Buchmacher die deutsche Mannschaft nicht in der Favoritenrolle sahen.

In München wimmelte es an dem nicht allzu warmen Sommertag vor politischer und sonstiger Prominenz. Prinz Bernhard der Niederlande und Bundespräsident Walter Scheel waren ebenso gekommen wie der amerikanische Außenminister Henry Kissinger und Bundeskanzler Helmut Schmidt.[43] Franz Josef Strauß saß genauso im Stadion wie sein Intimfeind, der «Spiegel»-Herausgeber Rudolf Augstein, sowie zahlreiche andere Stars aus Film und Funk, die damit erneut demonstrierten, wie populär und wichtig der Fußball mittlerweile geworden war. Nur auf den gemischten Partys am Vorabend des Spiels war noch «ein wenig von dem Hochmut» zu spüren gewesen, «mit dem Geistesschaffende Körperertüchtigern gerne auf die Schultern klopfen».[44] Über eine Milliarde Menschen verfolgten die Partie im Fernsehen oder am Radio. In München waren es knapp 80 000, die sich den Spaß einiges kosten ließen. 80 DM mussten für eine Karte hingelegt werden, auf dem Schwarzmarkt wurden bis zu 1200 DM gezahlt.[45]

Auch die Verkäufer von Fanartikeln konnten nicht klagen. Fahnen, Schlüsselanhänger, Aufkleber und Poster gingen reißend weg. Als eigentlicher Verkaufsschlager erwiesen sich aber T-Shirts mit Autogrammen und Konterfeis von Fußballstars, wie aus dem Kaufhof am Münchner Marienplatz zu hören war: «Am besten geht der Beckenbauer, dann kommt der Müller und dann die anderen. Wir haben eher zu wenig als zu viel Hemden. Bloß die Netzer-Hemden sind uns übrig geblieben.»[46]

Gerd Müller wusste vor dem Finale mehr als seine Mitspieler. Nicht einmal seinem Zimmergenossen Franz Beckenbauer hatte er anvertraut, dass er seine Karriere in der Nationalmannschaft beenden, dass das nächste Spiel also sein letztes sein werde. Nur Helmut Schön kannte seine Entscheidung, die der Bundestrainer aber nicht für unwiderruflich hielt. Er drang deshalb nicht weiter in ihn, sondern verpflichtete Müller nur zur Geheimhaltung; er wollte Unruhe von der Mannschaft fernhalten – alles Weitere würde man sehen.[47]

Gerd Müller sprach später immer wieder von seinem Gemütszustand in den 24 Stunden vor dem Endspiel. Er sei in der Nacht ewig wach gelegen, habe Radio gehört und sei dabei mit der Prophezeiung konfrontiert worden, dass das Spiel mit 2:1 verloren gehen werde.[48]

Auf dem Spielfeld spürte man nichts von den düsteren Vorahnungen, die ihm den Schlaf geraubt hatten. Müller ging konzentriert, aber gelöst in sein letztes Spiel in der DFB-Auswahl. Er machte sich kurz warm, drückte dem Bundespräsidenten so lässig lächelnd die Hand, als stände nur ein bedeutungsloses Benefizspiel bevor, und bewegte bei der Nationalhymne nicht einmal die Lippen – wie alle deutschen Spieler, die dafür von niemandem als vaterlandsvergessen gerügt wurden.

Nichts schien ihn zu beirren, als der Schiedsrichter die Partie eröffnete.[49] Er glaubte sich seiner Sache sicher zu sein, erlebte dann aber schon in der ersten Minute eine böse Überraschung: 1:0 für die Niederlande durch einen Elfmeter, den Uli Hoeneß an Cruyff verursacht hatte. Das Spiel wogte danach hin und her, wobei die Oranjes immer wieder fast todsichere Chancen herausspielten, die der erneut überragende Sepp Maier allesamt zunichtemachte. Müller war in dieser Phase überall zu finden: Er half in der Abwehr, attackierte den Gegner im Mittelfeld und wich auf die Flügel aus, weil es in der Spitze kein Durchkommen für ihn gab; zwei, drei Mann standen dort bereit, um ihn am Torschuss zu hindern.

In der 25. Minute bekam die deutsche Mannschaft einen Elfmeter zugesprochen, den der leicht fallende Hölzenbein herausgeholt hatte. Müller war für einen solchen Fall als Schütze vorgesehen. Er zögerte aber einen Augenblick, den Paul Breitner sofort nutzte. Der brennend ehrgeizige Außenverteidiger schnappte sich den Ball, legte ihn sich nach kurzem Blickkontakt mit Müller zurecht und schoss trocken in die linke untere Ecke ein. Der Ausgleich beflügelte die deutsche Mannschaft, die jetzt immer besser in das Spiel fand und ebenfalls zu einigen hochkarätigen Chancen kam. Von Gerd Müller ging auch jetzt noch keine größere Gefahr aus. Die Niederländer hatten ihn fest im Griff – bis zur 44. Minute, als Rainer Bonhof auf der rechten Seite durchbrach und flach in die Mitte flankte, wo der deutsche Sturmführer, umringt von drei Gegenspielern, lauerte. Müller konnte die scharfe Hereingabe zuerst nicht richtig kontrollieren. Die Kugel sprang ihm vom Fuß, weg vom Tor. Doch Müller setzte blitzschnell nach, er stand mit dem Rücken zum Gehäuse und brachte den Ball dann nach einer artistischen Drehung aus acht Metern Entfernung in der linken Ecke unter. Drei

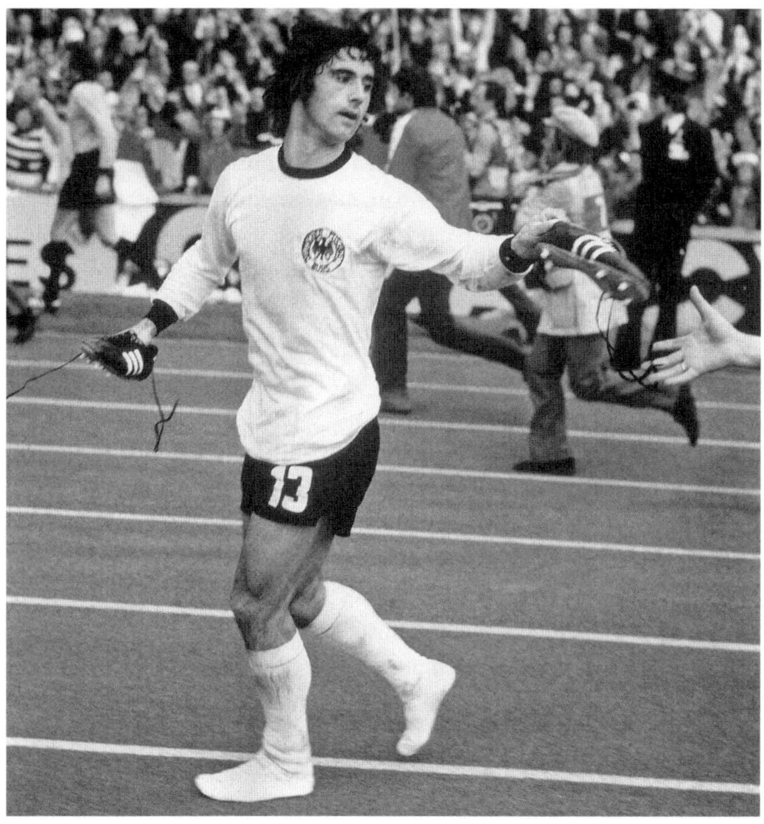


Weltmeister mit Bodenhaftung

Sekunden dauerte die Aktion von der Flanke bis zum erfolgreichen Abschluss. Die Abwehrspieler hatten keine Möglichkeit, Müller zu stören – sie berührten ihn nicht einmal –, und auch der Torhüter reagierte erst, als der Ball im Netz lag. Die schwedische Zeitung «Aftenbladet» wusste genau, warum sie nach dem Turnier schrieb: Zu den besten Spielern habe der «Dynamit-Mann Gerd Müller» gehört, «der immer dann explodiert, wenn niemand damit rechnet».[50]

Nach der Pause rannten die Niederländer wütend gegen das deutsche Tor an. Cruyff peitschte seine Mannschaft immer wieder nach vorne, sechs, sieben Großchancen zählten die Statistiker – Maier parierte sagenhaft und hielt sogar einen wuchtigen Volley-Schuss aus nächster Nähe, den Johnny Rep abgefeuert hatte; viele Zuschauer hatten den Ball schon im Netz gesehen. Aber die deutsche Mannschaft hielt beherzt dagegen und hatte ebenfalls ihre Möglichkeiten: Bonhof köpfte knapp am Tor vorbei, Hölzenbein blieb ein klarer Elfmeter versagt, und Gerd Müller erzielte seinen zweiten Treffer, den Schiedsrichter Jack Taylor wegen einer Abseitsstellung, die keine war, nicht anerkannte. Die Schlussminuten, so Helmut Schön, «dehnten sich [...] bis zur Unendlichkeit».[51] Dann war das Spiel aus, Gerd Müller sank vor Freude in die Knie – er war jetzt Weltmeister.

Das Glück darüber währte allerdings nicht lange. Schon wenige Stunden nach dem Triumph auf dem Rasen kam es beim Bankett zu einem großen Eklat, der lange nachwirkte. Es ging um die Spielerfrauen, ein Thema, das bereits im Muff von Malente für Konfliktstoff gesorgt hatte, weil die Funktionäre des DFB die Zeichen der Zeit nicht erkannten. Die Frauen durften ihre Männer im Trainingslager besuchen und mit ihnen sprechen, so weit ging die Toleranz des DFB mittlerweile schon. «Darüber hinausgehende Kontakte sind allerdings nicht im Sinne der Weltmeisterschaft», dekretierte der Deutsche Fußballbund. Begegnungen außerhalb der Sportschule kamen überhaupt «nicht in Frage», wie ein Sprecher des DFB im Stil eines Herbergsvaters verkündete, der Kinder und Halbwüchsige in seiner Obhut hat – und keine erwachsenen Großverdiener.[52] Selbst der liberale Helmut Schön hatte zu diesem Thema seine ganz eigene Ansicht: «Ich habe mich erkundigt», behauptete er. «An Enthaltsamkeit ist noch niemand gestorben.»[53]

Uschi Müller war, wie die meisten Frauen, nach Malente gefahren, um ihren Mann nach wochenlanger Trennung für ein paar Stunden zu sehen. Gerd litt unter schrecklichem Heimweh, auch die täglichen drei Telefonate vermochten ihn nicht zu trösten. Er beschwerte sich über die Abschirmungspraxis des DFB, drang damit aber ebenso wenig durch wie seine Mitspieler, die selbstverständlich wussten, dass andere Mannschaften sehr viel lockerer mit dem Thema Frauen und Sexualität umgingen, das damals in der ganzen Fußballwelt lebhaft diskutiert wurde. Die Holländer beispielsweise hatten die Kontaktsperre längst aufgehoben, ohne dass es dem Leistungsvermögen der Oranjes Abbruch getan hätte. «Samenverlust ist nicht gleich Kraftverlust», verkündete ein um wissenschaftliche Expertise gebetener Sexualforscher, und ein Bremer Psychologieprofessor bestätigte ihn darin: Die genau portionierte Langeweile von Malente könne durchaus zur psychischen Belastung werden, mit der Folge, dass sich daraus ein «Reizklima» entwickele, das leicht zu einem Lagerkoller führen könne: «Frauen sind da ein sehr guter Blitzableiter»,[54] meinte der Ratgeber, der sich mit seinen der Physik entlehnten Weisheiten ganz auf der Höhe der Zeit bewegte.[55]

Nicht wenige Frauen reisten aus Malente rasch wieder ab – kopfschüttelnd und konsterniert über die bornierten Funktionäre des DFB, die sich vor dem Endspiel noch einmal von ihrer schlechteren Seite zeigten. Der Präsident hatte zwar alle Frauen und Freundinnen nach München eingeladen, dann aber jedes Fingerspitzengefühl vermissen lassen. Die weiblichen Ehrengäste mussten ihre Flüge nicht nur selbst buchen, sondern die Tickets auch noch selbst bezahlen. Außerdem ließ die Unterbringung zu wünschen übrig,[56] nicht zu reden schließlich von den Plätzen im Olympiastadion, die der DFB bereitstellte: weit von der Ehrentribüne entfernt in Reihe 38 fast unter dem Dach für Uschi Müller beispielsweise, die dafür ebenso wenig Verständnis hatte wie die anderen Spielerfrauen.[57]

Auf dem Bankett nach dem WM-Sieg brach dieser Konflikt wieder auf – nun allerdings mit ganzer Schärfe, weil mehrere deutsche Spieler es nicht hinnehmen wollten, dass ihre Frauen der offiziellen Feier fernbleiben mussten, während die Fußballfunktionäre ihre besseren Hälften mitbringen konnten. Die resolute Uschi Müller versuchte dreimal vergeblich, in den Saal zu gelangen, und musste sich dabei von einem Funktionär abkanzeln lassen: «Es interessiert uns nicht, ob Sie Frau Müller sind. Wir haben unsere Anweisungen.»[58] Susi Hoeneß, die sich dennoch Zutritt verschafft hatte, sah sich besonders heftigen Anfeindungen ausgesetzt. Ihr drohte man sogar, sie unter Zwang hinauszubringen, wenn sie nicht freiwillig den Saal verlasse. Hier herrsche nämlich «Zucht und Ordnung».[59] Uli Hoeneß, Breitner und Müller verließen danach schimpfend die Veranstaltung.[60] Beckenbauer tat es ihnen gleich, verlieh seiner Wut auf den DFB zuvor aber noch drastischen Ausdruck: Einige Funktionäre lebten nicht in «unserer Zeit». «Das geht manchmal in die blutigste Amateurhaftigkeit. Es sind einige dabei, die schon jenseits von Gut und Böse sind», diktierte er den Journalisten in die Blöcke.[61]

Einige Reporter griffen diese Vorwürfe gerne auf und verwandelten sie, wie der sensible Claus Heinrich Meyer in einem Leitartikel der «Süddeutschen Zeitung», in eine Philippika gegen den DFB, der den Wandel der Gesellschaft verschlafen und den Anschluss an die neue Zeit verloren habe. Nach Ansicht der greisen Gralshüter des Fußballs, so Meyer, «hätte der ‹nationale› Sportler immer noch zu sein: geschichtslos, soldatisch, unpolitisch, stumm, asexuell – oder allenfalls mit dem Fußball verheiratet». Doch dieser «Typ ist tot, zum Glück». Auch durch das «Herumfuchteln mit der Zucht- und Ordnungsrute» sei er nicht mehr wiederzubeleben. Der Eklat auf dem Bankett bestätigte diese These.[62]

Müller fand für seine Empörung kein so großes Forum wie Beckenbauer. Auch er war aber maßlos enttäuscht und erzürnt über die DFB-Funktionäre, die ihm schon 1973 bei seinem Wechsel zum FC Barcelona einen Strich durch die Rechnung gemacht hatten und ihm auch danach immer wieder mit einer gehörigen Portion Herablassung begegnet waren. Das «unmögliche Benehmen» einiger dieser Herren habe ihn «tief erschüttert»,[63] sagte er unmittelbar nach der Weltmeisterschaft, um wenige Wochen später mit einem Beispiel zu illustrieren, was er genau meinte: Er habe eine Stunde vor dem WM-Endspiel den Rasen im Münchner Olympiastadion inspiziert, um zu entscheiden, mit welchen Stollen er auflaufen solle, und sei dabei von Hermann Joch, dem engsten Mitarbeiter des DFB-Organisationschefs Hermann Neuberger, angeschnauzt worden: «Verschwinde hier! Du störst das Programm.»[64]

Nach dem Eklat wegen der Spielerfrauen schimpfte auch Gerd Müller wie ein Rohrspatz. Er nahm seinen emotionalen Ausbrüchen aber selbst die Wirkung, weil er und seine nicht weniger erboste Frau fast im selben Atemzug seinen Abschied aus der Nationalmannschaft bekannt gaben. Der ansonsten besonnene Reporter der «Süddeutschen

Zeitung» war davon ebenso überrascht wie alle anderen Gäste, die es genauso wenig glauben konnten wie Helmut Schön, dass es Müller ernst damit war. Der Journalist ließ sich zu einer Überschrift hinreißen, die dem Schützen des Siegtores weh tun musste, weil er wieder einmal nicht für voll genommen wurde. «Frau Müller», so lautete sie, «verkündet Herrn Müllers Rücktritt»,[65] der seitdem mit dem Eklat im Münchner «Hilton» in ursächliche Verbindung gebracht wird.

In Wirklichkeit bekräftigte der peinliche Zwischenfall auf dem Bankett nur Müllers lange zuvor gefällte Entscheidung, sich nach dem Finale aus der Nationalmannschaft zurückzuziehen. Schon 1969 hatte er in seinen Memoiren «Goldene Beine» über das Ende seiner Karriere nachgedacht und dabei zwei Motive anklingen lassen, die jetzt – neben dem Groll aus dem Jahr 1973 – den Ausschlag gaben: erstens die dauernden psychischen und physischen Strapazen, die nicht nur in den vielen Spielen und Reisen bestanden. Ebenso stark fielen der permanente Zwang zur Konzentration, das ewige Einerlei des Trainings und der Trainingslager, der scharfe Konkurrenzkampf in der Mannschaft, den auch ein Star wie Gerd Müller spürte, und nicht zuletzt der Erwartungsdruck ins Gewicht, der auf dem Torjäger lastete, wenn er nicht traf: «Es kann keiner ermessen, was es bedeutete, so unter Erfolgsdruck zu stehen wie ich», gestand er der Jugendzeitschrift «Bravo» nach einer Torflaute im Oktober 1974: «Ich war regelrecht gehemmt, wenn ich das Spielfeld betrat. Oft habe ich mir gewünscht, daß der Ball gar nicht zu mir kommt. [...] Jeder darf vorbeischießen, nur ein Gerd Müller nicht.»[66] Und, zweitens, eine «Million Mark», die er gespart haben wollte, ehe er die Fußballschuhe an den Nagel hängen konnte.[67] Hätte «ich diese Million [...] jetzt, dann würde ich bei einem Amateurverein spielen, den ich vielleicht auch trainieren würde», betonte er 1969.[68]

1974 war Müller so weit, dass er zumindest den partiellen Rückzug einleiten konnte. Die Nationalmannschaft reizte ihn nicht mehr, selbst für das Länderspiel gegen die Schweiz im September 1974, das er eigentlich noch mitmachen wollte, sagte er ab.[69] Er hatte einen Fünfjahresvertrag beim FC Bayern, konnte nach den Triumphen des letzten halben Jahres üppige Prämien einstreichen und seinen Ruf als Weltstar in der Werbung vergolden. Hunderttausende waren auch hier mit dem

Haushaltsreiniger «dor», mit Haribo-Schleckereien, mit T-Shirt-Herstellern oder mit «Müller-Milch» zu verdienen,[70] obwohl ihm Milch eigentlich zuwider war. Die beliebtesten Nationalspieler, so der «Spiegel», «erreichen 500 000 Mark Sondereinnahmen oder mehr».[71]

Hinzu kam allem Anschein nach die Sorge um seine Familie. Gerd Müller war seit etwa drei Jahren Vater einer Tochter, als er der Nationalmannschaft den Rücken kehrte. Nicole war am 22. Mai 1971 zur Welt gekommen und sein «ganzer Stolz».[72] Müller vergötterte seine Tochter, wie seine Frau sagte: «Wenn Gerd das Kind allein erziehen würde, dann wäre Nicole eines Tages das verzogenste Frauenzimmer Münchens. Zwischen beiden herrscht eine Affenliebe.»[73] Müller bedauerte es deshalb zunehmend mehr, dass er von der Entwicklung seiner Tochter so wenig mitbekam. Weil er so oft von zu Hause fort war, erkannte sie ihn zuweilen gar nicht mehr, wenn er müde und erschöpft nach Straßlach zurückkehrte. Er wollte öfter daheim sein, seine kleine Tochter sehen und sich auch mehr um seine Frau kümmern. Eigentlich kannten sich Uschi und Gerd Müller kaum. Sie hatten früh geheiratet und waren dann in die Mühlen des Profisports geraten, die ihnen kaum Raum ließen, einander näherzukommen, gemeinsame Erfahrungen zu sammeln und gemeinsame Interessen zu entwickeln. Wie denn auch? Gerd Müller war ständig auf Reisen und selbst in seiner knapp bemessenen Freizeit in der Familie kaum präsent. In den ersten Jahren der Ehe trainierte der Fußballbesessene zu allem Überfluss noch eine Amateurmannschaft, den FC Schwarz-Blau München, deren Spiele er am Sonntagvormittag von der Bank aus beobachtete.[74]

Keine Frage, Gerd Müller liebte seine Frau und war zufrieden mit der finanziell wohlgepolsterten Welt, die er ihr und sie ihm bot. Das Leben im Luxus stiftete aber keine Gemeinsamkeiten, zumal Gerd Müller ihm ohnehin nicht viel abgewinnen konnte. Er nahm ihn hin, während seine Frau danach trachtete, das neue Leben mit seinen Chancen zu nutzen und aktiv zu gestalten. Sie hatte nie unter der häufigen Abwesenheit ihres Mannes gelitten. Sie wusste von Kindesbeinen an, was es hieß, allein zu sein, und arrangierte sich relativ rasch damit. Von ihr waren keine Klagen zu hören. Im Gegenteil: Sie genoss das geräumige Haus, das viele Geld und die Freiheit, die für die streng erzogene Frau ganz ungewohnt war. Uschi Müller entdeckte so eine neue Welt und ein bisschen auch sich selbst: Sie wurde erwachsen, spielte Tennis und Golf und machte allein oder in Begleitung Spritztouren in die bayerischen Berge, in die Schweiz oder nach Italien. Sie war lernbegieriger, Neuem gegenüber aufgeschlossener und weniger in alten Konventionen verhaftet als ihr Mann und baute sich so ihr eigenes Leben auf. Anfangs nolens volens, später mit wachsendem Vergnügen, wobei sie sich auch aus den zopfigen Rollenmustern zu lösen begann, die sie vor der Heirat und in den ersten Jahren ihrer Ehe für selbstverständlich gehalten hatte. Dem mehr als eifersüchtigen Müller blieb diese Entwicklung nicht verborgen, er zog die Notbremse.

## 10.

# Mürbe Helden

Gerd Müller hatte – zehn Jahre nach seinem Aufbruch aus Nördlingen – als Sportler alles erreicht. Sein Wert auf dem Transfermarkt wurde mit sieben Millionen DM (statt fünf vor der WM) beziffert. Nur Beckenbauer rangierte mit zwölf Millionen vor ihm, während Hoeneß mit 4,5 und Breitner mit drei Millionen mit weitem Abstand folgten.[1] Der «Bomber» stand im Sommer 1974 auf dem Höhepunkt seiner Karriere, er war jetzt ein internationaler Superstar, den Experten in einem Atemzug mit Ferenc Puskás, Alfredo Di Stéfano und Pelé nannten.

Wie ging er mit diesem globalen Ruhm um? Rein äußerlich änderte sich in seinem Leben nicht sehr viel. Er fuhr nach der Weltmeisterschaft mit seiner Familie in den Urlaub und begann dann, wie alle Jahre, wieder von vorne: Die Terminplaner der Bundesliga gönnten den WM-Helden von München nur eine kurze Verschnaufpause, die mit zahlreichen Empfängen und Ehrungen eigentlich keine war. Schon wenige Wochen nach dem Finale begann der öde Trott des Trainings mit seinen Dauerläufen und Freundschaftsspielen, deren Zahl Manager Schwan noch einmal erhöht hatte. Der FC Bayern brauchte Geld, und die Gastgeber in Nah und Fern zahlten gut – jeder wollte die Weltmeister sehen: 100 000 DM statt 50 000 strichen die Bayern nun pro Freundschaftsspiel ein.

Und in seinem Inneren? Müller sprach nie viel darüber. Alles deutet aber darauf hin, dass er nach seinem Siegtreffer gegen die Niederlande einem regelrechten Glücks- und Gefühlssturm ausgesetzt war, für den er keine Worte und Ausdrucksformen fand. Er wusste nicht, wohin mit seinen starken Emotionen, wollte aber auf gar keinen Fall auftrumpfend erscheinen. Er flüchtete sich deshalb, anders als nach der Weltmeisterschaft in Mexiko, als er zeitweise abzuheben drohte, in eine Art mentaler Selbstreduzierung, die ihn auch der Verpflichtungen und Herausforderungen enthob, die mit dem weltweiten Ruhm verbunden waren: Ach, nicht der Rede wert, Achselzucken über seine Erfolge. Mit dieser Tiefstapelei schützte er sich und entzog sich der großen Bühne und der großen Auftritte, die man von ihm erwartete. Er machte sich klein – aus Angst vor der eigenen Größe, die ihm schon schmeckte, aber ihn noch mehr schreckte. Er war zu groß für sich.

Die ruhmbedeckten Weltmeister des FC Bayern nahmen ein, zwei Wochen nach dem Rest der Mannschaft die Vorbereitung für die neue Saison auf. Die rechte Konzentration stellte sich aber nicht ein. Udo Lattek, der Trainer, mochte loben und toben, seine Motivationskunst war anscheinend ebenso erschöpft wie die finanzielle Anreizpolitik des Präsidenten: 1000 DM pro Punkt bewirkten bei den Stars nicht mehr viel. Die wichtigsten Leistungsträger hatten ausgesorgt und mit etwa 30 Jahren auch ein Alter erreicht, in dem sie nicht mehr in jedem Spiel an die Leistungsgrenze gingen. Auch im Training fehlte oft der letzte Biss, um die Disziplin in den ein- oder zweitägigen Trainingscamps vor den Spielen stand es ebenfalls nicht zum Besten. Vor allem die Stars erlaubten sich viele Freiheiten und kehrten oft erst im Morgengrauen von ihren Ausflügen und Abenteuern zurück. Entsprechend mager fielen die Ergebnisse aus: Das erste Auswärtsspiel in Offenbach ging mit 0:6 verloren, und im Dezember 1974 stand der FC Bayern nach 17 Spielen nahe der Abstiegszone auf Platz 13 – mit einem Torverhältnis von 29 zu 36.[2]

Gerd Müller wirkte in allen Spielen mit, erzielte aber nur 10 Tore – viel zu wenig für den Torjäger vom Dienst, der sich dafür auch einiges anhören musste. Dabei zählte er in der erschöpften und völlig unsortierten Mannschaft noch zu den Besseren. Er lief viel, zog sich oft in das Mittelfeld zurück und bereitete mit klugen Zuspielen so manchen Treffer vor. Das zählte aber nicht: Man maß ihn an ihm selbst und gab ihm kein Pardon, wenn er sechs, sieben Spiele hintereinander nicht mehr traf. Die Kritik, die er dafür einstecken musste, ging ihm noch näher als früher. Nach den Leistungen der letzten Jahre hatte er auf einen gewissen Vertrauensvorschuss gehofft – vergeblich. Der Dünnhäutige wurde noch empfindlicher und spielte im Herbst 1974 anscheinend sogar mit dem Gedanken, seine Karriere zu beenden. Wie unzufrieden er in München war, bewies auch die Äußerung seiner Frau vom April 1975: «Wir würden lieber heute als morgen die Koffer packen.»[3]

Kritik an seiner Leistung war es aber nicht allein, die ihn verdross und seine Stimmung verdüsterte. Gerd Müller trauerte auch der Nationalmannschaft nach, der er im Sommer 1974 den Rücken gekehrt hatte. Er wäre gerne bekniet und bearbeitet worden,[4] so wie man Uwe Seeler vor 1970 öffentlich und privat zur Rückkehr überredet hatte, und musste frustriert feststellen, dass sich Bundestrainer Helmut Schön nicht wirklich um ihn bemühte, vom DFB gar nicht zu reden, der ihm im Oktober 1974 auf dem Bundestag hinterherrief: «Wir verzichten gern auf Fußballer, die meinen, daß ein Spielen im schwarz-weißen Trikot und für Deutschland für sie keine Ehre darstellt.»[5]

Außerdem passte ihm beim FC Bayern die ganze Richtung nicht mehr. Musste der neue Sturmpartner, der vom MSV Duisburg gekommene Klaus Wunder, wirklich so überschwänglich begrüßt werden? Gewiss, auch er hatte seit längerem Verstärkung gefordert, vor allem auf den Flügeln. Die anfängliche Begeisterung für den Neuen ging ihm aber doch zu weit, weil er sie als verdecktes Misstrauen in sein Leistungsvermögen verstand. Jedes gute Wort über Wunder wirkte wie ein Nadelstich.

Schließlich die schweren atmosphärischen Störungen, die aus den – trotz des WM-Erfolgs – nicht ausgeräumten Konflikten zwischen Beckenbauer und den jüngeren Spielern resultierten. Hoeneß profilierte sich dabei einmal mehr als Wortführer, der umso stärker auftrumpfen konnte, als er den Rückhalt des Trainers genoss. Überhaupt Lattek: Nach den Erfolgen der letzten Jahre sah er die Zeit gekommen, sich im Verein neu zu positionieren. Er verlangte mehr Mitspracherechte bei der Terminplanung und bei der Personalpolitik und stellte damit nicht nur die Prärogativen von Manager Robert Schwan in Frage, sondern rüttelte auch an den Grundpfeilern der Hierarchie des FC Bayern.

Das Duo Beckenbauer/Schwan ließ den Angriff auf seine Allmachtstellung nicht unbeantwortet, und auch der Präsident blieb angesichts dieser Herausforderung nicht untätig. Neudecker hatte bei der Entzauberung Latteks leichtes Spiel, weil die Erfolgskurve des FC Bayern im Herbst 1974 steil nach unten wies. Jedes Unentschieden und jede Niederlage schwächten Lattek, während Neudecker die Misserfolge zum Anlass nahm, um den Trainer zu kritisieren und Stück für Stück zu demontieren.[6] Selbst dessen Alkoholexzesse wurden nicht mehr unter der Decke gehalten, sondern von vereinstreuen Journalisten gezielt gestreut. Da Lattek sich nichts gefallen ließ, tobte die hässliche Auseinandersetzung über Wochen in der Presse – mit verheerenden Auswirkungen auf die Leistung der Mannschaft und auf das Betriebsklima. Lattek und Schwan waren sich ebenso spinnefeind wie der Präsident und der Trainer, die sich gegenseitig mit Enthüllungen drohten, während Beckenbauer und Lattek zum Sie zurückkehrten und sich auch sonst mit ausgesuchter Boshaftigkeit behandelten.[7]

«Die Ära des FC Bayern geht zu Ende», diagnostizierte ein zutiefst deprimierter Gerd Müller Mitte Januar 1975. Er hielt sich im Machtkampf der Vereinsoberen zurück und bewahrte sich ein bemerkenswert unabhängiges Urteil über die Lage. Auch er hatte mit Lattek abgeschlossen, weil er meinte, dieser könne die Mannschaft nicht mehr motivieren. Der Trainer sei aber nicht der Alleinschuldige. Verantwortlich für die verfahrene Situation war in Müllers Augen nicht zuletzt Robert Schwan, der den Trainer ständig bevormundet, bei der Einkaufspolitik keine glückliche Hand bewiesen und zu viele Privatspiele abgeschlossen habe.[8] Die eben beendete Fünftagestour nach Japan diente ihm als Beleg dafür. Müller bezeichnete sie als «Unding».[9]

Lattek hatte zu diesem Zeitpunkt schon die Entlassungspapiere erhalten, die Wege trennten sich bereits zu Jahresbeginn. Neudecker, Schwan und Beckenbauer hatten die Machtprobe bestanden – beim FC Bayern blieb alles beim Alten. Müller hätte sich also weiter zurückhalten und schweigen können. Dass er sich – als Einziger – mit dem übermächtigen Schwan (und damit indirekt auch mit dem «Kaiser») anlegte, sprach für seine innere Freiheit, zeugte aber ebenso von seinem Verdruss über den Verein, der auch mit dem neuen Übungsleiter nur schwer in die Erfolgsspur zurückfand.

Dettmar Cramer, 1925 in Dortmund geboren, war im Zweiten Weltkrieg bei den Fallschirmjägern gewesen und hatte sich danach ganz auf den Fußball geworfen, wo er sich als Trainer kleinerer Vereine mehr schlecht als recht über Wasser hielt; eine Bundesligamannschaft hatte er vor seinem Engagement bei den Bayern noch nie geführt. Sein Einsatz bei Hertha BSC zählte nicht, weil er den Vertrag bereits nach dem ersten Training wieder löste. Cramer hatte sich beim DFB unter Herberger und Schön einen Namen gemacht und sich danach als FIFA-Fußballlehrer den Duft der weiten Welt um die Nase wehen lassen – was bei Fußballexperten allerdings nicht viel zählte. Der «Welt-Trainer» Cramer[10] habe «doch früher nur im Sudan den Negern gezeigt, wie man Kakteen umspielt», nahm der in Botanik nicht ganz sattelfeste und auch bei rassistischen Vorurteilen recht unbekümmerte Max Merkel dieses Defizit der Erfahrenheit sofort aufs Korn.[11]

Als ihn die Bayern im Januar 1975 verpflichteten, stand Cramer in den Diensten des amerikanischen Fußballverbandes, der ihn erst nach Monate währenden Querelen aus seinem Vertrag entließ; Cramer arbeitete da schon längst an der Säbener Straße. Neudecker wäre nicht unglücklich gewesen, wenn sich Cramers Engagement nachträglich noch zerschlagen hätte. Er sah in dem Globetrotter eine Notlösung und träumte schon seit Jahren von einer Zusammenarbeit mit dem bärbeißigen Max Merkel, zu dem er eine Seelenverwandtschaft empfand. Merkels Name kam in der Ära Neudecker immer dann ins Spiel, wenn die Bayern in einer Krise steckten und einen Retter brauchten.

Beckenbauer machte dem Präsidenten aber einen Strich durch die Rechnung. Merkels polterndes Ego hätte auch vor ihm und Schwan nicht Halt gemacht. Er wollte den ruhigeren Cramer, den er vom DFB her kannte und der ihm 1966 als Trauzeuge zur Seite gestanden hatte, und er bekam ihn. Seine Ausnahmestellung und die damit verbundenen Privilegien waren nun definitiv gesichert. Nur der Erfolg blieb weiter aus – zumindest im DFB-Pokal und in der Bundesliga, wo der FC Bayern am Ende der Saison so schlecht platziert war wie noch nie. Er wurde Zehnter und bestätigte damit, dass Cramer nicht falschlag, als er feststellte: Der FC Bayern sei «eine sterbende Mannschaft»,[12] in der er Spieler unter einen Hut bringen musste, die «zwischen 50 000 DM und 500 000 DM verdienen».[13]

Lediglich im Europapokal gelang es dem neuen Trainer, die Mannschaft zu reanimieren. Der FC Bayern setzte sich gegen den 1. FC Magdeburg, Ararat Eriwan und AS St. Etienne durch und stand am 28. Mai 1975 in Paris im Endspiel gegen Leeds United, das die Münchner in einer überharten Partie mit viel Glück mit 2:0 für sich entschieden. Präsident Neudecker war der Letzte, der seinen Bayern diesen Erfolg zutraute, und hatte deshalb bereits seine Vorkehrungen getroffen, sprich Max Merkel[14] als Nachfolger von Cramer verpflichtet. Der Einzug in das Finale, der Druck der Fans und die Abneigung der Mannschaft gegen Merkel machten diese Pläne aber zunichte.[15] Auch Merkel, der den Job beim FC Bayern nur zu gerne angetreten hätte, sah das ein und machte Neudecker deshalb den Vorschlag: «Vergessen wir das Ganze.»

In der zweiten Saison unter Cramers Leitung lief es auch in der Bundesliga besser für den FC Bayern. Die Akribie des neuen Trainers zahlte sich langsam aus. Er stärkte die Kondition der Mannschaft, legte großen Wert auf permanente Schulung am Ball und förderte das taktische Verständnis der Spieler, auch wenn er sich mit seinen langfädigen, mit Fachausdrücken und Fremdwörtern gespickten Vorträgen nicht nur Freunde machte. Einige Arrivierte nahmen sich ihm gegenüber sogar die Frechheit heraus, «Friseur, Friseur» dazwischenzurufen, was heißen sollte, ob Cramer nicht andere mit seinen Weisheiten traktieren könne.[16] Der Fußball-Wissenschaftler rede wie gedruckt, höhnte auch der «Spiegel», nie seien «Bayerns Niederlagen schöner erklärt worden».[17]

Vor allem aber kehrte unter Cramers Regie beim FC Bayern wieder Ruhe ein. Beckenbauers Sonderstellung im Team blieb unantastbar. Daran ließ Cramer keinen Zweifel. Er gab aber auch den anderen Granden und Kronprinzen das Gefühl der Unentbehrlichkeit, ohne das Leistungsprinzip zu ignorieren und den Nachwuchs zu vernachlässigen: Karl-Heinz Rummenigge und Udo Horsmann reiften unter seiner Anleitung zu Stammspielern heran. Sie mussten dabei Sonderschicht um Sonderschicht einlegen – Zeit für ein Privatleben blieb so gut wie nicht. Er habe, versicherte «Edi» Kirschner, der 1976 vom FC Passau zu den Bayern wechselte und ebenfalls in den Genuss von Cramers Rosskuren kam, im ersten halben Jahr nur zweierlei gekannt: «Training und Schlafen».[18] Selbst Merkels Schatten wich so zeitweise, obwohl Neudecker im kleinen Kreis keinen Hehl daraus machte, dass ihm sein Trainer zu weich und zu gestelzt war. Die «Spieler sollen Angst vor Cramer haben», forderte er.[19] Der Trainer kümmere sich zu viel um die «Hinterköpfe der Spieler. Am Ende haben alle Abitur, aber der FC Bayern keine Punkte.»[20] Richtig warm wurden der Präsident und der Professor miteinander nie.

Neudecker konnte im Grunde aber nicht klagen. Die Erfolge der Mannschaft sprachen für sich. In der Saison 1975/76 mischte der FC Bayern wieder in der Bundesligaspitze mit, am Ende belegte er Platz 3, während er im DFB-Pokal bis ins Halbfinale vordrang, wo Beckenbauer und Co. am Hamburger SV scheiterten. Größeres Durchsetzungsvermögen bewiesen die Bayern erneut im Europacup, den sie 1976 zum dritten Mal in Folge gewannen: mit einem 1:0-Sieg gegen AS St. Etienne, wobei Franz Roth, wie schon 1967, das goldene Tor zum Sieg erzielte.

Gerd Müllers Stunde hatte in den zwei Halbfinalspielen gegen Real Madrid geschlagen, in dessen Reihen mit Günter Netzer und Paul Breitner zwei alte Bekannte standen. Die Bayern erzwangen im Bernabeu-Stadion ein 1:1-Unentschieden und sorgten im Heimspiel mit einem 2:0-Sieg für die Entscheidung. Alle drei Tore gingen auf das Konto des bestens aufgelegten Gerd Müller, der danach mit Lob überhäuft wurde. «Er ist ein phänomenaler Spieler», betonte Miljan Miljanić, der Trainer der Madrilenen. «Was für andere ganz schwer ist, Tore zu schießen, macht Gerd Müller immer noch mit Leichtigkeit.»[21] Der spanische Nationaltrainer Ladislaus Kubala griff noch höher: «Dieser Gerd Müller ist allein eine Mannschaft.»[22] Im letzten Spiel der Bundesliga krönte er seine ansprechende Leistung im ersten Halbjahr 1976 mit – sage und schreibe – fünf Treffern beim 7:4-Sieg gegen Hertha BSC. 23 Tore standen schließlich zu Buche – erzielt in 22 Spielen, weil Müller 1975/76 mehrmals pausieren musste.

War er wirklich wieder der Alte? Im Sommer 1976 vertraten viele Beobachter diese Meinung. Auch der «Kicker» verlieh ihm das Prädikat «Weltklasse»,[23] nachdem er ihm ein Jahr zuvor nicht einmal mehr internationale Klasse bescheinigt hatte.[24] Dettmar Cramer, der Müller täglich im Training beobachtete, war sich dessen nicht so sicher. Der Trainer plante einen «Stilwandel» beim FC Bayern, weil er das alte System mit Müller in der Spitze für zu einfach und zu berechenbar hielt. Ihm schwebte eine ständig rochierende Doppelspitze mit Hoeneß und Rummenigge vor, während er Müllers Zukunft im vorderen Mittelfeld sah, wo dieser die Fäden ziehen und auf Lücken lauern sollte.

Müller hielt nicht viel von diesen Überlegungen. Er wollte Stürmer bleiben und Tore erzielen, obwohl er auf der ungewohnten Position hinter den Spitzen durchaus zu gefallen wusste. «Wir entdeckten einen Bomber im neuen Gewand», schrieb der «Kicker» am 14. April 1975. «Klug rochierte Müller nach hinten, bot sich an, kombinierte auf engstem Raum und tauchte blitzartig im gegnerischen Strafraum auf.» Auf die Dauer war ihm der Platz hinter den Spitzen aber doch zu wenig. Er brauchte das Adrenalin der Strafraumszenen und Torerfolge und fand es im Übrigen auch viel zu beschwerlich, ständig weite Wege gehen zu müssen. Er wollte, wie er offen zugab, mit 30 Jahren nicht mehr rennen als mit 25.[25] Seine Währung waren Tore, Kilometergeld überließ er lieber anderen.

Dabei hatte Cramer für seine Planspiele durchaus gute Gründe. Der eine hatte mit der allzu starren Spielanlage der Bayern zu tun, der andere – noch wichtigere – mit der gesundheitlichen Verfassung Gerd Müllers, der langsam den Preis dafür entrichten musste, was er seinem Körper bis dahin zugemutet hatte. Er sei verrückt, hatte ihn seine Frau nicht nur einmal getadelt, als er sich zum wiederholten Mal fit spritzen ließ und mit Schmerzen und zusammengebissenen Zähnen spielte. Dabei hatte Müller bis Mitte der 1970er Jahre Glück gehabt. Seine Physis schien unverwüstlich, wirklich schwere Verletzungen waren ihm erspart geblieben: ein Hand-, ein Arm-, ein Rippen- und Wadenbeinbruch und ein gebrochener Zeh – eigentlich nicht viel für einen Strafraumspieler, der es seit zehn Jahren mit den berüchtigtsten Raubeinen der Liga zu tun bekam, die ihren ganzen Ehrgeiz (und mehr) daran setzten, ihn auszuschalten.

1975 ließ sich der Verschleiß nicht mehr übersehen. Müller konnte im Sommer beim Start in die neue Saison nicht dabei sein, er fehlte in den ersten beiden Spielen wegen eines Muskelfaserrisses. Außerdem machte sich ein defekter Lendenwirbel bemerkbar und gab von da an keine Ruhe mehr. Im September kam es noch schlimmer. Gerd Müller musste bei einem Auswärtsspiel im Europapokal der Landesmeister gegen Jeunesse Esch in der 36. Minute ausgewechselt werden. Die erste Diagnose lautete Oberschenkelverletzung, die der Vereinsarzt Erich Spannbauer mit Ruhe, Tabletten und einem dicken Verband zu kurieren suchte. Als die Schmerzen in den Tagen danach zunahmen und sich hohes Fieber einstellte, blieb der erneut konsultierte Spannbauer bei seiner Behandlungsmethode – nur statt der Tabletten gab es Spritzen gegen eine Prellung.

In Wahrheit war ein ganzer Muskelstrang gerissen. Im Oberschenkel hatte sich als Folge davon ein großer Bluterguss gebildet, der sich unter dem Verband entzündete und das Fieber verursachte. Einzig Uschi Müller erkannte die Gefahr einer Sepsis. Sie alarmierte einen emeritierten Klinikprofessor, den sie bei einer Abendgesellschaft bei Finanzminister Ludwig Huber kennengelernt hatte und der auf sofortiger Operation bestand. Eine Woche nach dem Spiel in Esch schnitt man Müller im Klinikum rechts der Isar «einen großen stinkenden Batzen Fleisch aus dem Oberschenkel», so Dettmar Cramer, der sich mit Uschi Müller einig war, dass bei einem weiteren Zuwarten eine Amputation des Beines unumgänglich gewesen wäre.[26]

Müller musste nach der Notoperation über Wochen das Bett hüten. Erst Ende November konnte er mit leichtem Lauftraining beginnen. Zwei Wochen danach stand er wieder auf dem Platz. Beim FC Bayern herrschte in diesen drei Monaten ohne ihn eine regelrechte Torflaute. Die Mannschaft fiel in der Tabelle zurück und wirkte vor allem bei Auswärtsspielen im Angriff völlig harmlos. Müller fehlte an allen Ecken und Enden, der «Ohne-Müller-Komplex»,[27] der schon 1969 diagnostiziert worden war, bestand sechs Jahre später immer noch. Namentlich Beckenbauer war zur Wirkungslosigkeit verdammt. Seine Vorstöße blieben stumpf, weil im Sturmzentrum ein Partner fehlte, der seine Zuspiele verwerten konnte.

Gerd Müller schwor sich und seiner Frau nach der Zwangspause, nie wieder mit Spritzen zu spielen, er habe das viel zu oft getan. Der familiäre Eid war aber rasch vergessen, als es 1976 wieder besser lief und vor allem im Europapokal neue Herausforderungen zu bestehen waren. Müller biss erneut die Zähne zusammen und bekämpfte so und mit Spannbauers bewährten Mitteln die ewigen Rückenschmerzen, die aus Verschleißerscheinungen zwischen dem 4. und 5. Lendenwirbel resultierten. Seine Bandscheibe sei so «kaputt» gewesen, dass «ihm manchmal die Tränen in den Augen standen, wenn er seine Platzrunden drehte», beobachtete Sepp Maier.[28] Bis zur Pause im Sommer wollte er aber noch durchhalten und sich dann in Ruhe unter das Messer begeben.[29]

Am Ende wurden die Beschwerden aber doch so groß, dass er sich schon im Januar 1977 zu der schwierigen Bandscheibenoperation entschloss. Der Rat eines zweiten Spezialisten hatte den Ausschlag gegeben – ohne raschen Eingriff drohe eine Lähmung des linken Beines, im Extremfall sogar eine Querschnittslähmung, so lautete die Prognose. Trotz dieses Risikos bestand Müller darauf, vor der Operation noch einmal aufzulaufen. Ein Neurochirurg aus dem Klinikum Großhadern hatte dringend abgeraten, er hielt den Einsatz für lebensgefährlich. Müller hörte nicht auf ihn, er wollte seine Mannschaft in der Partie gegen den MSV Duisburg nicht im Stich lassen und schoss tatsächlich noch ein Tor, ehe er in die Klinik einrückte. Ein Orthopäde saß während des Spiels auf der Tribüne, ein Hubschrauber war für den Notfall startklar. Alles war vorbereitet.[30]

Die medizinische Abteilung des FC Bayern und die Vereinsführung wussten genau, was sie taten. Sie spielten mit dem Feuer und der Gesundheit eines der wichtigsten Spieler, dessen Fehlen sich im Frühjahr 1977 erneut schmerzlich bemerkbar machte. Die Mannschaft rutschte in der Tabelle ab, sie flog im Viertelfinale aus dem DFB-Pokal und gegen Dynamo Kiew schließlich auch aus dem Europapokal. «Die Stürmermisere hält an», schrieb die «Süddeutsche Zeitung» am 28. Februar 1977 und fasste damit die Situation des FC Bayern ohne seinen Stürmerstar zusammen.

Anfang April kehrte Müller, gegen den dringenden Rat des operierenden Arztes, wieder in die Mannschaft zurück – und wie! Im Spiel gegen Kaiserslautern erzielte er bereits in der ersten Minute einen Treffer. «Er kam, sah und schoß», historisierte die «Süddeutsche Zeitung», die das phänomenale Comeback einfach nicht fassen konnte. Er sei schon ein «Teufelskerl».[31] Franz Beckenbauer sah es nicht anders: «Allein Müllers Erscheinen wirkte wie Doping auf die Mannschaft. Er ist nicht nur als Torjäger, sondern auch als Anspielstation unentbehrlich.»[32] Gegen Rot-Weiß Essen traf er kurz danach sogar viermal: «Es war wie in alten Zeiten der typische Müller: wieselig, unberechenbar, flink. Ein Tor von der Strafraumgrenze, das zweite im Nachsetzen abgestaubt, das dritte per Foulelfmeter, das vierte listig durch Freund und Feind hindurch links unten.»[33]

Müllers Krankenakte beim FC Bayern war mit der Bandscheibenoperation noch nicht geschlossen. Bis zu seinem Abschied im Frühjahr 1979 kamen noch mehrere Blätter hinzu: im Herbst 1977 eine ebenso schmerzhafte wie langwierige Schulterverletzung, die Müller erneut mit Spritzen behandeln ließ. Außerdem 1978 immer wieder die leidigen Probleme mit dem Rücken, die nach der Operation von 1977 erneut auftraten, und schließlich mehrmals kleinere und größere Blessuren wie Fleischwunden, Prellungen und Zerrungen, die er ebenfalls nicht wirklich auskurieren konnte.[34]

«Wenn er mir sagt, er wolle nicht mehr spielen, dann braucht er auch nicht zu spielen», betonte Dettmar Cramer im November 1977 und traf damit den Nagel nicht auf den Kopf.[35] Denn ganz so einfach war es nicht. Müller, der «Unersetzliche», konnte sich nie frei entscheiden, wie der «Kicker» richtig erkannte. Alle – die Vereinsführung, der Trainer und die Mitspieler – versicherten ihm, «er brauche nicht, wenn er nicht wolle, doch indirekt geben sie ihm zu verstehen, er müsse aber wohl dennoch! Ein Superstar hat nicht verletzt zu sein, und gar pausieren [...] eigentlich undenkbar. Verletzungen, nein, die gibt es nicht. Die werden weggeredet, betäubt. Gesundheit? Keine Zeit!»[36]

Der bittere Kommentar des Fachorgans spiegelte die bittere Realität – allerdings nur partiell: Die Probleme reichten auch beim FC Bayern viel tiefer. Die medizinische Betreuung der Spieler wurde lange fast ganz vernachlässigt. Intensive Untersuchungen waren selten, selbst bei teuren Transfers schaute man anfangs nicht genauer hin. Die Profis erhielten auch keine Ratschläge oder Anweisungen, wie sie sich selbst fit halten und wie sie es vor Spielen etwa mit der Ernährung halten sollten. Alles das, was in dieser Hinsicht in der Leichtathletik und anderen

Sportarten seit langem üblich war, hatte man im Fußball ignoriert. Die Resistenz gegen sportwissenschaftliche Erkenntnisse ging auch beim FC Bayern so weit, dass den Spielern vor und während der Wettkämpfe verboten wurde, ausreichend zu trinken. Zu viel Flüssigkeit, so glaubte man wie zu Herbergers Zeiten immer noch, setze das Leistungsvermögen herab.

Dabei gab es bei den Bayern mit dem Münchner Prominentenarzt Dr. Erich Spannbauer seit 1965 einen offiziellen Vereinsarzt und damit eine Instanz, die in anderen Bundesligavereinen noch fehlte. Spannbauer (Jahrgang 1925), der im Zweiten Weltkrieg bei der Marine gewesen war und die Katastrophe der «Gustloff» überlebt hatte, galt als experimentierfreudiger moderner Arzt, der in bester Lage eine gut gehende Praxis betrieb, die Mitte der 1970er Jahre in schwere Turbulenzen geriet, weil es Spannbauer bei den Abrechnungen mit der AOK angeblich nicht allzu genau genommen hatte.[37] Die enge Beziehung zu den Bayern nutzte dem geschäftstüchtigen Orthopäden, was aber nicht hieß, dass er dem Verein rund um die Uhr zur Verfügung gestanden hätte. Er war beim Training nicht dabei und fuhr auch bei Auswärtsspielen nicht immer mit – hier wirkte sein Adlatus Richard («Ritchie») Müller, ein examinierter Krankenpfleger, der lange in einer Klinik gearbeitet hatte, ehe er zu Spannbauer und zu den Bayern kam, wo er sich als Heilpraktiker fortbildete.[38] Müller, der rundlich-gemütliche «Medizinmann», den manche auch gerne Doktor nannten, ersetzte die ärztliche Ausbildung durch Präsenz und Einfühlungsvermögen, so dass er bald das Vertrauen vieler Spieler genoss und als unentbehrlich galt.

«Ritchie» Müller und der Masseur Josip Saric bemühten sich, die kleineren Blessuren der Spieler an der Säbener Straße zu beheben. Ihnen stand dafür ein eigener Raum mit allem zur Verfügung, was damals üblich war: zwei Massagebänke, ein Warmwasserbecken, eine Sauna und ein Schrank mit Salben, Sprays, Binden und Tabletten. Die Probleme begannen bei schwereren Verletzungen, die in der Praxis von Spannbauer behandelt werden mussten. Denn: Der Vereinsarzt war mit Verletzungen von Fußballspielern anfangs kaum vertraut. Er habe seine Knie «versaut», schimpfte Peter Kupferschmidt,[39] und er schimpfte nicht allein. Auch Müllers Wadenbeinbruch vom Januar 1973 war dem

Doktor verborgen geblieben. Er hatte sich auf Röntgenaufnahmen, die zwei Berliner Ärzte nach dem Spiel gemacht hatten, und auf die Diagnosen von DFB-Medizinern verlassen und den angeschlagenen Stürmerstar noch weitere zwei Partien spielen lassen, ehe er Professor Karl Viernstein zu Rate zog, der den Bruch sofort erkannte. Spannbauer war von einer ordinären Prellung ausgegangen.[40]

Fast zwei Jahre später wiederholte sich dieses Spiel. Müller hatte sich den großen Zeh gebrochen, Spannbauer diagnostizierte nach einer Röntgenaufnahme erneut eine Prellung, erst Viernstein klärte den Fall auf und sorgte für eine angemessene Therapie.[41] Spannbauer, wieder blamiert, griff deshalb in seiner Not noch häufiger und hemmungsloser zu den damals üblichen Mitteln der Wahl als andere weniger prominente Orthopäden: Schmerztabletten und Kortison, dessen schwere Nebenwirkungen in den 1960er und 1970er Jahren durchaus bekannt waren, weshalb Spannbauer immer wieder heftige Kritik einstecken musste.[42] Sepp Maier schrieb in seinen Memoiren, was alle wussten: «Zu meiner Zeit war Kortison das Allheilmittel. Man hat es uns schon fast zum Frühstück aufs Brot geschmiert.» Als er 1965/66 verletzt gewesen sei, habe man ihn mit «Kortison vollgepumpt».[43] «Ritchie» Müller habe ebenfalls keine Grenzen gekannt, versicherte ein Zeitzeuge, der ihn «Weltmeister im Spritzen» nannte und damit in Konkurrenz zu seinem Chef brachte, der allgemein «Spritzenpapst» hieß.[44] Sepp Maier klagte nach solchen Behandlungsmethoden über einen «roten Kopf». Bei Franz Roth ging es nicht ganz so glimpflich ab. Er sei nach einer Kortisoninfusion bei Spannbauer «einmal nach Hause gekommen», seine Frau hätte ihn «beinahe [...] nicht wiedererkannt, so einen aufgeschwemmten Kopf» habe er gehabt.[45]

Zeitzeugen mit Einblick betonten aber auch, dass die schwach bestückte medizinische Abteilung des FC Bayern nicht allein für diesen Missbrauch verantwortlich gewesen sei. Die Trainer kannten ebenfalls kein Pardon und scheuten sich nicht, ernste Verletzungen als Lappalien zu verharmlosen und an die Mannesehre ihrer Spieler zu appellieren, um sie zum Einsatz zu bewegen.[46] «Ganze Kerle» waren in ihren Augen nicht verletzt.

Auch die Vereinsführung setzte die Spieler und nicht zuletzt die

Mannschaftsärzte unter Druck und konfrontierte sie nicht nur einmal mit ganz konkreten Forderungen: Der und der verletzte Spieler müsse bis zum nächsten Spiel unbedingt fit gemacht werden, egal wie. Die Vereinsräson lasse keine andere Wahl. Dass der gesunde Körper die wichtigste Ressource des Spielers und des Vereins war, leuchtete namentlich Neudecker nicht ein. Er hatte so gut wie kein Verständnis für Verletzte. Besonders drastisch bekam diese Härte des Präsidenten der Bayern-Stürmer Norbert Janzon zu spüren, der sich im Sommer 1978 einer Operation an der Achillessehne unterziehen musste und einige Zeit brauchte, bis er wieder einsatzfähig war. Professor Viernstein, der den Eingriff vorgenommen hatte und den Genesungsprozess begleitete, riet zu Vorsicht. Janzon hielt sich an diesen Rat, traf damit aber bei Neudecker auf den Richtigen. Er musste sich vom «Präse» sagen lassen, er laufe «langsamer als eine alte Kuh», sei überempfindlich und «total verweichlicht».[47] Neudecker drohte sogar mit sofortiger Kündigung und einem vom Verein erzwungenen Antrag auf Sportinvalidität, sollte Janzon nicht rasch wieder auf die Beine kommen.[48] In seinen Augen hatte der Fall Janzon System. Dass es dauernd so viele Ausfälle gebe, liege auch daran, dass jeder Spieler seinen eigenen Arzt habe, der ihn auf Wunsch krankschreibe.

Solche aus der Luft gegriffenen Behauptungen und die dabei unüberhörbar mitschwingenden Vorwürfe, dem Verein zu schaden, die Mannschaft im Stich zu lassen und überhaupt ein Weichling zu sein, trafen die erste und zweite Generation der Fußballprofis nach der Einführung der Bundesliga an einer empfindlichen Stelle. Müller und Co. waren mit solchen Appellen an Tugenden wie Härte, Gemein- und Opfersinn zu packen, weil sie ja genau die gleichen Männer- und Männlichkeitsbilder in sich trugen, die Neudecker mit seinen Tiraden aufrief. Hinzu kam, dass angeschlagene Spieler wie Gerd Müller, Sepp Maier oder «Bulle» Roth der medizinischen Autorität eines Dr. Spannbauer fast blind vertrauten. Es lag lange außerhalb ihrer Vorstellungskraft, seine Behandlungsmethoden in Frage zu stellen. Wenn Spannbauer nach einem frischen Rippenbruch behauptete, dass aus ärztlicher Sicht keine Bedenken gegen einen sofortigen Einsatz beim nächsten Spiel bestanden, dann galt dieses Wort, auch wenn Müller mehrmals das Training abbrechen musste und wochenlang über heftige Schmerzen klagte.[49] Dass er selbst nach seinem Muskelriss nicht auf den Gedanken kam, den Arzt zu wechseln, als er 1975 vielleicht sogar in Lebensgefahr schwebte, spricht Bände. Seine nicht ganz so autoritäts- und expertengläubige Frau tat diesen Schritt.

Die Sorge um verpasste Prämien dürfte bei Gerd Müller nach 1974 kaum mehr im Spiel gewesen sein, wenn er sich fit spritzen ließ – in den Anfangszeiten beim FC Bayern aber schon. Die Aussicht auf 1000 oder 2000 DM ließ die Schmerzen Mitte der 1970er Jahre nur noch bei jüngeren Mannschaftskollegen rasch abklingen oder erträglich erscheinen. Den alternden Müller hingegen plagte – neben allen anderen Motiven – die Angst, in der verletzungsbedingten Zwangspause seinen Stammplatz an einen Konkurrenten zu verlieren. Diese Angst hatte schon 1974 bei der Verpflichtung von Klaus Wunder ein bisschen mitgespielt und meldete sich ein Jahr später noch stärker, als die Bayern-Führung während seiner Absenz fast panisch nach Ersatz Ausschau hielt. Besucht habe ihn damals keiner, betonte Müller später. Aber «im Training ham sie sich scho' unterhalten, wer am besten mein Nachfolger wird. [...] Der kommt ja eh nimmer», habe man an der Säbener Straße getuschelt.[50] Robert Schwan soll im Herbst 1975, nach Müllers Muskelriss, noch deutlicher geworden sein: «Wir brauchen dringend einen neuen Mann, denn Gerd Müller wird bald Sportinvalide sein.»[51] So rasch und kaltherzig abgeschrieben zu werden, wurmte ihn mehr, als er zugeben wollte. Er vermisste Respekt und fürchtete, ausgemustert zu werden – und diesem Ende wollte er durch Fehlzeiten nicht auch noch Vorschub leisten. Also spielte er trotz Schmerzen immer weiter!

Ehrgeiz, Sorglosigkeit und Autoritätsgläubigkeit wirkten auch beim Thema Doping zusammen, das die Spieler des FC Bayern München seit den 1960er Jahren begleitete. Auch Gerd Müller kam mit leistungssteigernden Substanzen in Berührung. Er verteilte auf der Fahrt vom Trainingslager zum Stadion sogar gelegentlich selbst einen Wundertrank in kleinen Fläschchen an seine Mitspieler, die selbstverständlich nicht wussten, was die bunte Medizin enthielt. Er sträubte sich dagegen genauso wenig wie die anderen, die sich schon mit Kortison bedenkenlos optimieren ließen. Warum nicht auch mit anderen Mitteln? Keiner sah genau hin, was er zu sich nahm und ob das, was er schluckte, verboten war oder nicht. Hauptsache, es wirkte.

Das Wissen um Substanzen, die den Körper zu größerer Leistung und den Geist zu größerer Konzentration befähigen sollten, war nicht nur unter Vereinsärzten und Trainern weit verbreitet. Erhebliche Teile der deutschen Gesellschaft wussten um die aufputschende Wirkung bestimmter Präparate wie Pervitin oder Dicodid, die nicht zuletzt von den Soldaten der Wehrmacht oft und gerne konsumiert worden waren.[52] Es hätte an ein Wunder gegrenzt, wenn ausgerechnet der Fußball sauber geblieben wäre. Max Merkel, so heißt es, habe bereits Anfang der 1960er Jahre die von ihm trainierten Spieler der Dortmunder Borussia aufgefordert, Pervitin zu nehmen, um noch besser auf Trab zu kommen.[53] Andere Trainer verhielten sich ebenso, wobei sich aber nicht sagen lässt, ob sie sich dabei mit den Vereinsärzten oder anderen Medizinern abstimmten oder auf eigene Faust handelten.

Wie tief der FC Bayern in den 1960er und 1970er Jahren in das Dopinggeschäft verstrickt war, wird sich nicht mehr klären lassen. Beckenbauer, Maier, Breitner und Kapellmann[54] äußerten sich später dazu und ließen – bei aller Diskretion – keinen Zweifel daran, dass ihre Mannschaft sich zumindest im Graubereich des medizinisch Gebotenen und gesetzlich Verbotenen bewegte. Mehrere Zeitzeugen bestätigten diese Bekenntnisse. Ihre Aussagen und die früheren «Enthüllungen» lassen aber auch den Schluss zu, dass es sich beim FC Bayern nicht um einen spektakulären Missbrauchsfall handelte und dass es in der Säbener Straße nicht den einen großen Vereins-Paten gab, der den Missbrauch steuerte. Auszugehen ist vielmehr von drei Kanälen: Manche Spieler wurden selbst aktiv und besorgten sich die Substanzen – oft sogar auf Rezept, weil einige leistungssteigernde Medikamente in ihrer Gefährlichkeit noch nicht erkannt waren und erst später auf die Liste der Dopingmittel gesetzt wurden. Beckenbauer behalf sich zeitweise mit Eigenblutbehandlungen, die ihm sein Freund Professor Manfred Köhnlechner empfohlen hatte. Zu Blutdoping griff auch Jupp Kapellmann, der laut eigenen Angaben auch Anabolika nahm, um Verletzungen so rasch wie möglich zu überwinden. Beides fiel in den Augen des Medizinstudenten nicht unter das Dopingverbot. Und überhaupt, fügte er hinzu: «Das sage ich als Mediziner, ich mache mit meinem Körper, was ich will.»[55]

«Medizinisch» tätig wurden außerdem die Trainer. Dettmar Cramer beispielsweise verordnete manchen Bayern-Spielern vor wichtigen Partien die Einnahme von Captagon,[56] einem Aufputschmittel, das in Deutschland bis 2003 offiziell zugelassen war. Andere Trainer und Spieler berichteten von ähnlichen Praktiken. Viele Spieler seien ganz verrückt nach Captagon gewesen, sagte etwa Peter Neururer.[57] «Da bist Du abgegangen wie eine Rakete, wie eine Rakete», versicherte ein Betroffener. «Selbst nach 120 Minuten [auf dem Platz] fühlte man sich um fünf Uhr früh in der Disco noch so fit, dass man Bäume ausreißen konnte.»

Die Schlüsselposition hatten aber fraglos die Vereinsärzte. Wie weit Erich Spannbauer hier ging, wäre den Krankenakten zu entnehmen, die aber nicht zugänglich sind. Um des Erfolges willen scheinen ihm viele Mittel recht gewesen zu sein. Dafür spricht die Tatsache, dass er in den 1980er Jahren als medizinischer Betreuer in die Aufsehen erregenden Dopingskandale der deutschen Biathlonmannschaft verwickelt war,[58] und dafür sprechen die Berichte zahlreicher Bayern-Spieler, die mit ihm nach 1965 zu tun hatten. Sie hätten vor Spielen regelmäßig Spritzen bekommen. Spannbauer sei morgens auf ihren Zimmern erschienen und habe ihnen noch im Bett eine Injektion verpasst. Nachfragen gab es nicht. Die Spieler glaubten, dass es sich bei den Spritzen und anderen verabreichten Medikamenten um Vitaminpräparate handelte, die der Stärkung der Abwehrkräfte dienten und dem Mineralienverlust während des Spiels vorbeugten.

Ein Spiel ist allen in Erinnerung geblieben, den Memoirenschreibern ebenso wie den Zeitzeugen, weil es eine Reihe sonderbarer Vorfälle gab: das Rückspiel um den Weltpokal in Belo Horizonte, das 1:1 endete und den Bayern nach ihrem 2:0-Sieg im Heimspiel den Titel des Weltpokalsiegers bescherte. Die Reise nach Brasilien im Dezember 1976 war die reine Strapaze, der unterwegs sogar Trainer Dettmar Cramer mit Fieber zum Opfer fiel. Die Bayern verbrachten 46 Stunden in Flugzeugen, Flughäfen und Hotels, ehe sie vier Stunden vor dem Anpfiff den Bestimmungsort erreichten. Entsprechend gerädert waren sie.[59]

Als das Spiel vor mehr als 100 000 Zuschauern bei drückender

Hitze von 30 Grad begann, bemerkte niemand etwas davon. Die Bayern wirkten spritziger und aggressiver als die Brasilianer und ahnten auch, warum: Ihre wundersame bayerische Frische hatte mit der Einnahme nicht ganz legaler Mittel zu tun. Dettmar Cramer, vom «Radikalheiler» Doktor Spannbauer wieder aufgerichtet,[60] verabreichte Eisen- und Calciumpräparate, und der Mannschaftsarzt selbst drückte den Bayern-Spielern vor der Partie eigenhändig abgesägte Ampullen mit – wie es hieß – Vitamin B12 in die Hand; in der Pause gab er dann noch eine Runde Spezialtrank aus. Jeder Spieler bekam eine solche Ampulle, auch die Ersatzleute, die – so erinnerte sich ein Augenzeuge – ganz scharf darauf waren. Sie wussten anscheinend aus Erfahrung, dass die Wirkung dieses Aufputschmittels einige Tage anhielt und so auch noch «für daheim langte – für den häuslichen Frieden».[61]

Sepp Weiß, ein Abwehrspieler der Münchner, soll die Wirkung noch auf dem Platz zu spüren bekommen haben. Er sei phasenweise verwirrt gewesen, meinte Torhüter Sepp Maier, der sich schon in Brasilien fragte, ob sein Namensvetter nicht «gedopt gewesen war».[62] Weiß bestritt diese Vorwürfe vehement,[63] wollte aber nicht ganz ausschließen, dass andere zu Mitteln griffen, die sie in solche Zustände versetzten. Es könnte sich dabei um Ephedrin oder Codein gehandelt haben, das bei den Bayern in Form von Sirup zum Einsatz gekommen sein soll.[64] Die Risiken und Nebenwirkungen dieser Substanzen waren in den 1970er Jahren bekannt, die Stoffe selbst aber nicht verboten.

Gerd Müller griff in Belo Horizonte ebenso sorglos zu wie seine Mitspieler; der Erfolg gab ihnen ja recht. Dass sie ihre Gesundheit gefährdeten und generell Raubbau an ihr betrieben, merkten die meisten erst, als es zu spät war und das Karriereende nahte. Der Dank des Vereins war ihnen übrigens nicht gewiss, und auch das Publikum honorierte es nicht, dass sie mit Spritzen und Schmerzen aufgelaufen waren. Wenn die Leistung nachließ, gab es rasch Pfiffe – auch und gerade für Gerd Müller, der diese Erfahrung nicht nur einmal machen musste.

# 11.

# Der Zerfall des «Kaiser»-Reichs

Sogar «Napoleon» war machtlos. Der wegen seines Gardemaßes von 1,65 Metern so titulierte Dettmar Cramer konnte den Niedergang des FC Bayern nur bremsen, aufhalten ließ er sich nicht. Im Frühjahr 1977 konnten die Münchner von der Meisterschaft nur noch träumen, die Chance für einen Erfolg im DFB-Pokal war ebenfalls verspielt, das Aus im Europapokal der Landesmeister besiegelt. Das erfolgsverwöhnte Team musste umdenken – und runderneuert werden, wenn der Sturz ins Mittelmaß Episode bleiben sollte.

Der «Kaiser», an dem sich die Bayern schon so oft aufgerichtet hatten, war in dieser schwierigen Situation keine große Hilfe. Im Gegenteil: Er steckte selbst in der Krise. Bei Beckenbauer brannte es sogar an allen Ecken und Enden. Die Formschwäche und die legendären Eigentore, die er nun gelegentlich produzierte, fielen dabei noch am wenigsten ins Gewicht. Viel schwerer wog der Steuerskandal, der sich trotz aller Bemühungen von Robert Schwan, die Beziehungen zum Bayerischen Finanzministerium spielen zu lassen, nicht unter der Decke halten ließ.[1] Finanzminister Ludwig Huber persönlich hatte Beckenbauer zur Steuerflucht in die Schweiz geraten, ihm waren jetzt aber ebenso die Hände gebunden wie anderen CSU-Größen, die Schwan und Beckenbauer um Hilfe angerufen und gegenüber den ermittelnden Finanzbeamten in Stellung gebracht hatten. Die Beweislast war erdrückend, das Finanzamt ließ nicht mehr locker. Im Januar 1977 standen Steuerfahnder vor Beckenbauers Tür, und wenige Monate später war klar, dass der «Kaiser» 1,8 Millionen DM nachzahlen musste. Ein Strafverfahren wurde trotz dieser schier unglaublichen Höhe nicht eingeleitet; man einigte sich auf ein Bußgeld. Auch die Schwarzgeldzahlungen des FC Bayern blieben unbemerkt. Die Steuerbeamten fanden keine Belege – der Minister hatte seinen Schützling nicht umsonst warnen lassen.[2] Ein letzter Freundschaftsdienst.

1,8 Millionen DM und die Ungewissheit, ob es dabei bleiben würde, setzten Beckenbauer nicht weniger zu als die Fragen, die sich auf sein immer schon turbulentes Privatleben bezogen. Seine Mitspieler und einige Münchner Journalisten wussten seit längerem, dass es in der Ehe Beckenbauers kriselte; der «Kaiser» hatte daraus auch kein Geheimnis gemacht. Im Januar 1977 soll er seine Geliebte sogar in das Trainingslager nach Herzogenaurach mitgenommen und mit ihr das schönste und größte Zimmer geteilt haben.[3] Gerd Müller, sein eigentlicher Bettgenosse, hatte von ihm nur die Sporttasche gesehen[4] – aber dazu öffentlich ebenso geschwiegen wie alle anderen Bayern-Spieler, die sich über die Sonderregelungen für den «Kaiser» aber schon ärgerten und den Trainer wiederholt aufforderten, ein Machtwort zu sprechen.

Am 6. April 1977 flog die Affäre nach einem kleinen Bericht der Zeitung «Die Welt» auf. Sie konnte nun auch vor Brigitte Beckenbauer nicht mehr verheimlicht werden: Abstreiten oder die Beziehung zu der Fotografin Diana Sandmann – wie viele frühere Abenteuer – als belanglos abtun, kam nicht in Frage. Der «Kaiser» meinte es ernst mit seiner Freundin und musste mit der Wahrheit herausrücken. Die Gazetten beschäftigten sich tagelang mit dieser Geschichte, in der Beckenbauer als «Casanova der Bundesliga» erschien.[5] Im Frühjahr 1977 habe er die «unerfreulichsten drei Wochen»[6] seines Lebens durchmachen müssen, sagte er später. Er fühlte sich als Opfer einer Treibjagd, die auch vor seiner neuen Partnerin nicht Halt machte, und fasste im Mai 1977 den Entschluss, seine Frau, München und den FC Bayern zu verlassen und ein Angebot aus Amerika anzunehmen, dort für viel Geld seine Karriere ausklingen zu lassen – bei Cosmos New York, dem «glamour team» der amerikanischen Fußballliga,[7] wo bereits der brasilianische Superstar Pelé spielte. Kontakte zu den Amerikanern bestanden seit längerer Zeit. Sein Manager Robert Schwan hatte bereits einen bestens dotierten

Vertrag ausgehandelt, den Beckenbauer nur noch zu unterzeichnen brauchte.

Dass der «Kaiser» sich für Amerika entschied, war in der deutschen Öffentlichkeit wochenlang ein heftig diskutiertes Thema. Die Mehrheit der Bundesbürger, das ergab eine Umfrage des Allensbacher Instituts für Demoskopie, zeigte Verständnis für Beckenbauers Entscheidung und gönnte ihm auch das üppige Einkommen.[8] Viele Meinungsmacher in den Redaktionen schüttelten aber nur den Kopf. Der Wechsel zu einem der Spitzenklubs in Italien oder Spanien wäre vielleicht akzeptiert worden. Aber Amerika, der Wilde Westen, das Fußballentwicklungsland, das den Sport dem Kommerz auslieferte und entheiligte, das ging denn doch zu weit. Geld durfte gerade für den Spielführer der deutschen Nationalmannschaft nicht alles sein. Die Tatsache, dass Beckenbauer auch beim FC Bayern sehr gut verdiente und sich von seinem Manager Schwan nach Kräften vermarkten ließ, wurde ignoriert – die Vorurteile gegenüber dem Fußball als Ware und Wirtschaftsbetrieb waren noch immer lebendig und verquickten sich mit einer staunenswerten Herablassung gegenüber Amerika und den Amerikanern. Gewiss, es gab auch die ernste Sorge, ob Beckenbauer in der Soccer-Liga mit ihren vielen europäischen und brasilianischen Altstars im Austragsmodus seine Form konservieren und das deutsche Team 1978 in die Weltmeisterschaft führen könne. Sie ging aber fast unter im Spott über die amerikanische «Operettenliga» und die Hillbilly-Fußballer im «Kaugummiland» jenseits des Atlantiks, die vom Niveau deutscher Kicker nur träumen konnten. «Amerika macht Beckenbauer kaputt», so viel stand fest – jedenfalls für die «Bild»-Zeitung.[9]

Am Ende überwarf sich Beckenbauer auch noch mit Neudecker und der Vereinsspitze des FC Bayern. Bei der offiziellen Verabschiedung im Olympiastadion wahrten beide Seiten zwar die Form. Präsident Neudecker überreichte dem «Kaiser» sogar die extra für diesen Anlass erfundene höchste Auszeichnung des FC Bayern, eine Vereinsnadel mit Brillanten. Ein Festbankett zu seinen Ehren lehnte Beckenbauer aber ab. Zu tief saß der Zorn darüber, dass Neudecker sein Versprechen gebrochen hatte, ihn bei einer Million DM Ablösesumme ziehen zu lassen, und die geforderte Summe sogar auf 1,75 Millionen DM hochschraubte, wohl

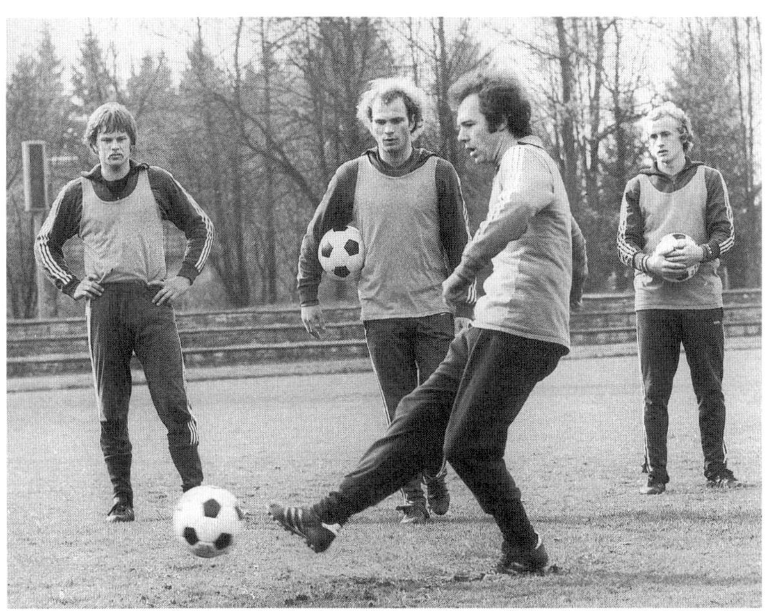

Lehrstunde für Horsmann, Hoeneß und Dürnberger

wissend, dass Cosmos nur 1,4 Millionen zahlen und Beckenbauer unbedingt weg wollte – koste es, was es wolle. Am Ende beglich der «Kaiser» den Restbetrag aus der eigenen Tasche.[10]

Sentimentalität wird man Neudecker nicht vorwerfen können. Sein Bedauern darüber, dass der – neben Gerd Müller – wichtigste Leistungsträger den Verein im Streit verließ, hielt sich in Grenzen. Der Präsident sah nur das Geld, das der FC Bayern wieder einmal dringend brauchte, und die Chance, damit in die Mannschaft zu investieren. In ein, zwei Jahren wäre der mittlerweile 32-jährige Beckenbauer ohnehin gezwungen gewesen, die Fußballschuhe an den Nagel zu hängen, ohne dass der FC Bayern einen Pfennig hätte kassieren können. Besser so!

Ähnlich nüchtern fielen die Reaktionen seiner Mitspieler aus. Der eine oder andere betonte zwar, dass Beckenbauer nicht zu ersetzen sei. Wirklich traurig schien aber keiner zu sein, viele atmeten sogar auf.[11]

Endlich war er weg – der scheinbar Allmächtige, der sich allen überlegen fühlte, über alle spottete und sich alles herausnehmen konnte, ohne Sanktionen des Vereins befürchten zu müssen. Georg Schwarzenbeck, Beckenbauers langjähriger Adlatus, sprach aus, was viele dachten: «Ich fühle mich jetzt so wohl, weil keiner mehr da ist, der mich mit bösen Worten beschimpft oder mit einer abwertenden Handbewegung verunsichert.»[12]

Wie groß die Distanz zwischen Beckenbauer und der Mannschaft geworden war, hatte sich besonders deutlich im Spätherbst 1975 gezeigt, als Beckenbauer seinen 30. Geburtstag feierte – mit Hunderten geladenen Gästen aus den besten Kreisen und fast majestätischer Selbstverständlichkeit ohne seine Mannschaftskameraden; nicht einen Einzigen hatte er eingeladen.[13] Auch dass der «Kaiser» die Neueinkäufe nicht mehr beim Namen nennen konnte, sprach Bände; sie existierten für ihn anscheinend gar nicht. Im Schatten des Giganten war es kalt, sehr kalt sogar, weil 1977 auch keine Prämien mehr wärmten, die man früher dank seiner Leistungen einstreichen konnte. Nur Sepp Maier und Dettmar Cramer fanden sich am Flughafen München-Riem ein, um Franz Beckenbauer das letzte Geleit nach Amerika zu geben.[14]

Dass Robert Schwan seinem Schützling nach New York folgte, verstand sich von selbst. Ihm weinte erst recht niemand eine Träne nach. «Hängt ihn», riefen ihm die aufgebrachten Fans hinterher.[15] «Ein Hauch von Mephisto umgab ihn schon immer», so die «Bild»-Zeitung, «doch nun zeichnen sich auch unverkennbar Züge eines Judas ab», weil Schwan angeblich Millionen am Verkauf Beckenbauers verdiente.[16] Seine Untergebenen im Verein hatten andere Gründe, erleichtert zu sein. Die Personalunion als Manager des Vereins und Finanzberater des Mannschaftskapitäns war allen ein Dorn im Auge gewesen, ganz zu schweigen von der beispiellosen Arroganz Schwans, die er vor allem jüngere Spieler spüren ließ. Seine von Neudecker geteilte Ambition, den Klub mit eiserner Faust zu führen, mochte in den 1960er Jahren gesellschaftsfähig gewesen sein. 1977 passte sie nicht mehr in die Zeit und forderte namentlich Spieler wie Kapellmann, Horsmann und Hoeneß heraus, die zunehmend allergisch auf den Kommandoton des Managers reagierten.

Dass er, wie der Präsident, Max Merkel als Trainer der Bayern favorisierte, bestätigte sie in ihrer Meinung.

Wie Gerd Müller den Abschied von Beckenbauer beurteilte, ist nicht bekannt. Vieles spricht aber dafür, dass er mit gemischten Gefühlen darauf reagierte. Er verlor damit seinen Zimmergenossen bei Auswärtsspielen und im Trainingslager, seine wichtigste Anspielstation beim Doppelpass und nicht zuletzt eine Art Schutzschild, der Kritik auf sich zog und abwehrte, so dass Müller und die anderen Bayern-Spieler sich nicht damit auseinandersetzen mussten. Mit Beckenbauer lebte es sich für ihn besser, aber beileibe nicht gut. Auch Müller hatte seine Gründe, den Abschied des «Kaisers» nicht allzu tragisch zu nehmen. Die untergründige Rivalität der beiden war nie erloschen. Raimund Hinko, der Vertreter der «Bild»-Zeitung bei den Bayern, der die beiden Stars über Jahre hinweg beobachtete, schrieb 1978 dazu das Nötige: «Sie waren die besten Freunde – und doch die ärgsten Feinde.» Wenigstens für Müller sei die «Frage nie entschieden worden: Wer ist der Bessere?»[17] Der Mann der Tore, der Garant der Erfolge des FC Bayern und der «Bomber der Nation» stand immer im Schatten des «Kaisers» – auf dem Platz, in der Gehaltstabelle, bei den Nebeneinkünften[18] und vor allem in der Öffentlichkeit, wo Beckenbauer sich mit einer Sicherheit bewegte, die Müller fehlte. Der Torjäger litt unter seinem mit so viel Leichtigkeit und Charme gesegneten Mannschaftskameraden, fraß diese Gefühle aber in sich hinein – so als berühre ihn die Omnipräsenz des «Kaisers» nicht, während sie ihn in Wahrheit ständig beschäftigte und an seine Defizite erinnerte.

Mitte 1977 war der Freund und Rivale weg und endlich genügend Platz für ihn: Der ewige Zweite avancierte zum Ersten. Mit dem Weggang von Beckenbauer stieg nicht nur der «Marktwert von Gerd Müller sprunghaft» an.[19] Der «Bomber» schien nun in puncto Werbung fast konkurrenzlos zu sein. Auch im Verein rückte er als Mannschaftskapitän ganz nach vorne; zuvor hatte er die Bayernelf nur dann auf den Platz geführt, wenn – was selten vorkam – Beckenbauer verletzt fehlte. Müller empfand das neue Amt als große Ehre, die ihn mit Stolz erfüllte, aber zu spät kam, als dass er sie richtig hätte auskosten können.

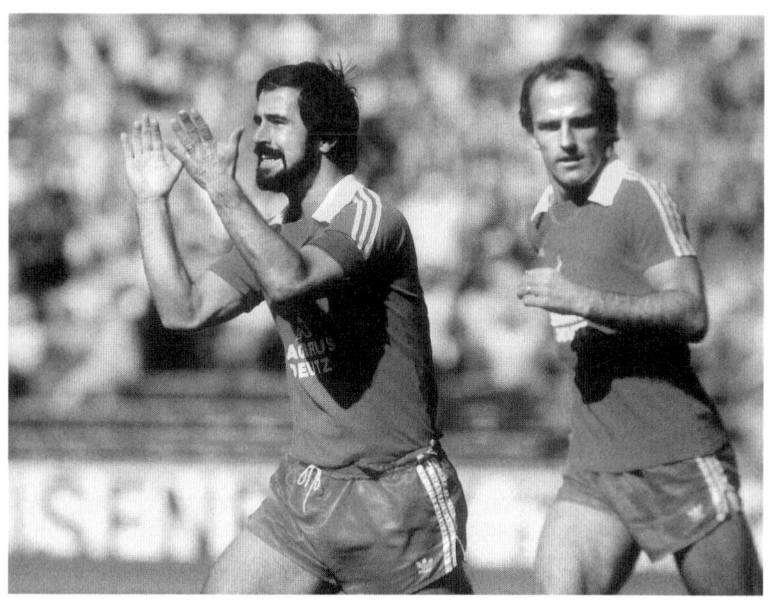

Endlich mit Binde

Gerd Müller war damals fast 32 Jahre alt und ebenso über seinen Zenit hinaus wie das ganze Team, das großen Ansprüchen nicht mehr genügte. «Bulle» Roth war oft verletzt, Georg Schwarzenbeck und Bernd Dürnberger ebenso, nicht zu reden von Uli Hoeneß, der sich von seiner schweren Verletzung im Europacupendspiel gegen Leeds 1975 nie mehr richtig erholte und nur noch gelegentlich an die Form früherer Tage anknüpfen konnte. Auch Spritzen und Besuche bei Professor Klümper in Freiburg wirkten nicht mehr.

Müller nahm die Aufgabe als Kapitän sehr ernst. Er kehrte nach der Sommerpause sogar eine Woche vor der Mannschaft aus dem Urlaub zurück und nahm unter der Leitung von Cramer ein Sondertraining auf: «Kondition, Kraft, Schnelligkeit! Zweimal täglich.»[20] Auch wirtschaftlich versuchte er Akzente zu setzen, als er ein neues Prämiensystem forderte: 2500 DM statt 2000 für einen Sieg und 1500 DM statt 1000 DM für einen Auswärtspunkt,[21] und: Auch die Reservisten sollten selbst dann mit Prämien bedacht werden, wenn sie nicht zum Einsatz gekommen waren.[22]

Auf dem Platz waren Stolz und Ehrgeiz so deutlich zu spüren, dass die «Abendzeitung» im August 1977 schrieb, der forsche Müller habe nun die «Kommandozentrale» beim FC Bayern übernommen.[23] Er brannte in den ersten Spielen der Saison 1977/78 und wollte es allen zeigen, dass mit den Bayern auch ohne Beckenbauer zu rechnen war. Dettmar Cramer freute sich über diese Entschlossenheit und stachelte seinen Kapitän immer wieder an. Die neue Mannschaft werde «um Gerd Müller gebaut, spielerisch und menschlich», betonte er bereits im April 1977, als sich der Abschied Beckenbauers abzeichnete.[24] Ein halbes Jahr später erklärte der Trainer, der verletzte Müller sei im bevorstehenden Spiel gegen Borussia Mönchengladbach natürlich nicht vollwertig zu ersetzen. Er hoffe dennoch, dass der FC Bayern nicht «kopflos» spiele, denn «Müller ist nicht nur der Kapitän, sondern der Kopf der Mannschaft».[25]

Die «Süddeutsche Zeitung» sah es nicht anders. Müller sei das «Rückgrat des FC Bayern», urteilte sie Anfang Oktober 1977,[26] um nach einer 0:2-Niederlage in Gladbach drei Wochen später festzustellen: «Wenn es eines Beweises bedurft hätte, was Gerd Müller für die Münchner wert ist, so wurde er am Samstag in Mönchengladbach erbracht»,[27] wo Müller gefehlt hatte.

Es half aber alles nichts. Der FC Bayern belegte Ende Oktober nach zwölf Spieltagen Platz 10. Vier Siegen standen ebenso viele Niederlagen und ebenso viele Unentschieden gegenüber. Einen Monat später sah es nach fünf Niederlagen in Folge noch trüber aus: Platz 16 und damit akut abstiegsgefährdet. So konnte es nicht weitergehen, meinte zumindest der Präsident, der jetzt erneut eine Chance sah, seinen Wunschtrainer Max Merkel zum FC Bayern zu holen. Cramer war in seinen Augen zu lasch und nachsichtig. Seine Mannschaft brauchte einen Zuchtmeister, der sie im Training so richtig ins Schwitzen brachte und auch außerhalb des Platzes an die Kandare nahm. Es sollte Schluss sein mit den vielen Zugeständnissen wie den freien Mittwochnachmittagen, die seine Spieler für Autogrammstunden und sonstige Geschäfte nutzten. Im Abstiegskampf zählte nur noch eines: der FC Bayern, dem die ungeteilte Konzentration zu gelten hatte.

Müller stemmte sich mit aller Kraft dagegen, dass ohne den «Kaiser» auch das Kaiserreich zerfiel. Der FC Bayern durfte mit ihm als Spielführer nicht noch weiter nach unten rutschen – dem Abstieg entgegen. Auf dem Spielfeld wurde er seiner Rolle als Kapitän durchaus gerecht. Er rieb sich auf, war hinten und vorne zu finden, schoss zahlreiche Tore und ließ sich sogar trotz des Protests seiner Frau erneut fit spritzen, weil er seine Mannschaft nicht im Stich lassen wollte.[28] Auf eine aufrüttelnde Rede, auf einen Appell, die eigenen Stärken nicht zu vergessen, oder ein energisches Signal an den Präsidenten, Trainer und Mannschaft in Ruhe arbeiten zu lassen, warteten seine Mitspieler aber vergeblich. Auch der in die Schusslinie geratene Cramer hätte sich mehr Unterstützung seines Kapitäns gewünscht. In der Krise zeigten sich die Grenzen Gerd Müllers. Sein Repertoire bestand aus Laufen und Kämpfen und einigen Gesten und Floskeln, die den Kampfgeist der Mannschaft wecken sollten. Über das Aufmunterungs-, Überzeugungs- und Einschüchterungspotenzial eines Franz Beckenbauer, das in dieser Situation nötig gewesen wäre, verfügte er nicht. Er wusste es selbst.

Dettmar Cramer machte sich ebenfalls keine Illusionen. Ihm war im November 1977 klar, dass seine Tage beim FC Bayern gezählt waren. Die 1:3-Niederlage im Lokalderby gegen den Tabellenletzten 1860 München und zwei weitere Pleiten gegen Eintracht Frankfurt in der Bundesliga und im UEFA-Cup besiegelten sein Schicksal endgültig. Anfang Dezember senkte Präsident Neudecker den Daumen. «Wenn Cramer geblieben […] wäre, wäre der ‹Winterschlaf› fortgesetzt worden und ich hätte wahrscheinlich meinen Hut nehmen müssen», begründete Neudecker in der Jahreshauptversammlung des Vereins im April 1978 die Entlassung Cramers. Widerspruch erntete er dafür nicht. Erich Kiesl, der Vorsitzende des Verwaltungsbeirats, lobte ihn sogar vor den versammelten Mitgliedern: «Unser Präsident hat die Eigenschaften eines schlauen Fuchses, er ist ein Prachtexemplar dieser Gattung!»[29]

Der neue Trainer stand sofort parat, es handelte sich um Gyula Lóránt (Jahrgang 1923), einen Ungarn, der auf eine bemerkenswerte Karriere als Spieler zurückblicken konnte. Er hatte in mehreren ungarischen Vereinen gespielt, 1952 mit der Nationalmannschaft die Goldmedaille bei den Olympischen Spielen errungen und 1954 zur legendären Wunderelf gehört, die dem Team von Sepp Herberger mit 3:2 unterlegen war. Auch seine Laufbahn als Trainer konnte sich sehen lassen: Er hatte mehrere Mannschaften in seiner Heimat betreut, wechselte dann nach Deutschland, später nach Griechenland und schließlich erneut in die Bundesrepublik, wo er vor allem mit der Frankfurter Eintracht große Erfolge feierte.[30]

Lóránt war ganz nach dem Geschmack von Wilhelm Neudecker. Der Ungar galt als Modernisierer, der in Frankfurt die Raumdeckung eingeführt und damit die starre Spielweise der Eintracht dynamisiert hatte.[31] Zugleich eilte ihm der Ruf voraus, im Training kein Pardon zu kennen und die Spieler nach schlechten Partien nicht zu schonen. Neudecker stattete ihn deshalb mit ungewöhnlich weit reichenden Vollmachten aus: Der neue Trainer sollte die Mannschaft aufrütteln, den alten Schlendrian bei den Nebenbeschäftigungen beenden und dabei auch vor den Stars der Mannschaft nicht haltmachen.

Gerd Müller sah die Entlassung Cramers durchaus kritisch. Er protestierte im Auftrag der Mannschaft dagegen und drohte sogar damit, das Kapitänsamt niederzulegen.[32] Müller schätzte die vornehme Art des Trainers, der seine Spieler nie an den Pranger gestellt und sich stets um einen respektvollen Umgangston mit seiner Mannschaft bemüht hatte. Dennoch passte er sich der neuen Lage rasch an. Das gelang ihm umso leichter, als Lóránt ihn sofort ins Vertrauen zog, als Mannschaftskapitän bestätigte und auch sonst große Stücke auf ihn zu halten schien. Der neue Trainer verteidigte ihn sogar, als er im Frühjahr 1978 nach einer Verletzung in einer Formkrise steckte und sich harte Kritik der Fachpresse und viele Pfiffe des Publikums gefallen lassen musste, auch im heimischen Olympiastadion. Müller spiele, so der «Kicker» im Februar, «als läge er in den letzten Zügen».[33] Einen Monat später war vom «Steher» Müller die Rede.[34] Lóránt dagegen warb um Verständnis für den Torjäger, der verbissen um seine Form kämpfe. «Gerd ist ein Vorbild», betonte er.[35]

Bei anderen Spielern bewies er weit weniger Fingerspitzengefühl. Als sich nach einer kleinen Erfolgsserie die Rückschläge häuften, machten namentlich Jupp Kapellmann, Branko Oblak und Uli Hoeneß mit dem rabiaten Polterer Bekanntschaft. Hoeneß hatte sich den Zorn des

Ungarn zugezogen, weil er zu spät zum Training erschienen war und generell nicht richtig spurte. «Ich, ich, ich», ließ Lóránt sich über Hoeneß zitieren. «Wenn er sich nicht 100prozentig ändert, dann hat er nächste Saison in meiner Mannschaft keinen Platz.»[36]

Ähnlich hart ging er mit Branko Oblak ins Gericht. Der jugoslawische Ballkünstler war ihm zu verspielt und zu wehleidig, weil er nach schweren Verletzungen nicht sofort wieder zur Verfügung stand. Er werde dem Trainer ein Messer in den Bauch stoßen und ihn umbringen, kündigte der temperamentvolle Mittelfeldspieler deshalb an,[37] nachdem er wieder einmal demütigender Kritik ausgesetzt gewesen war. Kapellmann erging es nicht viel besser. An ihm wollte Lóránt anscheinend ein Exempel statuieren. Lattek und Cramer hatten Verständnis dafür gezeigt, dass der ehrgeizige Medizinstudent während des Semesters bei einigen Trainingseinheiten fehlte, wenn sie sich mit Vorlesungen überschnitten. Für Lóránt kamen solche Ausnahmeregelungen überhaupt nicht in Frage. Er bestand darauf, dass Kapellmann regelmäßig zum Training kam, und verband mit dieser Maßnahme eine Botschaft an die gesamte Mannschaft: keine Extrawürste, solange sie sich im Abstiegskampf befand.

Dem FC Bayern blieb 1978 das Äußerste erspart. Die Mannschaft landete am Ende der Saison auf Platz 12 – die schlechteste Platzierung seit dem Aufstieg in die Bundesliga 1965. Lediglich Gerd Müller konnte einen kleinen Triumph feiern: Er wurde mit 24 Toren – zusammen mit seinem Namensvetter Dieter Müller vom 1. FC Köln – zum siebten Mal Torschützenkönig. Mit einem Trainerwechsel allein, so viel war klar, konnte es nicht sein Bewenden haben. Die Mannschaft war zu alt und ausgebrannt, sie brauchte Verstärkung und einen neuen Leitwolf für das verunsicherte Rudel. Vor allem der Präsident sehnte sich nach einer solchen Spezies – in Krisenzeiten hätte er sich am liebsten selbst eingewechselt und seine Tugenden zur Geltung gebracht: Einsatzbereitschaft, Führungsstärke und die Präferenz für klare Hierarchien.

Das Problem war nur: Solche Spielertypen waren rar und teuer. Einer davon, Paul Breitner, hatte 1974 München nach ewigen Querelen mit Beckenbauer und der Vereinsspitze verlassen und noch von Madrid aus den Kleinkrieg mit dem FC Bayern in aller Öffentlichkeit weitergeführt. Das Tischtuch schien deshalb zerschnitten. Nur Uli Hoeneß hielt Kontakt zu Breitner, der mittlerweile bei Eintracht Braunschweig gelandet war und sich dort – im Zeichen von «Jägermeister» – vergeblich bemühte, die Mannschaft auf Vordermann zu bringen. Hoeneß dürfte es auch gewesen sein, der seinen alten Freund ins Spiel brachte, als der FC Bayern Anfang 1977 und dann erst recht nach dem Weggang Beckenbauers einen Ausweg aus der Krise suchte. Breitner hatte in seinen Augen das Zeug zum Führungsspieler – sportlich ohnehin, aber auch als Person, die in Madrid gereift war und eine genaue Vorstellung gewonnen hatte, wie ein erfolgreicher Verein aussehen sollte. Er habe, sagte Breitner, bei den Bayern «gewisse Erfahrungen» aus Madrid eingebracht: «Was es heißt, eine Mannschaft zu führen, was es heißt, eine Mannschaft zu betreuen, und was es heißt, auf alle Bedürfnisse einzugehen, die eine Mannschaft während des Spielbetriebs und auch außerhalb des Spielbetriebs hat.»[38]

Breitner sprach später immer wieder von der «zweiten Wiedergeburt», die er und Uli Hoeneß 1978 beim FC Bayern initiiert hätten. Der Klub sei am Ende, ein Neuanfang unabweisbar gewesen. Ihr «Revolutions»-Projekt orientierte sich sportlich an Real Madrid, betriebswirtschaftlich aber an den großen amerikanischen Football-, Baseball- und Basketballvereinen, die sich durch innovative Vermarktungsstrategien beträchtliche Einnahmequellen erschlossen hatten. Breitner und Hoeneß betrachteten Fußball als Ware, als Teil des Showbusiness und den FC Bayern als «fußballproduzierende Firma».[39] Die Zuschauer, die Samstag für Samstag in die Stadien kamen, blieben zwar unentbehrlich, der Kartenverkauf reichte aber bei weitem nicht, um den Finanzbedarf eines modernen Vereins zu decken. Breitner und vor allem Hoeneß dachten bereits 1978 an neue Formen der Werbung, an Pay-per-View-Fernsehen und andere Varianten der Kommerzialisierung des Fußballs.[40] Sie fühlten sich als Vordenker und empfanden es als Herausforderung, dass sie mit ihren Visionen zunächst allein standen. Die Zeit arbeite für sie und gegen die Bremser – das stand für sie fest.

Dass Breitner der richtige Mann für einen Umbruch war, davon überzeugte Hoeneß offensichtlich auch seinen Präsidenten, der nicht wenig Mühe hatte, über seinen Schatten zu springen und dem früheren

Rebellen die Rückkehr zum FC Bayern zu gestatten. Hoeneß, noch als Spieler bereits Manager in spe, hatte ihm die Entscheidung erleichtert, als er den Löwenanteil der Ablösesumme in Höhe von fast zwei Millionen DM bei Magirus Deutz, dem neuen Finanzier des FC Bayern, auftrieb. Der Lastwagenhersteller, der sich mit den Bayern auf einen dreijährigen Sponsorenvertrag (mit Option auf weitere drei Jahre) verständigt hatte, zahlte 600 000 DM pro Jahr[41] und überwies bei Vertragsabschluss sofort die fällige Summe für drei Jahre, die ausschließlich für den Kauf von Paul Breitner bestimmt war. Hoeneß selbst kassierte bei diesem Geschäft kräftig mit: Fünf Prozent der Vertragssumme in Höhe von 3,6 Millionen DM standen ihm als Provision zu.[42]

Wusste oder ahnte Neudecker, was er tat, als er Breitner im Sommer 1978 als verlorenen Sohn in der Säbener Straße begrüßte? War ihm klar, dass er mit seiner Entscheidung die dezidierten Gegner von Gyula Lóránt stärkte, die sich um Hoeneß und Kapellmann scharten, und damit eine neuerliche Trainerfrage heraufbeschwor? Spürte er, dass Breitners Gestaltungswille keine Grenzen kannte und auch vor ihm, dem Präsidenten, nicht haltmachen würde? Als die Revolution auch ihn gefressen hatte, gestand er sich ein, dass es sein größter Fehler gewesen sei, den Weltmeister von 1974 zurückgeholt zu haben.[43] Im Sommer 1978 war er von dieser Einsicht noch weit entfernt.

Gerd Müller hingegen hatte kein gutes Gefühl, als im Frühjahr 1977 der Plan einer Rückkehr Breitners erstmals ruchbar wurde,[44] und er bekräftigte diese Skepsis gegenüber seinem ehemaligen Mitspieler Ende 1977 noch einmal. «Der hat einen Vogel», platzte es aus ihm heraus, nachdem er von dem Verwirrspiel um Breitners Comeback in der Nationalmannschaft hörte, aus der 1974 auch der Linksverteidiger zurückgetreten war. «Heute ja, morgen nein – dann soll man auf ihn verzichten.»[45] Dabei schätzte Müller Breitners fußballerische Qualitäten durchaus. Er kam nur mit dem Auftreten und vor allem mit den Ansprüchen des Ex-Madrilenen überhaupt nicht zurecht. Wie denn auch? Es ging ja auch um ihn persönlich. Beckenbauer war kaum weg, da erschien bereits ein neues Alphatier am Horizont, das ihm die Führungsrolle streitig machen würde. Der «Kaiser» hatte in der Regel wenigstens noch die Form gewahrt – halbwegs jedenfalls. Bei Breitners berstendem

Ego war das nicht zu erwarten – dieser trat ungleich aggressiver und unbekümmerter auf und folgte dabei einem Imperativ unerbittlicher Nützlichkeit, dem Müller nicht mehr gerecht werden konnte.

Es ging auch nicht lange gut zwischen den beiden. Der Mannschaftskapitän und der Umbruchstratege waren nicht kompatibel. Lóránt bemühte sich zwar, Breitner in die alte Hierarchie einzubinden, und berief ihn sofort in den Mannschaftsrat, in dem mit Sepp Maier, Georg Schwarzenbeck und Gerd Müller die alte Garde dominierte. Breitner gab sich damit aber nicht zufrieden – er wollte mehr, sprich den Trainer loswerden und die «völlig desolate Mannschaft», die in seinen Augen «bestenfalls Mittelmaß» war, umkrempeln – ohne Rücksicht auf Rang und Verdienste.[46]

Breitner hatte dabei anfangs leichtes Spiel, weil Lóránt auf der Raumdeckung beharrte, während die Mannschaft zur «gute[n] alte[n] deutsche[n] Manndeckung» zurückkehren wollte,[47] und weil der Trainer nach einigen Erfolgen fast panisch auf die dann folgenden schwachen Vorstellungen seiner Elf reagierte. Der dem Alkohol nicht abgeneigte Choleriker gab sich schon im Spätsommer 1978 mit seiner ätzenden Kritik an einzelnen Spielern eine Blöße nach der anderen. Er nannte Rummenigge einen «Drückeberger», Schwarzenbeck einen «trägen Denker» und Müller «nur noch ein Standbild», das er demnächst aus der Mannschaft werfen und durch einen Jungen ersetzen werde.[48]

Die öffentlich Bloßgestellten ließen diese Attacken selbstverständlich nicht auf sich sitzen. Auch Kapellmann und Hoeneß nahmen sich den Trainer mit drastischen Worten vor. Lóránt habe nicht «alle Tassen im Schrank», er benehme sich «wie im Ostblock», betonte Kapellmann.[49] Paul Breitner nutzte die Ausfälle Lóránts ebenfalls. Er machte sich zum «Verteidiger der Angegriffenen»[50] und gewann damit viele Sympathien in der Mannschaft, die in ihm nun endgültig den Gegenspieler des rabiaten Trainers erblickte. Breitner beanspruchte Mitspracherechte bei der Mannschaftsaufstellung, mischte bei taktischen Fragen mit und brachte mit Udo Lattek einen neuen Trainer ins Spiel. Er habe, bekannte er später, «so lange Stunk gemacht, bis der Trainer gehen musste».[51]

Ein Kamerateam beobachtete die Chronik des angekündigten Trainersturzes mehr als ein halbes Jahr lang aus nächster Nähe. Uli Hoeneß hatte das Projekt ersonnen und dafür Christian Weisenborn, einen renommierten Dokumentarfilmer mit großer Affinität zum Fußball, gewonnen.[52] Hoeneß und Paul Breitner, die Drahtzieher der radikalen Wende beim FC Bayern, fungierten auch als Hauptdarsteller dieser filmischen Dauerinspektion, die sie mit niemandem abgesprochen hatten. Der Dokumentarfilm sollte, wie die Saison 1978/79 mit der Rückkehr Breitners, etwas Besonderes werden und wurde es auch – ein wichtiges Zeitdokument und darüber hinaus ein Katalysator der Krise und des Neuanfangs beim FC Bayern. Inszenierung und Selbstinszenierung gehörten seit 1970 zum Credo von Breitner und Hoeneß. Ihre «Revolution» musste filmisch eingefangen und für die Ewigkeit festgehalten werden.[53]

Müller, der Mannschaftskapitän, spielte weder in dem Film noch in dem ganzen Eskalationsszenarium eine nennenswerte Rolle. Er war seit Herbst 1978 wegen einer Verletzung mit sich selbst beschäftigt und musste obendrein mit der Tatsache fertig werden, dass Breitner ihn ganz ungeniert zur Seite drängte und öffentlich kritisierte: Mit Lóránt gehe es so nicht weiter. «Schade, daß Gerd Müller als Kapitän nicht schon fürchterlich dazwischenschlug», so Breitner schon wenige Wochen nach seiner Rückkehr zum FC Bayern München.[54]

Auch in der Mannschaft verlor Müller zunehmend an Rückhalt. Seine Mitspieler erwarteten in der Konfrontation mit Lóránt mehr von ihm und fragten sich, ob es nicht besser sei, einen neuen Kapitän zu wählen.[55] Müller hätte spätestens jetzt auf den Tisch hauen und seine Kritiker, namentlich Breitner, in die Schranken weisen müssen. Er beließ es bei einer schwächlichen Drohung, vom Amt des Spielführers zurückzutreten,[56] blieb ansonsten aber stumm und ließ auch die Sticheleien unbeantwortet, die Breitner gezielt platzierte, um sein Selbstbewusstsein zu untergraben. Breitner soll gegen Müller sogar regelrecht gehetzt haben. Es ist nicht überliefert, was er dabei verbreitete. Man kann es sich aber leicht vorstellen, wenn man die Äußerungen des bedächtigen Karl-Heinz Rummenigge liest: «Breitner hetzte gegen ihn. So sehr, dass Müller einem Freund gestand: ‹Ich habe schon Angst, wenn ich ihn nur sehe.›»[57] Müllers Zeit sei vorbei, er sei langsam und behäbig geworden und ein Hindernis für einen Neuanfang, der so bitter nötig sei. Der Torjäger hatte in Breitners Augen genauso ausgedient wie die anderen Mohren, hießen sie nun Roth, dessen Vertrag schon 1978 nicht verlängert worden war, oder Schwarzenbeck, der im August 1979 sein letztes Spiel für den FC Bayern machte. Sie mussten weichen, wenn der Verein Erfolg haben wollte.

Müller ließ auch diese Angriffe aus dem Hinterhalt über sich ergehen, ohne Breitner zur Rede zu stellen. Was hätte er auch sagen sollen? Im Kern hatte Breitner ja ebenso recht wie die Heckenschützen aus der Presse und aus der Mannschaft, die sein Alter und seine läuferischen Defizite zum Thema machten. Anstatt einen Gegenangriff zu starten, blieb Müller lieber in Deckung. Er verließ sich auf den Präsidenten und auf den Trainer, der im Vertrauen auf den Rückhalt Neudeckers seinerseits aufs Ganze ging. Lóránt beendete das Experiment mannschaftsinterner Demokratie, löste den Mannschaftsrat auf und besprach sich nur noch mit seinem Kapitän[58] – und drohte damit, den anfangs keineswegs überzeugend spielenden Neuzugang aus Braunschweig aus der Mannschaft zu verbannen.[59]

Die Drohung wirkte. Lóránt behauptete seine Position, während Breitner erkennen musste, dass er sich in der Mannschaft getäuscht hatte. Als es Ende Oktober 1978 zum Schwur kam, brach der Aufstand in sich zusammen. Breitners Mitspieler stimmten mit großer Mehrheit für den Trainer, der doch am längeren Hebel zu sitzen schien. Selbst einige derjenigen, die zuvor intern das große Wort geführt hatten, steckten nun aus Angst um ihre Verträge und Prämien zurück. Am Ende arrangierte sich sogar Breitner, der völlig konsternierte Anführer der kuschenden «Rebellen»,[60] mit dem Trainer.

Mehr als ein Waffenstillstand war das aber nicht. Als die Erfolge ausblieben, witterte Breitner seine zweite Chance, den verhassten Lóránt loszuwerden, zumal nun auch der Präsident Schwäche zeigte und zu schwanken begann. Dem Patriarchen des FC Bayern glitten im Herbst 1978 die Zügel aus der Hand. Neudecker wollte einen Burgfrieden zwischen den Kontrahenten erzwingen und scheiterte. Auch sein Versuch, seine Stars stärker an die Kandare zu nehmen und ihnen einige Privilegien zu entziehen, war nicht von Erfolg gekrönt. Früher war die Mannschaft nach einem Machtwort des Präsidenten strammgestanden, jetzt erntete Neudecker empörte Widerworte – und ein Achselzucken. Sepp Maier, wahrlich kein geborener Aufrührer, machte sich sogar lustig über ihn, als er der «Süddeutschen Zeitung» nach einem dröhnenden Disziplinierungsversuch des Präsidenten sagte: «Das ist schon fast Diktatur. [...] Das einzige, was uns Herr Neudecker nicht verbietet, ist, daß wir mit unserer eigenen Frau schlafen.»[61]

Während Neudeckers Nimbus unter seinen hilflosen Machtdemonstrationen verfiel, baute Breitner seine Position weiter aus. Die permanenten Ausfälle Lóránts und der Theaterdonner des Präsidenten spielten ihm in die Hände. Sie erzeugten Solidarisierungseffekte und schmiedeten die Mannschaft vorübergehend zusammen. Ganz unterschiedliche Charaktere und Temperamente, die sonst kaum einmal zusammenfanden, stimmten Breitner in einem Punkt zu: Die Zusammenarbeit mit Lóránt hatte keinen Sinn mehr. Ob das Bayern-Team so weit ging, absichtlich zu verlieren, um damit die Ohnmacht des Trainers zu demonstrieren, muss offenbleiben. Der Präsident jedenfalls hatte den Verdacht der Obstruktion.[62] In einem vertraulichen Papier für den Verwaltungsbeirat und den Vorstand des Vereins betonte er, dass beim Pokalspiel gegen den VfL Osnabrück und bei den Bundesligapartien gegen Bielefeld und Düsseldorf «absichtlich schlecht gespielt wurde, was ein grobes, vereinsschädigendes Verhalten darstellt».[63] Und auch die Presse stellte Anfang Dezember 1978 angesichts einer blamablen 1:7-Niederlage in Düsseldorf Vermutungen an, die in diese Richtung wiesen. Der «Kicker» beispielsweise sprach von ruf- und vereinsschädigendem Verhalten der Spieler und fragte: «Oder war es am Ende gar passiver Widerstand gegen den Trainer, der allen Dementis zum Trotz im Unfrieden mit den meisten seiner Stars lebt?»[64]

Gerd Müller konnte mit diesen Verdächtigungen nicht gemeint sein. Er laborierte seit Ende November an einer Verletzung und war in Düsseldorf gar nicht dabei gewesen. Müller spielte zu diesem Zeitpunkt beim FC Bayern keine Rolle mehr. Der Kapitän, so scheint es, wurde auch nicht gehört, bevor Gyula Lóránt Mitte Dezember 1978 auf Geheiß des Vereins in Urlaub gehen musste. Den Ton gaben andere an – Breitner, Kapellmann und auch Hoeneß, der mittlerweile zwar zum 1. FC Nürnberg gewechselt war, seine guten Beziehungen zu den Bayern aber weiter pflegte. Neudecker musste sich dem Druck der Mannschaft fügen – und tat das mit dem Hintergedanken, vielleicht doch noch seinen Wunschtrainer Max Merkel und obendrein Rudi Assauer, ebenfalls ein mentales Raubein, als Manager zu bekommen.[65]

Die Restauration der alten autoritären Herrlichkeit blieb ein frommer Wunsch. Die Mannschaft legte sich erneut quer und bestand darauf, dem Assistenten von Lóránt, Pál Csernai, eine Chance zu geben. Für Müller verhieß diese Entscheidung nichts Gutes. Er und Csernai waren sich in herzlicher Abneigung zugetan, außerdem zählte der Ungar zu den Vertrauten Breitners, der damit seine Macht im Verein weiter festigen konnte. Der «wortgewaltigste Intimfeind» Lóránts hatte sich durchgesetzt.[66] Müller hingegen war nun in der Mannschaft ganz isoliert. Er stand allein da – allein mit sich und den vielen anderen Problemen, die sich seit längerem türmten und 1978/79 über seinem Kopf zusammenschlugen.

## 12.

# Abschied von den Bayern

«Gerd, es ist Zeit.» Hörte Müller solche Stimmen, die mahnten, seinen Abschied vom Profifußball nicht weiter hinauszuschieben? Von seiner Frau, von Freunden, in sich selbst? Indizien, dass die Zeit reif war und er die Fußballschuhe ausziehen sollte, gab es 1978 jedenfalls genügend – vor allem die vielen Verletzungen und die Dauerbeschwerden an der Wirbelsäule. Auch seine Motivation ließ mitunter zu wünschen übrig, die er nun schon 14 Jahre aufrechterhielt und in jedem Spiel und in jedem Training beweisen musste. Der «Kicker» hatte nicht ganz unrecht, wenn er ihm Mitte 1978 weder Welt- noch internationale Klasse bescheinigte.[1]

Auf der anderen Seite: Müller spielte auch in der Saison 1977/78 immer wieder hervorragend, und er schoss seine Tore – 24 an der Zahl, was ihm zum siebten Mal den Titel «Torjäger des Jahres» und die dazugehörige Kanone einbrachte. Der Gedanke an das Karriereende verblasste vor dieser Auszeichnung zwar nicht, sie trug aber ebenso dazu bei, dass Müller die Entscheidung auf die lange Bank schob, wie die ungelöste Frage, was er nach dem Fußball mit sich anfangen sollte; seine Sportshops interessierten ihn nicht wirklich, und um seine Versicherungsagentur in Nördlingen und seine anderen Geschäfte hatte er sich noch nie gekümmert. Müller steckte den Kopf in den Sand und hoffte darauf, dass die Dinge sich schon irgendwie regeln würden.

Das taten sie auch, allerdings in einem Sinne, der Müller überforderte. Die verhängnisvolle Entwicklung setzte im Sommer 1978 mit der Rückkehr von Paul Breitner ein. Müller trug zwar noch die Binde, Kapitän aber war er nur noch auf dem Papier. Das Sagen hatte Breitner, der sich dabei in zunehmendem Maße auf die Zustimmung der Mannschaft stützen konnte, während es um Gerd Müller einsam zu werden begann. Vor allem nach Niederlagen hatte er oft das Gefühl, dass seine Mitspieler ihn mieden und nach neuen Lösungen im Angriff Ausschau hielten – ohne ihn, versteht sich. Der Wormser Zweitligastürmer Werner Seubert, im Herbst 1978 der «erfolgreichste bundesdeutsche Torschütze im bezahlten Fußball»,[2] schien eine Alternative zu sein; mit ihm gab es bereits erste Vertragsverhandlungen. Müller wusste davon und spürte, was im Kreis der Mannschaft über ihn gesprochen wurde: Er stehe einer personellen Erneuerung im Weg und blockiere einen längst fälligen Systemwechsel – weg vom ganz auf ihn zugeschnittenen Spiel durch die Mitte, hin zu einem flexibleren Flügelspiel, für das er nach dem Urteil seiner Mannschaftskameraden nicht mehr geeignet war. Karl-Heinz Rummenigge, sein Sturmpartner, sprach später aus, was im Herbst 1978 alle dachten: Mit Müller «ging's rapide bergab. Er verfiel wie ein Denkmal aus bröselndem Sandstein».[3] Ein anderer Zeitzeuge wurde noch deutlicher: «Der Leitbulle war für uns nicht mehr tragbar.»

Mitleid hatte keiner mit dem alternden Star, der so viele Spiele entschieden und damit der Mannschaft so viele Prämien gesichert hatte. «Vielleicht hat er jedem von uns pro Jahr zweihunderttausend Mark Mehrverdienst eingebracht», rechnete beispielsweise Sepp Maier aus,[4] der später auch eine andere Seite Gerd Müllers betonte, die seine Mannschaftskameraden oft und gerne in Anspruch genommen hatten: «Gerd war unser Kreditinstitut, unsere Bank. Ich hab' mir oft 200, 300 Mark von ihm geliehen, so viel hatte er immer dabei. Alle sind zu ihm hingegangen. Weil sie gewußt haben: So großzügig wie der ist keiner.»[5] Vor allem nach Auswärtsspielen mit Übernachtung fern der Heimat zapfte man Müller an, der sich aus einigen Hundertern oder Tausendern nichts machte und jedem finanziell beistand, der in der Fremde seinen Leidenschaften nachgehen wollte. Die halbe Mannschaft habe sich auf seine Kosten vergnügt, versicherte einer, der nicht genannt werden will. Das alles schien vergessen. «Jetzt sind die sogenannten Freunde weg, […] jetzt stehst allein da und kriegst den Schuß», stellte Müller tief verletzt fest.[6]

Ganz unschuldig war er allerdings nicht daran, dass die Kritik an ihm zunahm und das Gerede über ihn bald auch jenseits der Säbener Straße zu vernehmen war: Gerd Müller ertränkte seinen Frust im Alkohol und erschien immer öfter mit einer Fahne zum Training. «Man konnte manche Runde nicht hinter ihm herlaufen, weil er so ausgedünstet hat», erzählte ein ehemaliger Mitspieler, dem nicht verborgen geblieben war, dass Müller auch in den Jahren zuvor alles andere als abstinent gelebt hatte. Und nicht nur er: Alkohol und Fußball war immer schon ein Kapitel für sich. Aus der Weltmeisterelf von 1954 waren mindestens drei abhängig: Helmut Rahn, Ottmar Walter und Werner Kohlmeyer. Nach Siegen griffen viele Spieler und Funktionäre ebenso zur Flasche wie nach Niederlagen. Es gab eigentlich immer einen Anlass, um ein Bierchen zu trinken, wie es euphemistisch hieß.

Müller kannte diese Rituale von Jugend an. «Einen Saufen gehen», das gehörte bei fast jedem Verein dazu, auch beim TSV Nördlingen und beim FC Bayern ebenfalls. Auch hier floss das Bier in Strömen. Legendär waren die Jahreshauptversammlungen des Vereins im Löwenbräukeller. Jedes der 1973 bei diesem Gipfeltreffen anwesenden 517 Mitglieder erhielt «½ Hendl und 2 Maß Bier» – als Beweis dafür, dass der «Club gesund ist».[7] Müller trank in diesem Umfeld gerne, er lebte auf, wenn er ein bisschen zu tief in das Bier- oder Weinglas geschaut hatte, und ließ sich gelegentlich sogar richtig gehen. Wie viele seiner Mannschaftskameraden: Der pfeilschnelle Rechtsaußen Rudi Nafziger tat regelmäßig des Guten zu viel, Dieter Koulmann, der umsichtige Mittelfeldstratege, und der Dauerläufer Rainer Zobel waren ebenso wenig «keusch» wie Sepp Maier, allerdings ohne dass ihre Leistung auf dem Platz darunter gelitten hätte.[8]

Maier, der stets zu Späßen aufgelegte Luft- und Pfiffikus, wurde 1978 von der Polizei mit 1,19 Promille am Steuer erwischt und musste danach für einige Zeit ohne Führerschein auskommen. Die Boulevardblätter berichteten ausführlich über diesen Fall, ohne dabei ein einziges Mal die problematischen Seiten anzudeuten. Im Gegenteil: Sie machten eine Posse daraus und zeigten Maier, wie er in der S-Bahn zum Training fuhr, als bewege er sich auf einem fremden Planeten, auf dem den tapsigen Alkoholsünder alles zu überfordern schien: die Abfahrtszeiten, die Haltestellen, der Fahrscheinautomat. Der eigentliche Anlass, der Alkohol und der Führerscheinentzug, ging dabei völlig unter. Er wurde genauso ins Lächerliche gezogen[9] wie der peinliche Zwischenfall mit dem stark angetrunkenen Schiedsrichter Wolf-Dieter Ahlenfelder, der im Bundesligaspiel Hannover 96 gegen Werder Bremen bereits nach 30 Minuten zur Halbzeit gepfiffen und danach erklärt hatte: «Wir sind doch Männer – wir trinken keine Brause.»[10]

Mit der gleichen lässigen Nachsicht konnten die Trainer rechnen. Auch sie tranken, wie alle Welt wusste. Tschik Čajkovski, Branko Zebec, Udo Lattek oder Gyula Lóránt hüteten sich, Gerd Müller zur Mäßigung aufzufordern, weil sie Gefahr liefen, selbst an den Pranger gestellt zu werden. Sogar Dettmar Cramer hielt sich wohlweislich zurück. Auch er, sonst ein Ausbund an Disziplin und Charakterstärke, wusste sich in Stresssituationen nur mit Hochprozentigem zu helfen. Er rief in betrunkenem Zustand sogar seine Spieler zu Hause an und beschwor sie, beim nächsten Spiel ihr Äußerstes zu geben, sonst sei ihr Platz in der Mannschaft in Gefahr.

Müllers Alkoholkonsum fiel deshalb lange nicht auf, zumindest sah niemand darin ein Problem, das dringend gelöst werden musste. Die Mitspieler, die Trainer und die Funktionäre schwiegen, weil sie selbst nicht ganz trocken waren. Auch die Journalisten griffen das Thema nicht auf. Viele waren bei vereinsinternen Feiern dabei gewesen und hatten die ausgelassenen Nächte mit den bewunderten Stars genossen. Solange Müllers Leistung stimmte, blieben alle stumm. Als er 1978 immer häufiger alkoholisiert anzutreffen war und auf dem Platz hinter den Erwartungen zurückblieb, brach das Schweigekartell auseinander: Die Sticheleien in der Mannschaft häuften sich, die Presse stieg mit entsprechenden Andeutungen ein,[11] Trainer Lóránt und vor allem sein Assistent Pál Csernai machten sich ihre Gedanken.[12]

Den Versuch, mit Müller über seine Probleme zu sprechen, unternahm keiner. Der Alkohol war seine Privatsache, also musste er sich selbst helfen, sprich: die Konsequenzen ziehen. Weshalb Gerd Müller Zuflucht beim Alkohol suchte, wollte niemand wissen. Er selbst hätte auf Nachfragen das Problem geleugnet oder höchstens auf den Stress verwiesen, der aus der schwierigen Situation beim FC Bayern resultierte. Müller fraß erneut alles in sich hinein und sprach vermutlich nicht einmal mit seiner Frau darüber.

Dennoch wusste Uschi Müller, wie sehr die Reibereien im Verein und die Konflikte mit Breitner ihren Mann belasteten und dass er deswegen zunehmend öfter zu Whiskey-Cola und anderen Alkoholika griff. Ihr dürfte aber auch klar gewesen sein, dass sie selbst Teil des Problems war, das ihn schier erdrückte. Dass Müller 1974 die Notbremse gezogen und der Nationalmannschaft den Rücken gekehrt hatte, um mehr Zeit für die Familie zu haben, hatte wenig gefruchtet. Er lebte immer noch mit und für den Fußball und war demzufolge nur selten zu Hause. Zehn, elf Jahre nach der Hochzeit hatte sich das Ehepaar anscheinend auseinandergelebt. Gerd Müller fand sich mit dieser Situation ab. Anspruchslos wie er war, fehlte es ihm an nichts. Ob Uschi Müller sich wirklich damit arrangierte, darf bezweifelt werden. Sie hatte ihre anfängliche Rolle als Anhängsel eines erfolgreichen Fußballstars längst hinter sich gelassen, lenkte und leitete ihren Mann in geschäftlichen Dingen und war überhaupt zu einer selbstbewussten Frau geworden, deren Auftreten allein deshalb manche zu verstören schien. Man begann über ihren aufwendigen Lebenswandel zu tuscheln, und bald erreichten auch nie substantiierte Gerüchte über andere Männer die Mannschaftskabine und damit Gerd Müller. Das sei gar nicht böse gemeint gewesen, erinnerten sich einige Zeitzeugen, man habe Müller bedauert und mit ihm gefühlt. Er selbst schien davon nichts zu spüren, nur Schadenfreude und Spott. Er hatte aber offenbar weder die Kraft noch die Mittel, den Klatsch und Tratsch zu beenden, denn er war bis ins Mark getroffen und «litt wie ein Hund», wie ein Zeitzeuge betonte.

Es kam aber noch schlimmer. Der Herbst 1978 hielt nur Tiefschläge für Müller bereit: Verletzungen, die Entmachtung im Verein, Spekulationen über Eheprobleme und schließlich auch noch Schwierigkeiten mit dem Fiskus, die in einer Katastrophe endeten – für ihn und für den FC Bayern. Viel ist über diesen Fall nicht bekannt. Das Steuergeheimnis setzt der Recherche engste Grenzen. Aus den Mitteilungen mehrerer mit den Dingen vertrauter Zeitzeugen und den Andeutungen der Presse ergibt sich folgendes, weder ganz vollständiges noch ganz gesichertes Bild: Nachdem die Finanzbehörden 1976 bereits Franz Beckenbauer unter die Lupe genommen hatten und fündig geworden waren, machten sie – trotz heftigen Gegenwindes aus dem eigenen Ministerium – unverdrossen weiter. Wie die Betriebsprüfer und Steuerfahnder arbeiteten und weshalb sie nur Gerd Müller aufs Korn nahmen, obwohl der Verdacht nahelag, dass auch andere Bayern-Spieler gesündigt hatten – man weiß es nicht. Klar ist nur: Müller, der zweite Großverdiener des FC Bayern, befand sich 1978 im Visier der Steuerbehörden.

Seine Besitztümer reichten zwar nicht an das Imperium des «Kaisers» heran, mehrere Immobilien und zwei große Sportgeschäfte konnten sich aber durchaus sehen lassen. Das erste hatte er im Sommer 1975 im Münchner Vorort Aschheim erworben,[13] das zweite im Jahr darauf in Pasing,[14] wobei er in beiden Fällen darauf vertraute, dass es sich wegen seines Namens um Selbstläufer handeln würde. Mit der Leitung hatte er deshalb keine Experten, sondern seinen ehemaligen Fahrlehrer betraut, der weit reichende Vollmachten besaß, während Müller und seine Frau sich in Aschheim und Pasing nur selten blicken ließen.[15] Lag es an der Unerfahrenheit des Fahrlehrers, dass die Gesetze der Betriebswirtschaft kaum Beachtung fanden? Fest steht, dass bei der Bezahlung der Lieferungen ebenso nachlässig gehandelt wurde wie bei der Begleichung der fälligen Steuern. Müller und seine Frau verließen sich, wie Beckenbauer, anscheinend auf den früheren Finanzminister Ludwig Huber, der mittlerweile als Präsident der Bayerischen Landesbank fungierte. Der Fußballfan und Freund des Hauses hatte wohl auch ihnen für den Fall der Fälle Vollkasko-Schutz versprochen, die Betriebsprüfer aber nicht bremsen können, als sie im Frühjahr 1978 bei Müller anrückten und neben einer Unzahl unbezahlter Rechnungen Erstaunliches zutage förderten: die Quittung einer Bareinzahlung in Höhe von 100 000 DM, die Uschi Müller 1974 auf einer Bank im Münchner Hauptbahnhof getätigt hatte, wie mehrere Zeitzeugen versicherten. Woher kam das Geld?

Diese Frage konnte natürlich nicht ohne Antwort bleiben. Es stellte sich heraus, dass die Summe vom FC Bayern stammte, und die Beamten erkannten schnell, dass es sich um Schwarzgeld handelte, das die Vereinsführung gezahlt hatte, um die Ansprüche ihres Stars zu befriedigen.[16] Bei Beckenbauer hatte man solche Unterlagen, die den FC Bayern als illegalen Finanzier auswiesen, nicht gefunden. Er hatte vielleicht geschicktere Wege gewählt, um die Schwarzgeldzahlungen zu verschleiern. Vielleicht hatte er die entsprechenden Belege aber auch verschwinden lassen; schließlich war er ja gewarnt worden.

Die Führung des FC Bayern München tobte, als sie erkannte, dass sich aus dem Steuerfall Müller die gravierendsten Konsequenzen für den Verein ergeben mussten. Der letzte Steuerskandal lag ja noch keine zwei Jahre zurück und war längst nicht bewältigt. Damals war es um ein, zwei Millionen DM Körperschaftssteuern und ein, zwei Millionen DM Gewerbesteuern gegangen, die der FC Bayern seit 1972 nicht mehr bezahlt hatte – im Vertrauen darauf, dass die Steuerbehörden, wie jahrelang üblich, beide Augen zudrückten und die mehr als fadenscheinige Versicherung des Vereins akzeptierten, die nicht bezahlten Steuern für den Bau eines Sport- und Jugendzentrums in Josefstal bei Schliersee, sprich für die Förderung des Breitensports, zu verwenden, obwohl der FC Bayern keine Baugenehmigung dafür hatte.[17]

Das Land Bayern hatte bereits zugestimmt und Münchens Oberbürgermeister Georg Kronawitter ebenfalls kein Problem darin gesehen, auf «eine Million Gewerbesteuern zu verzichten».[18] Nur der Bund legte sich quer, weshalb der Präsident sofort ein Politikum witterte: «Der Bund ist rot, wir sind schwarz, das ist unser Nachteil.»[19] Am Ende schlugen auch die Bemühungen um eine Stundung der Steuerschuld fehl, so dass der FC Bayern 2,4 Millionen DM Körperschaftssteuern und vermutlich 1,2 Millionen DM Gewerbesteuern nachzahlen[20] und dafür die letzten Reserven mobilisieren musste.[21] Die Lage war 1976 so prekär gewesen, dass der Steuerberater des Vereins in einem Brief an das Münchner Stadtsteueramt angekündigt hatte, wenn man dem FC Bayern nicht entgegenkomme, sei die «Auflösung des Vereins» unvermeidlich.[22] Die Zukunft des Vereins hing damals tatsächlich an einem «seidenen Faden».[23]

Und jetzt das! Präsident Neudecker raste, und Geschäftsführer Fembeck beschimpfte Uschi Müller und den Steuerberater der Familie auf das Übelste. Wie konnten sie nur eine solche Dummheit begehen und Schwarzgeld auf ein normales Konto einzahlen? Es half aber alles nichts. Der FC Bayern befand sich 1978/79 erneut im Fadenkreuz der Steuerbehörden, die sich auch in diesem Fall nicht stoppen ließen. Die

Finanzbeamten fanden dafür Rückhalt in der Presse, die seit Mitte der 1970er Jahre immer öfter über unsaubere Praktiken der Fußballvereine berichtete, und in der Öffentlichkeit, in der angesichts des Endes des Booms und schärfer werdender gesellschaftlicher Verteilungskämpfe die Empörung über «Gehaltsexzesse» der Profis wuchs.[24]

Am 30. Juli 1979 schritten jedenfalls beherzte bayerische Steuerbeamte zu einer Hausdurchsuchung in der Geschäftsstelle an der Säbener Straße, bei Neudecker, Fembeck und Willi O. Hoffmann.[25] Eine Warnung hatte es auch hier gegeben. Ludwig Huber hatte die Bayern alarmiert, die aber anscheinend nicht alle Spuren rechtzeitig beseitigen konnten. Auch Versuche, Franz Josef Strauß einzuschalten, blieben erfolglos. Der CSU-Chef war auf Dienstreise in Afrika, als die Beamten am frühen Morgen in der Geschäftsstelle des FC Bayern auftauchten.

Wie es der Bayern-Führung gelang, einen Strafprozess abzuwenden, ist einer «Aktennotiz über eine Besprechung bei der Bußgeld- und Strafsachenstelle am 21. 12. 1979»[26] zu entnehmen. Zuständig für den prominenten Steuerfall war das Finanzamt München I, das nach einer mutmaßlichen Weisung von oben anscheinend Gnade vor Recht ergehen lassen musste. Es verzichtete auf ein Steuerstrafverfahren wegen kolossaler «Lohnsteuerhinterziehung», das ernste Folgen hätte haben können – Haftstrafen für die Vereinsführung nicht ausgeschlossen. Die Hauptverantwortlichen, so hieß es verständnisvoll, hätten nicht vorsätzlich, sondern nur grobfahrlässig gehandelt, weshalb ein simples Bußgeld angemessen sei: Neudecker sollte 200 000 DM zahlen, Schwan und Hoffmann je 100 000 DM berappen, Fembeck sollte mit 10 000 DM (laut einer anderen Quelle mit 20 000 DM) fast ungeschoren davonkommen.[27]

Das Zugeständnis des Finanzamtes ging aber noch weiter. Willi O. Hoffmann behauptete zwar öffentlich, jeder der Beschuldigten werde die Bußgelder aus eigener Tasche zahlen.[28] Davon konnte aber keine Rede sein. Die Finanzbehörden willigten laut Aktennotiz ein, dass der FC Bayern «die Bußgelder der Herren» übernahm. Zu einem weiteren Entgegenkommen waren sie freilich nicht bereit: Die Bußgelder «stellen steuerlich beim FC Bayern sogenannte nicht abzugsfähige Betriebsausgaben dar».[29] Von der Steuer konnte der Verein die Bußgelder also denn doch nicht absetzen.

In welchem Maße der Verein selbst zur Kasse gebeten wurde, ist nicht bekannt. Man sprach von acht bis neun Millionen DM an Steuerschuld und Bußgeld, die Willi O. Hoffmann dank bester Beziehungen zur großen Politik auf 2,4 Millionen DM herunterhandeln konnte – sagt man! Eine halbe Million war sofort fällig, der Rest sollte – ein weiteres Entgegenkommen des Finanzamts – in monatlichen Raten von 50 000 DM bzw. 75 000 DM abgestottert werden. Höhere Raten hätten die Finanzkraft des FC Bayern überfordert, der 1978/79 einmal mehr am Rande des Ruins agierte.[30]

Aus dem faulen Deal wurde aber nichts, weil er auf verschlungenen Wegen an die Öffentlichkeit drang. Wer die Information durchgestochen hatte, wissen die damals Verantwortlichen bis heute nicht: eigene missgünstige Leute aus dem Verwaltungsbeirat? Die Konkurrenz von 1860, die Wind von der Sache bekommen hatte? Sofort stand jedenfalls die Frage im Raum: Weshalb kommt das Finanzamt dem FC Bayern entgegen, während der kleine Mann mit solchen Zugeständnissen nicht rechnen darf und unerbittlich zur Kasse gebeten wird? Auch die Opposition im Bayerischen Landtag nahm sich des Themas an. Der Vorsitzende der FDP-Fraktion richtete eine Anfrage an die Staatsregierung, in der er wissen wollte, «ob bei dem Erlaß der Bescheide den Anträgen der Finanzbehörden entsprochen wurde oder ob es Abweichungen gab. Und ob sich die Höhe der Geldbußen im üblichen Rahmen hält.»[31] Die Sozialdemokraten hieben in dieselbe Kerbe: «Dem FC Bayern darf keine steuerliche Extrawurst gebraten werden», meinte der stellvertretende Vorsitzende der SPD-Fraktion im Maximilianeum Karl-Heinz Hiersemann.[32]

Der Druck wurde schließlich so groß, dass das Modell der Ratenzahlungen aufgegeben werden musste. Was tun? Willi O. Hoffmann bekam einen Tipp von einem mit den Bayern sympathisierenden Finanzbeamten und wusste dann eine Lösung, die eigentlich nur ein simpler Bauerntrick war. Er bürgte mit seinem Privatvermögen für den Verein und besänftigte damit die Öffentlichkeit und die Finanzbehörden, die sich am Ende doch mit Ratenzahlungen zufriedengeben mussten.[33]

Während der Steuerfall FC Bayern München die Gemüter beschäftigte, blieb der Fall Müller der Öffentlichkeit fast ganz verborgen. Da und dort ist zwar von «empfindlichen» Nachzahlungen[34] und davon die Rede, dass das Haus in Straßlach und mehrere Immobilien «für den Fiskus draufgegangen sein» sollen.[35] Genaueres ließ sich aber damals nicht ermitteln, und ganz eindeutig ist die Sache auch heute noch nicht. Festzustehen scheint Folgendes: Gerd Müller musste im April 1978 eine Betriebsprüfung über sich ergehen lassen, die sich auf die Jahre 1972 bis 1975 erstreckte. Die Beamten stellten dabei eine Steuerschuld in beträchtlicher Höhe fest, die sich wegen des Chaos der Buchführung nicht genau beziffern ließ. Sie entdeckten im Laufe der Ermittlungen außerdem illegale Zahlungen des FC Bayern und wurden danach anscheinend zurückgepfiffen – von der Oberfinanzdirektion und vom Finanzministerium, das den Fall an sich zog und ebenso diskret wie großzügig behandelte. Gegen Müller wurde weder ein Strafverfahren eröffnet noch ein Bußgeld verhängt. Die Steuerbehörden verzichteten auch darauf, die ganze Steuergeschichte von den 1960er Jahren bis 1978 zu durchleuchten. Müller musste lediglich nachversteuern,[36] was nichts anderes hieß, als dass man ihm eine Vorzugsbehandlung angedeihen ließ, die den bayerischen Staat einige Hunderttausend DM, wenn nicht deutlich mehr kostete. Ludwig Hubers Schutzverheißung funktionierte zwar nicht ganz, sie sparte Müller aber sehr viel Geld.

Die entsprechende Entscheidung der Finanzbehörden fiel im Frühjahr 1979. Sechs Monate zuvor befand sich der Fall noch in der Schwebe – Ausgang ungewiss. Gerd Müller konnte sich somit im Herbst 1978 überhaupt nicht sicher sein, ob der von Huber in Aussicht gestellte Rettungsschirm funktionieren oder, wie im Fall Beckenbauer, versagen würde. Er hatte allen Grund, sich ernstlich Sorgen um seine finanzielle Zukunft zu machen. Zu den Steuerproblemen kamen nämlich auch noch die schlechten Bilanzen seiner beiden Sportshops, in denen mehrere Angestellte und im Winter eine ganze Schar von Skilehrern beschäftigt waren.[37] Keiner der beiden Läden warf je Gewinne ab, sagten Insider wie der spätere Präsident des FC Bayern, Willi O. Hoffmann,[38] die Gerd Müller vor dem Kauf dieser beiden personalintensiven Geschäfte in ungünstiger Lage gewarnt hatten. Der Laden in Pasing war anscheinend ein Fass ohne Boden und musste schon 1979 aufgegeben werden.[39]

Gerd Müller, der Fußballer als glückloser Geschäftsmann, war dabei kein Einzelfall, der von Außenstehenden nur allzu gern seiner angeblich naiv-gierigen Frau angelastet wird. Das Ehepaar Müller hatte auf eher traditionelle Modelle der Geldanlage gesetzt und dabei ebenso große Einbußen erlitten wie Franz Beckenbauer, der auf den Rat des genialen Robert Schwan hörte, und Paul Breitner, der sich mit dubiosen Anlageberatern einließ und 1974 bei seinem Wechsel zu Real Madrid ziemlich abgebrannt war. Auch viele andere Fußballstars hatten auf der Suche nach vorteilhaften Geldanlagen Pech oder riskierten zu viel. «Die Misere in der Sportartikel-Industrie trifft jetzt auch Klaus ‹Auge› Augenthaler», schrieb «Bild» am 9. September 1981. Er musste sein Geschäft in der Münchner Innenstadt ebenso schließen wie Paul Breitner das seine in Kiel, das im Mai 1978 pleiteging.[40]

Ob bei Müllers finanziellen Engpässen auch die Belastungen aus den noch nicht abbezahlten Immobilien und der luxuriöse Lebenswandel eine Rolle spielten, der vor allem Uschi Müller nachgesagt wird, muss dahingestellt bleiben. Fest steht, dass den enormen Ausgaben und Verlusten nach 1974 schwindende Einnahmen gegenüberstanden, was nicht nur an den Siegprämien lag, die nach 1974 weniger wurden. Auch sonst sprudelte das Geld nicht mehr so wie früher. Gewiss, Gerd Müller war noch immer ein gefragter Mann. Er stand bei Adidas unter Vertrag, die Werbebranche riss sich um ihn, er hatte zahlreiche Angebote für Autogrammstunden. Der Weltmeister nutzte die Chancen, die sich ihm boten, aber nicht konsequent und immer seltener. Die damit verbundenen Strapazen waren ihm zu groß: Er fuhr ungern stundenlang über Land, um in einem Kaufhaus hundertfach sein eigenes Konterfei zu unterzeichnen, und verabscheute insbesondere das gesellige Zusammensein mit wildfremden Menschen und den unvermeidlichen Small Talk, den die Sponsoren von ihm erwarteten. Den Preis für diese lukrative Öffentlichkeitsarbeit hatte er schon früher ungern bezahlt. Jetzt entrichtete er ihn noch widerwilliger. Er wollte sich der durch seine Popularität in Gang gesetzten Vermarktungs- und Verwertungsmaschinerie nicht ausliefern, geschweige von ihr aufgefressen werden. Er war längst zufrieden mit dem, was er hatte.

Müller machte sich deshalb rar und nur noch dort mit, wo der Aufwand überschaubar blieb. Das galt für Autogrammstunden in der Nähe Münchens, für Fotoaufnahmen vor der Haustür und für sein Engagement bei der Münchner «Abendzeitung», für die er regelmäßig wichtige Fußballereignisse kommentierte. Bei der Weltmeisterschaft in Argentinien 1978 beispielsweise nahm er fast alle Spiele der deutschen Mannschaft kritisch unter die Lupe – vom Sofa in Straßlach oder von der Hotelbar in Korfu aus, wo er die deutsche Elf und ihre Gegner am Bildschirm verfolgte.[41] Das Honorar konnte sich sehen lassen: 15 000 DM für sechs kleine Kolumnen und eine Fragestunde am AZ-Telefon waren leicht verdientes Geld. Gerd Müller lieferte ja nur einige Stichworte und pauschale Einschätzungen, die der zuständige Redakteur dann in einen Artikel verwandelte. Geistiger Beistand dieser Art war nichts Ungewöhnliches. Auch die Edelfedern der «Bild»-Zeitung in den 1980er und 1990er Jahren wie Beckenbauer, Breitner, Rummenigge, Netzer und Lothar Matthäus hatten für ihre journalistischen Belanglosigkeiten spezielle, «Neger» genannte Ghostwriter – nicht selten sogar ein und denselben.

Gerd Müller war im Herbst 1978 vermutlich nicht «pleite», wie manche Zeitzeugen vermuteten. Die finanzielle Gürtellinie war noch nicht erreicht. Besonders flüssig scheint er aber tatsächlich nicht gewesen zu sein, als zur Krise seiner Sportshops die in ihrer Dimension unabsehbaren Probleme mit den Steuerbehörden traten. Er traf deshalb im Herbst 1978 eine Entscheidung, die für die Vereinsführung völlig unerwartet kam, weil er in den Monaten zuvor ganz andere Signale ausgesandt hatte: Er wollte weitermachen und eine Vertragsverlängerung um mindestens ein Jahr[42] – zu den alten Bedingungen, die ihm bis dahin 400 000 bis 500 000 DM pro anno eingetragen hatten.[43]

Präsident Neudecker fiel aus allen Wolken. Er hatte schon wenig Verständnis für Müllers Rücktritt aus der Nationalmannschaft gezeigt, weil dadurch der Marktwert seines Vereins bei internationalen Freundschaftsspielen gesunken war. Danach hatte sich das Verhältnis zu seinem Torjäger wieder langsam entspannt. Aber nicht für lange. Es trübte sich 1978 erneut ein, als der Stürmerstar Ladehemmung hatte. Müller spürte die wachsenden Vorbehalte des Präsidenten und fürchtete sogar, dass ihn der Verein verkaufen und eine hohe Ablösesumme für ihn kassieren wollte. «Ich brauche einen Torschützen und kein Denkmal», schimpfte der Präsident.[44] Die alten Verdienste waren vergessen, der Torjäger musste sich, ob er wollte oder nicht, «in den Hintern» treten lassen, wie der «Kicker» titelte.[45] Als Moderator eines würdigen Abschieds gab es jedenfalls keine schlechtere Lösung als den polternden, nur auf das Geld bedachten «Präse», wie sich schon beim Abschied Beckenbauers gezeigt hatte.

Das unterstrich er im Dezember 1978 ein weiteres Mal, als Müller seine Forderung nach einem neuen Vertrag präsentierte. Anstatt um Verständnis für die wahrlich ernste finanzielle Lage des FC Bayern zu werben oder Müller eine Zukunft im Verein zu eröffnen, wie er es früher schon einmal getan hatte, machte Neudecker ihm über die Presse ein Angebot, das Müller als Affront betrachten musste und nur ablehnen konnte: eine «zuschauerbezogene Bezahlung» statt eines «Garantiegehalts», wobei über die Laufzeit überhaupt nicht verhandelt werden konnte, weil Müller sofort abwinkte und seinerseits auf stur schaltete. Er wollte einen Vertrag zu den alten Bedingungen oder keinen und kündigte an, Ende der Saison ganz aufzuhören – ebenfalls über die Presse.[46] Seine Frau trug diese Entscheidung mit. «Das hast du doch wirklich nicht nötig, daß du um einen neuen Vertrag feilschst oder gar bettelst», soll sie zu ihrem Mann gesagt haben.[47]

Auf Amerikapläne angesprochen, reagierte Müller eher skeptisch. Zwei Monate zuvor, im Oktober, hatte die «Müller-Managerin» noch verkündet: «Der Gerd geht nie in die USA, dieses Zigeunerleben wäre pures Gift für ihn.»[48] Jetzt schloss er einen Wechsel auf den Spuren Beckenbauers nicht mehr kategorisch aus: «Da müßt schon ein ganz, ganz lukratives Angebot kommen, daß ich da rüber geh», sagte er der «Süddeutschen Zeitung» Mitte Dezember 1978.[49] Ein solches gab es zu diesem Zeitpunkt wohl noch nicht, Kontakte zu mehreren amerikanischen Vereinen bestanden aber schon, und sie waren offenkundig so konkret, dass Uschi Müller am 29. Dezember mit Neudecker über die Freigabe ihres Mannes für Amerika verhandelte. Der Torjäger könne ablösefrei wechseln, versprach der Präsident, der auch ein Abschiedsspiel zusagte, bei dem man sich die Einnahmen teilen wollte.[50] Bei einem ausverkauften Haus wären das 300 000 bis 400 000 DM für jede Seite gewesen. Mehr hätte Neudecker für den 33-jährigen Gerd Müller auch auf dem Transfermarkt nicht mehr herausschlagen können.

Für Müller war das Kapitel FC Bayern München damit im Grunde abgeschlossen. Ein knappes halbes Jahr noch, dann konnte er die Koffer packen, nach Amerika aufbrechen und sich aus seinen finanziellen Nöten befreien. Zunächst schien auch alles im Zeichen schönster Harmonie zu stehen. Müller begründete seinen Entschluss, den FC Bayern zu verlassen, mit der Absicht, der «Jugend eine Chance»[51] zu geben, und der Präsident malte sich bereits ein grandioses Fußballfest als letzten Zapfenstreich aus. Müller sollte das «schönste Abschiedsspiel bekommen, das je ein Fußballer hatte».[52] Ein kleiner Wermutstropfen trübte anfangs die Vorfreude vielleicht, weil die Nationalmannschaft für Müllers Endspiel nicht zur Verfügung stand. Der DFB hatte sich für Berti Vogts und gegen Müller entschieden, als er vor der Frage stand, wer von den beiden verdienten Veteranen mit dem Auftritt der Truppe von Bundestrainer Jupp Derwall geehrt werden sollte.[53] Als Ersatz sollte eine Weltelf zum Einsatz kommen. Müller habe, so Neudecker, bei der Auswahl dieser Elitetruppe freie Hand: Mario Kempes, Dino Zoff, Johan Cruyff – «ich hole alle», verkündete der «Präse» nun ganz in seinem Element.[54]

Er hatte aber die Rechnung ohne den Interimstrainer Pál Csernai gemacht, der seine eigene Agenda verfolgte und Müllers Abschied in einen Absturz verwandelte. Müller musste nach dem Jahreswechsel 1978/79 das Training wieder aufnehmen und dabei erleben, dass seine Stellung in der Mannschaft weiter gelitten hatte. Der neue Trainer sprach nur das Nötigste mit seinem Kapitän. In einer Mannschaftssitzung Ende Januar kanzelte er ihn sogar regelrecht ab: Müller sei im letzten Spiel gegen Schalke 04 der Einzige gewesen, der sich nicht mit ganzer Kraft eingesetzt habe. «Er habe sich damit gegen die Mannschaft und gegen den Trainer gestellt.»[55] Müller galt als Auslaufmodell ohne größeren Wert, das der Trainer und die Mannschaft noch eine Weile mitschleppen mussten – zähneknirschend. Auch die Kiebitze auf dem Trainingsgelände gewährten ihm keine Schonzeit, nicht zu reden von den Fans im Stadion, die seine Aktionen mit gellenden Pfiffen begleiteten.[56] Alle wussten, dass

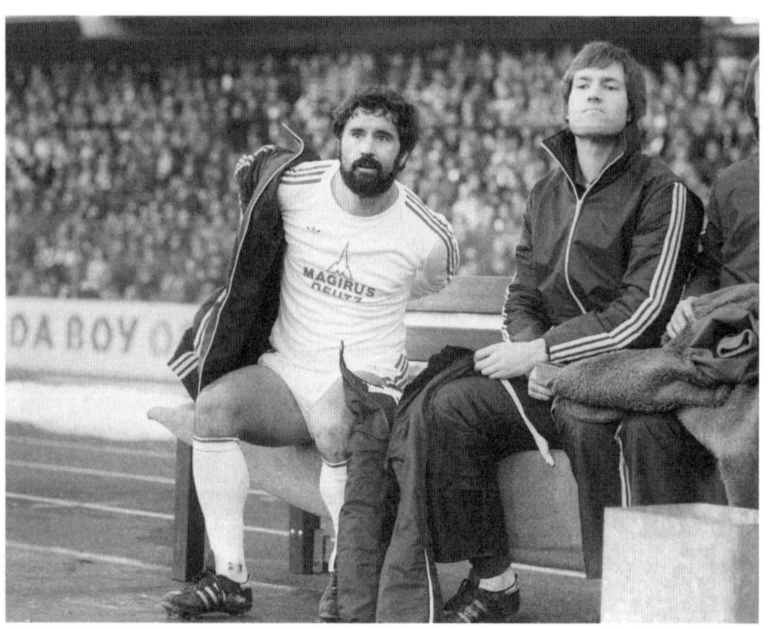


Ausgespielt

er sich seit Wochen mit Verletzungen plagte, und gaben trotzdem kein Pardon.

Die Spannung stieg so von Tag zu Tag und entlud sich schließlich am 3. Februar 1979 im Frankfurter Waldstadion, wo der FC Bayern gegen die Eintracht spielte.[57] Die Münchner lagen in der 82. Minute 0:2 zurück, als Pál Csernai einen Wechsel ankündigte und – gegen alle Gepflogenheiten – selbst die Tafel mit der Nummer 9 hochhob: «Gerd Müller wird erstmals in seiner Laufbahn nicht deshalb vom Platz geholt, weil er verletzt, sondern weil er nach Ansicht des Trainers zu schwach ist.»[58]

Es gibt keine Fernsehbilder von dieser Premiere. Augenzeugen berichteten, dass Müller ohne zu murren den Platz verließ und schweigend auf der Bank Platz nahm. Er wirkte gefasst, kochte innerlich aber vor Wut und Enttäuschung – und ließ dieser Stimmung auf dem Gang in die Kabine und erst recht in den Stunden und Tagen nach dem Spiel freien Lauf. «Ich bin als Lóránt-Anhänger bekannt», sagte er dem Reporter der «Süddeutschen Zeitung», die Auswechslung sei «Csernais Rache, der mir zeigen wollte, daß er halt am längeren Hebel sitzt». Er könne den Trainer «nicht akzeptieren. Das ist doch gar keiner.»[59] Seine Frau, die sich sonst mit Kommentaren zu Spielen sehr zurückhielt, ging noch einen Schritt weiter: «Diese Auswechselung ist die ganz, ganz billige Rache eines primitiven Menschen.»[60]

Pál Csernai bemühte sich um einen gedämpfteren Ton, blieb in der Sache selbst aber beinhart. Müller habe in der Woche vor dem Spiel in Frankfurt wegen schwieriger Platzverhältnisse nicht richtig trainieren können, ihm mangele es an Kondition und Beweglichkeit. Er solle den Fall nicht dramatisieren, eine Auswechslung sei keine Diskriminierung. «Das ist nun einmal so im Fußball: nur Leistung zählt – und die bringt Gerd Müller schon seit einigen Wochen nicht mehr.» Nostalgie könne er «nicht pflegen mit einem Spieler».[61] Es sei seine Pflicht, «einen Spieler, egal wen, auszuwechseln, der nichts bringt».[62] Er wusste sich darin einig mit dem Wortführer der Mannschaft, Paul Breitner, der die Erkenntnisse des Trainers mit bedeutungsschwerem Pathos wiederholte: «Ich meine, unser Trainer hat einen großen Spruch getan in den letzten Wochen: ‹In unserem Job ist für Nostalgie kein Platz.›»[63]

Bis auf Karl-Heinz Rummenigge zeigte kein Bayern-Spieler Verständnis für den immer noch amtierenden Mannschaftskapitän. «Das Schwierige an der Situation ist wohl», so Rummenigge, «daß beide Teile irgendwie recht haben. Fest steht, daß uns die Auswechslung so kurz vor Ende überhaupt nichts gebracht hat; fest steht aber auch, daß der ‹Dicke› zur Zeit nicht optimal in Form ist und ihm wohl auch das Selbstvertrauen etwas fehlt, nachdem er drei, vier Spiele lang kein Tor mehr gemacht hat.»[64] Alle anderen schwiegen. Auch Neudecker, der sonst so gerne das große Wort führte, wollte sich nicht äußern, während der Geschäftsführer, Walter Fembeck, keinen Zweifel daran ließ, auf welcher Seite er stand: «Der glaubt wohl immer noch, er sei der Größte. Aber seine Leistung war halt nicht danach.»[65] Der FC Bayern hatte mit dem «Bomber» abgeschlossen – und er mit «denen».[66]

Die Presse berichtete zunächst überwiegend sachlich über den Konflikt beim FC Bayern. Sie appellierte an beide Seiten, die ruhmreiche

Vergangenheit nicht zu vergessen und einen Kompromiss zu finden. Am Ende schwenkte aber zumindest die «Süddeutsche Zeitung» schon nach dem folgenden Spiel der Münchner gegen Borussia Dortmund fast ganz auf Csernais Linie ein. Ob Müller überhaupt spielen würde, ließ der Trainer bis zur Mannschaftsbesprechung am Samstagmorgen offen. Müller sah darin eine weitere Demütigung und blieb auf dem Platz schließlich alles schuldig. Seine «kümmerliche[n] Schußversuche wurden von den Rängen mit Pfiffen quittiert», fasste die «Süddeutsche Zeitung» die Partie zusammen, um – nun ganz Partei – hinzuzusetzen: «Gewiß haben manche, die Müllers Austausch von Frankfurt seinem Trainer verübelten, am Samstag im Stillen Abbitte getan.»[67]

Einen Tiefpunkt beleidigender Kommentierung erreichte die «Süddeutsche Zeitung» in einem witzig gemeinten Streiflicht vom 15. Februar 1979. Müller musste sich darin als «Mittelstürmer-Mimose» titulieren und zur «leicht beleidigten Leberwurst» erklären lassen. Die Zeitung nannte ihn einen «verdienten Dribbelgreis von 33 Jahren», der aus «hochempfindlichen Hühneraugen heraus» reagiere, «wenn er sich außerhalb des Arbeitsplatzes auf die Zehen getreten fühlt». Auch seine Frau blieb nicht verschont. Sie wurde als «Frau Rekordtorschütze» und «Frau Weltmeister» angesprochen und dem allgemeinen Gespött preisgegeben.

Die «Bild»-Zeitung blieb dagegen ihrer alten Pro-Müller-Linie treu – schlicht, aber herzlich. Eine solche Behandlung, wie Csernai und die Mannschaft sie ihrem Spielführer habe angedeihen lassen, habe Müller nicht verdient. «Und wenn dieser große Fußballer nach Amerika geht, seine Tore im Profi-Zirkus schießt, werden ihn unsere guten Wünsche begleiten. Und er wird weiter unser Gerd Müller bleiben. Der offene, sympathische, herzliche Mensch.»[68]

Nach dem Spiel in Frankfurt und dem Heimspiel gegen Dortmund erreichten die Familie Müller zahlreiche Briefe und Telefonate, viele mit Versicherungen unverbrüchlicher Solidarität, viele mit Schmähungen, die sich auf seine schwache Form und vor allem auf das viele Geld bezogen, das er vom FC Bayern immer noch bekam. Die Adressen und Telefonnummern der Stars waren damals kein streng gehütetes Geheimnis. Sie standen im «Kicker», in der «Bravo» und in jedem Telefonbuch, um den Autogrammjägern das Geschäft zu erleichtern. Kein Wunder, dass das Ehepaar nicht mehr ein noch aus wusste. «Wenn das so weitergeht, bin ich bald reif für die Klapsmühle», sagte eine völlig aufgelöste Uschi Müller der Presse, und ein Vertrauter ihres Mannes fügte hinzu: Gerd sei «nervlich am Ende».[69]

Gerd Müller konnte und wollte nicht mehr. Er konsultierte deshalb einen Rechtsanwalt, aber keinen x-beliebigen, sondern Dr. Detlef Wunderlich, einen Staranwalt der Münchner besseren Gesellschaft, der Friedrich Karl Flick und August Everding zu seinen Klienten zählte und damals mit Renate Thyssen ehelich verbunden war, ehe er später die Geigerin Anne-Sophie Mutter heiratete.[70] Wunderlich, ein auf Publicity bedachter Spezialist für spektakuläre Fälle, setzte nach dem Spiel gegen Dortmund ein Schreiben auf, das Präsident Neudecker am 13. Februar 1979 in seinem Urlaubsort Bad Reichenhall zugestellt wurde und nichts anderes als die Bitte um die Auflösung des Vertrags von Müller mit dem FC Bayern enthielt. Der «Bomber» verzichtete darin auf ein Abschiedsspiel und auf die Fortzahlung seines Gehalts, vorausgesetzt, dass die Bayern ihn sofort und ablösefrei ziehen ließen.[71] Am gleichen Tag brach er auf dem Gelände an der Säbener Straße wortlos das Training ab und schaute nur noch zu.[72]

48 Stunden später lief eine dpa-Meldung über den Ticker, in der Gerd Müller seine Beweggründe für den «schriftlichen Rundumschlag»[73] der Kündigung darlegte: «Ich habe lange mit mir gerungen, aber ich kann jetzt einfach nicht mehr. […] Mich hat enttäuscht, dass kaum jemand für mich eingetreten ist, dass mir keiner geholfen hat. Früher, als alles prima lief, als der Erfolg da war, waren auch immer viele Leute da. Jetzt aber hat man mich praktisch allein gelassen.»[74]

Neudecker brach daraufhin seinen Urlaub ab. Er beriet sich zuerst mit dem Präsidium des Vereins und dann am 22. Februar mit Präsidium und Verwaltungsbeirat, wobei er eine böse Überraschung erlebte. Das Führungsgremium des FC Bayern widersetzte sich den Plänen Neudeckers, der darin nur eine Rebellion erblicken konnte. Es wollte nämlich von den Zusagen, die der Präsident am 29. Dezember Uschi Müller gegeben hatte, nichts wissen und demonstrierte damit, dass es die Alleingänge Neudeckers nicht mehr mittragen und seiner Allmacht

Grenzen setzen wollte. Die versammelte Führung entsprach zwar dem Wunsch Müllers nach Auflösung des Vertrags mit sofortiger Wirkung, und sie billigte auch den von Neudecker ventilierten Plan eines Abschiedsspiels. Aber: Der FC Bayern wollte Müller und Beckenbauer gemeinsam verabschieden, und er bestand auf einer Ablösesumme – auch für den Fall, dass Müller in die USA wechseln sollte.[75]

Man kann sich gut vorstellen, wie Müller danach zumute war. Das Veto der Vereinsoberen trieb ihm die Galle ins Blut. Er hatte den FC Bayern mit seinen Toren groß gemacht, über viele Jahre hinweg seine Knochen hingehalten und dabei seine Gesundheit riskiert, während die Herren des Präsidiums und des Verwaltungsbeirats bei ihrem Dienst am FC Bayern nicht einmal außer Atem geraten waren. Ausgerechnet sie, die dafür am wenigsten berufen waren, sich aber trotzdem als die Hüter der Vereinsräson aufspielten, entschieden jetzt über seine Karriere.

Müller selbst hatte bis dahin immer betont und in einem Gespräch mit der «Süddeutschen Zeitung» Mitte Februar 1979 noch einmal bekräftigt, dass er keine Amerikapläne habe. «Das ist alles erstunken und erlogen. Ich bleibe, wo ich bin. Hier in München.»[76] Diese Erklärungen dienten aber nur der Ablenkung. In Wahrheit verhandelten Gerd Müller und seine Frau bereits seit Wochen mit amerikanischen Vereinen, die durchaus bereit schienen, den deutschen Stürmerstar fürstlich zu entlohnen, aber wenig Neigung zeigten, eine Ablösesumme in Millionenhöhe zu bezahlen, wie sie dem FC Bayern nun vorschwebte. Der «Kicker» hatte von einem «400.000-Dollar-Angebot» erfahren und daran die etwas hämische Spekulation geknüpft: Müller müsse den «letzten Schluck aus der finanziellen Pulle in der Tat mehr als nötig haben. Man munkelt jedenfalls – bisher undementiert – in München darüber, der ‹Bomber› habe in der Vergangenheit geschäftlich nicht den Riecher bewiesen, der ihn vor den Fußballtoren so auszeichnete.»[77]

Die Entscheidung des Führungsgremiums des FC Bayern vom 22. Februar entzog diesen tatsächlich aus der finanziellen Not geborenen Plänen die Grundlage. Entsprechend hart fiel die Reaktion aus. Gerd Müller, der dringend Geld brauchte, warf Neudecker «Wortbruch» vor[78] und empörte sich besonders darüber, dass er – die alte Wunde – gemeinsam mit Beckenbauer verabschiedet werden sollte. «Wo gibt's denn so was?

Es ist doch mein Abschied, oder?»[79] Seine Anwälte hielten sich mit Kritik an der Vereinsführung ebenfalls nicht zurück. Die Bayern, so hieß es in ihrer Presseerklärung, wollten um Müller jetzt doch einen «groß angelegten Preispoker» veranstalten. Die Forderung nach einer Ablösesumme würde «zu dem Ergebnis führen, daß Gerd Müller seine Fußballschuhe jetzt ein für allemal an den Nagel hängen muß. Damit würde der FC Bayern den Ausklang der großartigen Laufbahn von Gerd Müller in den USA zunichte machen. Es wäre ein unrühmliches Blatt in der Geschichte des FC Bayern, wenn in dieser Situation das finanzielle Kalkül gegenüber dem sportlichen Geist die Oberhand gewänne. In dem Preispoker [...] kann es keinen Gewinner geben. Der Verlierer stünde dabei heute jedoch schon fest: Gerd Müller.»[80] Das Verhalten des FC Bayern sei «rechtsmißbräuchlich, schikanös und unwürdig».[81]

In der Kraftprobe, die in den Tagen danach begann, stand viel auf dem Spiel, vielleicht sogar die Existenz des FC Bayern. Der Verein brauchte 1978/79 jede Mark. Er hatte Schulden, musste mit einer deftigen Abfindung für den entlassenen Lóránt rechnen und sah Steuernachforderungen und Bußgeldern in Millionenhöhe entgegen. Dennoch gab Wilhelm Neudecker rasch und ohne größere Gegenwehr nach, als er am 25. Februar 1979 mit Gerd und Uschi Müller auf der Internationalen Sportartikelmesse (ISPO) in München zusammentraf. Er wusste zu diesem Zeitpunkt schon, was ihn erwartete, denn Robert Schwan hatte ihm kurz vorher mitgeteilt: «Präse, Gerd Müller hat zu mir gesagt, wenn Sie ihn nicht ablösefrei nach Fort Lauderdale ziehen lassen, dann tut er etwas, daß Sie das nächste Vierteljahr nicht mehr schlafen können.»[82] Die drei verschwanden in einer kleinen Abstellkammer der Firma Adidas und kehrten kurz danach mit einem Sektglas in der Hand zurück, um eine Einigung «unter Männern [...] ohne Juristen», wie Neudecker sagte, zu verkünden: sofortige Freigabe, keine Ablösesumme, Abschiedsspiel.[83]

Damit war der Weg frei für Amerika. Müller konnte aufatmen, während Franz Beckenbauer «sauer» auf diese Nachricht reagierte, weil der Verein ihm nicht so weit entgegengekommen war. «Ich mußte mich mit 350 000 Mark freikaufen. Aber ich bin gewohnt, daß oft mit zweierlei Maß gemessen wird.»[84] Wer mit dem FC Bayern vertraut war, wird geschmunzelt haben – der Mann, dem man über Jahre alles hatte durchgehen lassen, stilisierte sich jetzt als zu kurz gekommenes Opfer …

Wirklich froh wirkte Müller nach der Einigung auf der ISPO nicht. Er hatte seinen Willen bekommen, aber um welchen Preis! Neudecker nannte ihn zunächst nicht, er konnte es sich aber auch nicht verkneifen, schon im Frühjahr 1979 gezielt Indiskretionen in die Öffentlichkeit zu lancieren, die ihn als Objekt dunkler Machenschaften erscheinen ließen – und Raum für wildeste Spekulationen boten. Ungeheuerliches musste sich in der Besenkammer von Adidas zugetragen haben. Aber was? Im Sommer 1981 rückten er und Willi O. Hoffmann mit der Sprache heraus. Gerd Müller, behauptete die «Abendzeitung» unter Berufung auf Neudecker, habe den FC Bayern damals mit einer «Aussage-Drohung erpreßt»,[85] während Neudecker selbst bestritt, dass er die Presse munitioniert habe. Ein Journalist der «Abendzeitung» habe ihm versichert, Hoffmann und zwei weitere Herren des FC Bayern hätten sich der «Abendzeitung» gegenüber im Löwenbräu-Keller offenbart, «es sei eine Schweinerei von Gerd, daß er den FC Bayern erpreßt hat».[86] Wenn nicht alles täuscht, konnte damit nur gemeint sein, dass Müller ein dunkles Geheimnis enthüllt hätte, sprich: den ganzen, über Jahre aufgebauten und praktizierten eigenwilligen Zahlungsmodus des FC Bayern hätte auffliegen lassen, wenn ihm die ablösefreie Freigabe für Amerika verwehrt worden wäre.

Anstatt zu schweigen und darauf zu hoffen, dass Neudecker mit seinen Behauptungen früher oder später in Beweisnot geraten würde, tat Müller im Sommer 1981 einen unüberlegten Schritt. Zuvor hatte er entsprechende Gerüchte und Hinweise auf illegale Zahlungen als «abenteuerliche Behauptungen» abgetan, die «man erst einmal beweisen» müsse.[87] Am 1. Juli ließ er aber über seine Anwälte eine ausführliche Gegendarstellung in der «Abendzeitung» veröffentlichen, die zumindest für Eingeweihte viele Fragen aufwarf. Sie lautete: «1. Es ist unrichtig, daß ich im Zusammenhang mit einem Wechsel vom FC Bayern nach Fort Lauderdale gedroht habe, Informationen an das Finanzamt zu geben, falls ich nicht gratis nach Amerika hätte auswandern dürfen. 2. Richtig ist vielmehr, daß das Finanzamt bei den Verhandlungen mit dem damaligen Präsidenten des FC Bayern, Herrn Wilhelm Neudecker, überhaupt keine Rolle gespielt hat und ich damals – wie heute – dem Finanzamt keinerlei dienliche Informationen hätte geben können.»[88]

Nach der Einigung in der Abstellkammer war die Scheidung zwischen Müller und dem FC Bayern aber immer noch nicht definitiv vollzogen. Im Sommer 1979 scheint sich nämlich das trübe Spiel ums trübe Geld wiederholt zu haben, als Gerd Müller im fernen Florida die Nachricht erreichte, dass die bayerischen Steuerbehörden auf einer Nachzahlung in beträchtlicher Höhe bestanden und nicht mehr mit sich reden ließen – auch der neue Finanzminister Max Streibl nicht, der Uschi Müller nicht einmal empfing, als sie Beschwerde einlegen wollte. Von 250 000 bis 400 000 DM, ja von einer Million war die Rede, die Müller zahlen musste. Was dann geschah, beschäftigt – weil die Akten des Finanzministeriums und des FC Bayern verschlossen sind – noch heute die eingeweihten Gemüter, die mit ihren Deutungen aber auch ganz falschliegen können. Die einen versicherten, Müller habe seine drei Einfamilienhäuser und eine Eigentumswohnung verkauft und damit die Steuerschuld beglichen. Die anderen behaupteten, der frühere Finanzminister Ludwig Huber habe den Müllers für diesen Zweck ein günstiges Darlehen der Bayerischen Landesbank in Höhe von einer Million DM besorgt. Die Dritten wollten wissen, dass der FC Bayern eingesprungen sei, als Müller und sein Steuerberater erneut mit einer Selbstanzeige in Sachen illegaler Zuwendungen gedroht hätten, die dem FC Bayern aus denselben Gründen wie einige Monate zuvor äußerst ungelegen gekommen wäre. Der finanzielle Flurschaden wäre unabsehbar gewesen, der Imageverlust ebenfalls. Der FC Bayern habe sich deshalb mit Müllers Rechtsanwalt Dr. Wunderlich verständigt und ihn nach Amerika geschickt, wo er die Dinge bereinigen konnte. Der Steuerberater habe nach der Intervention Wunderlichs kostengünstig sein Mandat niedergelegt und Müller die Zusicherung erhalten, dass sein alter Verein für die Nachzahlung (oder den noch ausstehenden Rest) aufkommen werde, was in aller Stille auch geschehen sein soll. Wenn es stimmt, was Verfechter dieser Meinung sagen, dann wäre Gerd Müllers Abschied dem FC Bayern am Ende sehr teuer zu stehen gekommen. Das erkaufte Schweigen wäre gleichsam Geld gewesen.

Wilhelm Neudecker war zu diesem Zeitpunkt nicht mehr Präsident des FC Bayern München. Dieses Amt bekleidete jetzt Willi O. Hoffmann, der langjährige Schatzmeister und Hüter derselben Geheimnisse, die der alte «Präse» kannte. Der Streit mit Müller und die Renitenz seines Präsidiums hatten Neudecker schwer zugesetzt und ihm die Lust an der immer schwierigeren Vereinsführung geraubt. Den Rest hatte ihm kurz danach die Rebellion der Mannschaft gegeben, die sich seinem Plan widersetzte, Csernai durch Max Merkel zu ersetzen. Sie drohte mit Streik, mobilisierte die Presse und forderte den «Präse» unverhohlen zum Rücktritt auf. «Wir Spieler», so der neue Mannschaftskapitän Sepp Maier, «wollen auch unser Mitspracherecht».[89] Das war zu viel für Neudecker. Er sah nur noch Aufrührer und Anarchisten am Werk und wollte sich von diesen Leuten nicht mehr auf der Nase herumtanzen lassen.[90] Am 19. März 1979 trat er von einem Tag auf den anderen zurück.[91]

Mit Neudeckers Rücktritt ging eine große, aber von vielen Problemen überschattete Ära zu Ende. Die Zeit der Patriarchen war damit allerdings noch nicht vorbei – weder beim FC Bayern noch im Profifußball generell, wo vom neuen demokratischen Geist der 1960er und 1970er Jahre noch lange nichts zu spüren war. Transparenz blieb fast ein Fremdwort, und die basisdemokratischen Gepflogenheiten der Präsidentenwahl empfanden die meisten als reine Farce. Dass Neudecker ausgerechnet an Breitner scheiterte und dass im informellen Machtgefüge des Vereins an die Stelle des Diktators nun ein «Tyrann»[92] trat, entbehrt nicht der Ironie. Breitner war nicht weniger egoistisch, herrisch und leistungsorientiert als der langjährige Bayern-Präsident, verstand es aber, seine spezifischen Eigenschaften primär als Rebellion gegen das verstaubte autoritäre Establishment zu bemänteln. Als sein stärkster Verbündeter entpuppte sich dabei der Zeitgeist, der Protest und Rebellion im Zeichen des Fortschritts honorierte, während Neudeckers Führungsstil als anachronistisch erschien. Er und andere Funktionäre hätten nicht erkannt, schrieb die «Süddeutsche Zeitung», «daß die jungen Fußballergenerationen vom Demokratisierungsprozeß eine andere Meinung haben als einsam thronende Vorsitzende».[93] Ganz so einfach war es aber nicht, wie sich bald zeigte: «Der Merkel ist morgen um zehn Uhr an der Säbener Straße, und wir machen frei. Und wir treffen uns wieder am Montag um zehn Uhr, wo, das sag ich euch noch. Hamma uns?», soll Breitner seine Mitspieler angeherrscht haben, als er sie am Samstag, den 17. März 1979, in der Konfrontation mit Neudecker hinter sich geschart hatte.[94] Der neue Ton klang ganz vertraut, er war dem alten verblüffend ähnlich und bestimmte einige Jahre lang die Geschicke des FC Bayern München.

## 13.

## Abenteuer Amerika

Zehn Tage nach der «Einigung unter Männern» saß Gerd Müller im Hotel «Vier Jahreszeiten» in München und setzte seine Unterschrift unter einen neuen Vertrag.[1] Glücklich wirkte er auch jetzt nicht, trotz der 800 000 DM, die er in den kommenden drei Spielzeiten bei einem Steuersatz von 18 Prozent verdienen sollte.[2] Er versuchte, ein bisschen zu scherzen und Aufbruchstimmung zu verbreiten. Die Anspannung wollte aber nicht weichen. Zweieinhalb Jahre Amerika lagen vor ihm. Würde er sich «drüben» in einem neuen Verein und in einem neuen Umfeld zurechtfinden oder vor Heimweh vergehen? Es gab viele, die wegen seiner Bodenständigkeit und Schwerfälligkeit fest mit seinem Scheitern rechneten. Er passt dort nicht hin, hieß es in der Presse, beim FC Bayern und auch bei seinen Freunden und Bekannten. Man traute es ihm, anders als Beckenbauer, nicht zu, seinen Weg in Amerika zu machen. Und er selbst strotzte auch nicht gerade vor Zuversicht, als es an das Abschiednehmen ging. Von vielen unterschätzt, unterschätzte er sich auch selbst.

Mehrere amerikanische Vereine hatten sich um ihn bemüht, als sich sein Karriereende beim FC Bayern abzeichnete. Das Rennen machten die Fort Lauderdale Strikers, eine ambitionierte Mannschaft aus Florida, die erst zwei Jahre existierte. Sie war 1977 aus den Miami Toros hervorgegangen und verfolgte seitdem das Ziel, Cosmos New York, der Mannschaft Beckenbauers und Pelés, die Nummer 1 im amerikanischen Fußball streitig zu machen. An Geld dafür fehlte es nicht. Es stammte von Joe Robbie, dem steinreichen Besitzer der Miami Dolphins, des berühmten American Football-Klubs. Robbie machte gute Geschäfte mit dem Sport und wollte auch von der Konjunktur profitieren, die der echte Fußball seit Mitte der 1970er Jahre in den USA erlebte. Die Amerikaner wollten ihn aus der Randsportnische herausholen und aufschließen zur Entwicklung in Europa und Südamerika. Sie kauften dafür nicht nur zahlreiche teure Stars wie eben Pelé und Beckenbauer, die als Vorbild für die Jugend dienen und für den nötigen Glanz sorgen sollten, sondern verpflichteten auch namhafte Trainer aus der Alten Welt wie Rinus Michels und Hennes Weisweiler, die für ihre Nachwuchsarbeit berühmt waren. Das Potenzial und das Interesse für einen Aufschwung des Fußballs waren vorhanden, wie der enorme Zulauf bewies, den er namentlich in den Schulen und Universitäten verzeichnete. Auch die Zahl der Zuschauer in den Stadien und vor den Bildschirmen nahm von Jahr zu Jahr rasant zu.

Joe Robbie war als Eigentümer der Dolphins laut amerikanischem Vereinsrecht daran gehindert, einen zweiten Klub zu führen.[3] Er übertrug die Leitung der Toros, später der Strikers, deshalb seiner Frau Elizabeth, die das 30 km nördlich von Miami gelegene Fort Lauderdale mit seinen 150 000 Einwohnern zu einer Hochburg des amerikanischen Fußballs machte. Die Strikers etablierten sich unter der Führung der «Old Lady» unter den besten Klubs und lockten dementsprechend immer mehr Zuschauer an, so dass das kleine «Lockhart Stadium» binnen Kurzem zweimal erweitert werden musste – von 8000 auf 11 000 und schließlich auf 15 000 Plätze.[4]

Als Leser des «Kicker» wusste Gerd Müller ziemlich genau, was ihn fußballerisch in Amerika erwartete und dass er sich umstellen musste. Die North American Soccer League (NASL) hatte bei der FIFA nämlich einige Sonderregelungen erwirkt, die für ihn neu, aber auf den Geschmack des einheimischen Publikums zugeschnitten waren: Die Saison dauerte nur fünf Monate – von April bis August. Es gab nur Siege oder Niederlagen. Stand es nach der regulären Spielzeit von 90 Minuten unentschieden, wurde das Spiel verlängert, bis das erste Tor («Golden Goal») fiel. Stand nach 120 Minuten immer noch kein Sieger fest, kam es zum sogenannten «shoot-out», bei dem ein Feldspieler von der 35-Yards-Linie allein auf den Torhüter zulief und den Ball im Netz unterbringen musste. Gerd Müller, so erzählen Zeitzeugen, konnte sich mit dem «shoot-out» nie anfreunden; die Anspannung war dabei ungleich größer als beim Elfmeterschießen. Sympathisch war ihm hingegen die neue Abseitsregel, die es ihm erlaubte, weit in der gegnerischen Hälfte auf den Ball zu lauern, weil die Abseitszone erst 35 Yards vor dem Tor begann.

Auch die neue Mannschaft dürfte Müller nicht ganz unbekannt gewesen sein. Seit Beckenbauer bei Cosmos spielte, berichteten die deutschen Zeitungen regelmäßig über den amerikanischen Fußball und dessen Stars. Die Strikers brauchten sich in puncto Prominenz nicht zu verstecken. In ihren Reihen spielten 1979 internationale Stars wie George Best aus Nordirland und Teofilo Cubillas aus Peru, die jedes Kind kannte, auch wenn Best, die «Supernova des Fußballs»,[5] längst verglüht war. Später kamen der Holländer Jan van Beveren, der Chilene Elias Figueroa und Bernd Hölzenbein, Müllers Teamkollege aus der Weltmeisterelf von 1974, hinzu.

Uschi und Gerd Müller flogen noch im März 1979 für einige Tage nach Florida, um ihre neue Heimat kennenzulernen sowie ein Haus für die Familie und eine Schule für die Tochter zu suchen.[6] Der Saisonstart war für Ende April vorgesehen. Die restliche Zeit in Straßlach nutzte Müller, um Kondition zu bolzen wie noch nie zuvor in seiner langen Karriere: Er machte Waldläufe und trainierte mit der Amateurligamannschaft des MTV München, wo er Mitglied der Tennisabteilung war.[7] Außerdem engagierte er Werner Kern, den früheren Co-Trainer von Lattek und Cramer, als privaten Fitnesscoach, der ihm einige Wochen lang alles abverlangte.[8] Uschi Müller nahm währenddessen in der Münchner Berlitz-School Englischunterricht – 30 Stunden in vier Wochen.[9]

Das Bedürfnis, sich von der alten Mannschaft zu verabschieden, verspürte Müller nicht. Es schaute aber auch vom FC Bayern niemand bei den Müllers vorbei, um ihnen Lebewohl zu sagen. Am Flughafen fand sich nur der designierte neue Vorsitzende Willi O. Hoffmann ein, der dem verdienten Spieler vier Dosen Weißwürste und süßen Senf als Wegzehrung für drüben überreichte.[10] Sepp Maier, der Mannschaftskapitän, war angekündigt, zog es aber am Ende doch vor, daheim zu

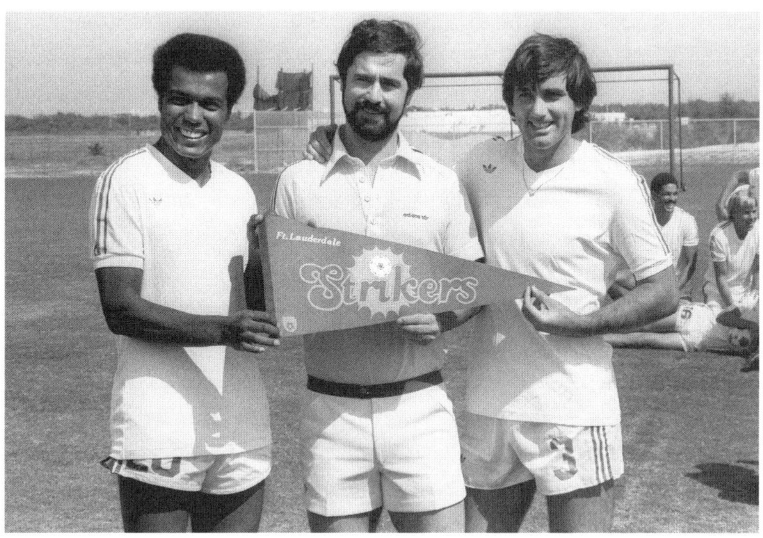


Im Wundersturm mit Teofilo Cubillas und George Best

bleiben, weil Müller – wie er einige Tage später sagte – den Kontakt zur Mannschaft ganz abrupt abgebrochen habe: «Gerd wollte uns nicht mehr sehen.»[11]

Nach allem, was vorgefallen war, musste Müller mit diesem sang- und klanglosen Abschied in München-Riem rechnen. Er war trotzdem tief getroffen und strich Maier und die anderen Kollegen gleichsam aus seinem Gedächtnis.[12] Auch über Franz Beckenbauer wird er sich nicht gefreut haben, der den Transfer seines langjährigen Partners auf recht zweideutige Art im Fernsehen so kommentierte: Fußballerisch könne «der Gerd» in Amerika nichts lernen. Als Persönlichkeit aber «kann man hier in diesem Lande nur reifen. Dazu wünsche ich ihm das Beste, und ich glaube, dass er das auch nötig hat.»[13]

Die Medien registrierten den Abschied Gerd Müllers aus der Bundesliga, machten ihn aber nicht zum ganz großen Thema. Lediglich die «Bild»-Zeitung widmete ihm einige Tage lang die Schlagzeilen auf der ersten Seite und im Sportteil. Sie stellte, wie der Bayerische Rundfunk und die Münchner «Abendzeitung», sogar einen Reporter ab, der Müller auf dem Flug und bei seinen ersten Schritten in Amerika begleitete. Die anderen Zeitungen nahmen den Fall gelassener: Mehr als zwei Dutzend Deutsche spielten mittlerweile in Amerika und verdienten dort viel Geld. In das Ausland zu gehen, war seit den frühen 1960er Jahren eine Option für deutsche Fußballspieler gewesen. Vor allem Italien lockte mit hoch dotierten Verträgen und üppigen Sonderzahlungen, die den Fiskus jenseits der Alpen nicht kümmerten. Diese Möglichkeit war allerdings fast ausschließlich Spielern der Sonderklasse wie Helmut Haller oder Karl-Heinz Schnellinger offengestanden, die sich auch in der Nationalmannschaft einen Namen gemacht hatten. In Amerika dagegen bildete sich ein neuer Arbeitsmarkt heraus, der die Berufschancen für Fußballer enorm erweiterte. Dort hatten neben älteren europäischen und südamerikanischen Profis auch viele jüngere, durchschnittlich begabte Nachwuchskräfte eine Chance, die in der Bundesliga und in Brasilien, Argentinien oder Chile nicht zum Zuge kamen. Dutzende und Aberdutzende solcher Planstellen waren in der Neuen Welt zu vergeben.

Auch die Öffentlichkeit hatte sich mittlerweile daran gewöhnt, dass alternde Stars und junge Talente ihr Glück in Amerika suchten. Hämische Kommentare mit antiamerikanischen Ressentiments über das «letzte schnelle Geld» im «Wilden Westen» gab es zwar noch und blieben auch Gerd Müller nicht erspart, wurden insgesamt aber seltener. «Fußball im Kaugummi-Paradies», so der «Kicker», «blubbert mehr vor sich hin, als daß er rollt, schadet ausgesprochen dem Image, ist mehr Klamauk als Sport und Weltstars unwürdig, großen Spielern, die einen glanzvollen Namen zu verteidigen haben».[14]

Der Empfang in Fort Lauderdale dürfte Müller für solche dumpfen Töne mehr als entschädigt haben. Der Manager Beau Rogers, ein erfahrener Sportvermarkter, der später Filme produzierte, hatte schon bei der Vertragsunterzeichnung im «Vier Jahreszeiten» die größten Erwartungen geweckt. «Ich bin überzeugt davon», versicherte er vor laufender Kamera, «daß Gerd Müller den Fußball bei uns genauso stark fördern wird wie Pelé. Gerd Müller ist zwar jetzt bereits in den USA bekannt – aber nach kurzer Zeit bereits wird er der bekannteste Fußballspieler Amerikas sein.»[15] Er gab sich zuversichtlich, dass die Strikers mit Müller bald 20 000, wenn nicht 40 000 Zuschauer anziehen würden.

In dasselbe Horn, aber noch kräftiger, stieß Tony Andrea von der Werbeagentur «People and Properties», die Müller unter Vertrag genommen hatte und ganz groß herausbringen wollte. Er plante einen Western-Film mit Müller nach dem Vorbild von Bud Spencer und eine Schallplatte, die sein neuer Klient zusammen mit Dean Martin besingen sollte.[16] Gerds «Charakter, seine Vertrauenswürdigkeit sind ein ungeheures Kapital», schwärmte der Werbeexperte: «Das reicht weit über die Zeit hinaus, in der er Fußball spielt. Wir werden ihn nur für Produkte einsetzen, die auch wirklich zu ihm passen, zu denen er steht.»[17] Es war wie im Märchen, die Sterne griffen nach ihm.

Beim ersten Training zeigte sich, dass Rogers und Andrea nicht ganz unrecht gehabt hatten. Die Neugier in Fort Lauderdale war tatsächlich riesengroß. Drei Fernsehteams, zahlreiche Fotografen und Journalisten beobachteten den deutschen Fußballstar, wie er den Rasen betrat, sich warm machte, seine ersten Pässe schlug und bei 30 Grad Celsius einige Runden drehte. «Ich war schon verdammt nervös», bekannte Müller nach dem Training, «aber jetzt habe ich gemerkt, daß ich hier auf jeden Fall mithalten kann».[18] Im Verein stand zur selben Zeit das Telefon nicht mehr still, «alle wollen Karten haben», so der Manager.[19] «Now it's Mueller time», fasste die lokale Presse den Begeisterungssturm in Fort Lauderdale zusammen.

Nach dem ersten Pflichtspiel am 28. April 1979 kühlte die Euphorie ein wenig ab. Müller fand keine Bindung zur Mannschaft und wurde ausgewechselt. Ähnlich schwach spielte er in der zweiten und in der dritten Partie, in der er aber immerhin ein Tor erzielte. Müller wirkte wie ein Fremdkörper in der heterogenen Elf mit Spielern aus mehreren Ländern. Das lag zum einen am System, das der englische Trainer Ron Newman den Strikers eingeimpft hatte. Die langen hohen Bälle in die Spitze waren von der gegnerischen Abwehr leicht auszurechnen und Gift für Müller, der das Kurzpassspiel bevorzugte und auf flache Bälle im Strafraum wartete. Seine Krise hatte zum anderen mit dem nordirischen Superstar George Best zu tun, der ihn im Training und im Spiel wie Luft behandelte. Best, ein exzentrischer Egoist und Lebemann mit Hang zum Alkohol,[20] neidete Müller die Popularität und wohl auch die höhere Gage – und spielte ihn deshalb so gut wie nie an. Best habe «Narrenfreiheit», klagte Müller. «Ich kann mich im Strafraum abrackern und mich freistellen, bekomme von ihm aber keinen Ball.»[21]

In der ersten Enttäuschung liebäugelte Müller sogar mit einer sofortigen Rückkehr nach München. Er sah bei den Strikers keine Zukunft und streckte seine Fühler zu 1860 München aus, das umgehend Interesse bekundete und sich für diesen Rücktransfer nicht lumpen lassen wollte; eine Million DM wäre fällig geworden.[22] Die Strikers dachten aber nicht daran, den frustrierten Müller nach zwei, drei Wochen wieder ziehen zu lassen, und schoben diesen Plänen einen Riegel vor. Müller begann daraufhin zu kämpfen und zwar so energisch, wie er es beim FC Bayern zumindest in der Schlussphase nie getan hatte. Er fühlte sich plötzlich nicht nur als Star unter vielen, sondern als Weltmeister und damit als eine echte Größe von singulärem Rang, den ihm niemand streitig machte oder absprach – so wie früher Beckenbauer oder Breitner, von Fembeck, Neudecker und Schwan ganz zu schweigen, die es sich nie ganz abgewöhnen konnten, in Müller den kleinen unbedarften Nördlinger zu sehen, und ihn entsprechend behandelten. In München hatte es immer ein wenig am nötigen Respekt gehapert, in Fort Lauderdale hingegen, von George Best abgesehen, erstmals nicht.

Auch seine Defizite im Auftreten und sprachlichen Ausdruck, die ihm in München das Leben schwer gemacht hatten, behinderten ihn jetzt nicht mehr. Sie fielen im Durcheinander der Sprachen und Gepflogenheiten in Florida nicht weiter auf. Alle hatten ja im Verkehr miteinander ihre Schwierigkeiten oder Dolmetscher, die den Kommunikationswirrwarr mitunter sogar noch erhöhten. Müller stand hier nicht allein und fühlte sich, so scheint es, fast wie befreit. Er beschwerte sich beim Trainer, machte Vorschläge für eine andere Spielweise und wurde sogar bei der Präsidentin vorstellig, um ihr die missliche Lage im Verein zu schildern.[23] Und siehe da: George Best lenkte ein und der Trainer änderte die Taktik, so dass Müller besser zur Geltung kam.

Ab dem sechsten Spieltag machte Müller sein missglücktes Debüt vergessen. Er traf und traf und widerlegte damit auch die vielen Skep-

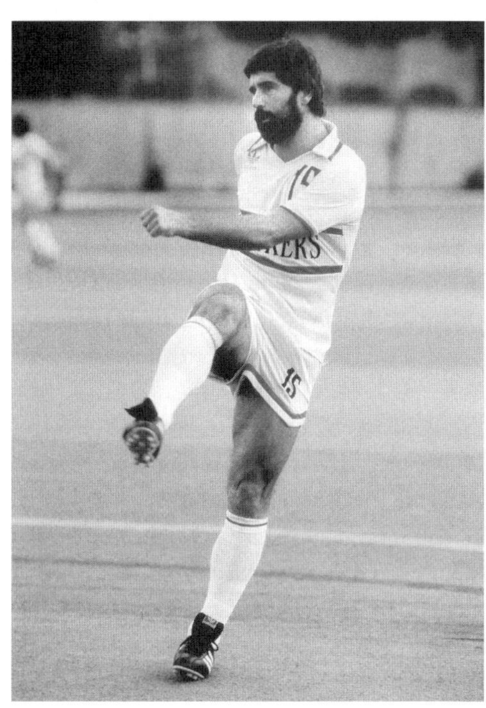

«Bomber» auch in Übersee

tiker in der Heimat, die ihm in den USA nur Schwierigkeiten prophezeit und geunkt hatten, er – der kleine Provinzschmock – werde sich dort nie zurechtfinden. «Inzwischen», so der «Kicker» am 28. Juni 1979, «hat der Torjäger alle Kritiker Lügen gestraft und sich in den letzten Wochen sogar zum Superstar der gesamten amerikanischen Profiliga aufgeschwungen.» Gerd Müller sei «drauf und dran», hieß es Anfang August, «nun auch zum ‹Bomber Nummer eins› in Übersee zu avancieren».[24]

Dank dieser Leistungssteigerung ihres Sturmführers qualifizierten sich die Strikers auch 1979 für die Play-off-Runde, in der die 16 besten Mannschaften im K.o.-Verfahren den amerikanischen Meister ermittelten. Fort Lauderdale erreichte die Endrunde, schied aber gegen die Chicago Stings aus. Müller hatte einen rabenschwarzen Tag erwischt,[25] konnte aber mit seiner ersten Saison in Amerika mehr als zufrieden sein. Der fast 34-Jährige hatte sich in der Mannschaft fest etabliert und bei kaum einem Spiel gefehlt. Trotz seiner Flugangst war er auch bei fast allen Auswärtsspielen dabei gewesen, die den Spielern viel abverlangten: lange Reisen, drei, vier Spiele binnen zwei Wochen – und das bei beträchtlichen Temperaturunterschieden von zwei, drei Grad in Vancouver und bis zu 30 Grad in Miami. Müller steckte alles weg und erzielte in 25 Spielen 19 Tore, drei mehr als sein hoch gerühmter Sturmpartner, der drei Jahre jüngere Cubillas in 30 Partien.[26] Besser war seine Quote in den letzten Jahren auch beim FC Bayern nicht gewesen. Das begeisterte Publikum in Fort Lauderdale wählte ihn nicht umsonst zum besten «Striker» der Saison.[27]

Fünf, sechs Monate waren erst vergangen, seit Gerd Müller beim FC Bayern «abserviert» worden war, wie er es empfand. Der Erfolg in Amerika war Balsam für seine Seele. Er hatte es seinen Kritikern gezeigt, er konnte immer noch mithalten und strotzte vor Selbstvertrauen und Stolz, dass er sich auch in der Fremde durchgesetzt und nicht weniger gut bewährt hatte als Franz Beckenbauer, an dessen Adaptionsfähigkeit in New York niemand gezweifelt hatte. Als er im Herbst 1979 nach München zurückkehrte, um hier die Zeit bis zum Start in die zweite Saison in Amerika zu überbrücken, fühlte er sich so gut und fit, dass sich der Gedanke einer zeitweisen Rückkehr in die Bundesliga bei ihm fast ebenso selbstverständlich einstellte wie zwei Jahre zuvor bei Franz Beckenbauer, der damals von mehreren Bundesligavereinen umworben worden war.[28] Bei Müller war diese Absicht bereits nach den unbefriedigenden ersten Spielen im Mai 1979 aufgetaucht, dann aber im Erfolgstaumel wieder untergegangen.[29] Jetzt versteifte sich Müller geradezu darauf: Er wollte spielen und sich noch einmal dem deutschen Publikum präsentieren. Selbstverständlich brauchte er auch das Geld – 15 000 DM pro Spiel sollte er kassieren[30] –, weshalb er alle Hebel in Bewegung setzte, um die Freigabe der Strikers bis zum Frühjahr zu bekommen.

Mit dem FC Bayern hatte dieser Plan nichts oder nur insofern etwas zu tun, als Gerd Müller beim Lokalrivalen 1860 München anheuern und damit die größtmögliche Distanz zu seinem alten Verein signalisieren wollte. Ausgerechnet bei den «Löwen»! Die Bayern-Spitze reagierte entsetzt auf diese Art des Landesverrats und dachte sogar darüber nach, das fest verabredete Abschiedsspiel zu streichen und doch noch Ablösegeld für Müller zu verlangen;[31] von 100 000 DM war die Rede, die 1860 hätte aufbringen müssen.[32]

Als Müller im Herbst 1979 seine Wechselabsicht äußerte, befanden sich die «Löwen» in einer schwierigen Lage – im Tabellenkeller – und hatten jeden Punkt bitter nötig. Personelle Verstärkung ebenfalls. 1860-Präsident Erich Riedl, ein Bundestagsabgeordneter der CSU, der mit Müller fast befreundet war, schickte deshalb den Geschäftsführer des Vereins in die USA, wo er den «bislang sensationellsten Transfer der Münchner Fußballgeschichte» einfädeln sollte.[33] So einfach wie Müller und Riedl es sich vorgestellt hatten, war der Blitzwechsel auf Zeit aber nicht. Es mussten nämlich gleich drei Instanzen zustimmen: der amerikanische Fußballverband, die Strikers und der Ligaausschuss des DFB.

Die «Löwen» hatten jedenfalls ihre Hausaufgaben gemacht. Sie waren bereit, 100 000 DM Leihgebühr zu zahlen, sie leisteten eine Bürgschaft in Höhe von 430 000 DM und schlossen eine Versicherung für den Verletzungs- und Invaliditätsfall Müllers ab.[34] Der amerikanische Fußballverband, so scheint es, erteilte seinen Segen zu dem Geschäft, während Elizabeth Robbie, die Besitzerin der Strikers, schwankte. Sie gab ihre grundsätzliche Einwilligung, als sichergestellt war, dass Müller im März 1980 nach Florida zurückkehren würde, überlegte es sich dann aber doch wieder anders und ließ am Ende alles in der Schwebe.

Müller, der davon nichts ahnte, blieb unerschütterlich optimistisch. «Ich habe die Freigabe», jubilierte er Mitte Oktober 1979. Er trainierte bei 1860 und träumte schon davon, am 27. Oktober in Gelsenkirchen gegen Schalke 04 das blaue Trikot von 1860 zu tragen.[35] Das böse Erwachen kam kurz danach. Am Ende scheiterte der von ihm ersehnte Transfer an den finanziellen Forderungen der Strikers und an rechtlichen Bedenken, die der DFB von Anfang an geltend gemacht hatte. Vor allem die Tatsache, dass Müller bei zwei Vereinen unter Vertrag gestanden hätte, war den Verantwortlichen des deutschen Fußballbundes ein Dorn im Auge. Müller müsse nachweisen, hieß es im Protokoll der Sitzung des Ligaausschusses am 28. September 1979, «daß keine vertraglichen Bindungen in den USA mehr bestehen, die ihn insbesondere verpflichten, zu Beginn der neuen Spielzeit in der United States Soccer

League zu spielen».[36] Konkret hieß das: Leiharbeiter für einige Partien durfte es nicht geben.[37]

Zur selben Zeit geisterte die Meldung durch die Presse, Gerd Müller werde zu Atlético Madrid wechseln,[38] sollte aus dem Coup bei 1860 nichts werden. Das Veto des DFB entzog aber auch diesen, vermutlich nur halbherzig verfolgten Plänen den Boden. Müller musste also ohne neues Betätigungsfeld in seiner alten Heimat bleiben, wo er sich bei 1860 und später bei dem Fitnesscoach Volker Kottmann in Augsburg auf die neue Saison in Florida vorbereitete, während Franz Beckenbauer wie selbstverständlich an der Säbener Straße an seiner Form arbeitete.[39] Kontakte zu früheren Mitspielern des FC Bayern gab es nicht, auch in das Olympiastadion kam er nur ein-, zweimal. Zu häufigeren Besuchen hatte er keine Lust, weil sich die Bayern bei der Zuteilung von Ehrenkarten recht kleinlich gezeigt hatten.[40] «Gerd schimpfte seine Bayern aus», titelte der «Kicker», als er Müller im November 1979 beim Besuch des Derby zwischen 1860 und dem FC Bayern beobachtete. Namentlich an seinem alten Rivalen Paul Breitner ließ er kein gutes Haar. Breitner «will spielen und Pässe schlag'n wie der Kaiser und kann's ned!» Dann legte er den Zeigefinger zwei Zentimeter über den Daumen und setzte hinzu: «Nicht so groß ist die Klasse vom Paul gegenüber der vom Franz, ned sooo groß.»[41]

Die alten Wunden waren noch längst nicht vernarbt, als Gerd Müller im Frühjahr 1980 in seine zweite Saison in Amerika startete – wieder mit dem Vorsatz, es seinen Kritikern in der Heimat zu zeigen. Seit dem Herbst 1979 hatte sich in Fort Lauderdale einiges verändert. Neue Spieler waren hinzugekommen, außerdem hatte der ungeliebte Trainer die Entlassungspapiere erhalten. Gerd Müller hätte gerne seinen früheren Mannschaftskapitän Werner Olk als Coach nach Florida gelotst, er hatte auch schon den Kontakt mit dem Manager der Strikers hergestellt, war dann aber mit seinem Vorschlag doch nicht durchgedrungen.[42] Die Präsidentin holte lieber den Holländer Cor van der Hart, der zuvor den FC Amsterdam trainiert hatte, schon in der Vorbereitung eine harte Gangart einschlug und damit auch Müller noch einmal herausforderte.[43]

Der große Schwung des vergangenen Jahres wollte sich bei ihm aber trotz aller Anstrengungen im Training nicht mehr einstellen. Die

Bandscheiben machten sich erneut bemerkbar, und die Kondition ließ – trotz Kottmann – zu wünschen übrig. Er erzielte «immer noch in regelmäßigen Abständen wichtige Tore».[44] Aufs Ganze gesehen fiel seine Leistung aber doch kontinuierlich ab. 14 Treffer in 29 Spielen standen am Ende der Hauptrunde zu Buche.

Erst in den Play-off-Spielen lief Müller noch einmal zu seiner alten Form auf. Angetrieben und angeführt vom hoch motivierten Ex-Bayern-Star setzten sich die Strikers gegen die California Surf, die Edmonton Drillers und die San Diego Sockers durch und standen schließlich im Endspiel in Washington, wo sie auf Franz Beckenbauer und Cosmos New York trafen. «The Kaiser» gegen «The Bomber» – das Duell der Giganten hatte bereits einige Tage vor dem Finale ein kleines Vorspiel in einer Pressekonferenz, das Beckenbauer für sich entschied. Müller erschien zu dem Treffen mit den Journalisten mit einem Dolmetscher, Beckenbauer natürlich ohne, dafür aber mit einem breiten Grinsen: «Gerd, den [Dolmetscher] brauchst du nicht. Ich mach' das für dich.»[45] Die alte Rangfolge war damit sofort wiederhergestellt. Der «Kaiser» konnte es einfach nicht lassen.

Das deutsch-deutsche Finale in Washington war ein Ereignis, das auch in der High Society, ja sogar in der großen Politik Beachtung fand. Kein Geringerer als der frühere Außenminister Henry Kissinger, mittlerweile die graue Eminenz der amerikanischen Außenpolitik und Ehrenpräsident der nordamerikanischen Profiliga, gab am Abend vor dem Spiel einen Empfang im Washingtoner «Hilton», auf dem es vor Prominenz nur so wimmelte.[46] Als das Spiel am 21. September 1980 um 12.30 Uhr angepfiffen wurde, herrschten 40 Grad Celsius. 58 000 Zuschauer waren gekommen, das Robert-Kennedy-Stadion war ausverkauft. Zahlreiche Journalisten und Fotografen drängten sich auf den Presserängen. Auch die großen Zeitungen hatten ihre Sportexperten geschickt. Selbst die «New York Times» und die «Washington Post» wollten bei dem nationalen Großereignis nicht fehlen. Sie wiesen auf der ersten Seite darauf hin und berichteten später ausführlich davon. Natürlich war auch das Fernsehen dabei. ABC übertrug das Spiel live,[47] das auch in Deutschland zu sehen war. Die ARD brachte um kurz vor Mitternacht eine 45-minütige Zusammenfassung.[48]

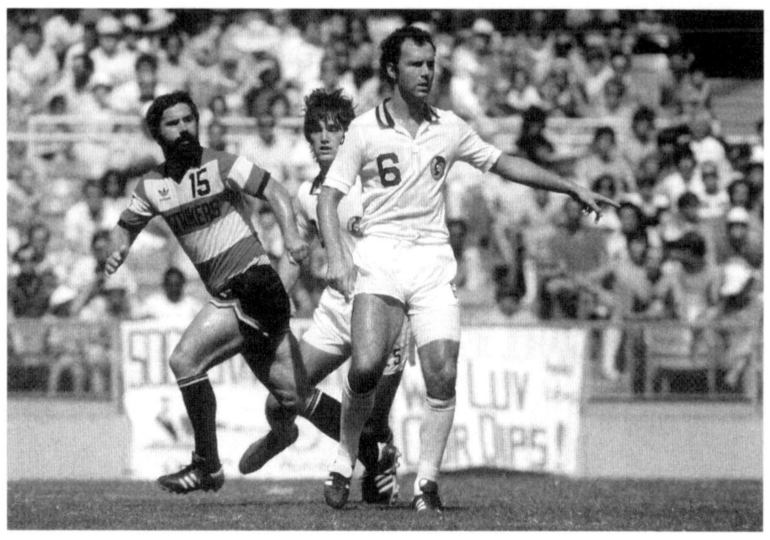


Showdown in Washington

Gerd Müller ging nicht ganz fit, aber voller Wut in das Spiel. Er hatte sich einige Tage vor dem Finale eine Zerrung zugezogen, die noch nicht ausgeheilt war. Die medizinische Abteilung bei den Strikers hatte versagt: Der Klub beschäftigte weder einen Masseur noch einen eigenen Arzt, bei kleineren Blessuren musste der Zeugwart einspringen. «Die machen alles mit Tabletten, Eisbeuteln und warmem Wasser», schimpfte Gerd Müller, der in seiner Enttäuschung auch die Präsidentin nicht verschonte: Sie «gibt 17 Millionen Dollar für eine Farm aus, aber sie ist zu geizig, um einen Masseur für die Mannschaft zu verpflichten».[49] Die medizinische Betreuung oblag im Ernstfall dem Vereinsarzt der Miami Dolphins, der dort alle Hände voll zu tun hatte und nur gelegentlich bei den Strikers vorbeischaute. Müller musste so von Mittwoch bis Freitagnacht warten, ehe er eineinhalb Tage vor dem Spiel endlich untersucht wurde. «Und da sollst dich nicht aufregen?»[50]

Hinzu kam, dass der Trainer keine Rücksicht auf den Verletzten genommen hatte. Er ließ die Mannschaft «vor dem Finale immer nur

Kondition bolzen», anstatt «bei der Hitze mehr mit dem Ball zu arbeiten», beklagte sich Müller. «Selbst Spieler mit Zerrungen hat er weiter gescheucht, unmöglich.» Überhaupt gäbe der «Trainer mit dem Glas in der Hand eine weitaus bessere Figur ab [...] als auf dem Trainingsplatz».[51]

Dennoch fanden die Strikers besser in die Partie als die «Cosmonauten», deren Trainer Hennes Weisweiler in der ersten Hälfte einen drückend überlegenen Gegner erlebte. Als Gerd Müller in der 40. Minute wegen einer Leistenzerrung ausgewechselt werden musste, bekam das Angriffsspiel der Strikers aber einen «vorentscheidenden Knacks». Franz Beckenbauer hatte nun mehr Raum im Mittelfeld und trieb seine Mannschaft unermüdlich an. Am Ende stand es 3:0 für das Team aus New York, das damit zum dritten Mal in vier Jahren den US-Titel errang.[52]

Die Strikers hatten die große Chance, Meister zu werden, verpasst. Gerd Müller schimpfte wie ein «Rohrspatz»,[53] musste bei nüchterner Betrachtung aber doch nicht unzufrieden sein: Fort Lauderdale hatte noch nie so gut abgeschnitten, der zweite Platz in der Saison 1980 markierte den Höhepunkt in der Vereinsgeschichte.[54]

Wenige Tage nach dem Finale in Washington war die Familie Müller wieder zurück in München. Gerd musste dringend zum Arzt, scheute sich aber, sich in die Hände amerikanischer Spezialisten zu begeben. Den Münchner Ärzten vertraute er mehr. Er habe «arge Schwierigkeiten, die wahrscheinlich von der Bandscheibe herkommen». Momentan sei sein «rechter Arm ganz pelzig. [...] vielleicht muß ich sogar wegen der Bandscheibe noch einmal unters Messer»,[55] sagte er dem «Kicker», der über die Krankengeschichte Gerd Müllers en détail berichtete. Auch andere Presseorgane griffen das Thema auf, wie überhaupt gesagt werden muss, dass die bewährten Kontakte zur «Bild»-Zeitung, zur «Abendzeitung» und zur «tz» noch immer bestens funktionierten. Ein Anruf genügte – und schon stand ein Artikel über ihn in der Zeitung. Das Ehepaar Müller machte sich zwar weiterhin in der Münchner Gesellschaft rar und ließ sich nur selten auf Empfängen, Vernissagen und Buchpräsentationen blicken,[56] auf denen Anfang der 1980er Jahre auch Fußballprofis wie selbstverständlich dazugehörten. Die Presse bedienten Uschi und Gerd Müller aber regelmäßig: Der Ex-«Bomber» auf Heimaturlaub gab Interviews im Olympiastadion,[57] stellte sich seinem Publikum am «Bild»-Telefon[58] und ließ seine Fans an seinem Urlaub in Israel teilhaben, wo er an einem Wettbewerb von Superstars mitwirkte, bei dem Kugelstoßen, Schwimmen und Bodenturnen auf dem Programm standen.[59] Selbst, dass er mit 75 kg rank und schlank wie nie war und sich wieder ganz fit fühlte, war der «Bild»-Zeitung eine Meldung wert.[60]

Der Akupunktur-Spezialist Manfred Köhnlechner hatte an Müller anscheinend eines seiner zahlreichen Wunder gewirkt und ihn von seinen Schmerzen befreit. Eine Operation blieb Müller erspart, wie er nach einer Untersuchung in der Klinik rechts der Isar zu Weihnachten 1980 bekannt geben ließ.[61] Die Bandscheibe blieb aber, trotz Wunderheiler, seine schwache Stelle und machte ihm auch in seiner dritten Saison in Amerika immer wieder zu schaffen. Sie erschwerte eine gezielte Vorbereitung in den fußballfreien Monaten und behinderte ihn auch nach dem Trainingsstart im Frühjahr.

Als sein fußballerischer Epilog anbrach, war Gerd Müller nicht mehr ganz gesund. Aber nicht nur das: Sein Reaktionsvermögen auf engstem Raum hatte gelitten, seine Spritzigkeit auf den ersten Metern ebenso und selbstverständlich auch seine Sprungkraft und sein siebter Sinn für aussichtsreiche Situationen. Sein Torinstinkt war erloschen, sein immenses Kapital fast aufgebraucht. Das sahen seine Mitspieler, und das erkannte auch Eckhard Krautzun, der Ende 1980 als neuer Trainer der Strikers verpflichtet worden war.[62]

Krautzun hatte ein bewegtes Leben als Fußballlehrer hinter sich, als er nach Fort Lauderdale kam.[63] Der 40-jährige Essener hatte 1978/79 1860 München betreut und dabei Gelegenheit gehabt, Müllers letzte Monate beim FC Bayern zu beobachten. Zuvor war er in der Schweiz, in Kenia, Kanada und bei den Houston Hurricans unter Vertrag gestanden. Auf allen diesen Stationen hatte er sich den Ruf erworben, hart, aber nicht unfair zu sein. An diese Devise hielt er sich auch in Fort Lauderdale, wobei er sich in puncto Fairness vor besondere Herausforderungen gestellt sah. Die Mannschaft bestand aus mehreren Grüppchen, die ihre kulturellen Eigenheiten pflegten und nicht nur wegen der

Sprachbarrieren schwer auf einen Nenner zu bringen waren: die Südamerikaner, die Engländer, einige Holländer, eine Handvoll junger ehrgeiziger Amerikaner und zwei Deutsche, Müller und Bernd Hölzenbein, den Krautzun 1981 gerade erst geholt hatte. Nicht wenige hatten ihren Zenit längst überschritten, aber ihren Stolz behalten. Sie sahen einfach nicht ein, dass ihre Stammplätze nicht mehr unangefochten waren. Namentlich ehemalige Weltstars wie Cubillas, Figueroa und Müller hatten ihre Probleme damit, dass der Trainer jüngeren Spielern ohne große Namen den Vorzug gab, die durch Dynamik, Laufbereitschaft und technisches Können auf sich aufmerksam gemacht hatten und ihrerseits gereizt reagierten, wenn sie nicht zum Zug kamen.[64]

Verschärft wurden diese Spannungen durch die enormen Unterschiede im Gehaltsgefüge. Die beiden Deutschen fanden ungleich mehr in der Lohntüte als die Südamerikaner und die Engländer, die sich bei jeder Gelegenheit ebenso lautstark darüber beschwerten wie die amerikanischen Nachwuchskräfte, die von dem, was sie bei den Strikers verdienten, kaum leben konnten. Ihr Einkommen war dürftig und blieb es auch bei Siegesserien, weil die amerikanischen Vereine keine Prämien zahlten. Die Spieler bezogen ihr Grundgehalt und bekamen bei Auswärtsspielen eine unversteuerte Aufwandsentschädigung in Höhe von 100 Dollar pro Tag, die für das leibliche Wohl gedacht war. Der Verein kam nur für die Übernachtungs- sowie die Fahrtkosten zum Training und zum Spiel auf; für alles andere mussten die Spieler selbst sorgen und bezahlen.[65]

Jeder Trainer hätte es mit dieser von Spannungen durchzogenen Truppe schwer gehabt. Eckhard Krautzun empfand die Situation als besonders schwierig. Er fühlte sich Gerd Müller als Landsmann verbunden, hatte größten Respekt vor seiner Lebensleistung als Sportler und schätzte seine ebenso sachkundigen wie trockenen Kommentare, wenn es darum ging, den Gegner zu analysieren und die Taktik für das nächste Spiel festzulegen.[66] Andererseits konnte er die Augen nicht vor der Tatsache verschließen, dass Müller stark abgebaut und obendrein ernst zu nehmende Konkurrenz bekommen hatte. Den Platz im Sturmzentrum beanspruchte namentlich der hoch talentierte Branko Segota, ein junger Kanadier mit jugoslawischen Wurzeln, der wegen seiner

Schnelligkeit, Schusskraft und technischen Fertigkeiten das Konterspiel der Strikers auf gegnerischen Plätzen belebte.[67]

Krautzun fürchtete den Vorwurf, das Prinzip der Gleichbehandlung zu missachten, wenn er Müller trotzdem einen Stammplatz garantierte, und damit um seine Autorität. Im Gerechtigkeitstest mit sich selbst tat er deshalb allem Anschein nach des Guten oft zu viel: Gerd Müller musste sich besonders beweisen, gerade ihm schenkte er nichts. Das zeigte sich bereits in der Vorbereitungsphase für die Saison 1981. Krautzun ließ das Trainingscamp auf einem Golfplatz in der Nähe von Miami aufschlagen, das ihm mit seinen Hügeln und Senken als besonders geeignet für Dauerläufe und kurze Sprints erschien. Dreimal täglich – und das zwei Wochen lang – jagte Krautzun seine Mannschaft über das schwierige Gelände.[68] Die Abende waren der taktischen Schulung vorbehalten. Auch beim normalen Training während der Saison verlangte Krautzun viel. Seine Spieler mussten um 10 Uhr vormittags und um 15 Uhr nachmittags ihre 90-Minuten-Einheiten absolvieren – jeden Tag, auch bei Temperaturen um die 35 bis 40 Grad, die den Übungsplatz in einen Backofen verwandelten und auch den Konditionswundern im Team zusetzten.[69]

Müller, noch nie ein Freund intensiver Laufarbeit, ächzte unter diesem Pensum. Er habe in seinem «ganzen Leben […] noch nie so hart» trainiert wie unter Krautzun, schimpfte der in die Jahre gekommene Stürmerstar,[70] der im Training immer wieder Ruhepausen einlegen musste. Aber nicht nur er: Auch andere Stars wie Cubillas und der Jamaikaner Colin Fowles empörten sich über die endlose Schinderei, so dass Krautzun schon nach wenigen Monaten um seine Zukunft bei den Strikers fürchten musste.[71] Für ihn zählten nur die Leistung und selbstverständlich der Erfolg – und Müller garantierte nicht mehr dafür und wurde deshalb übergangen. In den ersten sechs Wochen nach dem Saisonstart spielte er nur einmal eine ganze Partie durch. In allen anderen Begegnungen saß er auf der Bank oder wurde ein- oder ausgewechselt. Entsprechend dürftig war die Torausbeute. Einen Treffer erzielte er bis Anfang Mai 1981 – und danach wurde es nicht sehr viel besser.

Müller haderte mit sich und seinen Mitspielern und zunehmend auch mit dem Trainer, ohne dass es aber zu direkten verbalen Auseinandersetzungen mit Krautzun gekommen wäre. Das Selbstbewusstsein, das ihn noch ein Jahr zuvor ausgezeichnet hatte, war wie weggeblasen – kein Wunder, ohne Torerfolge und ohne Rückhalt beim Trainer. Müller beschwerte sich nicht einmal, dass Krautzun ihn – trotz seiner Flugangst – zu Auswärtsspielen mitnahm und ihn dann auf der Auswechselbank, einmal sogar auf der Tribüne schmoren ließ. Nur der Presse gegenüber ließ er seinem Unmut gelegentlich freien Lauf. Krautzun unterhalte sich mit ihm lieber auf Englisch als auf Deutsch, der Trainer sei «vom Ehrgeiz besessen» und glaube, dass Müller sich nicht «mehr plagen wolle».[72]

Anfang Juli 1981 berichtete der «Kicker» von einem kaum mehr zu reparierenden Zerwürfnis zwischen Müller und Krautzun. Der ehemalige Bayern-Star habe sich in den «Schmollwinkel» zurückgezogen: «Der einst weltbeste Torjäger wird von seinem Trainer Eckhard Krautzun nicht mehr für gut genug befunden und kassiert seine Dollar seit Wochen für Sonnenbaden.»[73] Ende des Monats gab ihm Krautzun endgültig den Laufpass: «Er bringt es einfach nicht mehr. Ich stelle ihn doch nicht auf, weil er mal Weltmeister war. Seinen Stammplatz ist er ein für allemal los.»[74]

Müller reagierte auf den definitiven Rauswurf nach dem schon beim FC Bayern bewährten Muster: Er trank mehr, als ihm guttat, und verkroch sich in sich selbst und seinen Kummer. Besonders eng waren die Beziehungen zu seinen Kollegen nie gewesen. Müller sprach bei seinem Wechsel in die USA kein Wort Englisch, zwei Jahre später hatte sich daran kaum etwas geändert, obwohl er die neue Sprache durchaus verstand. «Das einzige, was es [an Müller] zu bemängeln gibt», meinte sein Sturmpartner Cubillas 1980, «ist, daß der Gerd heute noch keinen geraden Satz Englisch spricht».[75]

Der Verkehr mit seinen Mitspielern beschränkte sich so auf einige freundliche Floskeln und aufmunterndes Schulterklopfen nach Toren. Ansonsten blieb ihm die Mannschaft fremd – mit einer Ausnahme: Robert Meschbach, ein 1959 in Galt, Ontario, geborener Kanadier, dessen Vater aus der von Donauschwaben bewohnten Batschka stammte und der deshalb gut Deutsch sprach. Meschbach, ein kleiner, pfeilschneller Stürmer, bewunderte Müller seit seiner Kindheit und war überglücklich, mit seinem Idol in einer Mannschaft spielen zu dürfen.[76] «I wanted to be like Gerd Muller. To me he was the greatest goal scorer there ever was and will ever be.»[77] Meschbach suchte seine Nähe, und Müller war seinerseits froh, einen Ansprechpartner gefunden zu haben. Er lud ihn häufig zu sich nach Hause ein, spielte regelmäßig Racketball mit ihm und hielt ihn und seine Frau sogar für vertrauenswürdig genug, auf die Tochter Nicole und den Schäferhund Sascha aufzupassen, als er mit Uschi für zwei Wochen nach München fliegen musste.[78] Bernd Hölzenbein wurde die Ehre eines Hausbesuches nur einmal zuteil. Ansonsten gingen die WM-Helden von 1974 in Florida getrennte Wege.[79]

Nichts deutet darauf hin, dass Müller unter der Distanz zu seiner Mannschaft gelitten hätte. Er machte jedenfalls keine Anstalten, daran etwas zu ändern. Er habe keine Zeit, um Englisch zu lernen. Es genüge, wenn seine Frau und seine Tochter Englisch sprächen, tat er seine Defizite leichthin ab.[80] Sie kümmerten ihn nicht wirklich. Er kam in seinem engeren Umfeld auch so zurecht. Allem anderen entzog er sich. Er fuhr nach dem Training meist sofort nach Hause und mied auch die «After game parties» in einer Bar im Pierce Street Annex, die zum Pflichtprogramm der Strikers gehörten. Die Profis sollten sich dort zeigen, Autogramme geben und mit den Fans diskutieren.[81] Müller stand dabei nur verlegen herum und ging bald nicht mehr hin.

1981 stellte Müller die Weichen endgültig in Richtung Rückzug; Robert Meschbach meinte, er habe die «writings on the wall» erkannt.[82] Vor allem bei Auswärtsspielen riss er sich nicht mehr darum, dabei zu sein. Im Gegenteil: Er bat seine Frau nicht nur einmal, bei Krautzun anzurufen und ihn zu fragen, ob er auf ihren Mann nicht verzichten könne. Gerd Müller hatte die ein- oder zweiwöchigen Ausflüge zu Auswärtsspielen nie gemocht – und zwar nicht nur wegen seiner Flugangst, die sich mit ein, zwei größeren Whiskeys schon beherrschen ließ. Ihn stressten vor allem die Aufenthalte in den fremden Städten, in denen die Spieler – abgesehen vom Training und den Spielen – ganz auf sich allein gestellt waren. Der Verein arrangierte kein Rahmenprogramm, nicht einmal ein gemeinsames Abendessen, so dass Gerd Müller wohl die meiste Zeit auf seinem Hotelzimmer vor dem Fernsehgerät verbrachte und wartete, bis die Zeit verstrich. 1981 wurden diese Aufenthalte immer mehr zur Qual, weil er oft auf der Bank oder auf der Tribüne Platz nehmen musste und ganz umsonst mitgereist war.

Eine Frage ließ sich deshalb nicht mehr unterdrücken: Warum sollte er diese Frustrationen und Strapazen weiter auf sich nehmen, wenn nicht einmal die emotionale Gratifikation eines Torerfolgs oder eines Sieges winkte? In der Saison 1981 wirkte Müller nur noch in der Hälfte der Spiele mit; die wenigsten bestritt er vom Anpfiff bis zum Schluss.[83] Das letzte Ligaspiel für die Strikers absolvierte er am 11. August 1981. Er hatte somit so gut wie keinen Anteil daran, dass seine Mannschaft erneut die Finalrunde der letzten Vier erreichte. Müller beobachtete das Geschehen aus der Ferne, in den entscheidenden Spielen gegen Cosmos New York um den Einzug ins Finale kam er nicht zum Einsatz. Er saß nicht einmal auf der Bank, als die Strikers an den Konkurrenten aus New York scheiterten. Ganze fünf Treffer gingen in der Saison 1981 auf sein Konto.[84]

Das Schlusskapitel seiner Profikarriere wurde in Deutschland geschrieben, auf einer Tournee der Strikers, die Müller nur äußerst widerwillig mitmachte. Er selbst schrieb daran kaum mehr mit – er schoss noch ein Tor beim 3:0-Sieg seiner Mannschaft gegen die wegen ihrer Tischtennisabteilung bekannte Borussia Brand in Aachen und ließ sich dann Anfang Oktober 1981 in der Partie gegen den VfB Oldenburg auswechseln. Er klagte über hohen Blutdruck und Schmerzen in der Brust, trennte sich von der Mannschaft und begab sich mit der vorläufigen Diagnose «Kreislaufbeschwerden» zur sportärztlichen Untersuchung nach München, wo er dann auch blieb und rasch gesundete.[85]

Gerd Müller, fast 36 Jahre alt, war am Ende seiner Karriere angelangt – er bäumte sich nicht mehr dagegen auf, nahm es aber auch nicht stoisch hin, sondern suchte nach einem Schuldigen, der auch schnell gefunden war: Eckhard Krautzun, der seitdem im kollektiven Gedächtnis der deutschen Fußballwelt seinen festen Platz als Bösewicht hat. In Wahrheit war er nur der vielleicht allzu sture Vollstrecker der Zeit, die auch über Gerd Müller hinweggegangen war.

Eigentlich hätte Müller allen Anlass gehabt, stolz auf seine sportliche Karriere in den Vereinigten Staaten zu sein – stolz und zufrieden. Zwei Spielzeiten lang hatte er sein außerordentliches Können noch einmal unter Beweis gestellt und dabei dem Fußball in Amerika viele

Anhänger gewonnen, ganz zu schweigen davon, dass auch die Kasse stimmte. Nur wenige Bundesligaspieler verdienten annähernd so viel wie er. Dennoch blieb am Schluss nicht nur der Ärger mit Krautzun, sondern auch ein Haufen Scherben im Verhältnis zum Verein, der Müller mit offenen Armen empfangen hatte und stets seinen Verpflichtungen nachgekommen war.

Warum der Verdruss? Warum auch in Fort Lauderdale ein so bitterer Abschied wie zweieinhalb Jahre zuvor in München? Uschi Müller, die, so Krautzun, selbst oft um Gerds Dienstbefreiung gebeten hatte, beschwerte sich bei der Vereinsführung über den Trainer und pochte auf mehr Einsätze für ihren Mann. Anscheinend schwebte ihr sogar eine Vertragsverlängerung vor. Die Robbies dachten aber nicht daran, ihren erfolgreichen Trainer zu desavouieren und ihm vorzuschreiben, wie er die Mannschaft aufzustellen hatte. Ein neuer Vertrag kam für sie angesichts der Leistungsdefizite Müllers nicht mehr in Frage, für Krautzun sowieso nicht.[86] Uschi Müller hoffte dennoch weiter: Sie wollte einen anderen amerikanischen Verein für ihren Mann finden, der seinerseits schon zufrieden gewesen wäre, wenn er in der US-Hallenliga ein neues Engagement bekommen hätte.[87] Auch diese Pläne zerschlugen sich.

Uschi Müller hatte ihre Gründe, als sie – völlig überraschend – auf eine Vertragsverlängerung bei den Strikers und auf eine Fortsetzung der Karriere ihres Mannes drängte. Vieles deutet darauf hin, dass die Müllers 1981 Geld brauchten, weil sie in Amerika bleiben und sich dort eine neue Existenz aufbauen wollten. Bis dahin hatte Gerd Müller bei seinen regelmäßigen Besuchen in der Heimat stets den Eindruck erweckt, dass er nach dem Zapfenstreich in Florida auf alle Fälle nach München zurückkehren werde. 1981 dachten die Müllers um.

Der Sinneswandel hatte anscheinend viel mit dem Ehepaar Huber zu tun, das seit langem zum engsten Kreis von Gerd und Uschi Müller gehörte; Gerd war bei der Hochzeit sogar Trauzeuge gewesen.[88] Hans Huber und seine Frau Hanni besuchten ihre alten Freunde in Florida, fanden Gefallen an Fort Lauderdale und entschieden sich schließlich dafür, nach Amerika auszuwandern und gemeinsam mit den Müllers in die Gastronomie einzusteigen. Die Voraussetzungen dafür waren nicht

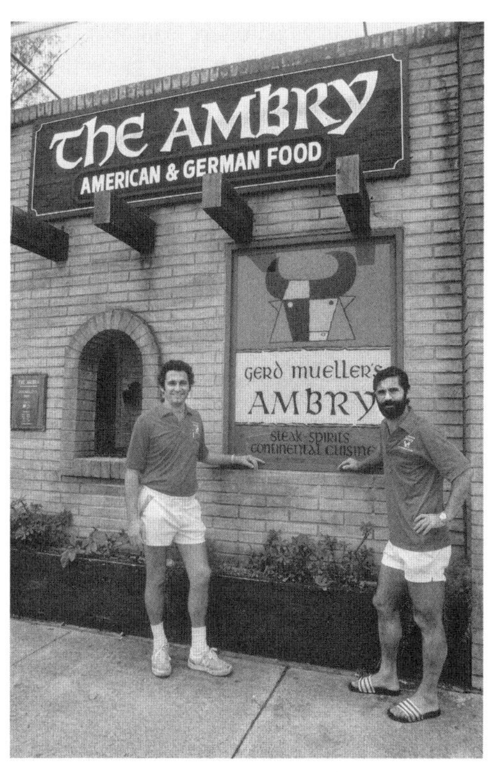

Zweite Karriere als Wirt

schlecht: Hans und Hanni Huber und ihre beiden Kinder hatten einschlägige Erfahrungen – sie als Besitzerin einer kleinen Metzgerei, er als Bierfahrer bei der Paulaner Brauerei,[89] der Sohn als Metzger und die Tochter als Bedienung – und die Müllers hatten einen klingenden Namen, der seine Werbewirkung nicht verfehlen würde.

Das Startkapital brachten Gerd und Uschi Müller auf. Sie verkauften dafür ihr Sportgeschäft in Aschheim an den Eiskunstläufer Manfred Schnelldorfer[90] und ihre sonstigen Besitztümer,[91] die ihnen nach den finanziellen Rückschlägen vor 1979 geblieben waren. Auch das Haus in Straßlach wechselte im September den Besitzer und gehörte nun einem Bäckermeister aus Taufkirchen.[92] Diese Summen steckten die Müllers 1981 in den Ankauf eines teuren Restaurants, das sie «Gerd

Mueller's Ambry» nannten. Eine Vertragsverlängerung bei den Strikers hätte das Risiko, das mit dem Erwerb des «Ambry» verbunden war, vermindert, ein aktiver Spieler vielleicht auch größere Anziehungskraft entfaltet als eine Legende. Uschi Müller wusste also genau, was sie tat, als sie so energisch um einen neuen Vertrag kämpfte.

Als das «Ambry» im Herbst 1981 eröffnet wurde, machte diese Nachricht auch in München die Runde. Rudolf Mayer, der legendäre Taxi-Mayer, der Müller über Jahre als Chauffeur und Butler gedient, sich mittlerweile aber mit ihm überworfen hatte, kommentierte Müllers Pläne voller Skepsis: «Der Gerd ois Empfangschef, die Uschi hinter der Kasse und die andere schneid' in der Kuchl d'Wurscht ab – das kann wos wern», meinte er.[93]

Das «Ambry» lag am Commercial Boulevard, also im Zentrum der Stadt, und bot Raum für 60 bis 80 Gäste, die dort Steaks und «continental cuisine», sprich: ein wechselndes deutsches Gericht erwarteten. Hanni und Hans Huber arbeiteten in der Küche, Uschi Müller fungierte als Geschäftsführerin und half beim Kochen mit, während ihr Mann als Aushängeschild diente: Er stand an der Tür, begrüßte die Gäste und wies ihnen ihre Plätze zu. Wer wollte, bekam ein Autogramm von ihm und durfte sich mit dem Weltstar ablichten lassen. Mehr gab es für ihn nicht zu tun. Sein Ruhm bildete die Basis des Geschäftsmodells, das die Hubers und die Müllers ersonnen hatten.

Über einen Mangel an Gästen konnten sie sich anfangs nicht beklagen. Jeder wollte den legendären Stürmerstar sehen und sich in seiner Nähe sonnen. Das galt für die Fans der Strikers ebenso wie für die vielen deutschen Touristen, die in den 1980er Jahren nach Florida strömten und – wenn es sich einrichten ließ – bei Gerd Müller Station machten. Außerdem traf man dort ehemalige Mannschaftskameraden mit ihren Familien und viele Mitglieder der gar nicht so kleinen deutschen «Gemeinde» in Miami und Umgebung, die sich von dem berühmten Namen anlocken ließen. Schließlich fanden sich auch die Crews der deutschen Fluglinien und die Besatzungen der großen Kreuzfahrtschiffe, die im Hafen vor Anker lagen, im «Ambry» ein. Müllers Steakhouse war eine gefragte Adresse, auch zahlreiche deutsche Prominente ließen sich dort blicken – der Musiker James Last, der Fernsehmoderator Wim Thoelke, die singende Ulknudel Otto Waalkes und der Profiboxer Reiner Hartmann, der sich in Miami bei der Trainerlegende Angelo Dundee auf seine nächsten Kämpfe vorbereitete und als Sparringspartner von Muhammed Ali fungierte.[94]

Gerd Müller tauchte in der Regel am frühen Nachmittag in seinem Restaurant auf. Er war die Hauptattraktion und kam seinen Repräsentationspflichten geflissentlich nach. Ansonsten kickte er 1982 gelegentlich in einer Amateurmannschaft, der Smith Brothers Lounge, später spielte er Tennis und Racketball, oft selbst bei sengender Hitze stundenlang, oder genoss den Komfort seines Hauses in Plantation, das die Müllers 1979 in der hübschen Wohngegend etwa 20 km westlich von Fort Lauderdale erworben hatten.[95] Anschluss an seine Nachbarn oder die deutsche Gemeinde in Miami suchte er nicht. Entsprechende Angebote schlug er regelmäßig aus. James Last beispielsweise bemühte sich rührend um die deutschen Spieler bei den Strikers. Der Fußballnarr nahm sie auf luxuriöse Golfplätze mit, lud sie in teure Restaurants ein und fuhr mit ihnen mit der eigenen Yacht aufs Meer hinaus.[96] Gerd Müller zeigte wenig Interesse daran. Sogar alten Bekannten aus Bundesligatagen, die auf Floridatrip waren und ihn kurz treffen wollten, gab er einen Korb.[97]

Er hatte jetzt wenigstens tagsüber seine Ruhe, nach der er sich angeblich immer gesehnt hatte, war aber mitnichten ein so glücklicher Mensch, wie er deutschen Journalisten gegenüber behauptete. Er fühlte sich nach dem Aus bei den Strikers in Amerika nicht mehr wohl. Der Fußball fehlte ihm ebenso wie das Milieu eines Vereins, das seinen Alltag strukturiert und ihn selbst stabilisiert hatte. Sogar einfachen Tagestouristen aus Deutschland fiel auf, dass Müller seinen Frust kaum bezähmen konnte. Gelegentlich brach es sogar regelrecht aus ihm heraus, wie deplatziert er sich fühlte. Symptomatisch für seine Unzufriedenheit war auch sein wenig souveräner Umgang mit Eckhard Krautzun. Müller sprach kein Wort mehr mit ihm und ließ ihn abblitzen, als der alte Trainer ins «Ambry» kam – man bediente ihn einfach nicht und erteilte ihm Lokalverbot.

Solche Probleme hatten weder Bernd Hölzenbein noch «Edi» Kirschner, der von 1976 bis 1978 mit Müller beim FC Bayern gespielt und 1982 bei den Strikers angeheuert hatte. Die alte Herzlichkeit stellte sich aber auch im Umgang mit ihnen nicht mehr ein. Hölzenbein blieb dem «Ambry» bald ganz fern. Kirschner kam immer noch vorbei, er mochte die Atmosphäre, die deutschen Speisen und das bunte Publikum der Piloten, Stewardessen und Schiffskapitäne, die an ihm – dem Strikers-Star – ebenso interessiert waren wie er an ihnen. Kirschner, der gut Englisch sprach, nutzte diese Kontakte und lernte damit eine neue Welt kennen, die dem aufgeweckten Aufsteiger aus der tiefsten Provinz Niederbayerns bis dahin verschlossen geblieben war.

Dass der Umgang mit Gerd Müller immer schwieriger und selbst für gute Bekannte wie Kirschner langsam zum Problem wurde, lag nicht zuletzt am Alkohol, dem Müller nun täglich in erhöhter Dosis zusprach. Dieses Laster war nicht neu, es begleitete ihn seit langem, gewann nach dem Ende der Karriere aber eine neue Dimension: Jetzt fiel der Zwang zur Selbstdisziplin weg, die er schon als reiferer Spieler nur noch mühsam aufgebracht hatte. Außerdem konfrontierte ihn der neue Beruf als Hauptattraktion eines Restaurants mit neuen, nicht leicht zu bestehenden Anfechtungen. Viele Gäste wollten mit ihm anstoßen, seine Geschichten von den alten Heldentaten hören und wieder anstoßen und noch eine Runde ausgeben. Gerd Müller war, man muss es so drastisch sagen, gegen 10 Uhr abends regelmäßig blau.

Ob bei der Flucht in den Alkohol auch andere Motive eine Rolle spielten, ist schwer zu beurteilen. Denkbar wäre es. 1982/83 machten sich nämlich finanzielle Engpässe bemerkbar, die den Lebensplan der Familie Müller in Frage stellten, ja schließlich über den Haufen warfen. Im ersten Überschwang nach dem Erfolg des «Ambry» hatten sich Uschi und Gerd Müller zu weiteren geschäftlichen Aktivitäten überreden oder hinreißen lassen, über die sie später ebenso wenig sprachen wie die Familie Huber, die daran beteiligt war. Bekannt ist nur, dass Gerd Müller 1982 den Bau einer groß angelegten Fleischwarenfabrik mitfinanzierte, die Hans Huber junior zusammen mit dem Freund seiner Schwester betrieb. Das Ziel dieser modernen Anlage war hoch gesteckt: Die beiden jungen Geschäftsleute wollten mit ihren bayerischen Wurstspezialitäten die Kunden vor Ort und die großen Kreuzfahrtschiffe beliefern, die in Fort Lauderdale und Miami anlegten.[98] Außerdem trug sich Müller mit dem Gedanken, in Florida eine Fußballschule für Kinder wohlhabender Eltern aus Deutschland aufzuziehen. 2700 DM sollte der Spaß pro Woche kosten, Flug und Vollpension inbegriffen. Müller firmierte als Trainer bei diesem Unternehmen, das neben Fußball auch Tennis, Golf, einen Sprachkurs und allerhand sonstigen geistigen Ausgleich anbot. Sogar ein «Besuch bei der Feuerwehr und dem Sheriff» war vorgesehen, wie es in einer Annonce der «Süddeutschen Zeitung» hieß.[99]

Die Fußballschule blieb ein Traum, und dass frische Weißwürste den Weg auf die Luxusliner fanden, darf ebenfalls bezweifelt werden. Hier wie dort verloren die Müllers aber eine Stange Geld. Zu allem Überfluss erfüllte auch das «Ambry» die Erwartungen der Inhaber nur in der ersten Zeit. Das Restaurant machte viel Arbeit und warf immer weniger ab. Den Einheimischen war es zu teuer und den Touristen auf die Dauer nicht attraktiv genug, zumal sich die Anziehungskraft Gerd Müllers langsam erschöpfte. Er spielte nicht mehr bei den Strikers und war immer häufiger betrunken anzutreffen – seine peinliche Gegenwart dementierte seine glorreiche Vergangenheit und damit auch die Erinnerung seiner deutschen Fans, die dafür nicht nach Florida kamen.

Man kann es drehen und wenden, wie man will: Schon ein Jahr nach seinem Karriereende steckte Gerd Müller in ernsten finanziellen Schwierigkeiten, für die es keine leichte Abhilfe gab. Eine Option war vielleicht das Abschiedsspiel vom FC Bayern München und von der Nationalmannschaft, das 1979 fest verabredet, dann aber auf die lange Bank geschoben worden war. Niemand schien gesteigertes Interesse daran zu haben – der FC Bayern am allerwenigsten. Die Vereinsführung hatte den erpresserischen Abgang und den Flirt mit 1860 noch in lebhafter Erinnerung und Müller zur Persona non grata erklärt. Aber auch seine alten Weggefährten in der Mannschaft machten einen Bogen um ihn. Er rief sie nicht an, wenn er in München war, und sie suchten ebenfalls keinen Kontakt zu ihm.[100] Sepp Maier und Georg Schwarzenbeck waren sogar richtig sauer auf ihn, weil er bei ihren Abschiedsspielen 1980 und 1981 gefehlt hatte. Auf Schwarzenbecks Einladung hatte Müller nicht einmal geantwortet. «Zumindest melden hätte er sich können», mehr sagte der enttäuschte «Katsche» nicht.[101]

Der DFB behandelte den Fall ebenfalls dilatorisch. Der Fußballbund lebte seit 1974 im stummen Streit mit dem einstigen «Bomber» und hatte 1979 seine Genehmigung für ein Abschiedsspiel mit der Nationalmannschaft nur ungern und nur deshalb erteilt, weil Neudecker sich vehement dafür eingesetzt hatte[102] – alles andere war Sache des FC Bayern und von Gerd Müller, der auch nicht ernstlich drängte. Eine offizielle Verabschiedung auf dem Spielfeld hätte ihn ja gezwungen, mit den Verantwortlichen des DFB und der Bayern zu kooperieren. Er ging ihnen lieber aus dem Weg.

Als die Müllers im Herbst 1981 Geld für ihre geschäftlichen Aktivitäten brauchten, zogen sie die Option eines Abschiedsspiels aber anscheinend doch in Betracht. Gerd Müller beklagte sich in der Presse, dass er aus München nichts höre und Uli Hoeneß nicht auf seine Anrufe reagiere,[103] handelte sich dafür aber nur eine aggressive Belehrung des neuen Managers ein, die den alten Unmut aus dem Jahr 1979 deutlich verriet. «Kein Mensch» wolle Müller das Abschiedsspiel verweigern. «Nur: Er kann nicht in den USA hocken, Däumchen drehen und drei Stunden vor dem Anpfiff antanzen. Er muß sich eben auch um Termin und Einladungen kümmern, wie es Sepp Maier und Georg Schwarzenbeck taten»,[104] so Hoeneß, der daraufhin den alten Vorschlag Neudeckers von 1979 erneuerte, Müller und Beckenbauer gemeinsam zu verabschieden. Den Reinerlös in Höhe von einer Million DM sollten sich «der Franz» und «der Gerd» teilen.[105]

Zu dieser Doppellösung kam es wieder nicht, aber auch Müllers alleiniges Abschiedsspiel ließ noch fast zwei Jahre auf sich warten. Maier, Schwarzenbeck, Beckenbauer und selbst Breitner, der seine Karriere erst zum Ende der Saison 1982/83 beendet hatte – alle Großen waren längst geehrt und mit viel Beifall im Olympiastadion verabschiedet worden, ehe im September 1983 auch Gerd Müller endlich an die Reihe kam. Auf dem Programm stand ein Kräftemessen zwischen dem FC Bayern und der deutschen Nationalmannschaft, bei dem der «Bomber der Nation» in der ersten Hälfte für seinen alten Klub spielen und danach das Trikot der Nationalelf tragen sollte.[106] Müllers Angst, wie «Katsche» Schwarzenbeck vor halb leeren Rängen zum letzten Appell antreten zu müssen, erwies sich als unbegründet. Das Olympiastadion

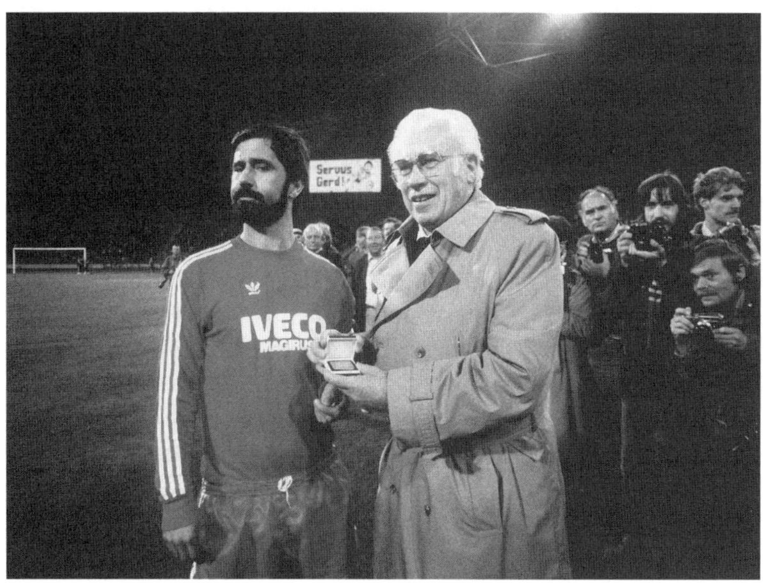


Wie Falschgeld

war mit 50 000 Zuschauern gut gefüllt. Es hatte sich also ausgezahlt, dass er in das Aktuelle Sportstudio des ZDF gegangen war, bei zahlreichen Sponsoren wie Adidas und dem Sektfabrikanten Deinhard vorstellig geworden war und die Werbetrommel in der Presse gerührt hatte.

Der Präsident verlieh Müller die höchste Auszeichnung des Vereins, die Goldene Ehrennadel mit Brillanten, die zuvor nur Beckenbauer, Maier und Breitner erhalten hatten,[107] und er lobte die Lebensleistung Müllers in den höchsten Tönen. Ungetrübte Freude kam bei Müller dennoch nicht auf. Das Abschiedsfoto im Dress der FC Bayern zeigt einen zutiefst verletzten, ebenso traurigen wie trotzigen Mann, der nicht weiß, wohin mit seinen gemischten Gefühlen.[108]

Der große Zuspruch der Fans tat ihm gut, der donnernde Applaus, der ihn auf der Ehrenrunde begleitete, rührte ihn fast zu Tränen. Zugleich wurmte ihn aber, dass ihn der FC Bayern bei der Vorbereitung des letzten Spiels nicht genügend unterstützt hatte; er sah darin ein weiteres Indiz für seinen Verdacht, dass die Verantwortlichen das Abschiedsspiel nur des Geldes wegen – ihres Geldes wegen! – ausgerichtet hatten.[109] Außerdem ärgerte ihn, dass ihn Bundestrainer Jupp Derwall in der zweiten Hälfte schon nach sechs Minuten vom Platz geholt und zum Zuschauen verdammt hatte, was auch viele andere als Affront empfanden. Schließlich spürte Müller, dass bei dem großartigen Abend im Olympiastadion und all den schönen Worten – sogar eines Wilhelm Neudecker – nichts wirklich stimmte. Die Hauptakteure des Abends wussten zu viel voneinander, als dass großherzige Versöhnungsstimmung hätte aufkommen können. Lauerndes Misstrauen nahm echter Herzlichkeit jegliche Chance. Auch sentimentale Anwandlungen konnten nicht verdecken, dass die Inszenierung der heilen Bayern-Welt eben doch nur eine Inszenierung war: Müller gehörte nicht mehr dazu, er war ein «Fremder in der Heimat»[110] und hatte keine geringe Schuld daran.

Auf 250 000 DM dürfte sich die Summe belaufen haben, die Uschi und Gerd Müller am Ende mitnehmen konnten. Manager Hoeneß hatte sich großzügig gezeigt und das Teilungsverhältnis mit «60:40 oder 70:30 für den Gerd» festgesetzt.[111] Viel Geld, aber – wie es scheint – doch zu wenig, um die Löcher stopfen zu können, die mehrere Fehlinvestitionen in Amerika mittlerweile gerissen hatten. Wer dafür verantwortlich war – Uschi Müller, das Ehepaar gemeinsam oder die Familie Huber? –, kann nicht geklärt werden. Alles spricht aber dafür, dass die enttäuschten Gewinnerwartungen für Frustrationen sorgten, die am Ehepaar Müller nicht spurlos vorübergingen und auch die Erwerbsgemeinschaft Müller/Huber so sehr belasteten, dass am Ende nur die Trennung blieb.

Uschi und Gerd Müller hatten schon lange vor dem Wechsel nach Amerika ein höchst ungleiches Paar gebildet. Die Ehe stand seit Mitte der 1970er Jahre im Zeichen einer gewissen Entfremdung. Amerika hatte vermutlich auch für das Paar einen Neuanfang bedeutet, zumindest den Versuch dazu. Die Chance, in der Fremde wieder mehr Nähe zu gewinnen, wurde aber nicht genutzt. Gerd Müllers Welt drehte sich auch in Amerika zunächst nur um den Fußball. Er musste trainieren, spielen und immer wieder längere Reisen hinter sich bringen, während seine Frau in dem luxuriösen Bungalow in Plantation den Haushalt besorgte und sich um die Tochter kümmerte, die seit 1981 eine amerikanische Schule besuchte.[112]

Nach seinem Karriereende änderte sich die Situation, aber nicht zum Besseren. Gerd Müller kam ohne Fußball nur schlecht zurecht und betäubte seine Frustrationen mit fanatischem Tennis- und Racketballspiel – und mit Wein und Whiskey. Die finanziellen Sorgen taten ein Übriges, um seine Stimmung zu trüben. Ein Rezept, den Dingen eine Wende zum Besseren zu geben, hatte er nicht. Dafür war, wie üblich, seine Frau zuständig, die auch keine Abhilfe kannte und deshalb immer gereizter reagierte. Auch auf ihren Mann, der sich stundenlang auf Sportplätzen herumtrieb, missmutig im «Ambry» auftauchte und ansonsten seinen alkoholisierten Kopf in den Sand steckte. Hier eine wegwerfende Handbewegung, da ein abfälliges Wort, das Klima näherte sich dem Gefrierpunkt, und bald war unübersehbar, dass das Ehepaar in einer schweren Krise steckte, aus der Uschi Müller nur einen Ausweg sah: die Rückkehr nach München.

Florida, der ewig blaue Himmel, gesundheitliche Probleme, aber auch die Tatsache, dass die Freundschaft zu den Hubers angesichts der Alkoholprobleme ihres Mannes und der geschäftlichen Rückschläge brüchig wurde, hatten sie zu diesem Entschluss gebracht. Die Hubers hatten den betrunkenen Gerd ja oft genug erlebt und immer wieder darüber geklagt, dass er nicht mehr recht vorzeigbar sei – ohne nachhaltige Wirkung, wie sich Uschi Müller eingestehen musste. Was dann geschah, wissen nur die unmittelbar Betroffenen, und die schweigen seit mehr als 30 Jahren. Allem Anschein nach verkauften die Müllers das «Ambry» an die Familie Huber. Über der vermutlich nicht einfachen finanziellen Abwicklung des zwei, drei Jahre recht erfolgreichen Unternehmens entzündete sich schließlich ein heftiger Streit, der nicht mehr beizulegen war.

Die Müllers kehrten im März 1985 nach München zurück. Die Hubers blieben und führen das Lokal bis heute weiter. «Ihre Freundschaft ist nicht zerbrochen, sie verwehte einfach», wie die Zeitung «Die Welt» in poetischer Verdichtung weitab der Realität schrieb.[113] Gerd

Müller ist in seinem früheren Lokal noch immer präsent – Pokale, Fotos und Wimpel erinnern an ihn. Der Gerd sei ein «feiner, ein ganz feiner Kerl», sagt Hans Huber bei jeder Gelegenheit.[114] Von Uschi Müller ist nicht die Rede, auch davon nicht, dass sie und ihr Mann bei ihren späteren regelmäßigen Floridaaufenthalten nur noch einmal kurz im «Ambry» aufkreuzten, danach nie wieder. Die Vergangenheit mit ihren Rätseln ist abgeschlossen, das Schweigegelübde aber hält.

## 14.

# Tiefer Fall

Kaum jemand nahm Notiz davon, dass der einstige Bayern-Star im Frühjahr 1985 seine Zelte in Amerika abgebrochen hatte, um wieder in seiner alten Heimat zu leben. Am Frankfurter Flughafen wartete keine Presse, kein Verein, keine Werbeagentur, die sich um seine Dienste bemüht hätte. Auch Autogrammjäger waren nicht zu sehen. Müller kam auf leisen Sohlen zurück – fast wie ein Geschlagener, der Fragen nach seiner Vergangenheit in Amerika und nach seiner Zukunft am liebsten aus dem Weg ging. In den ersten zwei Wochen wohnte er mit seiner Familie bei Freunden in Tübingen. In München wusste so gut wie niemand, dass Müller zurückgekehrt war; er und seine Frau erweckten anfangs sogar den Eindruck, nur für einige Wochen auf Urlaub in Deutschland zu sein, um unangenehmen Fragen auszuweichen.

Wie fünf Jahre zuvor stand der ehemalige Fußballstar vor einem Neuanfang – mit dem Unterschied nur, dass es diesmal viel schwerer werden würde, weil er ganz auf sich allein gestellt war. Seit seinem Abschied aus Nördlingen zwanzig Jahre zuvor hatte es – neben seiner Frau – immer jemanden gegeben, der seinen Alltag strukturiert und seinem Leben Halt gegeben hatte – erst der FC Bayern, dann die Strikers und schließlich das «Ambry». Seit 1964 musste er sich außerdem nie um sein materielles Fortkommen sorgen. Er konnte aus dem Vollen leben und die Welt genießen. Damit war es jetzt vorbei. Er musste zwar nicht mit dem Pfennig rechnen, die ganz großen Sprünge konnte er aber nicht mehr machen, wie allein schon der Umstand bewies, dass die dreiköpfige Familie sich nur noch eine schlichte, aber geschmackvoll eingerichtete Drei-Zimmer-Wohnung leisten konnte,[1] die Freunde für sie angemietet und die sie vor dem Einzug noch nie gesehen hatten;[2] bis dahin hatte sie immer in großzügigen Eigenheimen gelebt. Gerd Müller musste sich umstellen und sich erstmals seit langem auch um neue Einkunftsquellen kümmern.

Daran sei er gescheitert, hieß es, und er sagte es auch selbst. «Nix» habe er nach seiner Rückkehr aus Amerika getan. «Den ganzen Tag einfach nur rumsitzen und nichts Sinnvolles machen – das war mein Verderben», erzählte er später immer wieder, um seine Lebenskrise und den endgültigen Absturz in den Alkohol zu erklären.[3] Aber war es wirklich so? Verfiel er tatsächlich in einsiedlerischen Trübsinn? Gerd Müller war schon immer der schlechteste Zeuge seiner selbst. Die Kargheit seiner Erklärungen entsprach nur selten der komplexen Wirklichkeit, die er mit seinen simplen Zuspitzungen zum eigenen Schaden verfälschte. Er lag nach 1985 mitnichten auf der faulen Haut.

Ganz genau lässt sich der Radius seiner geschäftlichen Aktivitäten nicht überblicken. Was bekannt wurde, spricht aber für sich und sogar für eine gewisse Rastlosigkeit, die er nicht umsonst auf sich genommen haben wird; sie trug ihm in allen Fällen gutes Geld ein, das die Müllers aber auch brauchten, denn viel dürfte nach den Rückschlägen in Amerika nicht übrig geblieben sein – und der gewohnte Lebensstil ließ sich auch nicht von einem Tag auf den anderen auf null schrauben.

Konkret hieß das: Gerd Müller war nach 1985 im nationalen und internationalen Sportbetrieb präsent. Selbst in Japan erinnerte man sich an ihn. Er hatte dort Jahr für Jahr ein mehrwöchiges Engagement bei der Firma Kimoto als Fußballlehrer für Kinder im Alter von acht bis 14 Jahren, die ihre Fußballkunst verfeinern wollten.[4] An seiner Seite arbeiteten Helmut Haller und der ehemalige Nationalspieler Dieter Müller vom 1. FC Köln, später Bernd Nickel von der Frankfurter Eintracht, der die Aufenthalte in Japan in bester Erinnerung behalten hat – nicht zuletzt die vielen Ausflüge zu touristischen Attraktionen und den beeindruckenden Besuch in Hiroshima, wo die drei deutschen Fußballveteranen mit eigenen Augen sehen konnten, was die Amerikaner 1945 mit ihrer Atombombe angerichtet hatten. Konkrete Summen nannten Nickel und Uschi Müller im Gespräch nicht, ihre Mienen verrieten aber, dass sich die Abstecher in den Fernen Osten nicht nur wegen der kulturellen Horizonterweiterung rentiert hatten.[5]

Dass Müller nur selten zur Ruhe kam, lag auch an seiner Mitwirkung an zahlreichen Benefiz- und Werbespielen, die in den 1970er Jahren in Mode gekommen waren und im Jahrzehnt danach immer populärer wurden. Vor allem in der Provinz entwickelten solche Events eine enorme Anziehungskraft. Namhafte Stars, WM-Helden gar, spielen zu sehen und aus der Nähe zu erleben, das zog insbesondere dort, wo man die Bundesliga nur aus dem Fernsehen kannte. Bei Stadioneinweihungen, bei Neueröffnungen von Supermärkten, bei Vereins- oder Firmenjubiläen und bei vielen sonstigen Anlässen zum Feiern kamen die Organisatoren regelmäßig auf die Idee, ein Fußballspiel auszurichten, bei dem sich die lokalen und regionalen Größen mit den Altstars der Bundesliga messen konnten. Hier entstand im Zuge des allgemeinen Fußballbooms ein ganz neues Marktsegment, das bald Hunderten von ehemaligen Fußballprofis eine berufliche Perspektive oder wenigstens die Chance eröffnete, sich ein schönes Zubrot zu verdienen.

Gerd Müller war dabei, wenn nicht alles täuscht, sehr gut im Geschäft. Er spielte für eine Mannschaft des Bayerischen Rundfunks[6] und die «Alte Liga» des FC Bayern, in der sich auch viele andere Ex-Profis fit hielten. Er mischte bei einer von Bernd Nickel zusammengetrommelten Oldie-Truppe mit, die mehrmals im Jahr vornehmlich in Hessen auftrat.[7] Und er gehörte zum Kernbestand der Uwe Seeler-Traditionself, die Werner Treimetten, der Manager von «Uns Uwe», 1974 ins Leben gerufen hatte.[8] Engagements bei Treimetten waren besonders gefragt und rentierlich. Alles, was Rang und Namen hatte im deutschen Fußball, spielte für sein Team: Beckenbauer, Overath, Netzer, Breitner und natürlich Uwe Seeler selbst. Treimettens Elf war im In- und Ausland aktiv, sie wurde von VW und Mercedes für Werbezwecke gebucht und kooperierte mit der Firma «Portas», die Türen und Küchen herstellte und sich ihr Logo auf dem Mannschaftstrikot einiges kosten ließ.[9]

Wie oft Gerd Müller für das «Portas»-Team auflief, ist ebenso wenig bekannt wie die exakte Höhe des Honorars, das er dafür kassierte. Insider sprachen von einigen Dutzend Spielen, die er zwischen 1985 und 1990/91 absolvierte, und von einigen Tausend DM als Aufwandsentschädigung pro Partie. Dabei blieb es aber nicht. «Portas» organisierte nämlich auch noch Fußballcamps für Kinder und Jugendliche und griff dafür auf bewährte Kräfte wie Gerd Müller als Lehrpersonal zurück.

Vermutlich vergingen nur wenige Wochen im Jahr, in denen Müller nicht in Sachen Fußball unterwegs gewesen ist.[10] Der Tu-nix-Generation, die damals von sich reden machte, gehörte er jedenfalls nicht an. Schließlich besaß er mit Helmut Haller auch noch einen Sportartikelvertrieb, die Augusta-Teamsport GmbH, in Augsburg,[11] und schließlich fand er sich nun auch wieder häufiger im Olympiastadion ein, um sich über die Form des FC Bayern und den Fußball generell auf dem Laufenden zu halten. Bei wichtigen Spielen, sei es des FC Bayern, sei es der Nationalmannschaft, hatte er nämlich, wie früher schon einmal, auch noch einen Nebenjob bei der Münchner «Abendzeitung», wo er bis 1991 immer wieder als Gastkritiker und Kolumnist tätig war. Bei der Fußballweltmeisterschaft 1990 in Italien beispielsweise kommentierte er fast alle Spiele der von Beckenbauer trainierten Weltmeisterelf[12] – sachkundig, unaufgeregt und ohne die bei Altstars sonst übliche Schadenfreude, wenn es gerade nicht gut lief.

Müller bewältigte dieses Pensum bis 1990 trotz seiner Alkoholprobleme, die sich nicht kaschieren ließen, ihn aber auch kaum einmal so beeinträchtigten, dass er seine Pflichten vernachlässigen musste. 1990 lud er sich sogar noch weitere Geschäfte auf, die ihm sein neuer Manager Erich März besorgt hatte. Der gelernte Einzelhandelskaufmann hatte es durch Fleiß, Umsicht und Einfallsreichtum zum Inhaber einer Marketing-Firma gebracht, deren Kundenkreis von Cassius Clay über Andreas Brehme und Björn Borg bis zur Filmdiva Britt Ekland reichte. Der Tausendsassa der bayerischen Werbebranche witterte überall das große Geschäft und hatte wirklich eine gute Nase. Müller, den er seit Herbst 1989 betreute, war noch immer ein großer Name, der sich leicht zu Geld machen ließ. Die staatliche Lotto- und Totogesellschaft soll dem ehemaligen Fußballstar Anfang 1990 sage und schreibe 500 000 DM in Aussicht gestellt haben, wenn er in den folgenden zwei Jahren insgesamt 100 Autogrammstunden in den Filialen des Wettbetriebs absolviert hätte.[13] Ein großzügiges, aber auch ein sauberes Angebot von einem staatlich kontrollierten Unternehmen, das mit Müller schon einmal in Zusammenhang gebracht worden war und nach einer Intervention von Finanzminister Huber auch seinen ehemaligen Manager Nehl aufgenommen und versorgt hatte?

Eine stattliche Summe war es jedenfalls und zusammen mit den anderen Einnahmen keine schlechte Überlebensversicherung für die Zukunft. Das Problem war nur, dass Gerd Müllers Gesundheit um 1990 immer prekärer wurde. Der unmäßige Alkoholkonsum forderte jetzt seinen Tribut – eine Besserung war nicht in Sicht; er trank sogar immer mehr. Er brauchte Wein und Schnaps schon am Morgen und kam bis zum Abend nicht mehr von der Flasche weg. Eine kostspielige Sache!

Seine Frau wusste seit langem von diesen Problemen, hatte sie aber über Jahre unterschätzt. Erst in Amerika erkannte sie, wie weit die Sucht ihres Mannes bereits fortgeschritten war. Sie erhoffte sich von der Rückkehr nach München eine Besserung, wurde aber bitter enttäuscht. Uschi Müller mahnte ihren Mann zwar immer wieder zur Umkehr, sie überredete ihn sogar mehrmals zu einer privaten Entziehungskur, bei der Gerd Müller tagelang das Bett hüten musste und nur noch verdünnten Wein trinken durfte.

Alles umsonst. Der Alkohol trieb die Eheleute unweigerlich auseinander. Sie ging ihrer Wege, er seiner und wurde dabei immer missmutiger und immer eifersüchtiger. Sie lebten wie Stumme und Taube nebeneinander her. Sie habe am Ende der Karriere ihres Mannes festgestellt, bekannte Uschi Müller im September 1991, «daß wir uns gar nicht kennen. Keine Gemeinsamkeiten, keine gleichen Hobbys. Wir wollen nicht mal die gleichen Programme im Fernsehen anschauen.»[14]

Einen Ausweg sah Gerd Müller nicht. Er suchte nicht einmal danach, litt aber schwer an den zunehmenden atmosphärischen Störungen in der Ehe und versank schließlich so tief in seiner Sucht, dass sich die Fassade der Normalität nicht mehr aufrechterhalten ließ: Er musste Autogrammstunden absagen und erschien am Ende gar nicht mehr zu den vereinbarten Terminen.[15] Müller habe nur einige wenige absolviert, erinnerte sich auch Willi O. Hoffmann,[16] ihm sei das Geschäft zu strapaziös geworden. Vor allem die Plaudereien mit den örtlichen Honoratioren hätten Müller gelangweilt, er habe immer gleich das Weite gesucht.

Auch beim «Portas»-Team, bei den Benefiz- und Freundschaftsspielen tauchte er nur noch selten auf. Seine Kräfte reichten nicht mehr aus. Er spielte Standfußball und ließ sich nach 20, 30 Minuten auswechseln – unter dem Vorwand einer Verletzung, den jeder seiner Mitspieler durchschaute. Man habe den Alkohol «schon gerochen, wenn er ankam», so Sepp Maier nach einem Spiel im Jahr 1991. «An der Kleidung, am Körper, überall. Manchmal ließ er sich vorzeitig auswechseln, sagte, er habe Beschwerden. Als wir nach dem Spiel in die Kabine kamen, trank er schon fröhlich.»[17]

Es war für niemanden mehr zu übersehen: Müller trank vor dem Spiel, in der Halbzeitpause und nach dem Spiel – und blieb dann meist in Hotels und Vereinsheimen bis spät in der Nacht hängen. Dort feierte er mit seinen alten Kameraden mitunter bis zum bitteren Exzess mit Showeinlagen, die einen völlig derangierten Müller in der Hauptrolle sahen. Uli Hoeneß wusste genau, warum er sich später über die Après-Spiel-Partys so sehr echauffierte. «Am Abend füllen sie ihn ab und amüsieren sich, wenn Gerd wie ein Tanzbär auftritt.»[18]

Auch mit wildfremden Menschen freundete er sich im Rausch rasch an. Er wollte reden und schüttete ihnen sein Herz fast hemmungslos aus. Er wirkte dabei hilf- und trostlos, aber auch so arglos wie ein kleines Kind, das Nähe suchte und bereit gewesen wäre, alles dafür zu geben. Man hätte an solchen Abenden und in solchen Stimmungen das «letzte Hemd» von ihm haben können – eine Lokalrunde, seine Brieftasche oder ein Darlehen. Es sei ein Leichtes gewesen, ihn auszunehmen, sagen Zeitzeugen.[19] Nicht selten scheint es dazu auch gekommen zu sein, so dass von den Einnahmen meist nicht sonderlich viel übrig blieb.

Dass Gerd Müller in schwersten Problemen steckte und ein haltloser Säufer war, blieb keinem seiner Mitspieler bei «Portas» und anderen Teams verborgen. Alle wussten es, und alle schauten weg. Einige stach immerhin das schlechte Gewissen. Es sei eine «Demütigung hoch drei» gewesen, man habe ihn vorgeführt und missbraucht, weil sein Name noch immer zog und sich gut vermarkten ließ.

Man braucht keine lebhafte Fantasie zu haben: Der rapide körperliche Verfall, die peinlichen Auftritte und die geschäftlichen Misserfolge Müllers waren zusätzliches Gift für die ohnehin schon strapazierte Ehe. Der einstige Superstar ging morgens weg und kam spät nachts schwer alkoholisiert nach Hause. Er schien seine Frau nicht mehr ertragen zu können, weil sie ihm Vorwürfe machte und ihn zu einem professionellen Entzug überreden wollte. Jeden Abend dasselbe schreckliche Theater und jeden Abend neben einem betrunkenen Wrack im Bett liegen zu müssen, überstieg die Kräfte und die Geduld von Uschi Müller. Sie war völlig verzweifelt und wusste sich nicht mehr zu helfen. Im Herbst 1990, so scheint es, stand das Thema Trennung und Scheidung als notwendige Konsequenz im Raum. Was dann geschah, unterliegt dem Ehegeheimnis. «Der Alkohol» habe aus ihrem Mann einen «wildfremden Menschen gemacht». Es sei «zu viel Schlimmes passiert», räumte Uschi Müller später ein, ohne weiter in die schrecklichen Einzelheiten zu gehen.[20]

1991 war Gerd Müller in der Öffentlichkeit kaum mehr präsent. Die wenigen Bilder aus dieser Zeit zeigen einen aufgedunsenen Mann mit tiefen Augenringen und leerem, glasigem Blick – das Protokoll seines Elends stand ihm ins Gesicht geschrieben. Er trieb sich in Gasthäusern und Bars herum und ergab sich dem Alkohol nun ganz. Seine Frau reichte daraufhin die Scheidung ein und tat auch sonst das einzig Richtige: Sie ließ die Konten sperren, weil ihrem Mann das Geld zwischen den Fingern zerrann und weil sie Sorge tragen musste, die gemeinsamen Lebensversicherungen weiter zu bedienen. Tiefer konnte der Fall kaum sein – vom Weltstar zum Säufer, der Freunden gegenüber davon sprach, seinem Leben vor lauter Schwere ein Ende setzen zu wollen.[21]

In seiner Not kehrte Müller 1991 wieder häufiger dorthin zurück, wo er hergekommen war, wo er sich auskannte und wo er Hilfe vermutete – nach Nördlingen. Dort fand er tatsächlich wieder Anschluss. Er nahm Kontakt zu seiner Jugendfreundin Laura auf, die mittlerweile verheiratet war und Kinder hatte. Ihr gegenüber machte er aus seinem Lebenselend ebenfalls kein Geheimnis: Sein Leben sei die Hölle, er wolle weg und mit ihr und ihren zwei Töchtern in Japan neu beginnen.[22] Auch im alten Freundes- und Bekanntenkreis brachte er sich gelegentlich wieder in Erinnerung. Ob immer bei den Richtigen, darf bezweifelt werden. Einer derjenigen, die nun wieder öfter mit ihm zu tun hatten, war Willi Aschenbrenner, der aus Pflaumloch in der Nähe von Nördlingen stammte und Müller aus früheren Zeiten vom Fußball kannte. Aschenbrenner, ein 1946 geborener, gelernter Kaufmann hatte nie den Kontakt zu ihm verloren. Er habe immer hoch hinaus gewollt, sagten Zeitzeugen, und jetzt seine große Chance gewittert.

Aschenbrenner diente Müller als Herbergsvater, Chauffeur und Manager und gewann sein volles Vertrauen. Er nahm ihn bei sich auf, fuhr ihn gelegentlich nach München, brachte ihn zu den wenigen «Portas»-Spielen, die der Ex-«Bomber» noch absolvierte, und verwaltete die Einnahmen und das sonstige Kapital, das Müller noch geblieben war. Müller erteilte Aschenbrenner sogar eine Vollmacht für ein Konto, das er nach der Sperrung seiner anderen Konten durch seine Frau Uschi eröffnet hatte.[23] Um große Summen handelte es sich dabei nicht, vielleicht kamen sie aber durch Autogrammstunden und den Verkauf von Fanartikeln noch herein.

Als sein Partner fungierte dabei Hans Meyer, der mit ihm zusammen die Sportwerbefirma «Diginorm» betrieb.[24] Meyer, wie Aschenbrenner ein alter Bekannter Müllers aus der Nördlinger Jugendmannschaft, war wegen seiner Meriten im regionalen Fußball und seines umtriebigen Wesens im Schwäbischen eine schillernde Größe, die immer wieder mit spektakulären Aktionen von sich reden machte. Er hatte den «1. Rikscha-Club Deutschlands» gegründet, führte den Titel «Konsul» einer karibischen Insel und war mit Stars wie Helmut Haller und dem früheren Nationaltorhüter Wolfgang Fahrian befreundet. Meyer, von Beruf Spediteur, ließ sich, wie Aschenbrenner, «Generalmanager»[25] von Müller nennen und hatte ebenfalls hochfliegende Pläne mit dem alten Freund. Der tollste sah die Produktion von Bierkrügen mit dem Konterfei des ehemaligen Stürmerstars vor, die im Hofbräuhaus und anderen Großgaststätten Münchens verkauft werden sollten; millionenfach, versteht sich.[26]

Lange währte die Kooperation der beiden «Generäle» nicht. Sie überwarfen sich, wobei anscheinend auch das Geld keine geringe Rolle spielte. Müller landete daraufhin bei Meyer, der dem völlig mittellosen Trinker tageweise ebenfalls eine Bleibe bot. Er schirmte ihn vor der Öffentlichkeit ab, sorgte für seine Unterhaltung und immer für den nötigen Wein; Müller konnte böse und aggressiv werden, wenn der Nachschub fehlte.[27]

Auch Meyer musste aber rasch einsehen, dass mit dem permanent betrunkenen Müller als Werbeträger nicht viel anzufangen war. Ihre Wege trennten sich, nachdem Meyers Ehefrau immer energischer darauf gedrängt hatte, das Experiment der Wohngemeinschaft mit Müller zu beenden. Müller logierte daraufhin wieder bei Aschenbrenner, aber auch dort ging es aus den gleichen Gründen nicht lange gut. Einer der beiden «Generäle» wandte sich schließlich an den FC Bayern München, genauer an Franz Beckenbauer, der den bedenklichen Zustand Müllers schon kannte, und drohte unverhohlen damit, den Fall an die Öffentlichkeit zu bringen, wenn sich die Bayern nicht um ihren Altstar kümmern sollten.

In der Säbener Straße waren Müllers Alkoholprobleme nicht unbekannt. Über deren Ausmaß machte man sich aber anscheinend keine rechte Vorstellung. Viele ehemalige Profis tranken, das war ihre Privatsache, in die man sich besser nicht mischte. Hinzu kam, dass der Verein im zweiten Halbjahr 1991 selbst in Schwierigkeiten steckte, die das ganze Augenmerk der Führungsriege erforderten. Die Mannschaft befand sich nach dem Verkauf von Stefan Reuter und Jürgen Kohler und nach dem Karriereende von Klaus Augenthaler wieder einmal im Umbruch. Sportlich lief es so schlecht, dass der Erfolgstrainer der vergangenen Jahre, Jupp Heynckes, ebenso zur Disposition stand wie der Präsident Fritz Scherer und der Manager Uli Hoeneß. Alles rief nach dem Heilsbringer Franz Beckenbauer. Aber auch Karl-Heinz Rummenigge und Paul Breitner bereiteten sich bereits ungeduldig auf Führungsaufgaben vor. Die Lage an der Spitze war zeitweise so verfahren, dass Hoeneß mit dem Gedanken spielte, seinen Dienst als Manager zu quittieren und den Verein zu wechseln.[28]

An Gerd Müller und daran, wie es um ihn wirklich stand, dachte in dieser angespannten Situation niemand. Das änderte sich nach dem Alarmanruf bei Beckenbauer, der sich nicht lange bitten ließ und sofort nach dem Rechten sah – trotz der Wirren beim FC Bayern, trotz der alten Rivalität und trotz der Misshelligkeiten aus dem Jahr 1979, die der Führungsriege um Fritz Scherer und Uli Hoeneß in unguter Erinnerung geblieben sein mussten und auch Franz Beckenbauer nicht unbekannt sein konnten. Gerd Müller, die Bayern-Legende, dem der Verein so viel verdankte, brauchte Hilfe; niemand hätte es verstanden, wenn sie ihm nicht gewährt worden wäre.

Beckenbauer stellte Müller als Erstes eine Wohnung in München in Aussicht, die dieser aber ebenso schroff ablehnte wie ein ähnliches Angebot von Wilhelm Neudecker, der ebenfalls Wind von der Sache bekommen hatte. Müller schämte sich, am meisten vor seinen alten Mitspielern und Weggefährten, und wollte sich gerade von ihnen nicht helfen lassen, sondern lieber bei seinen «Generalmanagern» im Schwäbischen bleiben, wo er sich für nichts rechtfertigen musste und so weitermachen konnte wie bisher.

Seine Sturheit blockierte jede Lösung. Auch als Beckenbauer im September 1991 Uli Hoeneß einschaltete, blieb alles beim Alten. Hoeneß biss bei einem Treffen mit Müller ebenfalls auf Granit. Er hatte vor dem Gespräch mit seinem alten Sturmpartner den «Spiegel»-Journalisten, Sachbuchautor und Suchtexperten Jürgen Leinemann zu Rate gezogen, der eine Art Exit-Strategie für Müller empfahl: Hoeneß sollte ihm großzügige Unterstützung anbieten – unter anderem ein neues Auto und einen Job beim FC Bayern –, allerdings nur unter der Bedingung einer Entziehungskur, die Hoeneß organisieren wollte. Müller lehnte rundheraus ab, er sei kein Alkoholiker und trinke nur gelegentlich.[29]

Bewegung kam erst auf, als Bernd Hildebrandt, der Sportreporter der Münchner «Abendzeitung», am 14./15. September 1991 einen langen Artikel in seinem Blatt publizierte, der Müllers Lage in aller Drastik schilderte. Das einstige Fußballidol sei alkoholkrank, finanziell in ärgsten Schwierigkeiten und von seiner Frau verlassen worden. Die Ehe sei zerrüttet, Aussicht auf «Wiederherstellung» bestehe nicht, hieß es in dem von Hildebrandt zitierten Schreiben des Rechtsanwalts, der im Auftrag von Uschi Müller die Scheidung eingereicht hatte.[30]

Hildebrandts Artikel war nicht unumstritten. Journalisten aller Zeitungen wussten seit langem von den gravierenden Problemen Gerd Müllers und davon, dass sich die Situation Jahr für Jahr zuspitzte. Unsicher, verlegen, voller guter Absichten, die Privatsphäre zu schützen, schwiegen sie in ihren Blättern,[31] tuschelten aber hinter vorgehaltener

Hand und im Vertrauen so vernehmlich über den Fall, dass sich die Nachricht und ihre illegitimen Schwestern, die Gerüchte, rasch verbreiteten. Nach Hildebrandts Artikel rümpften viele die Nase. Die Trunksucht und die Ehekrise gehörten nicht in die Öffentlichkeit, sie waren Privatsache, die der Betroffene allein regeln sollte. Hinzu kamen persönliche Rücksichtnahmen: Der «Bomber» hatte viele Freunde und gute Bekannte unter den Sportjournalisten, die Legende Müller sollte intakt bleiben, der Fußball sein sauberes Image behalten. Auch die «Bild»-Zeitung, sonst immer auf der Jagd nach knalligen Schlagzeilen, hielt sich an diese ungeschriebenen Regeln.

Hildebrandt durchbrach sie, nicht um der Sensation willen, sondern weil ihn die wispernde Heimlichtuerei nervte und weil er glaubte, dass Müller damit nicht geholfen war. An seinen Überlegungen war viel Wahres. Sein Bericht setzte tatsächlich alle unter Handlungszwang: Müller und seine Familie, aber auch den FC Bayern, der bis dahin nicht untätig gewesen, aber vielleicht nicht mit dem nötigen Nachdruck zu Werke gegangen war. Namentlich die «Bild»-Zeitung sorgte jetzt dafür, dass Müller nicht mehr aus den Schlagzeilen verschwand. «Die Gerd Müller-Tragödie erschüttert Millionen», schrieb das Springerblatt. «Aber in der dunkelsten Stunde erstrahlt ein Licht der Hoffnung. Die wirklich guten Freunde, sie helfen in der Not. Allen voran Franz Beckenbauer.»[32]

Tatsächlich baute sich binnen weniger Tage eine Welle der Anteilnahme auf. Zahlreiche Fans sorgten sich um Müller, aber auch viele Prominente zeigten Mitgefühl und wollten helfen: Uwe Seeler, das Präsidium des DFB und Bundestrainer Berti Vogts, der Müller spontan eine Anstellung in seinem Stab in Aussicht stellte. Ganz ungetrübt war die Anteilnahme allerdings nicht. Es meldeten sich auch einige Freunde des Ex-«Bombers» und frühere Weggefährten zu Wort, die sich nur wichtigmachen wollten, was Uli Hoeneß so sehr erboste, dass er nicht mehr an sich halten konnte: «Alles Heuchelei», sagte er der «Abendzeitung» mit Blick auf den früheren Vereinspräsidenten Wilhelm Neudecker.[33] Er reihe sich nicht ein in die «Gruppe dieser Klugscheißer, die sich jetzt als große Helfer aufspielen und sich dafür feiern lassen».

Die «Abendzeitung», aber auch die viel gescholtene «Bild»-Zeitung bildeten diese unerquicklichen Konflikte nur ab. Sensationslust, Schadenfreude oder andere niedere Beweggründe waren nicht im Spiel. Die Boulevardpresse goss kein Öl ins Feuer und hielt sich auch bei der Berichterstattung über Müllers Probleme zurück – keine Einzelheiten über die Alkoholexzesse, keine Details aus dem Elend der Ehe, die den «Bild»-Reportern durchaus bekannt waren. «Bild» gab einem Hoeneß, einem Neudecker und vielen sonstigen Freunden Müllers Gelegenheit, ihre Sorgen zum Ausdruck zu bringen, ihre Meinungen zu äußern und sich – auf wie peinliche Weise auch immer – in Szene zu setzen. Sie ließ auch Uschi Müller zu Wort kommen, die wieder einmal allein am Pranger stand. An ihr hatten sich die Geister immer schon geschieden; jetzt war das nicht mehr der Fall: Sie galt als Alleinschuldige, während ihre Kritiker auf «ihren» plötzlich wiederentdeckten Gerd als Opfer nichts kommen ließen. Er müsse sich von «dieser Frau» trennen, hieß es sogar im innersten Führungskreis des FC Bayern, sonst sei vielleicht mit einer kurzfristigen Besserung, keinesfalls aber mit einer dauerhaften Konsolidierung seiner Situation zu rechnen.

Dabei war Uschi Müller im Herbst 1991 die Zurückhaltung in Person. Aus ihrem Munde waren so gut wie keine Vorwürfe und Anklagen zu hören. Sie betonte nur, dass sie und ihre Familie eine schwere Zeit hinter sich hatten, dass sie mit ihren Bemühungen, ihren Mann vom Alkohol abzubringen, gescheitert sei und dass sie ihm alles Gute für die Zukunft wünsche. Mit aller Entschiedenheit verwahrte sie sich aber gegen den immer wieder geäußerten Verdacht, sie habe Gerd Müller finanziell ruiniert, sich die Wohnung, das Auto und das gesamte Vermögen unter den Nagel gerissen.[34] Auch an ihrer Entschlossenheit, die Ehe zu beenden, ließ sie keinen Zweifel. Es führe kein Weg zurück. Die Scheidung sei unwiderruflich, sie wolle aber eine gütliche Trennung.[35] Deutlicher wurde nur Nicole, die mittlerweile erwachsene Tochter Müllers, die ihrem Frust über den ewig alkoholisierten Vater freien Lauf ließ – allerdings nur einmal.[36]

Angesichts des Medienrummels, der leicht zur Eskalation in einer Schlammschlacht führen konnte, besann sich Gerd Müller eines Besseren. Es hatte keinen Sinn mehr, die Augen noch länger vor der Realität zu verschließen. Er war krank und musste sich in ärztliche Obhut begeben. Nur so konnte er hoffen, dass sich die Medien wieder beruhigten und dass sich der Flurschaden im Verhältnis zu seiner Frau und seiner Tochter nicht noch weiter vergrößerte. Kurzum: Müller ging jetzt ohne Wenn und Aber auf das dreistufige Hilfsangebot von Hoeneß ein – Entziehungskur in einer Suchtklinik in Murnau, Rehabilitation in einem Sanatorium in Garmisch und dann die volle berufliche Integration beim FC Bayern.[37] Er entzog außerdem auf Druck von Hoeneß seinem auf möglichst große Publizität bedachten Rechtsanwalt das Mandat[38] und widerrief schließlich sogar einen Vertrag mit der Illustrierten «Die Bunte», die sich für viel Geld die Exklusivrechte am tiefen Fall Müllers gesichert hatte. Der umsichtige Hoeneß wollte Ruhe haben: «Keine Story, keine Bilder – sonst stoppen wir sofort unser Hilfsprogramm.»[39]

Hoeneß war es auch, der Müller mit der nötigen Kleidung ausstattete, die finanziellen Dinge für ihn regelte und ihn in die Klinik in Murnau begleitete, in der für den prominenten Patienten bereits alles arrangiert war. Erst dort stellte sich heraus, wie schlecht es um Müller stand. Die Leberwerte waren katastrophal, eine Zirrhose oder ein völliges Organversagen schienen nur noch eine Frage der Zeit zu sein. Entsprechend hart waren die ersten Tage der Entgiftung. Müller war kaum zu bändigen – er schlug um sich, schrie und musste schließlich an das Bett gefesselt und in ein künstliches Koma versetzt werden, sonst hätte er tobend das Weite gesucht.[40]

Müllers Leben hing anfangs an einem seidenen Faden, dank seiner guten Konstitution überstand er die schwere Krise aber rasch. Schon nach wenigen Tagen konnte er die Intensivstation verlassen, ein leichtes Bewegungsprogramm aufnehmen und schließlich nach etwa zweieinhalb Wochen in die Klinik Sierra Tucson in Garmisch-Partenkirchen verlegt werden, die zu einem amerikanischen Krankenhausverbund gehörte und erst im Sommer 1990 eröffnet worden war. Das Besondere an dieser modernen Einrichtung war, dass die Patienten nicht, wie sonst üblich, einige Monate bleiben mussten. Die nur Privatpatienten offen stehende, fast luxuriös eingerichtete Klinik warb mit einer kompakten Kurztherapie von nur vier Wochen und verhieß unter Hinweis auf amerikanische Erfahrungen eindrucksvolle Erfolge. 10 000 DM kostete die von Jürgen Leinemann empfohlene Kur.[41]

Gerd Müller blieb bis zur zweiten Novemberwoche 1991 in Garmisch-Partenkirchen. Er musste sich dort einem strengen Reglement fügen, das von 6.30 Uhr morgens bis spät in die Nacht währte. Die langen Tage waren ausgefüllt mit vielen Spaziergängen und noch mehr Einzel- und Gruppengesprächen zum Thema Suchtkrankheiten, die Müller, wie er selbst sagte, eher desinteressiert über sich ergehen ließ. Die Patienten, allesamt alkohol-, drogen- oder tablettenabhängig, waren dabei anfangs komplett abgeschirmt: keine Zeitungen, kein Fernsehen und keine sonstigen Ablenkungen. Besuche waren ab der dritten Woche nicht nur gestattet, sondern ausdrücklich erwünscht, sofern es sich um Personen aus dem engsten familiären oder beruflichen Umfeld handelte, die nach der Entlassung den Therapieerfolg flankieren konnten. In der Regel durften die Patienten selbst bestimmen, wer vorgelassen wurde. Müller nominierte dafür seine Frau, die Tochter,[42] den Manager Willi Aschenbrenner sowie Uli Hoeneß und Franz Beckenbauer, der schon Mitte Oktober via «Bild»-Zeitung verlauten ließ: «Er schafft's.»[43]

Eigentlich, so Müller später, hätte er einige Monate in Garmisch-Partenkirchen ausharren müssen. Im festen Glauben, über den Berg zu sein, habe er aber schon nach gut drei Wochen auf vorzeitige Entlassung bestanden und sich damit über alle ärztlichen Ratschläge hinweggesetzt.[44] Er belog sich damit ein bisschen selbst, denn das Geschäftsmodell der Sierra Tucson-Klinik sah nur einen vierwöchigen Kuraufenthalt vor und bot also für solche maskulinen Kraftakte überhaupt keinen Raum. Danach fühlte sich Müller aber tatsächlich so gut und sicher, dass er mit seinen Sucht- und Entzugserfahrungen an die Öffentlichkeit ging: Er bediente sich dafür des Journalisten Raimund le Viseur, dem er Anfang November ein längeres Interview gewährte. Le Viseur, der frühere Chefredakteur des deutschen «Playboy» und Autor (zusammen mit dem Sexualforscher Werner Habermehl) einer spektakulären Untersuchung über das Sexualverhalten der Deutschen,[45] kannte die Müllers seit langem. Er machte aus seinen Gesprächen mit Gerd ein Tagebuch einer Entziehungskur, das er in drei Folgen in der «Bild»-Zeitung veröffentlichte.[46] «Bild» zahlte etwa 20 000 DM für diese Story und publizierte auch in diesem Dreiteiler nichts, was Müller als herabsetzend oder verletzend empfinden musste. Müller hegte denn auch keinen Groll gegen die

«Bild»-Zeitung, die – angestoßen durch den Artikel von Hildebrandt – seinen Fall an die breite Öffentlichkeit gebracht und dort lange traktiert hatte – zu seinem Glück vermutlich.

Nach einem kürzeren Aufenthalt im Münchner Diakonissen-Krankenhaus, wo er eine lange aufgeschobene Leistenoperation durchführen ließ,[47] kehrte Gerd Müller Ende November 1991 als geheilter Mann in die Öffentlichkeit zurück. Er besuchte ein Heimspiel des FC Bayern im Olympiastadion[48] und tauchte von da ab regelmäßig in der Säbener Straße auf, um ein Fitnessprogramm zu absolvieren, das der Leichtathletiktrainer Helmut Hoffmann eigens für ihn entworfen hatte.[49] Der Erfolg blieb nicht aus: Müller verlor einige Kilo und gewann auch sonst wieder an Statur. Die Anzeichen einer gewissen Verwahrlosung, die in den Monaten vor dem Entzug beängstigend zugenommen hatten, waren nach seiner Restaurierung wie weggeblasen.

Seit Müller sich im September 1991 in Behandlung begeben hatte, wachte Uli Hoeneß mit Argusaugen über seinen früheren Sturmpartner. Er arrangierte die Klinikaufenthalte, kam für die finanziellen Kosten auf und stand Müller fast täglich als Gesprächspartner in jeder Hinsicht zur Seite – ohne in der Öffentlichkeit viel Aufhebens davon zu machen. Er nahm sich via Rechtsanwalt auch Willi Aschenbrenner vor, der sich als Manager und Bevollmächtigter Müllers aus dessen Bankkonto bedient hatte, wie erst im Frühjahr 1992 bekannt wurde. Aschenbrenner hatte anscheinend die 20 000 DM für den «Bild»-Dreiteiler für sich abgezweigt und, so hieß es in der Presse, Müllers Mercedes an sich genommen. Er rückte den letzten Besitz Müllers wieder heraus, als Hoeneß mit massiver öffentlicher Bloßstellung und der Justiz drohte.[50]

Dieser ebenso ehrenwerte wie selbstlose Einsatz im Hintergrund sprach sich in der Branche übrigens herum. Hoeneß avancierte zu einer Instanz für hoffnungslose Fälle, die nach einem Ausweg suchten. Caspar Memering vom HSV wandte sich wegen seiner Alkoholprobleme an den Manager des FC Bayern,[51] Jürgen Sobieray von Schalke 04 suchte seine Hilfe ebenso wie der frühere Bayern-Spieler Norbert Eder, der in schwerste finanzielle Bedrängnis geraten war, nicht zu reden von dem dänischen Fußballprofi Lars Lunde, der zwischen 1986 und 1989 beim FC Bayern spielte und kurz vor Ablauf seines Vertrags in einen schweren Unfall verwickelt war. Hoeneß sorgte dafür, dass der lebensgefährlich verletzte Lunde finanziell über die Runden kam, und nahm ihn sogar wochenlang bei sich zu Hause auf – ohne die Dinge an die große Glocke zu hängen.[52]

Franz Beckenbauer, der zweite Nothelfer des FC Bayern im Fall Gerd Müller, wählte einen anderen Weg. Er tat Gutes und sprach in der «Bild»-Zeitung ausführlich darüber, was seinen Taten aber nichts von ihrer Wirkung nahm. Der «Kaiser» machte mit Müller eine Kaffee-Spritztour zu sich nach Kitzbühel,[53] er nahm ihn auf eine Reise nach New York mit, wo er an der Auslosung der Qualifikationsgruppen für die Fußballweltmeisterschaft 1994 in den USA teilnahm,[54] und lud ihn sogar über Weihnachten einige Tage ein. Müller durfte am Heiligen Abend nicht einsam sein, sorgte sich die «Bild»-Zeitung schon Mitte November, um zugleich Entwarnung zu geben. «Nein, es gibt einen wunderbaren Freund. Franz Beckenbauer holt Gerd Müller zu sich» nach Hause.[55]

Gerd Müller genoss die große öffentliche Aufmerksamkeit und Anteilnahme, er nahm dafür sogar – trotz seiner Flugangst – die Reise nach New York auf sich und trat in der von Günther Jauch moderierten ZDF-Sendung «Menschen 1991» auf, wo er keine schlechte Figur machte. Überhaupt strotzte er nach der Entziehungskur vor Zuversicht und Tatendrang. Er wollte ganz von vorne beginnen: Trainer beim FC Bayern werden, eine eigene Wohnung beziehen, mit einem Ghostwriter (vermutlich Raimund le Viseur) ein Buch schreiben und wieder heiraten,[56] nachdem alles darauf hindeutete, dass die alte Ehe nicht mehr zu retten war. Uschi Müller erklärte es in der Presse, und sie erklärte es auch Franz Beckenbauer und Uli Hoeneß, dass sie mit «Gerd nicht weiter zusammenleben» könne. Es sei «zuviel kaputt».[57]

In Wahrheit schickte sich Müller aber nie wirklich in das anscheinend Unvermeidliche des Ehe-Aus. Der Trennungsschmerz ließ den Wunsch nach Versöhnung einfach nicht verstummen. Er wollte keine Scheidung und schöpfte neue Hoffnung, als ihn seine Frau und seine Tochter in der Klinik besuchten. Optimistisch stimmte ihn außerdem, dass Uschi Müller nicht auf seinem sofortigen Auszug aus der gemeinsamen Wohnung bestand, als er aus der Klinik entlassen wurde. Und nichts als froh war er schließlich, als sie ihn einlud, das Weihnachtsfest im Kreise der Familie zu verbringen. Das letzte Wort war vielleicht doch noch nicht gesprochen, obwohl Müller bei Günther Jauch kategorisch erklärt hatte: «Mitte Januar ziehe ich aus. Das ist endgültig. Die Scheidung läuft. Es paßt halt nichts mehr zusammen.»[58]

## 15.

# Traineridylle an der Säbener Straße

Der verlorene Sohn kehrte im Januar 1992 zum FC Bayern zurück. Trotz aller Vorfreude auch unsicher und angespannt. Es gab kein Fest, keinen Empfang, kein großes Hallo. Dem Neubeginn wohnte überhaupt kein Zauber inne. Der Angestellte Gerd Müller stand vielmehr unter strenger Beobachtung. Sein mit 8200 DM pro Monat dotierter Vertrag lief nur ein Jahr, er arbeitete gleichsam auf Bewährung. Bei einem Rückfall würde das Experiment eines Trainerlehrlings enden, und zwar sofort.[1] Er war trotzdem froh, wieder täglich zur Säbener Straße fahren und dort von früh bis spät auf dem Trainingsplatz stehen zu können. Allzu groß war seine Auswahl auch nicht.

Der FC Bayern befand sich damals nach großartigen Erfolgen in den 1980er Jahren im Umbruch und stand in der Bundesliga Mitte Dezember 1991 auf Platz 14. Der neue Trainer Sören Lerby war heillos überfordert, die Führung mit Fritz Scherer als Präsident, Franz Beckenbauer und Karl-Heinz Rummenigge als machthungrigen Stellvertretern und Uli Hoeneß als nicht weniger ambitioniertem Manager in sich zerstritten. Die Vier misstrauten einander und fanden nur selten einen gemeinsamen Nenner.

Müller kannte die aktuellen Spieler des FC Bayern persönlich nicht mehr. Als Letzter der von ihm als Mannschaftskapitän geführten Truppe hatte ein Jahr zuvor Klaus Augenthaler seinen Abschied genommen. Die Spitzen des Vereins hingegen waren ihm vertraut, namentlich mit Beckenbauer und Hoeneß verband ihn eine lange, nicht immer störungsfreie Geschichte. Keine Frage, die beiden Bayern-Granden hatten ihn aus der Alkoholkrise geholt und ihm beruflich wieder auf die Beine geholfen. Die Vergangenheit war damit aber nicht passé. Hoeneß hatte den sportlichen Niedergang des «Bombers» miterlebt, in der Konfrontation Müllers mit Csernai und Breitner auf deren Seite gestanden und die Querelen wegen des Abschiedsspiels 1983 noch in frischer Erinnerung, ganz zu schweigen davon, dass er auch die Steuerprobleme Müllers und den daraus resultierenden Rattenschwanz an schwer wiegenden Unannehmlichkeiten für seinen Verein nicht vergessen haben konnte.

Beckenbauer standen diese Dinge ebenfalls vor Augen. Er, Hoeneß und Müller wussten zu viel voneinander, wobei im Falle des «Kaisers» auch noch die alte latente Konkurrenz mit dem «Bomber» eine Rolle spielte. Beckenbauer war nach seinem Abschied vom FC Bayern auf der Erfolgs- und Siegerstraße weitergefahren und schließlich nach dem Triumph als Teamchef der Nationalmannschaft bei der Weltmeisterschaft 1990 zur «Lichtgestalt» aufgestiegen, während bei Müller die Bilanz der letzten zehn Jahre äußerst dürftig ausfiel. Er schoss keine Tore mehr, war in der Gosse gelandet und konnte nur einen Erfolg verbuchen, die Überwindung seiner Alkoholkrankheit, die aber weder für die Öffentlichkeit noch für ihn selbst wirklich zählte und obendrein immer gefährdet blieb. Die Quellen seines Selbstbewusstseins waren angesichts dieser Bilanz fast versiegt. Die Relevanz der Rivalität, die in der Erinnerung wurzelte, verlor sich damit aber nicht. Sie musste eine neue Dimension gewinnen, vielleicht sogar eine demütigende. Beckenbauer war für Müller nun ja nicht nur der alte Konkurrent, dem er sich in seiner aktiven Zeit überlegen gefühlt hatte, sondern jetzt vor allem der Gönner und Vorgesetzte, dem er seine neue Karriere verdankte und von dem auch sein finanzielles Wohl und Wehe abhing.

Müllers Unsicherheit, die aus der Alkoholkrankheit, aber auch aus diesen Reminiszenzen resultierte, war am ersten Arbeitstag, dem 6. Januar 1992, auf Schritt und Tritt zu spüren. Er fühlte sich deplatziert, zumal er auch nicht wusste, worin seine Aufgabe als Trainerazubi eigentlich bestand. Seine neuen Vorgesetzten hatten ihm nur gesagt, dass er die erste Mannschaft in das Trainingslager nach Bordeaux begleiten und dann mit den Amateuren zwei Wochen nach Venezuela fliegen sollte.[2] Dort und danach würde man weitersehen, wo er sich nützlich machen könne. Vielleicht als Torwart- oder Stürmertrainer, vielleicht als Talentscout oder als Betreuer von Sponsoren, vielleicht als Spion mit der Aufgabe, die kommenden Gegner des FC Bayern zu beobachten, oder als Ratgeber Lerbys, der als blutiger Anfänger jede Unterstützung nötig hatte? Müller absolvierte in den ersten Wochen und Monaten einen Schnupperkurs an der Säbener Straße und machte dabei offenbar einen recht guten Eindruck. Er mischte bis 1995 beim Training der Profimannschaft mit, saß bei deren Bundesligaspielen neben den Hauptverantwortlichen (Lerby, später Erich Ribbeck und schließlich Franz Beckenbauer) auf der Bank und legte dabei seine anfängliche Unsicherheit langsam ab. Am wohlsten fühlte er sich anscheinend im Jugendbereich, zumal bei der A-Jugend, die von Klaus Augenthaler betreut wurde, dem er als Assistent zugeordnet war.

Der Weltmeister aus Niederbayern schätzte Müller und dessen allürefreie Zurückhaltung ebenso, wie es die hoffnungsvollen Nachwuchskräfte taten, die den «Bomber der Nation» nur vom Hörensagen kannten und es als Privileg betrachteten, von der Bayern-Legende im Torschuss und im Strafraumspiel unterwiesen zu werden. Sie sahen zu ihm auf, freuten sich über jedes Lob aus seinem Munde und vermissten es nicht, dass er kein so breitbeiniges Selbstbewusstsein hatte wie andere Trainer und sie nicht ständig zusammenstauchte, wie es in der Branche üblich war. Er machte einfach vor, was er meinte. Der Nimbus, der ihn umgab, ließ Zweifel an seiner Kompetenz gar nicht aufkommen.

Die Vereinsführung signalisierte deshalb – und weil Müller tatsächlich trocken blieb – schon frühzeitig, dass sie gewillt war, den Vertrag nach dem Probejahr zu verlängern. Sie hatte auch keine andere Wahl. Nach der Aufsehen erregenden Rettung vom Herbst 1991 konnten sie ihn unmöglich wieder vor die Tür setzen. Beckenbauer und Co. verlangten von Müller aber, dass er sich fortbildete und den Trainer-A-Schein erwarb, der ihn zur eigenverantwortlichen Leitung einer Jugendmannschaft berechtigte. Dazu musste er einen Lehrgang in der Sportschule Hennef absolvieren, den der DFB speziell für verdiente Fußballgrößen anbot, die schon zur Genüge bewiesen hatten, dass sie mit den Geheimnissen ihres Sports vertraut waren. Der DFB, so sagten böse Zungen, «schenkte» ihnen den Trainerschein.

Ganz so einfach war es aber doch nicht. Müller drückte vom 16. November bis 16. Dezember 1992 die Schulbank und machte zusammen mit den früheren Nationalspielern Holger Fach und Stefan Kuntz das ganze Programm mit. Konkret hieß das: Er lernte, wie man Trainingseinheiten vorbereitete, durchführte und nachbereitete, und er wurde mit den neuesten Erkenntnissen der Sportmedizin, der Ernährungswissenschaften und anderer Disziplinen bekannt gemacht, die im modernen Fußball immer größere Bedeutung erlangten.[3] Die Abschlussprüfung bestand aus einem praktischen Teil, der Leitung einer Trainingseinheit, was Müller keine Schwierigkeiten bereitet haben dürfte, und einem theoretischen Teil, der schon schwerer zu bewältigen war, weil die Prüflinge hier auch zur Feder greifen und ihre Lernerfolge zu Papier bringen mussten. Müller hatte eine Heidenangst vor dieser Herausforderung. Er bekam ja schon «Fieber» oder «Ausschlag», wenn er nur drei weiße Blätter vor sich sah, wie Klaus Augenthaler voller freundschaftlichem Mitgefühl betonte.[4] Er bestand die Prüfung trotzdem – nicht mit Auszeichnung, aber immerhin. Er hatte damit auch den Segen des DFB für seine Trainertätigkeit bei der Jugend des FC Bayern.[5]

Weitergehende Ambitionen hatte er nicht mehr. Das zeitweise verfolgte Ziel, nach dem A-Schein den DFB-Lizenztrainerschein zu erwerben, gab er nach den Erfahrungen in der Sportschule endgültig auf. Schon zuvor hatte er Witze gerissen über Augenthaler, der sich dieser Fron unterzogen hatte. An dessen Beispiel könne man sehen, wohin die viele Lernerei führe. «Da kommst du als Professor raus», meinte er, und das wollte er nun wirklich nicht.[6]

Müller freute sich über den A-Schein, noch mehr aber darüber, dass etwa um dieselbe Zeit auch wieder Ruhe und Normalität in sein Privatleben einzukehren schienen. Mehr als ein Jahr hatte er offiziell von seiner Frau getrennt gelebt, wobei er aber nie ganz aus der alten Wohnung ausgezogen war, obwohl er eine neue hatte. Im Dezember 1992 hatte dieser ungeklärte Zustand ein Ende. Uschi und Gerd Müller wussten, was sie aneinander hatten, und erkannten anscheinend auch, dass eine Scheidung nicht nur teuer gewesen wäre, sondern auch ihre finanziellen Zukunftsperspektiven verdüstert, wenn nicht ruiniert hätte. Sie arrangierten sich und ließen die Vergangenheit auf sich beruhen.

Auf dieser Basis kehrte Müller ganz zu seiner Familie und in sein früheres Heim zurück.[7] Mit Hilfe seiner Frau und des FC Bayern schuf er sich so erneut ein Korsett von Routinen, das er dringend brauchte, weil es ihm – wie sonst nichts – Verhaltenssicherheit gab. Das war in der Vergangenheit so gewesen, und das war auch jetzt wieder so und noch nötiger, weil es ihn vor einem Rückfall in den Alkohol bewahrte.

Das Trainingsgelände des FC Bayern an der Säbener Straße bildete dabei die stärkste Stütze. Über zwanzig Jahre lang tauchte Müller dort in aller Regel jeden Werktag vor 7.00 Uhr auf, um erst mit dem Bodenpersonal der Bayern, den Hausmeistern und Zeugwarten, oder zufällig anwesenden Handwerkern zu plaudern[8] und dann mit seinen unmittelbaren Vorgesetzten ein kleines, immer gleiches Frühstück zu sich zu nehmen. Von 10.00 bis 12.00 Uhr folgte die erste Trainingseinheit, ehe es zwei, drei Stunden zur Massage, in die Sauna und vor allem zum Tennis ging, das Müller mit fast ebenso großer Leidenschaft und unkonventioneller Virtuosität betrieb wie früher den Fußball. Er war fast süchtig danach und ständig auf der Suche nach neuen Partnern. Kaum etwas machte ihn glücklicher als ein gewonnenes Match, verlieren war auch hier seine Sache nicht.[9]

Am Nachmittag stand schließlich von 16.00 bis 17.30 Uhr die zweite Trainingseinheit auf dem Programm. Danach machte er sich auf den Weg nach Hause, wo ihm seine Frau das zweite geregelte Lebensbiotop bot – eine Mahlzeit, einen Fernsehabend, Treffen mit Freunden und gelegentlich einen Besuch im Nobelrestaurant «Tantris», das seit den 1970er Jahren zu den bevorzugten Lokalen der Müllers zählte. Auch die Wochenenden standen ganz im Zeichen des Fußballs: Müller saß bei den Profis auf der Trainerbank oder betreute die A-Jugend, später die Amateure bei ihren Heim- und Auswärtsspielen. Bis Ende der 1990er Jahre spielte er sogar noch selbst – erst bei den Alten Herren des FC Bayern, später dann bei den «Montagskickern», wo er sich nicht allzu beliebt machte, weil er viel zu ehrgeizig und eigensinnig nur auf den eigenen Erfolg bedacht war.[10]

Alles in allem: ein Leben beim und für den FC Bayern München, ohne großes Auf und Ab, ohne Glanz und Glamour und ohne die hohen Kosten der öffentlichen Auftritte und Selbstinszenierungen, die ihn früher bedrückt hatten. Es war ein Leben im Kleinen, in dem die Schatten der Vergangenheit immer kürzer wurden und die alten Konkurrenzen ihre Schärfe verloren, auch wenn sie nie ganz erloschen. Gerd Müller war zufrieden mit der materiellen und emotionalen Sicherheit, die ihm dieses Leben gewährte, und gewann langsam ein Stück des Selbstbewusstseins zurück, das er früher hauptsächlich aus seinen vielen Toren bezogen hatte.

Größere Abweichungen von diesen Routinen gab es nur im Winter, den Müller und seine Frau Jahr für Jahr für Reisen nach Florida nutzten. Vier bis sechs Wochen stellte ihn der FC Bayern für diese Sonnenurlaube in Amerika frei, die Müller vor allem mit Tennisspielen verbrachte. Großzügig wie er war, lud er dazu auch Freunde wie den Bayern-Amateur Wolfgang Gerstmeier ein, der freilich keine Zeit hatte, das Angebot anzunehmen.[11] Sehr viel mehr an Auszeiten gönnte sich Gerd Müller nicht. Hin und wieder ein paar Tage im Süden und einige Aufenthalte in Japan, wo er mit Helmut Haller und Bernd Nickel, wie schon in den 1980er Jahren, Kindern und Jugendlichen das Fußballspielen beizubringen versuchte,[12] und gelegentlich eine Autogrammstunde und ein Werbeengagement für Telekom oder «Müller-Milch» – das war alles.

Die übrige Zeit gehörte hauptsächlich dem FC Bayern München, wo ihn die Jugendarbeit an der Seite von Klaus Augenthaler allerdings mehr, als ihm lieb war, beanspruchte und schließlich sogar überforderte, als er 1994/95 zeitweise die alleinige Verantwortung für die A-Jugend übernehmen musste.[13] Er hatte mit seiner Mannschaft durchaus Erfolg – die A-Jugend wurde bayerischer Meister und qualifizierte sich für die Endrunde der deutschen Meisterschaft, wo sie erst im Viertelfinale scheiterte.[14] Müller war dem damit verbundenen Stress und der Verantwortung aber nicht gewachsen. Er geriet bei Niederlagen leicht aus der Fassung und war längere Zeit nicht ansprechbar, entschuldigte sich dann aber sofort wieder bei seinen Spielern, die er ungerecht behandelt hatte. Die jungen ehrgeizigen Nachwuchsburschen brauchten eine harte, aber auch eine ruhige Hand, die Müller nicht hatte; er suchte und brauchte ja selbst Halt. Die Vereinsführung befürchtete deshalb anscheinend sogar einen Rückfall und zog Mitte 1995 die Konsequenzen, indem sie ihn zum Assistenztrainer bei den Amateuren beförderte. Versüßt wurde diese Höherstufung mit einem neuen Vertrag, der fünf Jahre lief und doppelt so hoch dotiert war wie der alte.[15]

Bei den Amateuren blieb Müller mehr als fünfzehn Jahre. Die Cheftrainer kamen und gingen – Rainer Ulrich, Udo Bassemir und Mehmet Scholl etwa –, der «Bomber» aber erfüllte die ganze Zeit gewissenhaft seine Pflichten. Er war nie krank, kam nie zu spät und wurde von allen ob seines Fleißes und seines Fußballverstandes geschätzt, auch wenn er sich bei Mannschaftsbesprechungen nur selten vernehmen ließ.[16] Seine Stärken kamen im kleinen Kreis und in Vier-Augen-Gesprächen zur Geltung, wenn er kurz und knapp seine Meinung zum Spiel kundtat oder einen Spieler tröstete, der sich vom «Chef» übergangen oder zu hart kritisiert fühlte.[17]

Am liebsten arbeitete Müller mit Hermann Gerland, der von 1990 bis 1995 und von 2001 bis 2009 sowie in der Saison 2010/11 die Amateure des FC Bayern betreute, damit mehr als ein Jahrzehnt sein direkter Vorgesetzter war und noch heute mit geradezu mitreißender Empathie von der Zusammenarbeit mit dem «Bomber» schwärmt. Gerland kannte ihn noch aus ihrer gemeinsamen Zeit in der Bundesliga, als er, «Eiche» genannt, beim VfL Bochum in der Rolle eines eisenharten Verteidigers brilliert und gelegentlich gegen Müller gespielt und dabei immer den Kürzeren gezogen hatte. Gerland, das sagten alle Zeitzeugen und das sagte er selbst,[18] bewunderte und verehrte Müller, der wie er selbst aus kleinen Verhältnissen stammte und trotz seines Weltruhms «normal» geblieben war. Die beiden Amateurtrainer lagen in vielem auf einer Wellenlänge: Sie mieden große Worte und pompöse Gesten, sprachen Probleme ohne Umschweife an und schufen durch ihren mitunter derben Mutterwitz dennoch eine Atmosphäre ungezwungener Leichtigkeit, die dem intensiven Training viel von seiner Verbissenheit nahm.

Gerland und Müller wirkten auf dem Trainingsgelände an der Säbener Straße fast wie ein altes Brüderpaar. Sie frühstückten nahezu wortlos miteinander, steckten dann die Köpfe zusammen, um die anstehenden Aufgaben zu besprechen, und leiteten schließlich die Übungseinheiten, wobei Gerland streng darauf achtete, nie die Rolle des Cheftrainers herauszukehren. Auch als Müller nach zwei Hüftope-

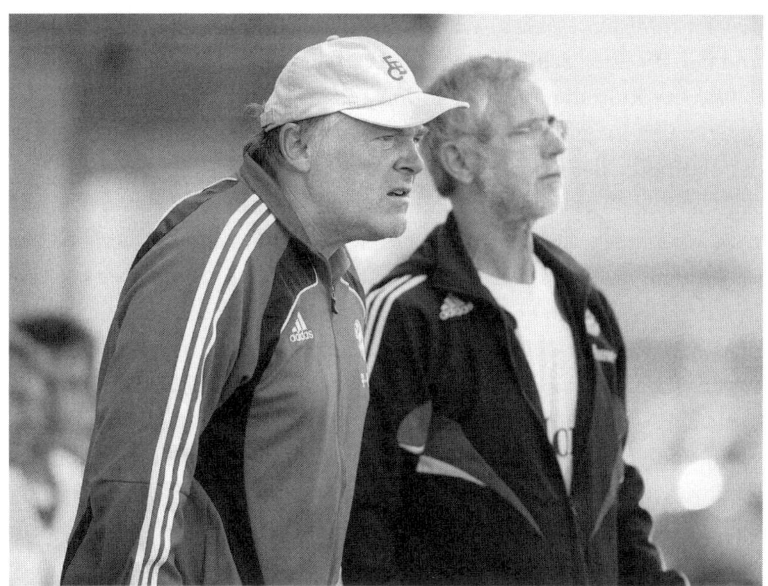

Ziemlich beste Freunde

rationen schwer gehandicapt und als Trainer nicht mehr voll einsatzfähig war, ließ Gerland keine Zweifel an Müllers Eignung und Autorität aufkommen.

Zahlreiche junge Spieler, die später das Gesicht des FC Bayern und der deutschen Nationalmannschaft bestimmten, gingen durch die harte Schule von Hermann Gerland. Philipp Lahm, Bastian Schweinsteiger, Holger Badstuber und Thomas Müller kamen in ihrer Lehrzeit aber auch mit Gerd Müller, dem Co-Trainer, in Berührung, der seinen Anteil an ihrer Entdeckung und Entwicklung nie thematisierte, wie groß oder klein er auch gewesen sein mag.[19] Reklame in eigener Sache kam für ihn nicht mehr in Frage. In seiner aktiven Zeit beim FC Bayern hatte er sich den Medien nicht nur gestellt. Er hatte die Kontakte zu ihnen gepflegt und ausgesuchte Journalisten regelmäßig mit Meldungen und Bildern bedient, um seinen Bekanntheitsgrad und Marktwert zu erhöhen; selbst eine Portion Eitelkeit mag im Spiel gewesen sein. Jetzt ging er den Journalisten aus dem Weg, er knüpfte keine neuen Kontakte mehr und ließ die alten schleifen, so dass er in der Öffentlichkeit nur noch als Altstar im Ruhestand erschien. Von seinen Leistungen als Trainer dagegen nahm kaum jemand Notiz. Sein Name tauchte höchstens noch in den Fußnoten der Sportberichterstattung auf.

Dabei blieb es aber nicht. Eine kleine Wende brachte schon das Jahr 1995, als binnen weniger Monate drei 50. Geburtstage zu feiern waren. Den Anfang machte Franz Beckenbauer, der sich im September mit Festivitäten beschenken ließ, die jeden Rahmen sprengten und einmal mehr bewiesen, dass der Fußball und seine Protagonisten der irdischen Realität längst entrückt waren. Keinem Regierungschef, keinem Filmstar und keinem Wirtschaftsboss war bis dahin nach 1945 mit größerem Aufwand und größerer Hingabe gehuldigt worden als dem Präsidenten des FC Bayern München, der sich jetzt endgültig als Fußballgott fühlen durfte. Dem Slogan «Wir sind wieder wer» folgte der vielleicht noch zugkräftigere «Wir haben wieder wen», den man in seiner Mischung aus Charisma, Phlegma und Lässigkeit ohne Skrupel bewundern konnte. Alles, was Rang und Namen hatte, kam und strahlte für ihn – zuerst im ausverkauften Olympiastadion, wo eine erlesene Weltauswahl gegen die deutsche Jahrhundertelf spielte, und danach auf der Theresienwiese, wo eine Woche vor dem Oktoberfest über 1400 geladene Gäste aus allen Bereichen der Gesellschaft in einem Festzelt feierten.[20] Der bayerische Ministerpräsident Edmund Stoiber gab sich die Ehre, Bundesfinanzminister Theo Waigel und zahlreiche andere Politiker ebenso, nicht zu reden von den Größen des Showgeschäfts, die sich moderiert von Günther Jauch an sich selbst und dem Glanz des Fußballs berauschten. Gerd Müller war als Statist auch dabei und wurde seiner Rolle zumindest auf dem Rasen durchaus gerecht: Er schoss beim 8:8 gegen die Weltelf sein obligatorisches Tor.[21] Auf der Theresienwiese ließ er sich aber nicht blicken.

Einige Nummern kleiner beging einen Monat danach die CSU ihren 50. Geburtstag. Sie wählte dafür ebenfalls einen sportlichen Rahmen, die Münchner Olympiahalle, wo die bayerische Staatspartei in Anwesenheit von Bundespräsident Roman Herzog und Bundeskanzler Helmut Kohl ihre Erfolgsgeschichte präsentierte und dabei wie selbstverständlich auch die Triumphe des Spitzensports für sich reklamierte. Der Hackl Schorsch, ein Rodler, und der «Wasi» (Markus Wasmeier), ein Skifahrer, ließen sich ebenso gerne vereinnahmen und vorzeigen wie der FC Bayern, der in der Olympiahalle durch Gerd Müller vertreten war und damit seinem «Bomber» einen weiteren gesellschaftlichen Großauftritt bescherte.[22] Er ließ es sich gefallen.

Keine zwei Wochen später war Müller selbst an der Reihe. Er hätte, so tat er wenigstens, das Ereignis am liebsten stillschweigend übergangen, freute sich dann aber doch, dass ihn der Verein nicht vergessen hatte. Franz Beckenbauer veröffentlichte in der «Abendzeitung» einen Geburtstagsgruß, der in den markanten Worten gipfelte «Danke Gerd»,[23] und der FC Bayern lud ihn zu einem feierlichen Abendessen bei Feinkost Käfer, dem «Hoflieferanten»[24] der Bayern, ein, an dem neben dem Präsidium und dem neuen Stürmerstar Jürgen Klinsmann auch Müllers alte Mitstreiter Schwarzenbeck und Augenthaler und – etwas überraschend – der frühere Widersacher Paul Breitner teilnahmen.[25] Uschi Müller komplettierte die Runde, obwohl ihr Verhältnis zur Führung des FC Bayern noch nie das beste gewesen war.

Die Riesenparty auf dem Oktoberfest und die Einkehr bei Käfer – es lagen nicht nur zweieinhalb Monate, sondern Welten zwischen «dem Franz» und «dem Gerd», die mehr als zehn Jahre lang das Spiel des FC Bayern bestimmt hatten – Seite an Seite, zwei Fußballriesen mit derselben Prägekraft. Das war längst vorbei, aber noch nie so augenfällig demonstriert worden wie im Herbst 1995. Niemand konnte die Augen vor der Kluft verschließen, die sich zwischen den beiden aufgetan hatte – auch Gerd Müller nicht, der sich wieder einmal nichts anmerken ließ, aber erkannt haben muss, dass er im kollektiven Gedächtnis des FC Bayern nur einen untergeordneten Platz hatte. Die Geschichte des Vereins schrieben Beckenbauer, Rummenigge und Hoeneß, die auch jetzt noch das Ruder in der Hand und in der Öffentlichkeit eine Stimme hatten. Müller hatte immer nur durch Taten zu sprechen vermocht und sich nie sonderlich um seinen Nachruhm gekümmert. Er fühlte sich vermutlich verkannt, hatte aber nicht mehr genügend Kraft, einen besseren Platz in den Annalen zu fordern. Vielleicht war er aber auch besänftigt. Er ließ es jedenfalls geschehen und schimpfte nur noch gelegentlich über «die da oben» in der Vereinsführung, die sich aufplusterten und allen Ruhm für sich beanspruchten.

Er meinte damit selbstverständlich auch Beckenbauer. Diese Wunde schmerzte immer noch ein bisschen, wie überhaupt gesagt werden muss, dass Gerd Müller ein langes Gedächtnis hatte und alte Verletzungen nicht leicht vergaß. Er konnte nachtragend und stur sein bis zur Verhärtung. Das zeigte sich in exemplarischer Form immer wieder, wenn es um seine Heimatstadt Nördlingen ging, die er 1964 ungern, aber im Unfrieden verlassen hatte. Er hatte damals das Gefühl, man gönne ihm den Erfolg nicht und versuche, ihm Steine in den Weg zu legen, und später den Verdacht, die Stadtväter und andere Honoratioren wollten sich mit ihm schmücken und ihn für ihre Zwecke einspannen. Er machte deshalb einen Bogen um Nördlingen, das – wie es ein Vertrauter formulierte – ein «rotes Tuch» für ihn gewesen sei.[26]

Das hieß aber nicht, dass er seine Heimat ganz aus dem Gedächtnis gestrichen hatte. Er verfolgte genau, wie der TSV in der Tabelle stand, erkundigte sich immer wieder nach alten Freunden wie Wurm und Jeromin und fragte nicht nur einmal nach Laura, seiner Flamme aus der Jugendzeit.[27] Besuche in Nördlingen beschränkte er aber auf ein Mindestmaß. In den 1970er und 1980er Jahren ließen sie sich an den Fingern einer Hand abzählen, in den 1990er Jahren war er überhaupt nicht dort und nach der Jahrtausendwende auch nur dann, wenn es sich gar nicht vermeiden ließ[28] – etwa bei der Umbenennung des Rieser Sportparks in Gerd Müller-Stadion im Jahr 2008, als der TSV Nördlingen gegen den FC Bayern vor mehr als 10 000 Zuschauern 0:8 verlor. Gerd Müller saß neben Jürgen Klinsmann auf der Trainerbank und besuchte sogar sein Geburtshaus in der Bergerstraße, fuhr aber noch am selben Tag nach München zurück.[29] Es hielt ihn nichts in seiner Heimatstadt, Frieden schloss er nicht mit ihr.[30]

Müller wollte keinen Wirbel um seine Person, konnte es aber selbstverständlich nicht verhindern, dass das öffentliche Interesse nach seinem 50. Geburtstag nur ein bisschen und nur kurzzeitig abflaute. Dass er weiter im Gespräch blieb, lag weder an seiner Co-Trainertätigkeit, die wenig Spektakuläres an sich hatte, noch an seinem Privatleben, das er in den gewohnten festen Bahnen abspulte. Der Grund dafür hatte mit

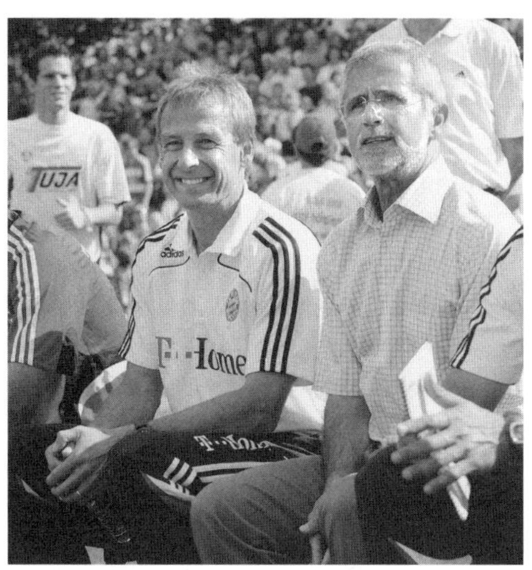


Mit Jürgen Klinsmann in der alten Heimat

der Tatsache zu tun, dass angesichts der bevorstehenden Jahrtausendwende überall historische Rückschauen in Mode kamen und dass der deutsche Fußballbund im Zuge der Bewerbung für die Weltmeisterschaft 2006 die eigene Geschichte zu entdecken begann. Die Etappen dieser Geschichtspolitik durch Selbstinszenierung, die Strategen, die dabei die Strippen zogen, und die Sponsoren, die den ganzen Zauber bewarben und bezahlten – das alles muss erst noch im Einzelnen erforscht werden.[31] Klar ist aber schon jetzt, dass sich ab Ende der 1990er Jahre die Großevents häuften und dass dabei auch Gerd Müller ins Scheinwerferlicht trat. Im August 1999 präsentierte die ARD eine WM-Gala, auf der die beste deutsche Elf des Jahrhunderts gewählt und von Bundesinnenminister Otto Schily geehrt wurde.[32] Müller war dabei und erhielt noch im selben Monat eine weitere Auszeichnung – die als «Zweitbester [deutscher] Fußballer des Jahrhunderts».[33]

So ging es in den Jahren danach weiter. 1999 nahm ihn die FIFA auf Vorschlag des DFB in ihre Ruhmeshalle auf.[34] 2003 – die Bundesliga feierte ihren 40. Geburtstag – wurde Müller zum «wertvollsten Spieler» seit Bestehen der ersten Liga gekürt.[35] Zwei, drei Jahre danach überredete ihn Franz Beckenbauer, die deutsche WM-Bewerbung als WM-

Botschafter zu unterstützen, und 2013 erhielt er den Sport Bild-Award für sein Lebenswerk. Müller fehlte bei keiner dieser Großinszenierungen des DFB und seines eigenen Vereins, der jetzt ebenfalls langsam ein Bewusstsein dafür entwickelte, dass die Vergangenheit, oder besser: die Goldschnittseiten der eigenen Geschichte, ein Kapital war, mit dem sich wuchern ließ. Das zeigte sich im Jahr 2000, als der FC Bayern auf 100 Jahre Vereinsgeschichte zurückblickte, 2005 erneut, als Müller seinen 60. Geburtstag feierte, und 2012 schließlich noch einmal besonders eindrucksvoll bei der Eröffnung der FC Bayern Erlebniswelt, des größten Vereinsmuseums Deutschlands.[36]

Müller war dabei als Objekt, aber auch als Person präsent. Braun gebrannt und so schlank und jugendlich, als habe die Zeit ihr Werk im Schneckentempo an ihm verrichtet, trat er vor das Publikum, unsicher wie immer, wortkarg wie immer und sympathisch wie immer. Er hatte jetzt seinen festen Platz im virtuellen Walhalla des deutschen Fußballs, und zwar nicht nur wegen seiner Leistungen, sondern auch wegen seines Auftretens, das in seiner Bescheidenheit und Unbeholfenheit ein bisschen aus dem Rahmen fiel, aber gerade deshalb überzeugte und die romantische Sehnsucht vieler Fans nach dem authentischen, dem einfachen und unschuldigen Fußball befriedigte.[37]

Spätestens an seinem 60. Geburtstag wurde Gerd Müller zur Projektionsfläche solcher Sehnsüchte, die in der frisch geduschten Überspanntheit und Abgehobenheit der neuen Profigenerationen eine permanent sprudelnde Quelle hatten. Das «Happy Birthday» sangen die Bayern in Turin, vor 300 Gästen nach einem Champions League-Spiel gegen Juventus.[38] Müller hatte sich für diese nächtliche Feier nur eines gewünscht: keine Rede halten zu müssen. Zuvor hatte schon die Münchner Presse alle Register gezogen. Am stärksten engagierte sich wieder einmal die «Abendzeitung», die Anfang November einen Dreiteiler mit dem Titel «Der Bomber wird 60» startete und dabei allen Mitspielern aus der WM-Mannschaft von 1974 Gelegenheit gab, ihren Mittelstürmer mit wohl orchestrierten Superlativen zu bedenken.[39]

Der Mensch Müller mit seinen Widersprüchen rückte dabei in den Hintergrund. Karl-Heinz Rummenigge nannte ihn einen «wunderbaren Menschen mit einem starken und sympathischen Charakter»[40] und gab damit den Ton für die Huldigungen der folgenden Jahre vor. Alles, was den Mythos der Erinnerungsromantik stören konnte, fiel der Retusche zum Opfer – die Querelen der siebziger Jahre, Müllers Sturheit, sein aufbrausendes Temperament, seine lästerfreudige Keiferei am Spielfeldrand und auch seine Selbstzweifel und Depressionen, die ihn überfielen, wenn er nicht mehr traf, dafür aber die Pfiffe des Publikums hören und die spitzen Kommentare der Presse lesen musste. Übrig blieb ein Idealbild der Selbst- und Arglosigkeit für den Schaukasten, das die Karikatur nicht nur streifte.

Es entbehrt nicht der Ironie, dass ausgerechnet derjenige, der Müller bei den Rankings immer wieder den Rang ablief, am meisten dafür tat, dass der «Bomber» zum Mythos wurde. Beckenbauer konnte es sich leisten, großzügig zu sein. Er wusste aber auch genau, dass er niemals zum «Kaiser» gekrönt worden wäre, wenn Gerd Müller nicht die entscheidenden Tore geschossen hätte. Beckenbauer schob deshalb seinen alten Doppelpasspartner immer wieder ins Rampenlicht und betonte bei jeder Gelegenheit, dass sich die Spieler des FC Bayern noch immer in einer Holzhütte umziehen müssten, wenn «der Gerd» nicht gewesen wäre. Ganz zu schweigen davon, dass er als Präsident die kleinliche Kritik an der Bezahlung von Müller als Co-Trainer so entschieden abwehrte, dass sie nie mehr zu hören war.[41]

«Mir gefällt mein Leben», betonte Gerd Müller im November 1999,[42] vier Jahre nach seinem 50. Geburtstag. Er hatte seine Familie, sein Auskommen und seinen gesicherten Platz beim FC Bayern und in der Geschichte des Fußballs. Auch außerhalb Deutschlands wusste man, wer Müller war und welche Leistungen er vollbracht hatte. Untrügliche Indizien dafür gab es häufig, besonders augenfällig waren sie auf den drei Indienreisen vor 2009, die Müller mit den Amateuren des FC Bayern absolvierte – und auf denen er zum heimlichen Star avancierte, als ihm, wohin er auch kam, Zehntausende Fans applaudierten.[43]

Es hätte so weitergehen können. Das Schicksal wollte es anders. Schon sein 60. Geburtstag war von schweren gesundheitlichen Problemen überschattet. Diese hatten nichts mit dem Alkohol zu tun, der ihn wie ein bedrohlicher Schatten begleitete und auch in der Öffentlichkeit

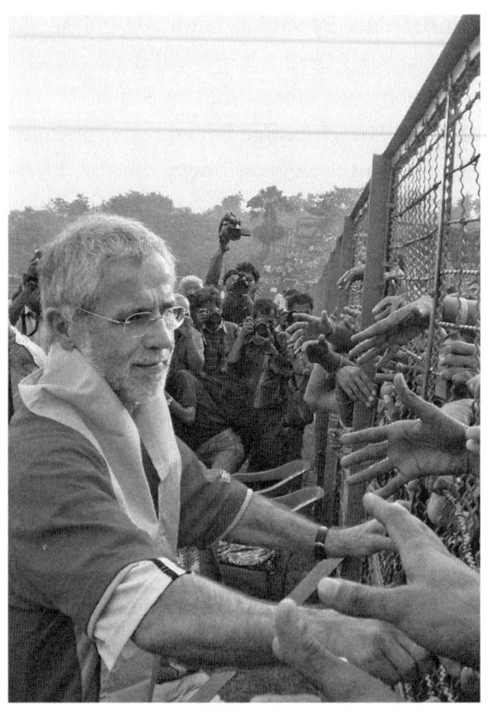

Verehrt in aller Welt

gelegentlich thematisiert wurde – so als Mehmet Scholl angetrunken aus der Rolle gefallen war und der um keinen verbalen Missgriff verlegene Entertainer Harald Schmidt im Fernsehen mit dem Ratschlag aufwartete, Scholl solle sich an den «Alkoholbeauftragten des FC Bayern Professor h.c. Gerd Müller» wenden.[44]

Müller war und blieb trocken, ohne dass er professionelle Hilfe in Anspruch nehmen musste; auch zu den Anonymen Alkoholikern ging er nicht. Er kannte die Tücken seiner Krankheit und achtete streng darauf, nicht in Versuchung zu geraten. Er hatte immer seinen eigenen Essig dabei, um in Lokalen keinen Weinessig verwenden zu müssen, und suchte nach Siegen oder Niederlagen seiner Mannschaft in der Regel rasch das Weite, weil er wusste, dass bei solchen Anlässen Alkohol unentbehrlich war.[45] Seine Vorsicht ging so weit, dass er auf Reisen seine Vertrauten bat, sein Hotelzimmer zu inspizieren und Alkoholika aus der Hotelbar zu entfernen.[46]

Gefahr für seine Gesundheit drohte von einer anderen Seite. Gerd Müller hatte vier, fünf Jahre nach der Jahrtausendwende schreckliches Pech, das sein so schön geordnetes Leben langsam zerstörte. Er erkrankte an Alzheimer und verlor sich von da an selbst, ohne zu wissen, was mit ihm geschah. Er vergaß Verabredungen, fand sein Auto nicht mehr und hatte zunehmend Mühe, sich die Namen von Freunden und Bekannten zu merken.[47] Ärztliche Bemühungen, dem vermutlich durch die vielen Kopfbälle mitverursachten Leiden Einhalt zu gebieten, fruchteten nicht viel, die heimtückische Krankheit ließ sich nicht aufhalten, auch wenn seine Frau, seine Freunde und Bekannten es anfangs nicht wahrhaben wollten. Uschi Müller und der FC Bayern taten alles, um den Schein der Normalität so lange wie möglich zu wahren, und hatten dabei auch einigen Erfolg. Sie selbst schwiegen, es schwieg – auf eine Bitte von Hoeneß – aber auch die Presse, die den schleichenden Verfall des «Bombers» tagtäglich aus der Nähe beobachten konnte.

Das änderte sich erst 2011, als ein völlig verstörter Gerd Müller im Trainingslager der Amateure des FC Bayern in der Nähe von Trient hilflos durch die Gegend irrte und als die italienischen Zeitungen so ausführlich darüber berichteten, dass auch die deutsche Presse darauf eingehen musste. Der Fall Müller flackerte aber nur ein paar Augenblicke durch die Gazetten. Danach wurde es bis zum Herbst 2015 wieder still, als sich der Verein und die Ehefrau wegen des bevorstehenden 70. Geburtstags und der dadurch bedingten Nachfragen genötigt sahen, die Öffentlichkeit über die tragische Erkrankung Müllers zu informieren.

Nach dem Vorfall in Trient reduzierte sich der Aktionsradius Müllers zusehends, während das Versorgungsprogramm, das der FC Bayern schon nach den ersten manifesten Anzeichen von Alzheimer gestartet hatte, immer größere Dimensionen gewann. Müller blieb den Trainingslagern fern und fuhr nicht mehr zu den Auswärtsspielen seiner Amateure mit. Er saß auch bei Heimspielen nur noch selten neben Hermann Gerland auf der Bank, nachdem er dort so schläfrig gewirkt hatte, dass viele meinten, er trinke wieder. Das Autofahren war schon lange

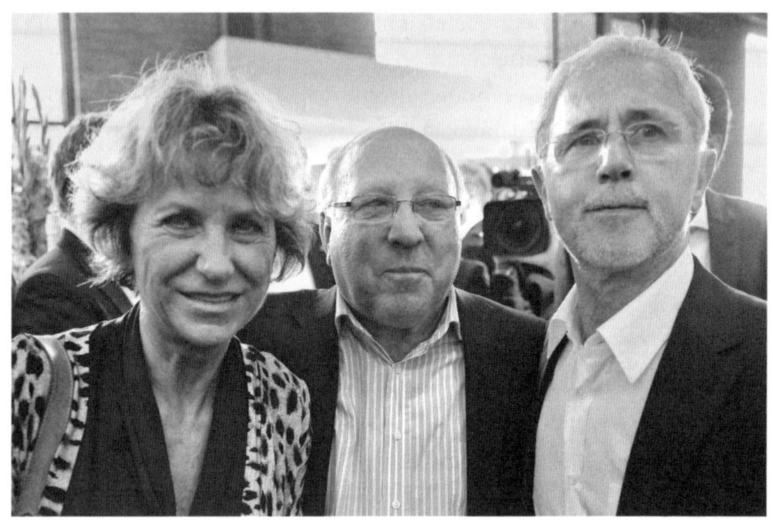

Der letzte öffentliche Auftritt 2013 mit Ehefrau und Uwe Seeler

ein Problem, das schließlich dadurch gelöst wurde, dass ihm der FC Bayern einen Fahrer stellte, der ihn in die Säbener Straße und wieder zurück brachte. So konnten die alten Routinen der Alltagsbewältigung aufrechterhalten werden, die am Ende wenigstens tagsüber und werktags zu einer Rundumbetreuung wurden: Massagen, Sauna, Tennis, Radfahren – alles unter Aufsicht und Anleitung, ehe Gerd Müller auch dazu nicht mehr in der Lage war. Zwei Jahre vor seinem 70. Geburtstag kam er nur noch drei, vier Stunden am Tag an die Säbener Straße, um sich pflegen und die alten Kontakte nicht ganz abreißen zu lassen. Der Trainervertrag lief trotzdem weiter, er ist, wie es scheint, auf Lebenszeit geschlossen.

Die Hauptlast bei diesen Anstrengungen, so lange wie möglich ein positives Umfeld für den dementen Patienten zu schaffen, trug mit bewundernswerter Ausdauer und Umsicht Uschi Müller, die sich jahrelang weigerte, ein Pflegeheim für ihren Mann zu suchen. Lieber sorgte sie trotz ungeheurer Strapazen selbst für ihn, bis im Winter 2015/16 die Ärzte ernste Bedenken anmeldeten und wegen der fortgeschrittenen

Erkrankung einer Situation ein Ende bereiteten, die Uschi Müllers Kräfte schon lange überforderten. Gerd Müller lebt seitdem, umsorgt von seiner Frau, die ihn fast täglich mehrere Stunden lang besucht, in einem bestens geführten, auf Demenzkranke spezialisierten Pflegeheim, wo sein Leben kleiner und kleiner wird.

16.

## Weltstar wider Willen?

Er wollte der ewig fordernden Welt den Rücken kehren und seine Ruhe haben. Auf diesen Wunsch kam Gerd Müller wieder und wieder zurück, ohne dass er hätte sagen können, wonach er sich wirklich sehnte. Er wusste es nicht, spürte aber oft eine tiefe Unrast und Unzufriedenheit in sich. Müller haderte dann mit seinem Leben, mit den Strapazen und den Zumutungen, denen er sich als Wunderkind des Weltfußballs ausgesetzt sah.

Konsequenzen zog er daraus lange nicht. Dafür waren die Früchte des sozialen Aufstiegs doch zu süß. Nachdem er 1964 aus der schwäbischen Provinz nach München gekommen war und sich beim FC Bayern München als Stammspieler etabliert hatte, ging es Jahr für Jahr immer steiler nach oben. Sportlich war seine Karriere die meiste Zeit ein einziger Höhenflug mit dem Weltmeistertitel von 1974 als größtem Triumph. Die Fans himmelten ihn an, die Wirtschaft riss sich um den Werbeträger, die Reichen und Einflussreichen suchten seine Nähe – die ganze Fußballwelt, und nicht nur sie, stand bewundernd Spalier: Gerd im Glück. Doch anders als im Märchen vertat er seinen Goldklumpen nicht, sondern vermehrte ihn so umsichtig, dass die erste Million schnell gemacht war. Schon Anfang der 1970er Jahre schien er ausgesorgt zu haben.

Gerd Müller und seine schöne, lebensfreudige Frau, beide zuvor wahrlich nicht auf Rosen gebettet, genossen dieses Leben, obwohl sie durchaus ihre Schwierigkeiten mit den neuen Sphären und Horizonten hatten, er vor allem. Sie waren überall dabei und spielten überall mit.

Namentlich mit den Medien standen sie auf vertrautem Fuß. Die Müllers öffneten den Reportern die Tür, versorgten sie regelmäßig mit Neuigkeiten und fanden nichts dabei, sich von ihnen in den Urlaub begleiten zu lassen. Stars seien zu diesen Gefälligkeiten verpflichtet, glaubten sie.

Ähnlich neugierig und blauäugig begegnete Gerd Müller anfangs der Münchner Gesellschaft, der legendären Schickeria. Er verkehrte nicht ungern mit Schauspielern und Sängern, Kabarettisten und Klatschreportern, die sich in den späten 1960er Jahren verstärkt dem Fußball zuwandten und ihm die höheren Weihen sozialer Akzeptanz und Respektabilität verliehen. Der exotische «Bomber der Nation» aus der Provinz schmückte diese Kreise, die im Zeichen des allgemeinen Auf- und Umbruchs nach «68» eine extravagante Volksnähe kultivierten, und er schmückte sich mit ihnen.

Es gab nur ganz wenige prominente Bundesligaspieler, die sich diesem Magnetismus der Eitelkeiten entziehen konnten. Gerd Müller bildete keine Ausnahme. Er gehörte vielmehr zu den ersten Fußballstars, die sich die Haare wachsen ließen, Bart trugen, sich nach der neuesten Mode kleideten und sich so den Trends anpassten, die der Zeitgeist vorschrieb. Das Fußballgenie war auch hier Spitze und zögerte nicht, seinen Stellenwert als Star und Medienliebling in klingende Münze zu verwandeln. Gerd Müller wollte genauso rasch und so viel Geld verdienen wie ein Franz Beckenbauer und die anderen Bayern-Stars, die sich nach ihren beispiellosen Glanzleistungen auf dem Rasen nur zu gerne in Werbeikonen verwandeln ließen.

Dass die Nobodies aus kleinen Verhältnissen dabei die Orientierung und obendrein den Sinn für Recht und Gesetz verlieren konnten, brauchte niemanden zu überraschen. Das Wirtschaftswunder und sein Nachzügler, das Wunder des Profifußballs der 1960er und 1970er Jahre, schufen einen durch Erfolg legitimierten Graubereich, in dem man nichts mehr so genau nehmen musste – die Steuerpflicht nicht, Schwarzgeld nicht, und auch die Vetternwirtschaft, die sich zwischen Politik und Sport zu bilden begann, war eben Teil der neuen Normalität.

Gerd Müller wuchs in diesen Graubereich hinein und dachte sich nichts dabei. Warum auch? Alle Profivereine überdehnten die Spielräume, die der Deutsche Fußballbund und die Steuergesetze absteckten – und alle seine Kollegen verdienten gut damit, ohne sich den Kopf zu zerbrechen. Profi und Profit waren Synonyme, zumal beim FC Bayern. Der Verein reihte Erfolg an Erfolg und zahlte weit über dem üblichen Bundesligatarif. Doch hatten die Hohepriester der Bayern immer große Mühe, ihre Wundermannschaft mit den vielen Nationalspielern finanziell bei Laune und zusammenzuhalten. Im Grunde lebten die Bayern in den 1960er und 1970er Jahren ständig über ihre Verhältnisse und bewegten sich deshalb fast immer am Rande der Insolvenz.

Dass ihnen der Ruin erspart blieb, lag primär an der von der CSU gestellten bayerischen Staatsregierung, die sich von der Bayern-Führung nur allzu gerne anzapfen ließ und ihr stets zu Diensten war. Die Politik entdeckte damals überall den Sport und namentlich den Fußball, der zehn Jahre zuvor noch als eine etwas primitive Freizeitbeschäftigung, als «Proletensport», gegolten hatte.[1] Ob die CSU bei diesem Marsch in den Filz von Sport und Politik eine Vorreiterrolle spielte, muss offenbleiben, bis wissenschaftliche Studien über andere Vereine vorliegen und ein Vergleich möglich ist. Tatsache ist jedenfalls, dass mit Alfons Goppel, Franz Josef Strauß, Ludwig Huber, Erich Kiesl und Richard Stücklen fast die gesamte Parteispitze aus bekennenden Fußballfans und Anhängern der Bayern bestand – oder sich zu solchen stilisierte. Nähe zum Sport suggerierte Basisnähe und versprach Wählerstimmen. Außerdem gab es kaum ein besseres Aushängeschild für das von der CSU erstrebte moderne Bayern als das junge, gewitzte Team von Gerd Müller, Franz Beckenbauer und Sepp Maier, die im DFB-Trikot obendrein als Nationalhelden auftraten. Die «Achsenmächte», so nannte man die drei tatsächlich,[2] mussten als Garanten des Erfolgs unbedingt zusammenbleiben. Das war nicht nur ein sportliches, sondern auch ein politisches Erfordernis; zumindest sahen das die Spitzen der CSU und die bayerische Staatsregierung so. Sie schreckten daher nicht einmal davor zurück, dem FC Bayern München und seinen Superstars illegale Schleichwege zur finanziellen Sättigung zu weisen, die von diesen auch gerne beschritten wurden.

Die staunenswerte Erfolgsgeschichte des FC Bayern in den 1960er und 1970er Jahren hatte deshalb von Anfang an eine kriminelle Kehrseite, die von den Legendenschmieden des Vereins gerne bagatellisiert, übergangen oder übersehen wird, obwohl sie den finanziellen Nährboden für alle Pokale und Meisterschalen bildete, die der FC Bayern in den zehn goldenen Jahren zwischen 1966 und 1976 gewann. Die Geburt des modernen FC Bayern aus dem Sumpf unlauterer Trickserejen blieb ein Tabu. Auch Gerd Müllers Karriere wäre anders verlaufen, wenn die CSU und die bayerische Staatsregierung nicht nachgeholfen und ihre Schutzschirme aufgespannt hätten, unter denen es sich mit schwarzen Kassen und schwarzen Geldern bestens leben ließ. Hier entstand ein Amigo-System, das nur ein weiteres Beispiel dafür lieferte, wie weit die Politik bereits Anfang der 1970er Jahre in die Gesellschaft hineinwirkte, ja ganze Bereiche wie den Sport gleichsam kolonialisierte. Man wird den FC Bayern München deshalb nicht gleich umbenennen müssen – in VEB Bayern München. Ein volkseigener Verein war er nicht. Ein Stück Staat steckte allerdings schon in ihm.

Müller und Co. häuften dabei erhebliche Summen an, ohne dass sie ihr Gewissen geplagt hätte. Sie vertrauten der bayerischen Staatsregierung und verließen sich auf die Schutzgarantien der CSU, die dafür selbstverständlich Gegenleistungen sehen wollte – Wahlempfehlungen, Fototermine und Präsenz bei ihren Veranstaltungen. Auch Gerd Müller folgte diesem Ruf und verstrickte sich immer tiefer in die illegalen Praktiken, die mehr als ein Jahrzehnt den Alltag des FC Bayern bestimmten und allmählich in die Gene des Vereins übergingen. Erst Ende der 1970er Jahre brachten unerschrockene Steuerbeamte ein wenig Licht in das Dunkel dieser Machenschaften. Mehr als die Spitze des Eisbergs wurde dabei aber nicht sichtbar, und auch die Folgen der Enthüllungen waren nicht annähernd so gravierend, wie sie angesichts der Höhe der hinterzogenen Steuern hätten sein müssen: Die Stars waren schließlich Kavaliere, die für ihre Delikte nur nachzahlen mussten, während das Finanzministerium die Vereinsoberen mit Bußgeldern davonkommen ließ, die sie nicht einmal selbst begleichen mussten; der FC Bayern übernahm diese Spesen.

Alles spricht dafür, dass sich Gerd Müller für diese Do-ut-des-Geschäfte nicht wirklich interessierte. Er wollte Fußball spielen, Kameradschaft spüren und viel Geld verdienen – alles andere war Begleitmusik, die ihn aber zunehmend verdross, weil sich der Sport Anfang der 1970er Jahre rasend schnell in ein Big Business verwandelte, das permanent seinen Tribut forderte, und weil nun ein neuer Spielertyp – verkörpert von Hoeneß und Breitner – die Bühne betrat, der genauen Karriereplänen zu folgen und nur noch an sich selbst zu denken schien.

Müller kam mit der neuen Zeit und den ebenso selbstbewussten wie arroganten Jungkickern nicht gut zurecht. Er schoss Tore und sprach am liebsten über Fußball – und fuhr lange Zeit auch ganz gut damit. Das änderte sich allerdings Anfang der 1970er Jahre, als sich mit dem Fußballgeschäft auch der Sportjournalismus wandelte: Nun stiegen auch die Flaggschiffe der seriösen Tagespresse wie die «Süddeutsche Zeitung» und die «Frankfurter Allgemeine Zeitung» verstärkt in die Berichterstattung über den Fußball und sein Umfeld ein,[3] während sich gleichzeitig in den Redaktionen und Fernsehstudios ein generationeller Bruch anzubahnen begann. Dort zogen jetzt jüngere Journalisten ein, die – wie ihre Kollegen von der FAZ und der SZ – in den Fußballstars Persönlichkeiten des öffentlichen Lebens erblickten und mehr von ihnen wissen wollten, als Gerd Müller ihnen bieten konnte – Hoeneß und Breitner und die anderen Abiturienten und Studenten, die gerade beim FC Bayern eine starke Fraktion bildeten, aber schon. Sie gingen an keinem Mikrophon vorüber, sie scheuten keine Kamera und keine Frage nach der Zukunft des modernen Fußballs, nach der gesellschaftlichen Bedeutung ihres Sports, nach Gott und nach der Welt, von der sie alles zu verstehen schienen. Der im Kern noch immer bodenständige Müller hatte bei den Journalisten damit nicht ausgespielt. Er bekam aber Konkurrenz, die hemdsärmelig nach vorne und ihn beiseite drängte. Das wurmte ihn ebenso wie die Tatsache, dass alle Welt von Beckenbauer als der Nummer Eins sprach, während er selbst immer in der zweiten Reihe rangierte. Was für ein permanenter Affront ihm gegenüber! Ohne seine Tore wäre auch der «Kaiser» ein Herrscher ohne Land geblieben.

Keine Frage: Müller fühlte sich zurückgesetzt und verkannt. Genauso stark machten ihm aber seine inneren Reserven gegenüber dem neuen Fußball als umfassendem betriebswirtschaftlichen Geschäftsmodell und als Teil der Unterhaltungsbranche zu schaffen, die in ihrer Gefräßigkeit den ganzen Star beanspruchte und mehr und mehr verlangte. Er war in Nördlingen noch im alten Amateurfußball aufgewachsen und hatte in seinem Verein und dessen Umfeld eine Heimat gefunden. Diese Erfahrungen lagen keine zehn Jahre zurück und hatten ihre Prägekraft noch lange nicht verloren. Der große Gerd Müller konnte sich den Gepflogenheiten des modernen Profifußballs deshalb zwar anpassen, sich seinen Regeln und dem damit verbundenen gesellschaftlichen Brimborium aber nie so total ausliefern – oder mit ihnen spielen – wie Beckenbauer, Hoeneß oder Breitner, die nicht nur auf dem Platz brillierten, sondern sich auch in der mondänen Münchner Welt so sicher wie Politiker, Künstler und Showgrößen bewegten. Die Inszenierungen und Selbstrepräsentationen, die in Interviews, Fernsehauftritten und Geschäftsterminen ständig von ihm und den anderen Bayern-Stars verlangt und erwartet wurden, waren in Müllers Augen hohl und überzogen, die reine Schaumschlägerei. Ganz zu schweigen davon, dass er im Fußballgeschäft bald nur noch falsche Freunde witterte, die ihn und seine Prominenz für ihre Zwecke ausnutzen wollten.

Der Mann aus Nördlingen war und wurde kein geschmeidiger Businessman und kein Entertainer, der in jede Rolle schlüpfen konnte. Er wollte es auch nicht. «Ohne mich», scheint sein fast instinktiver Reflex gewesen zu sein, als ihm der Schwindel des Ruhms und der Prominenz aufzugehen begann. Sein Abschied aus der Nationalmannschaft zeigte seinen Widerwillen ebenso wie sein langsamer Rückzug aus den Werbegeschäften, die ihm Millionen eingebracht hätten, ihm aber zunehmend lästiger wurden. Lieber ein etwas verschrobener Außenseiter, über den man verständnislos den Kopf schüttelte, als eine allgegenwärtige Kunstfigur, die auf allen Hochzeiten tanzte und für alles zu haben war.

Gerd Müller und seine Frau Uschi ließen sich deshalb bei den eher seltenen Vereinsfeiern wenn überhaupt, dann nur noch kurz sehen. Sie mieden Bälle, Empfänge und die sonstigen urbanen Geselligkeiten und zogen sich ins Private zurück. Seine Ruhe fand er trotzdem nicht. Der Anpassungs- und Absetzungsdruck der vergangenen zehn Jahre war nicht spurlos an ihm vorübergegangen, Müller war ein anderer geworden: ein Weltstar und der Prototyp eines sozialen Senkrechtstarters, der seinen Wurzelgrund weit hinter sich gelassen, aber doch nicht ganz vergessen hatte, so dass er in seiner neuen Umgebung nie ganz heimisch wurde. Er gehörte – trotz seiner Tore, seines Geldes und seiner Imagewerte – sowohl beim FC Bayern als auch in der Münchner Gesellschaft nur halb dazu, konnte und wollte aber auch nicht mehr zurück. Wohin denn auch? Nach Nördlingen, um dort ein Sportgeschäft oder eine Lotto-Toto-Annahmestelle zu betreiben? Zerrissenheit ist das Los vieler sozialer Aufsteiger. Das Herkunftsmilieu tut sich ebenso schwer mit ihnen wie das Aufnahmemilieu. Krisen sind deshalb keine Seltenheit.

Gerd Müllers Probleme begannen nicht erst mit dem nahenden Karriereende beim FC Bayern München. Sie verschärften sich aber, als die sportlichen Erfolge ausblieben und als zugleich die politische Protektion zu versagen begann. Wer war er denn noch ohne Ball, ohne die Routinen des Vereins, ohne den Schutzschild der CSU, die das Interesse an dem alternden Star verlor und ihm zwar ein Steuerverfahren ersparte, ihn aber nicht mehr vor empfindlichen Nachzahlungen bewahren konnte, die seine Existenz gefährdeten? Müllers Antwort auf solche Fragen war: Weiter so in Amerika, wo er zunächst einen Neuanfang in alten Bahnen versuchte, ehe er als Geschäftsmann finanziell fast alles auf eine Karte setzte und fast alles verlor.

Der Rest ist kein trauriger Epilog, sondern umfasst nahezu ein halbes Leben. Müller ertränkte seine Sorgen im Alkohol, setzte seine Ehe aufs Spiel und landete schließlich Anfang der 1990er Jahre in der Gosse, wo ihm Schnorrer und selbst ernannte Manager noch den letzten Pfennig aus der Tasche zu ziehen versuchten. Zehn, zwanzig Jahre zuvor wäre dieser Absturz vermutlich sein Ende gewesen. Mittlerweile hatte sich der Fußball aber erneut gewandelt: Die Vereine hatten sich neue Geldquellen erschlossen, solidere Strukturen aufgebaut und ein gewisses Bewusstsein für ihre gesellschaftliche Verantwortung entwickelt. Das galt vor allem für den FC Bayern München, der sportlich und wirtschaftlich in den Kreis der europäischen Spitzenmannschaften aufgestiegen war, aber mit einem gravierenden Imageproblem als kalter, nur profitorientierter Klassenprimus zu kämpfen hatte. Es wäre Wasser auf die Mühlen ihrer vielen Kritiker und Gegner gewesen, wenn die Bayern-Führung den in höchste Not geratenen Gerd Müller im Stich gelassen hätte. Das konnte sie sich nicht leisten, sie dachte in Wahrheit aber auch keine Sekunde ernstlich daran, ihren «Bomber» sich selbst zu überlassen. Die «Kosten-Nutzen-Nächstenliebe», die namentlich bei Hoeneß diagnostiziert worden war, spielte in diesem Fall keine nennenswerte Rolle.[4] Dazu war bei ihm und bei Franz Beckenbauer das soziale Gewissen, gepaart mit sentimentalem Familiensinn, zu ausgeprägt. Sie hatten die brutalen Seiten des Fußballs am eigenen Leib erfahren – das kaum gehemmte Leistungsdenken, die unerbittliche Konkurrenz, die überzogenen Anforderungen der Öffentlichkeit und die ständige Kritik. Dass der Profifußball auch ein übles Geschäft war, musste gerade ihnen niemand sagen. Sie kannten – oder entdeckten im fortgeschrittenen Alter – aber auch die andere Seite ihres Sports, der trotz aller Geldmacherei immer noch mit Fairness und Kameradschaft verbunden blieb oder wenigstens bleiben sollte. Sie tilgten die heftigen Konflikte und Spannungen aus ihrem Gedächtnis, die es gerade mit Gerd Müller gegeben hatte.

Hoeneß überredete Müller zu einer Entziehungskur und offerierte ihm einen Trainerjob, der ihm ein auskömmliches Leben ermöglichte. Von kleineren atmosphärischen Störungen abgesehen, die nicht zuletzt aus der nie ganz erloschenen Rivalität mit Beckenbauer und seinem Gefühl herrührten, nicht angemessen gewürdigt zu werden, lebte Müller an der Säbener Straße, dem Zentrum des «FC Hollywood», nun in einem kleinen Fußballparadies. Hier war ein Nachhall des alten Fußballs Nördlinger Prägung spürbar – ohne Erfolgszwang, ohne ständige journalistische Belagerung und frei von der Last seines Ruhmes, der ihm fast immer mehr abverlangt hatte, als er tragen konnte und wollte. Hier musste er keine Rolle mehr spielen, keine Interviews geben und keine schlauen Sprüche klopfen. Er war der legendäre Gerd Müller, der Mann der vielen Tore, und in seiner freundlichen Bescheidenheit ein Vorbild für die jungen Spieler, niemand sonst als ein Weltstar in einer Art vorgezogenem Ruhestand, der seine Erfahrungen weitergab.

Die Vereinsführung schuf die Rahmenbedingungen für dieses Biotop, und namentlich sein langjähriger Chef sorgte für das passende Klima. Hermann Gerland, ein «Straßenköter»,[5] wie er sich selbst nannte, wusste, dass Müller nicht nur ein Helden-, sondern auch ein Hundeleben hinter sich hatte. Er verstand ihn und behandelte den Älteren wie seinen kleineren Bruder. Er zollte ihm Respekt, gab ihm Halt und

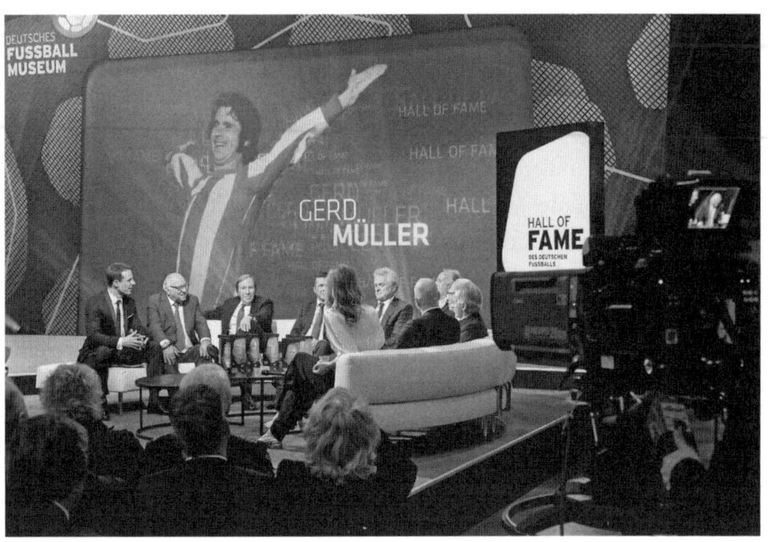


Im Kreis der Größten

bewies dabei so viel Fingerspitzengefühl, dass der «Bomber» endlich fand, was er schon so lange gesucht hatte: seine Ruhe, ohne auf die Welt schimpfen und ihr den Rücken kehren zu müssen.

Die Jahre mit Hermann Gerland waren vielleicht seine glücklichsten, zumal sich nun auch die einst so gefährdete Ehe in ruhigen Bahnen bewegte. Müllers phänomenale Erfolge waren nicht vergessen, in seiner eigenen Wahrnehmung aber doch weit in den Hintergrund gerückt, ehe eine Demenzerkrankung sie schließlich ganz aus seiner Erinnerung strich. Die grausame Krankheit verdammte den Mann, den die ganze Welt kannte, zur Erinnerungslosigkeit, sie raubte Gerd Müller seine Geschichte, die Geschichte selbst fiel ihr aber selbstverständlich nicht zum Opfer.

Sie hat für den «Bomber der Nation» eine unkündbare Ehrenloge reserviert[6] – in der großen Fußballsaga sowieso, aber auch in der «richtigen» Geschichte, die allerdings nur dann eine richtige wird, wenn sie endlich auch dem Fußball seinen verdienten Platz gewährt. Aber so oder so, der Strom des Vergessens kann einem Gerd Müller nichts anhaben.

# Anmerkungen

## *1.*
## *Reiz und Tücken einer Fußballerbiografie*

1 Abendzeitung, 18./19. 5. 1974.

2 Vgl. Christian Eichler, 90 oder Die ganze Geschichte des Fußballs in neunzig Spielen, München 2017, S. 326–329.

3 Die Gerd Müller Story. Ein Idol und seine Tore. Ein Film von Gerd Rubenbauer und Manfred Müller (DVD).

4 Der Begriff stammt von dem Theater- und Literaturkritiker Georg Hensel und war auf den Schriftsteller George Simenon gemünzt – trifft aber den Fußballer Gerd Müller genau.

5 Christoph Bausenwein, Geheimnis Fußball. Auf den Spuren eines Phänomens, Göttingen 1995, S. 74.

6 Ebenda. Vgl. auch Hardy Grüne/Dietrich Schulze-Marmeling, Das goldene Buch des deutschen Fußballs, Göttingen 2016 (aktualisierte und erweiterte Neuauflage), S. 299.

7 Süddeutsche Zeitung, 26. 3. 2018.

8 tz, 16. 6. 1969.

9 Jupp Kapellmann gehörte ebenfalls zu dieser Kategorie. Er stand aber in der Weltmeisterschaft 1974 in keinem Spiel in der Mannschaft.

10 Abendzeitung, 20. 3. 1972.

11 So Ludger Schulze in der Süddeutschen Zeitung vom 3. 11. 2010. Vgl. auch den SZ-Artikel von Javier Cáceres «Müllern wie Messi» vom 13./14. 1. 2018.

12 Klaus Theweleit, Tor zur Welt. Fußball als Realitätsmodell, Köln 2006, S. 245 und S. 157.

13 Vgl. Nils Havemann, Samstag um halb 4. Die Geschichte der Fußballbundesliga, München 2013, S. 529.

14 Michael Horeni spricht von der Nationalmannschaft als einem der großen, vielleicht dem größten «Identitätsstifter des Landes». Michael Horeni, Gebrauchsanweisung für die Fußball-Nationalmannschaft, München 2018, S. 181.

15 Dirk Schümer, Gott ist rund. Die Kultur des Fußballs, Berlin 1996, S. 242.

16 Vgl. Ulrich Herbert, Geschichte Deutschlands im 20. Jahrhundert, München 2014; Edgar Wolfrum, Die geglückte Demokratie. Geschichte der Bundesrepublik Deutschland von ihren Anfängen bis zur Gegenwart, Stuttgart 2006; Christoph Kleßmann, Die doppelte Staatsgründung. Deutsche Geschichte 1945–1955, Göttingen 1991; Ders., Zwei Staaten, eine Nation. Deutsche Geschichte 1955–1970, Bonn 1997; Andreas Rödder, Die Bundesrepublik Deutschland 1969–1990, München 2004.

17 Wolfram Pyta, Der Beitrag des Fußballsports zur kulturellen Identitätsstiftung in Deutschland, in: Ders. (Hrsg.), Der lange Weg zur Bundesliga. Zum Siegeszug des Fußballs in Deutschland, Münster 2004, S. 6.

18 Vgl. Eichler, 90, S. 61–65.

19 Fußball sei das «Gesprächsthema Nummer eins in Deutschland», meint Gunter Gebauer, Das Leben in 90 Minuten. Eine Philosophie des Fußballs, München 2016, S. 234.

20 Zit. nach Bernd Kauffmann (Hrsg.), Der Pass in den freien Raum. Fußball und Politik, Berlin 2009, S. 24.

21 Uli Hoeneß ließ auf eine Anfrage vom 13. September 2018 einen Tag später durch seine Assistentin mitteilen, dass man mir die entsprechenden Vereinsunterlagen (sprich: Protokolle der Jahreshauptversammlungen und der Vorstandssitzungen aus den 1960er und 1970er Jahren sowie die Korrespondenz von Wilhelm Neudecker aus dieser Zeit) nicht zugänglich machen könne. Karl-Heinz Rummenigge antwortete auf eine Anfrage überhaupt nicht.

22 Uschi Müller lud mich nach Abgabe des Manuskripts sogar ein, mit ihr zusammen ihren Mann im Pflegeheim zu besuchen – eine Geste, die ich zu würdigen wusste und die mir ein ebenso schmerzliches wie tröstliches Erlebnis bescherte, weil ich das sichere Gefühl hatte, dass Gerd Müller in dem Heim gut untergebracht ist.

23 Mein Antrag auf Schutzfristverkürzung gemäß Art. 10 Abs. 3 BayArchivG wurde von der Generaldirektion der Staatlichen Archive Bayerns unter Auflagen befürwortet, vom Bayerischen Staatsministerium der Finanzen und für Heimat mit Schreiben vom 21. Dezember 2018 an die Generaldirektion aber abgelehnt – mit der Begründung, dass eine «Gefährdung schutzwürdiger Belange Betroffener und Dritter, insbesondere der Rechtsnachfolger der im Antragsschreiben angeführten Gesellschaften [FC Bayern München], nicht ausgeschlossen werden könne». Schreiben der Generaldirektion der Staatlichen Archive Bayerns an das Bayerische Hauptstaatsarchiv vom 23. 1. 2019 und Schreiben des Bayerischen Hauptstaatsarchivs an den Verfasser vom 7. 2. 2019.

24 Süddeutsche Zeitung, 26. 1. 2018.

25 Das gilt auch für den Nachlass von Wilhelm Neudecker, der von seinem Neffen verwaltet wird. Neudecker hat anscheinend einen erheblichen Teil

der in seiner Zeit als Präsident des FC Bayern entstandenen Unterlagen mit nach Hause genommen und bei der Niederschrift seiner Memoiren verwendet. Wilhelm Neudecker, Ein Skorpion geht durchs Leben, [München] 1989.

## 2.
## *Der Torjäger aus Nördlingen*

1 Vgl. Nördlingen. Porträt einer Stadt, hrsg. vom Fränkisch-Schwäbischen Heimatverlag, Oettingen/Bay. 1965, S. 131; Rainer Sponsel, Das Ende des Zweiten Weltkriegs und die Jahre des Neubeginns in Nördlingen (Neujahrsvortrag, Januar 2016, im Privatbesitz von Herrn Sponsel).

2 Statistik kommunal 2017: Große Kreisstadt Nördlingen. Eine Auswahl wichtiger statistischer Daten, hrsg. vom Bayerischen Landesamt für Statistik, Fürth 2018, S. 6. Zu Müllers Zeit in Nördlingen vgl. auch Udo Muras/Patrick Strasser, Gerd Müller. Der Bomber der Nation, München 2015, S. 29–46. Das Buch von Muras und Strasser war in vieler Hinsicht hilfreich. Die beiden Autoren stellten sich auch für wertvolle Gespräche zur Verfügung, wofür ihnen herzlich zu danken ist.

3 Zu den Vorfahren von Gerd Müller vgl. schriftliche Mitteilung des Stadtarchivs Nördlingen vom 25. 8. 2015, das sich auf die Forschungen von Manfred Wegele stützte, der mir die Daten dankenswerter Weise zur Verfügung gestellt hat. Vgl. auch Manfred Wegele/Lothar Faul, Ortsfamilienbuch der St. Aegidius-Kirchengemeinde Balgheim 1651–1930 (Ehen bis 1947) (Sterbefälle bis 1950), Tapfheim-Donaumünster 2017.

4 Stadtarchiv Nördlingen, Heiratsurkunde.

5 Augsburger Allgemeine Zeitung (Rieser Nachrichten), 19. 7. 2008.

6 Mündliche Mitteilung von Greta Auktor vom 17. 9. 2015.

7 Mündliche Mitteilung von Helmut Wurm vom 8. 3. 2016.

8 Mündliche Mitteilungen von Martin Jeromin vom 17. 9. 2015, Helmut Wurm vom 8. 3. 2016, Peter Schönwälder vom 17. 9. 2015, Wolfgang Friedrich vom 17. 9. 2015, Elfriede Ziegler vom 17. 9. 2015 und Norbert Krause vom 17. 9. 2015.

9 Vgl. Gerd Müller, Tore entscheiden, München 1992, S. 7.

10 Mündliche Mitteilung von Helmut Wurm vom 8. 3. 2016.

11 Vgl. 150 Jahre TSV Nördlingen, Nördlingen 2010, S. 19. Vgl. auch Frank Linkesch, Der Knipser vom Stänglesbrunnen Nr. 6, in: Sportmagazin Kicker, Legenden & Idole, Nr. II, S. 14–20; die Interviews mit Müllers Jugendfreund Helmut Wurm und seinem früheren Trainer Kurt Tahedl, in: Ebenda, S. 19 und S. 22 f.

12 Schriftliche Mitteilung von Martin Jeromin vom 12. 9. 2018.

13 Mündliche Mitteilungen von Elfriede Ziegler vom 17. 9. 2015, Martin Jero-

min vom 17. 9. 2015, Norbert Krause vom 17. 9. 2015 und Peter Schönwälder vom 17. 9. 2015.

14 Mündliche Mitteilung von Norbert Krause vom 17. 9. 2015.

15 Mündliche Mitteilung von Norbert Krause und Peter Schönwälder vom 17. 9. 2015.

16 Mündliche Mitteilung von Laura Reinhardt-Rohm vom 8. 3. 2016. Vgl. auch Angela Bachmair, «Wir sind stolz, Zigeuner zu sein». Vom Leben und Leiden einer Sinti-Familie, Augsburg 2014.

17 Vgl. ebenda, S. 166.

18 Vgl. dazu Muras/Strasser, Gerd Müller, S. 30 f. Entsprechende Gerüchte geistern seit langem durch das Internet. Der Vorsitzende des Zentralrats der Sinti und Roma, Romani Rose, erklärte im November 2011 auf einem Symposium in Berlin, er könne sicher sagen, dass Gerd Müller Sinto sei. Der Berliner Kulturjournalist Matthias Reichelt hat diese Aussage mit eigenen Ohren gehört. Schriftliche Mitteilung von Matthias Reichelt vom 14. 7. 2016. Ähnlich soll sich Rose im Mai 2016 in Bad Boll geäußert haben. Mündliche Mitteilung von Udo Grausam vom 4. 8. 2016.

19 Auskunft der Deutschen Dienststelle für die Benachrichtigung der nächsten Angehörigen von Gefallenen der ehemaligen deutschen Wehrmacht vom 22. 12. 2016.

20 Schriftliche Mitteilung von Manfred Baumgärtner vom 19. 7. 2016.

21 Schriftliche Mitteilung von Rainer Sponsel vom 18. 9. 2015, die auf ein Gespräch mit Laura Reinhardt-Rohm zurückgeht.

22 Mündliche Mitteilung von Laura Reinhardt-Rohm vom 8. 3. 2016.

23 Das Bild wurde dankenswerter Weise von Martin Jeromin, einem ehemaligen Mitspieler von Gerd Müller, zur Verfügung gestellt. Es befindet sich zusammen mit der Presseberichterstattung in der Chronik des TSV Nördlingen und auch im Privatbesitz von Hans Meyer (Kopie beim Verfasser).

24 Mündliche Mitteilung von Manfred Baumgärtner vom 8. 7. 2015. Müller besitze «links wie rechts einen unerhörten Hammer», hieß es später auch in München über ihn. Bild, 27. 2. 1967.

25 Vgl. Muras/Strasser, Gerd Müller, S. 337.

26 Zit. nach Muras/Strasser, Gerd Müller, S. 40.

27 Vgl. ebenda.

28 Mündliche Mitteilung von Greta Auktor vom 17. 9. 2015.

29 Mündliche Mitteilung von Martin Jeromin vom 24. 7. 2015.

30 Mündliche Mitteilung von Martin Jeromin vom 18. 6. 2018.

31 Vgl. Jan-Eberhard Vaubel, Gerd Müller (Zauberer am Ball, Bd. 6), Wuppertal 1972, S. 17.

## 3.
### *Fremd unter Bayern*

1 Vgl. Dietrich Schulze-Marmeling, Die Bayern. Die Geschichte des Rekordmeisters, Göttingen 2012, S. 134.

2 Vgl. Havemann, Samstags um halb 4, S. 17–78.

3 Vgl. Hans Eiberle, Weshalb Gerd Müller für den FC Bayern und nicht bei 1860 stürmte. Münchens Fußball in den Zeiten der Bundesliga, in: Elisabeth Angermair/Hans Eiberle/Manfred P. Heimers, München und der Fußball. Von den Anfängen 1896 bis zur Gegenwart, München 1997, S. 173.

4 Mündliche Mitteilung von Walter Fembeck vom 15. 9. 2015.

5 Die Kassen-Ausgabe-Quittung vom 10. 7. 1964 ist abgedruckt in: Dietrich Schulze-Marmeling, Die Bayern-Chronik, Bd. 1: 1900 bis 1979, Göttingen 2017, S. 253.

6 Vgl. Havemann, Samstags um halb 4, S. 53–68.

7 Vgl. Manfred Blödorn, Fußballprofis. Die Helden der Nation, Hamburg 1974, S. 40.

8 Der AC Mailand soll im Juni 1966 zwei Millionen DM für Franz Beckenbauer geboten haben. Abendzeitung, 23. 6. 1966. Vgl. auch Michael Pöppl, Fußball ist unser Leben. Eine deutsche Leidenschaft, Berlin 2002, S. 69.

9 Havemann, Samstag um halb 4, S. 115.

10 Kicker, 28. 6. 1965.

11 Nils Havemann, Die Gründung der Fußball-Bundesliga im Spannungsfeld von Kommerz und Kultur, in: Wolfram Pyta (Hrsg.), Geschichte des Fußballs in Deutschland und Europa seit 1954, Stuttgart 2013, S. 93.

12 Vgl. ebenda, 22. 5. 1967. Vgl. auch Stefan Lottermann, Alles Millionäre? Über Berufsfußball in Deutschland, in: Klaus Hansen (Hrsg.), Verkaufte Faszination. 30 Jahre Fußball-Bundesliga, Essen 1993, S. 55. Das garantierte Monatsgehalt belief sich auf 160 DM, hinzu kamen Spielzulagen und Leistungszulagen pro gewonnenen Punkt.

13 Mündliche Mitteilung von Helmut Wurm vom 8. 3. 2016. Vgl. auch Muras/Strasser, Gerd Müller, S. 45.

14 Mündliche Mitteilungen von Helmut Wurm vom 8. 3. 2016.

15 So bezeichnete Neudeckers Vorgänger Roland Endler den FC Bayern 1959. Protokoll über die Jahreshauptversammlung am 27. April 1959, in: Amtsgericht München, Registergericht, Bestand: VR 2463 – Fußball-Club Bayern München e. V.

16 Clubzeitung des FC Bayern München e. V., Jg. 17, Nr. 11, November 1965. 1970 wurde der Jahresbeitrag auf 70 DM erhöht.

17 Die Mitglieder zahlten für eine Jahreskarte 60, die Nichtmitglieder 130 DM.

18 Abendzeitung, 7. 5. 1973.

19 Neudecker, Ein Skorpion geht durchs Leben. Vgl. auch Havemann, Samstags um halb 4, S. 87.

20 Schriftliche Mitteilung der Deutschen Dienststelle für die Benachrichtigung der nächsten Angehörigen von Gefallenen der ehemaligen deutschen Wehrmacht vom 24. 5. 2017. Vgl. auch das SS-Stammrollenblatt von Wilhelm Neudecker, in: BA Berlin, Sammlung «Berlin Document Center», und die Spruchkammerakten von Neudecker, in: StA München, Spruchkammerakten, K 1241; Neudecker, Ein Skorpion geht durchs Leben.

21 Rainer Keßler an Senator Willi Rothe, 21. 3. 1980, in: BayHStA, Nachlass Keßler, Korrespondenz: MD-Privat Nr. 1. Der Hinweis auf den Nachlass Keßler stammt von meinem früheren Kollegen Rick Tazelaar vom Institut für Zeitgeschichte, dem ich dafür großen Dank schulde.

22 Süddeutsche Zeitung, 20. 5. 1974. Neudecker hörte es nicht ungern, wenn er von der Presse «König Wilhelm von Bayern» genannt wurde. Süddeutsche Zeitung, 24. 10. 1973 (in: Stadtarchiv München, Zeitungsausschnitte, Personen, ZA-P-358–2).

23 Kicker, 26. 3. 1973.

24 Stadtarchiv Würzburg, Einwohnermeldebogen von Josef Friedrich Schwan (Vater von Robert Schwan); schriftliche Mitteilung des Stadtarchivs Würzburg vom 1. 12. 2016; schriftliche Mitteilung des Stadtarchivs München vom 8. 12. 2016; Stadtarchiv München, Meldekarte von Josef Friedrich Schwan; Neue Deutsche Biographie, Bd. 23 (2007), S. 780 f. [Online-Version]; schriftliche Mitteilung der Deutschen Dienststelle für die Benachrichtigung der nächsten Angehörigen von Gefallenen der ehemaligen deutschen Wehrmacht vom 13. 6. 2017.

25 Süddeutsche Zeitung, 15. 7. 2002; Spiegel online, 14. 7. 2002; Focus, 22. 7. 2002; Berliner Zeitung, 15. 7. 2002.

26 Süddeutsche Zeitung, 15. 7. 2002; Franz Beckenbauer, Einer wie ich, München/Gütersloh/Wien 1975, S. 52.

27 Quick, 28. 4. 1977 (in: Stadtarchiv München, Zeitungsausschnitte, Personen, ZA-P-29–44); Süddeutsche Zeitung, 15. 7. 2002; Spiegel online, 14. 7. 2002.

28 Protokoll über die Neuwahl der Vorstandschaft des F. C. Bayern München e. V. bei der Jahreshauptversammlung am 25. April 1961 im Löwenbräukeller, in: Amtsgericht München, Registergericht, Bestand: VR 2463 – Fußball-Club Bayern München e. V.; Protokoll des Wahlausschusses des FC Bayern München über die anlässlich der Jahreshauptversammlung am 27. 4. 1962 im Löwenbräukeller in München stattgefundenen Wahlen der Vorstandschaft und des Hauptausschusses, in: Ebenda; Münchner Merkur, 25. 4. 1979 (in: Stadtarchiv München, Zeitungsausschnitte, Personen, ZA-P-226–32).

29 Mündliche Mitteilungen von Willi O. Hoffmann vom 25. 9. 2015, 13. 11. 2015 und 29. 6. 2017.

30 Schriftliche Mitteilung des BA Berlin vom 19. 10. 2016; Stadtarchiv München, Meldekarte Walter Fembeck; BA Berlin, Sammlung «Berlin Document Center».
31 Mündliche Mitteilungen von Walter Fembeck vom 15. 9. 2015 und 8. 6. 2017.
32 Vgl. Havemann, Samstags um halb 4, S. 95; Dietrich Schulze-Marmeling, Der FC Bayern und seine Juden. Aufstieg und Zerschlagung einer liberalen Fußballkultur, Göttingen 2011, S. 211.
33 Vgl. Tschik Čajkovski, Ich mache Mannschaften, München 1966.
34 Neudecker, Ein Skorpion geht durchs Leben, S. 201.
35 Mündliche Mitteilungen von Willi O. Hoffmann vom 25. 9. 2015 und 13. 11. 2015.
36 Sportmagazin, 20. 7. 1964. Vgl. Sepp Maier, Ich bin doch kein Tor, Hamburg 1980, S. 73–76.
37 Der eigenen Berechnung liegt die Mannschaft zugrunde, die 1964 das letzte Spiel in der Aufstiegsrunde zur Bundesliga bestritt.
38 Mündliche Mitteilung von Werner Olk vom 3. 9. 2015.
39 Vgl. dazu Pyta, Der Beitrag des Fußballsports zur kulturellen Identitätsstiftung, S. 27, der von der homogenen landsmannschaftlichen Rekrutierung als einem der wichtigsten Unterpfänder für die regionale Verwurzelung der meisten Bundesligavereine der 1970er Jahre spricht.
40 Abendzeitung, 13. 6. 1966.
41 Mündliche Mitteilung von Walter Fembeck vom 15. 9. 2015.
42 Maier, Ich bin doch kein Tor, S. 75.
43 Beckenbauer, Einer wie ich, S. 48. Zu den Hintergründen dieser und anderer Beckenbauer-Memoiren vgl. Stern, 28. 8. 1975.
44 Vgl. Muras/Strasser, Gerd Müller, S. 52.
45 tz, 2. 11. 1995. Vgl. auch ein unpubliziertes Interview mit Gerd Müller, 2005 (Privatbesitz Hans Meyer, Kopie beim Verfasser).
46 Vgl. Muras/Strasser, Gerd Müller, S. 53.
47 Neudecker an Dettmar Cramer, 16. 2. 1976, in: Archiv FC Bayern AG, Nachlass Dettmar Cramer.
48 Bild, 17. 4. 1974.
49 Sportmagazin, 19. 10. 1964.
50 Abendzeitung, 15. 2. 1965.
51 Abendzeitung, 5. 3. 1973.
52 Abendzeitung, 7. 3. 1966; vgl. auch Kicker, 7. 3. 1966, und Sportmagazin, 14. 3. 1966.
53 Kicker, 16. 8. 1965; Sportmagazin, 30. 8. 1965; Sportmagazin, 25. 10. 1965; Sportmagazin, 14. 3. 1966.
54 Sportmagazin, 23. 5. 1966.
55 Abendzeitung, 19. 9. 1966.

56 Kicker, 10. 1. 1966.

57 Abendzeitung, 15. 1. 1965.

58 Abendzeitung, 15. 1. 1965.

59 Der Bayern-Spieler Hans Nowak schrieb für den «Münchner Merkur» eine Artikelserie über die äußerst vergnügliche Reise in die Vereinigten Staaten. Vgl. Münchner Merkur, 14. 6. 1966, 21. 6. 1966, 24. 6. 1966, 29. 6. 1966 und 5. 7. 1966. Gerd Müller fühlte sich in den USA anscheinend so unsicher, dass er sich häufig in der Nähe des Trainers aufhielt, was ihm den Spitznamen «Schwiegersohn» einbrachte.

60 Vgl. Müller, Tore entscheiden, S. 20 f.; Bild, 28. 4. 1967.

61 Abendzeitung, 22. 8. 1967.

62 Vgl. Müller, Tore entscheiden, S. 104.

63 Abendzeitung, 15./16. 7. 1967.

64 Ebenda.

65 Abendzeitung, 22. 8. 1967.

66 Mündliche Mitteilungen von Walter Fembeck vom 15. 9. 2015 und von Helmut Wurm vom 8. 3. 2016.

67 Abendzeitung, 28. 6. 1965.

68 Mündliche Mitteilungen von Norbert Krause und Peter Schönwälder vom 17. 9. 2015.

69 Blödorn, Fußballprofis, S. 63.

70 Peter Becker, Soziale Mobilitätserwartung im Fußballsport. Eine pfadanalytische Untersuchung zum Aufstiegsmotiv bei jugendlichen Spielern der nationalen Spitzenklasse, in: Dirk Albrecht (Hrsg.), Fußballsport. Ergebnisse sportwissenschaftlicher Forschung, Berlin/München/Frankfurt a. M. 1979, S. 103.

71 Der Stern schrieb am 3. 3. 1977 über das Problem des Aufsteigers: «Nun versucht er, sich anzupassen, nicht selten ist Unsicherheit die Folge, milieubedingtes Fehlverhalten. Alle 349 Bundesliga-Profis sind Aufsteiger. Eine Berufsgruppe, die aus Emporkömmlingen besteht.»

## 4. *Der Durchbruch*

1 Abendzeitung, 23. 5. 1966.

2 Mündliche Mitteilung von Rainer Ohlhauser vom 4. 12. 2015.

3 Bild, 8. 12. 1966.

4 Kicker, 10. 10. 1966.

5 Kicker, 28. 11. 1966.

6 Abendzeitung, 24. 11. 1966.

7 Kicker, 2. 5. 1967.
8 Abendzeitung, 27. 4. 1967.
9 Abendzeitung, 14. 7. 1967.
10 Vgl. Muras/Strasser, Gerd Müller, S. 64.
11 Abendzeitung, 10. 4. 1968.
12 Abendzeitung, 10. 6. 1968.
13 Kicker, 8. 7. 1968 und 15. 7. 1968.
14 Kicker, 22. 7. 1968.
15 Mündliche Mitteilung von Rainer Ohlhauser vom 4. 12. 2015.
16 Für die Saison 1965/66 zahlten ARD und ZDF pauschal 127 000 DM für die Übertragungsrechte. Vgl. Götz-T. Großhans, Fußball im deutschen Fernsehen, Frankfurt a. M. 1997, S. 48.
17 Kicker, 27. 12. 1966.
18 Clubzeitung des FC Bayern München e. V., Jg. 18, Nr. 1, Januar 1966.
19 Abendzeitung, 25. 3. 1965.
20 Die Bild-Zeitung zählte Müller aber schon im Dezember 1965 zu den «Assen», die Helmut Schön für den Fall der Fälle in der Hinterhand hatte. Bild, 6. 12. 1965.
21 Bild, 13. 10. 1966, und Muras/Strasser, Gerd Müller, S. 60.
22 Sportmagazin, 10. 4. 1967; Kicker, 10. 4. 1967.
23 Abendzeitung, 7. 11. 1967.
24 Abendzeitung, 7. 11. 1967, 20. 11. 1967 und 27. 11. 1967. Zu Zebec vgl. Abendzeitung, 30. 5. 1968.
25 Sportmagazin, 15. 1. 1968. Müller dementierte diese Meldung im März 1968. Abendzeitung, 23. 3. 1968.
26 Bild, 13. 9. 1968.
27 https://de.wikipedia.org/wiki/Branko_Zebec (aufgerufen am 3. 10. 2018). Vgl. auch Schulze-Marmeling, Die Bayern-Chronik, Bd. 1, S. 277 f.
28 Abendzeitung, 27. 11. 1967; Clubzeitung des FC Bayern München e. V., Jg. 20, Nr. 3, März 1968.
29 Neudecker, Ein Skorpion geht durchs Leben, S. 201; Bild, 21. 6. 1968.
30 Kicker, 10. 6. 1968.
31 Maier, Ich bin doch kein Tor, S. 95.
32 Mündliche Mitteilung von Franz Roth vom 10. 5. 2016.
33 Kicker, 29. 6. 1972.
34 Bild, 2. 9. 1968.
35 Vgl. Vaubel, Gerd Müller, S. 44.
36 Abendzeitung, 23. 10. 1972.
37 Kicker/Sportmagazin, 23. 1. 1969; Bild, 6. 2. 1969 und 10. 2. 1969.
38 Kicker, 1. 7. 1968.
39 Kicker, 30. 6. 1969.

40 Kicker/Sportmagazin, 9. 6. 1969.
41 Muras/Strasser, Gerd Müller, S. 76.
42 Bild, 1. 6. 1968.
43 Vgl. ebenda, S. 80.
44 Zum Konflikt zwischen Seeler und Müller vgl. auch Muras/Strasser, Gerd Müller, S. 78–84.
45 Zit. nach Abendzeitung, Pfingsten 1970.
46 Bild, 4. 12. 1968.
47 Bild, 16. 2. 1970. Vgl. auch Bild, 13. 2. 1970 und 17. 2. 1970, wo Seeler die Äußerungen Müllers als «Kinderkram» bewertete.
48 Vgl. beispielhaft Abendzeitung, 14./15. 2. 1970 und 18. 2. 1970.
49 Havemann, Samstag um halb 4, S. 120.
50 Bild, 1. 6. 1970.
51 Zit. nach Eichler, 90, S. 90.
52 Augsburger Allgemeine Zeitung (Rieser Nachrichten), 17. 7. 1970.
53 Kicker/Sportmagazin, 6. 7. 1970.
54 Bild, 26. 2. 1970.
55 Hermann Gerland gerät noch heute ins Schwärmen, wenn er über Müllers Schnelligkeit beim Antritt, seine Fähigkeit, mitten im Lauf unvermittelt stehen zu bleiben, und nicht zuletzt über seine Furchtlosigkeit in Zweikämpfen erzählt. Mündliche Mitteilung von Hermann Gerland vom 8. 9. 2018.
56 Kicker, 30. 12. 1970.
57 Bild, 5. 2. 1971.
58 So Udo Lattek in Bild, 9. 1. 1975.
59 Bild, 15. 5. 1970.

## 5. *Ein gemachter Mann*

1 Gerd Müller, Goldene Beine, Rosenheim 1969, S. 50. Ein Jahr später wiederholte er diesen Vorsatz, als er seine Angewohnheit, Lotto zu spielen, erläuterte: «Wenn ich 500 000 Mark gewinne, dann höre ich sofort mit dem Fußballspielen auf und tue keinen Strich mehr.» Bild, 25. 7. 1970.
2 Müller, Goldene Beine, S. 51.
3 Kicker, 30. 10. 1967.
4 Bild, 21. 8. 1967 und 22. 8. 1967.
5 Diese Summe nannte Müller später in Goldene Beine, S. 50.
6 Vgl. dazu die Stilkritik in Süddeutsche Zeitung, 25. 10. 2008.
7 Bild, 2. 3. 1970.
8 Günther Wolfbauer, ein Journalist der «Abendzeitung», bekannte in einem

Brief an Dettmar Cramer, dass er immer das Gefühl gehabt habe, «mit Ihnen allen in einem Boot zu sitzen». Wolfbauer an Cramer, 27. 12. 1976, in: Archiv FC Bayern AG, Nachlass Dettmar Cramer.

9 Mündliche Mitteilungen von Hans Eiberle vom 30. 9. 2015 und 5. 10. 2015 und Ludger Schulze vom 20. 4. 2016.

10 Abendzeitung, 16. 8. 1968.

11 Ab der Saison 1972/73 hieß das Blatt «Clubzeitung und Stadionzeitung des FC Bayern München» mit Koppenwallner als Redakteur.

12 Abendzeitung, 7./8. 6. 1969.

13 Blödorn, Fußballprofis, S. 120.

14 Mündliche Mitteilung von Hans Eiberle vom 30. 9. 2015 und 5. 10. 2015. Neudecker, Ein Skorpion geht durchs Leben, S. 313.

15 Bayernkurier, 12. 10. 1974. Der Journalist Ulfert Schröder hatte darin geschrieben, es sei «ziemlich sicher», dass «der FC Bayern für den Wilhelm Neudecker ein wunderbares, grandioses, schillerndes Spielzeug» sei. «Eine ungeheuere und ungeheuerliche elektrische Eisenbahn, die er bergauf und bergab fahren läßt, bei der er Weichen und Signale stellt, und die immer genau das macht, was der Stationsvorsteher Neudecker will.»

16 Neudecker an Strauß, 30. 10. 1974, in: Archiv für Christlich-Soziale Politik, Nachlass Strauß, PV 8575. Neudecker gratulierte Strauß in diesem Schreiben auch zu dem «großartigen Wahlerfolg der CSU in Bayern». «Erfreut darüber, daß das bayerische Volk durch sein Votum dem Trend zum marxistischen Funktionärs-Staat Einhalt geboten hat», grüßte er den CSU-Chef sehr freundlich.

17 Vgl. Helmut Böttiger, Günter Netzer. Manager und Rebell. Autorisierte Biographie, Frankfurt a. M. 1994.

18 Bild, 23. 7. 1971.

19 Abendzeitung, 23. 2. 1971.

20 Bild, 22. 10. 1970.

21 Kicker, 31. 7. 1967.

22 Vgl. beispielsweise Kicker, 24. 7. 1967, und Sportmagazin, 27. 7. 1967.

23 Sportmagazin, 31. 7. 1967.

24 Müller, Goldene Beine, S. 16.

25 Kicker/Sportmagazin, 1. 12. 1969; Bild, 3. 7. 1969.

26 Im August 1969 beispielsweise spielte er mit dem singenden Kinderstar Heintje Fußball für die Fotografen der «Bild»-Zeitung. Bild, 28. 8. 1969.

27 Sportmagazin, 17. 7. 1967; Abendzeitung, 17. 7. 1967.

28 Abendzeitung, 24. 7. 1969. Vgl. auch Abendzeitung, 18. 11. 1968, 7. 3. 1969 und 23. 2. 1970.

29 Abendzeitung, 11./12. 2. 1967 und 19. 7. 1967.

30 Kicker/Sportmagazin, 19./20. 11. 1969; der Bild vom 3. 10. 1969 war zu ent-

nehmen, dass Müllers Konterfei auch eine vergoldete Münze schmückte, die jeder bekam, der an einer Shell-Tankstelle mehr als 15 Liter tankte.

31 Abendzeitung, 7. 7. 1970. Vgl. dazu auch Hardy Grüne, 100 Jahre Deutsche Meisterschaft. Die Geschichte des Fußballs in Deutschland, Göttingen 2003, S. 377. Vgl. schriftliche Mitteilung der Abteilung «History Management» von Adidas vom 6. 7. 2017, in der Adidas bestätigt, dass Müller von 1970 bis 1980 bei diesem Schuhhersteller unter Vertrag war.

32 Augsburger Allgemeine Zeitung (Rieser Nachrichten), 9. 9. 1969 und 11. 9. 1969 sowie die Ausgabe der Thuringia Nachrichten 7/8/69.

33 Augsburger Allgemeine Zeitung (Rieser Nachrichten), 11. 9. 1969.

34 Müller, Goldene Beine, S. 51.

## 6.
## *Der unzufriedene «König der Tore»*

1 Bild, 7. 6. 1969.

2 Abendzeitung, 3. 7. 1970 und 26. 5. 1970, wo von mindestens 50 000 DM die Rede ist.

3 Vgl. Ralf Rytlewski/Manfred Opp de Hipt, Die Bundesrepublik Deutschland in Zahlen 1945/49–1980. Ein sozialgeschichtliches Arbeitsbuch, München 1987, S. 227; Kay Schiller, WM 74. Als der Fußball modern wurde, Berlin 2014, S. 76.

4 Vgl. Bernd-M. Beyer, Helmut Schön. Eine Biografie, Göttingen 2017, S. 295.

5 Augsburger Allgemeine Zeitung (Rieser Nachrichten), 10. 6. 1970.

6 Bild, 4. 9. 1970 und 11. 11. 1970.

7 Bild, 18. 7. 1970.

8 Abendzeitung, 28. 11. 1969. Neudecker bestätigte der Abendzeitung, dass Zebec dem Manager «unterstellt» sei und dass er das bei seinem Engagement akzeptiert habe.

9 Vgl. Ludger Schulze, Trainer. Die großen Fußballstrategen, München 1989, S. 141–146.

10 Peter Bizer, Uli Hoeneß. Der programmierte Weltmeister, München 1975, S. 25.

11 Kicker, 8. 4. 1974.

12 Bild, 6. 2. 1973. Den ersten größeren Werbevertrag schloss der FC Bayern mit Adidas. Die Bayern erhielten 100 000 DM und verpflichteten sich dafür, auf ihren Trikots für den Sportartikelhersteller aus Herzogenaurach zu werben. Neudecker, Ein Skorpion geht durchs Leben.

13 Havemann, Samstags um halb 4, S. 180.

14 Mündliche Mitteilungen von Werner Kern vom 17. 5. 2016 und 24. 5. 2016.

15 Zit. nach Schulze, Trainer, S. 141.
16 Vgl. Blödorn, Fußballprofis, S. 62. Gemessen am Bildungsgrad war der FC Bayern damals die intelligenteste Mannschaft der Bundesliga.
17 Vgl. Pyta, Der lange Weg zur Bundesliga, S. 27–29.
18 Ders., Die Bundesliga hat viele Kinder, in: Ders., Geschichte des Fußballs in Deutschland und Europa, S. 11.
19 Zit. nach Schulze-Marmeling, Die Bayern, S. 159.
20 Vgl. Torsten Körner, Franz Beckenbauer. Der freie Mann, Frankfurt a. M. 2005, S. 152 f.
21 Uli Hoeneß behauptete später von sich selbst, er sei «ungeheuer, fast hoffnungslos ehrgeizig» gewesen. Zit. nach Christoph Bausenwein, Das Prinzip Uli Hoeneß. Ein Leben für den FC Bayern, Göttingen 2009, S. 11.
22 Bild, 25. 1. 1979.
23 Zit. nach Beyer, Helmut Schön, S. 312.
24 Kicker, 3. 9. 1979.
25 Stern, 29. 3. 1979.
26 Vgl. Sepp Maier, ... und wer küsst mich? Fußballer-Anekdoten, Bergisch-Gladbach 1985, S. 23 f.
27 Bild, 23. 3. 1972.
28 Mündliche Mitteilungen von Sepp Weiß vom 13. 6. 2015 und Eduard Kirschner vom 11. 7. 2015.
29 Bild, 6. 1. 1974. «Was glauben Sie, wie es da in einer Mannschaft kocht», bekannte Udo Lattek später.
30 Vgl. Juan Moreno, Uli Hoeneß. Alles auf Rot, München 2014, S. 92.
31 Mündliche Mitteilung von Franz Roth vom 10. 5. 2016. Vgl. auch Bausenwein, Das Prinzip Uli Hoeneß, S. 314.
32 Paul Breitner diagnostizierte 1979 ein ganzes «Gebäude an Sonderrechten, Intrigen, Kampf Gruppe gegen Gruppe, jeder gegen jeden». Kicker, 3. 9. 1979.
33 Bravo, 31. 10. 1974.
34 Bild, 30. 6. 1972.
35 Abendzeitung, 14. 6. 1973.
36 Zit. nach Moreno, Hoeneß, S. 92.
37 Zit. nach Schulze-Marmeling, Die Bayern, S. 158. Vgl. auch Bausenwein, Das Prinzip Uli Hoeneß, S. 22.
38 Beckenbauer, Ich. Wie es wirklich war, München 1992, S. 28.
39 Mündliche Mitteilung von Rainer Zobel vom 29. 10. 2015.
40 Zit. nach Muras/Strasser, Gerd Müller, S. 206.
41 Dass auch Beckenbauer Gefühle der Konkurrenz und Eifersucht nicht ganz fremd waren, zeigt eine Äußerung aus dem Jahr 1975: «Es gibt nur einen Spieler, auf den ich hätte eifersüchtig sein können, und das war und ist

Gerd Müller.» Bild, 10. 2. 1975. Ein Indiz für die Rivalität war auch, dass Beckenbauer bei seinem 300. Bundesligaspiel für den FC Bayern geehrt wurde, Müller kurz danach aber nicht, weshalb er «sauer» war, wie er zugab. Abendzeitung, 1. 10. 1974.

42 Bild, 13. 9. 1971.

43 Bild, 14. 9. 1971.

44 Abendzeitung, 22. 6. 1970; Bild, 12. 6. 1970.

45 Kicker, 12. 10. 1970.

46 Bild, 30. 8. 1971.

47 Kicker, 29. 4. 1971.

48 Kicker, 13. 9. 1971.

49 Kicker, 16. 9. 1971; Bild, 16. 9. 1971.

50 Kicker, 27. 9. 1971.

51 Bild, 23. 9. 1971.

52 Kicker, 17. 1. 1972 und 20. 1. 1972.

53 Kicker, 24. 2. 1972.

54 Abendzeitung, 17. 3. 1972.

55 Bild, 20. 3. 1972 und 1. 4. 1972.

## 7.
## *Geld und Politik*

1 Kicker, 10. 7. 1972.

2 Bild, 19. 2. 1971.

3 Vgl. Ulfert Schröder, England-Deutschland 1:3. Der erste deutsche Sieg in Wembley, in: Karl-Heinz Huba (Hrsg.), Sternstunden des Fußballs. Highlights, Sensationen, Kuriositäten, München 2003, S. 124–129.

4 Kicker, 10. 2. 1972.

5 Beckenbauer schimpfte vor allem über die zähen Vertragsverhandlungen von Uli Hoeneß: «Es geht auch ohne Hoeneß. Soll er doch gehen.» Bild, 15. 5. 1972.

6 Kicker, 8. 4. 1974.

7 Eigene Berechnungen anhand von Schulze-Marmeling, Die Bayern-Chronik, Bd. 1, S. 442–445.

8 Vgl. Wolfram Pyta, Bundesligaskandal, in: Skandale in Deutschland nach 1945, hrsg. von Stiftung Haus der Geschichte der Bundesrepublik Deutschland, Bielefeld/Leipzig 2007, S. 94–103.

9 Kay Schiller, WM 74, S. 47, meinte dazu: «Insbesondere hielt man sich wohl mit Ermittlungen gegen Vereine wie etwa den FC Bayern zurück, die wichtige Spieler für die Nationalmannschaft lieferten.»

10 Kicker, 18. 1. 1971, und Abendzeitung, 18. 1. 1971.
11 Bild, 12. 1. 1971.
12 Bild, 25. 5. 1971.
13 Bild, 8. 1. 1971, 6. 2. 1971, 5. 3. 1971, 3. 4. 1971, 26. 5. 1971, 29. 5. 1971 und 10. 6. 1971.
14 Abendzeitung, 18. 1. 1971.
15 Grüne, 100 Jahre deutsche Meisterschaft, S. 371.
16 Mündliche Mitteilung von Richard Müller vom 4. 8. 2016.
17 Abendzeitung, 18. 1. 1971.
18 Zit. nach Blödorn, Fußballprofis, S. 99.
19 Bild, 27. 8. 1973.
20 Beckenbauer, Ich, S. 38.
21 Neudecker, Ein Skorpion geht durchs Leben, S. 235.
22 Auch Hoeneß räumte später ein, dass es solche Zwischenlandungen in Zürich gab. Vgl. Bausenwein, Das Prinzip Uli Hoeneß, S. 106.
23 Eine indirekte Bestätigung dieser Aussage eines Zeitzeugen stammte von Willi O. Hoffmann, der im März 1980 betonte, dass «die Spieler auf den zahlreichen Auslandsreisen mit Spesen in unzulässiger Höhe bedacht» worden seien. Kicker, 27. 3. 1980. Vgl. auch Protokoll zur Jahres-Hauptversammlung vom 25. März 1980, auf der Hoffmann zugab, dass u. a. «die Handhabung von Spesenabrechnungen bei Auslandsspielen und Turnieren […] zu den beträchtlichen Steuernachbelastungen» geführt hätte (in: Amtsgericht München, Registergericht, Bestand: VR 2463 – Fußball-Club Bayern München e. V.).
24 Beckenbauer, Ich, S. 68.
25 Vgl. Großhans, Fußball im deutschen Fernsehen, S. 48.
26 Vgl. ebenda, S. 51.
27 Vgl. ebenda, S. 50.
28 Abendzeitung, 20. 3. 1979 (in: Stadtarchiv München, Nachlass Max-Hermann Bloch, Nr. 2951).
29 Neudecker, Ein Skorpion geht durchs Leben, S. 184.
30 Vgl. Schulze-Marmeling, Die Bayern-Chronik, Bd. 1, S. 267.
31 Archiv für Christlich-Soziale Politik, Nachlass Strauß, Fam. 62; vgl. auch Neudecker an Strauß, 17. 8. 1965, in: Ebenda, Nachlass Strauß, PV 4942.
32 Vgl. Thomas Schlemmer, Erfolgsmodelle? Politik und Selbstdarstellung in Bayern und Baden-Württemberg zwischen «Wirtschaftswunder» und Strukturbruch «nach dem Boom», in: Stefan Grüner/Sabine Mecking (Hrsg.), Wirtschaftskrise und Lebenschancen. Wahrnehmung und Steuerung von sozialökonomischem Wandel in Deutschland 1945–2000, Berlin/Boston 2017, S. 171–190.
33 Vgl. Schulze-Marmeling, Die Bayern-Chronik, Bd. 1, S. 267.

34 Mündliche Mitteilung von Eckhart Müller-Heydenreich vom 28. 11. 2018.

35 Clubzeitung des FC Bayern München e. V., Jg. 20, Nr. 3, März 1968. Etwas später kamen noch einige Vertreter der Politik und der Wirtschaft hinzu.

36 FC Bayern München. Clubzeitung – Stadionzeitung – Bayern-Echo, Jg. 30, Nr. 5, Mai 1978.

37 Ebenda.

38 Vgl. Harald Binnewies, Das aktuelle Sport-Studio «... lebt von seinen Menschen», in: TheaterZeitSchrift. Beiträge zu Theater, Medien, Kulturpolitik, IV/1988, Heft 26, S. 95–103.

39 Vgl. Thomas Schlemmer, Zwischen Tradition und Traditionsbildung. Die CSU auf dem Weg zur Hegemonialpartei 1945 bis 1976, in: Mitteilungshefte des Instituts für Soziale Bewegungen 24 (2000), S. 159–180; Ders., Die CSU von 1945 bis 2018. Eine kurze Bilanz, in: Aus Politik und Zeitgeschichte 51/52 (2018), S. 29–34.

40 Neudecker, Ein Skorpion geht durchs Leben.

41 Neudecker an Strauß, 23. 9. 1972, in: Archiv für Christlich-Soziale Politik, Nachlass Strauß, PV 6048. Neudecker schickte Strauß bei dieser Gelegenheit eine «Jahres-Ehrenkarte-Loge» sowie einen Dauer-Parkschein für das Olympiastadion.

42 Neudecker an Strauß, 30. 10. 1974, in: Archiv für Christlich-Soziale Politik, Nachlass Strauß, PV 8575.

43 Neudecker an Keßler, 28. 3. 1980, in: BayHStA, Nachlass Keßler, Korrespondenz: MD-Privat, Nr. 1.

44 Ebenda. In seinen Memoiren geht Neudecker auch auf diesen Fall ein. Er hatte Günther Müller, gedeckt durch eine entsprechende Zusage von Strauß, einen Posten als Regierungsdirektor in der Bayerischen Staatsbibliothek in Aussicht gestellt, falls Müller sich von seiner Partei abwenden und für den Unions-Kandidaten Rainer Barzel stimmen sollte. 1972 trat Müller der CDU/CSU-Bundestagsfraktion bei und kandidierte im selben Jahr erfolgreich für die CSU. Neudecker, Ein Skorpion geht durchs Leben, S. 423.

45 Abendzeitung, 20. 9. 1972; Quick, 4. 10. 1972.

46 Vgl. Beckenbauer, Einer wie ich, S. 146 f. Vgl. auch Abendzeitung, 15. 1. 1970, und Ulfert Schröder, Franz Beckenbauer, München [1974], S. 69.

47 Strauß an Beckenbauer, 31. 8. 1969, in: Archiv für Christlich-Soziale Politik, Nachlass Strauß, PV 4026.

48 Beckenbauer an Strauß, 16. 11. 1972, in: Ebenda, PV 4026; vgl. auch Pressemitteilungen, Dezember 1972, CSU, in: Archiv für Christlich-Soziale Politik.

49 Das politische Engagement von Hoeneß ging sogar Neudecker zu weit. Er riet Hoeneß davon ab, «weiter für die CSU zu werben», weil er die «Rache aus Bonn» fürchtete. Dort wisse man doch, «daß wir alle schwarz sind». Bild, 20. 9. 1976 und 21. 9. 1976.

50 Abendzeitung, 27. 8. 1976. Erwiesen ist, dass er bei einer Veranstaltung von Finanzminister Huber auftrat. Vgl. Pressemitteilungen, September 1976, CSU, in: Archiv für Christlich-Soziale Politik. Vgl. dazu auch Vermerk des Ministerbüros von Huber, 4. 8. 1976, in: BayHStA München, Nachlass Ludwig Huber, Nr. 148; Vermerk über Anruf von Hoeneß im Ministerium, 29. 7. 1976, in: Ebenda. Hoeneß wollte bei der «Eröffnung der heißen Wahlkampfphase» in Marquartstein mitwirken.

51 Archiv für Christlich-Soziale Politik, Nachlass Strauß, PV 13182.

52 Donaukurier, 24. 5. 1980 (in: BayHStA, Nachlass Keßler, Korrespondenz: MD-Privat 1).

53 Vgl. Moreno, Hoeneß, S. 18; Patrick Strasser/Günter Klein, Hoeneß. Die Biografie, München 2014, S. 62.

54 Abendzeitung, 19. 11. 1973. Später firmierte Strauß irrtümlicher Weise sogar als Trauzeuge von Hoeneß. Abendzeitung, 27. 8. 1976.

55 Strauß an Hoeneß, 22. 6. 1976, in: Archiv für Christlich-Soziale Politik, Nachlass Strauß, PV 7557. Strauß redete Hoeneß in dem Brief mit «Lieber Herr Hoeneß» an.

56 Abendzeitung, 26. 1. 1978. Die Zeitung bezog sich dabei anscheinend auf den Erlass von Umsatzsteuern zugunsten des FC Bayern aus dem Jahr 1972 und zugunsten des TSV 1860 München aus den Jahren 1971 und 1974. Vgl. Bericht des Untersuchungsausschusses zur Überprüfung der Vorgänge und Hintergründe bei der Behandlung bestimmter Steuerfälle im Bereich der bayerischen Finanzverwaltung, Bayerischer Landtag, 8. Wahlperiode, Drucksache 8/8720, 28. 6. 1978.

57 Abendzeitung, 4./5. 7. 1970. «Wenn die Theater hundertfünfzigmal dasselbe spielen – wo ist da die Kunst», fragte Neudecker provokativ.

58 Der Spiegel, 16. 5. 1977.

59 Kicker, 8. 4. 1974. Nach dem Umzug in das Olympiastadion entfielen auf die Einnahmen ca. 45 Prozent Abgaben: 10 Prozent Stadionmiete, 11 Prozent Mehrwertsteuer, 6 Prozent Verbandsabgabe, 5 Prozent Vergnügungssteuer und 4 Prozent Verwaltungsdienst. Der Gewinn war mit 49 Prozent Körperschaftssteuer belegt. Clubzeitung und Stadionzeitung des FC Bayern München, Jg. 24, Nr. 10, 2. 12. 1972.

60 Neudecker an Huber, 14. 10. 1971, in: BayHStA München, Nachlass Ludwig Huber, Nr. 113.

61 Huber an Finanzminister Otto Schedl, 22. 10. 1971, Kiesl an Huber, 11. 11. 1971, in: Ebenda.

62 Interner Vermerk des Bayerischen Finanzministeriums, 6. 4. 1972, in: Ebenda.

63 Bild, 27. 4. 1972.

64 Aktenvermerk aus Hubers Ministerbüro betr. Vergnügungssteuer, 5. 4. 1972, in: BayHStA München, Nachlass Ludwig Huber, Nr. 113.

65 Vgl. den Antrag des Gesetzes zur Änderung des Vergnügungssteuergesetzes vom 13. 6. 1972, in: Bayerischer Landtag, 7. Wahlperiode, Drucksache 7/2689.

66 Vgl. Havemann, Samstags um halb 4, S. 306.

67 Süddeutsche Zeitung, 17. 1. 1973; Gesetz zur Änderung des Vergnügungssteuergesetzes, 23. 1. 1973, in: Bayerischer Landtag, 7. Wahlperiode, Drucksache 7/3635.

68 Bayerischer Landtag, Stenographischer Bericht der Sitzung vom 6. 6. 1973, S. 3541.

69 Bayerisches Gesetz- und Verordnungsblatt, Nr. 12, 19. 6. 1973, S. 310.

70 Bayerischer Landtag, Stenographischer Bericht der Sitzung vom 26. 1. 1975, S. 116 f.

71 Bayerischer Landtag, Stenographischer Bericht der Sitzung vom 13. 12. 1977, S. 5009–5012; Bayerisches Gesetz- und Verordnungsblatt, Nr. 1, 1978, S. 1.

72 Bild, 19. 5. 1972.

73 Präsident Sackmann an Huber, 6. 3. 1972, und Organisationskomitee für die Spiele der XX. Olympiade München 1972 an den Geschäftsführer der CSU-Fraktion im Bayerischen Landtag, 4. 4. 1972, in: BayHStA München, Nachlass Ludwig Huber, Nr. 116.

74 Kiesl an Huber, 31. 5. 1972, in: BayHStA München, Nachlass Ludwig Huber, Nr. 114; vgl. auch Kiesl an Huber, 25. 4. 1972, in: Ebenda. Die Vereinbarung zwischen dem Organisationskomitee (OK) und den Bayern sah eine Miete in Höhe von 10 Prozent der Bruttoeinnahmen vor, außerdem gingen weitere 10 Prozent zur Finanzierung von Sonderausgaben an das OK, und schließlich musste der FC Bayern 15 000 DM für die Versicherung des Olympiastadions zahlen. Vgl. Abendzeitung, 19. 5. 1972. Vgl. Vertrag vom 18. 6. 1972 zwischen dem Organisationskomitee für die Spiele der XX. Olympiade München 1972 und dem FC Bayern München, in: Archiv für Christlich-Soziale Politik, Nachlass Klein, Nr. 15.

75 Schulze-Marmeling, Die Bayern-Chronik, Bd. 1, S. 343.

76 Bild, 19. 5. 1972.

77 Vgl. Schulze-Marmeling, Die Bayern-Chronik, Bd. 1, S. 447.

78 Huber an Neudecker, 22. 12. 1972, in: BayHStA München, Nachlass Ludwig Huber, Nr. 116.

79 Zit. nach Beckenbauer, Ich, S. 59. Huber und Franz Beckenbauer duzten sich tatsächlich. Huber an Franz und Brigitte Beckenbauer, 10. 9. 1976, in: BayHStA München, Nachlass Ludwig Huber, Nr. 130.

80 Neudecker an Keßler, 28. 3. 1980, in: BayHStA, Nachlass Keßler, Korrespondenz: MD-Privat 1.

81 Wilhelm Neudecker, Ein Skorpion geht durchs Leben, S. 235.

82 Der Spiegel, 30. 9. 1974. Huber war beispielsweise dabei, als die Familie Müller im Februar 1973 den Um- und Ausbau ihres Hauses im kleinen Kreis feierte. Abendzeitung, 5. 2. 1973.

83 Aktennotiz Ministerbüro, 11. 7. 1972, in: BayHStA München, Nachlass Ludwig Huber, Nr. 116.

84 Huber an Wehgartner, 10. 7. 1972, in: BayHStA München, Nachlass Ludwig Huber, Nr. 118.

85 Information der CSU, 16. 11. 1972: Müller schreibt Telegramm an Strauß, in: Archiv für Christlich-Soziale Politik, Pressemitteilungen, Dezember 1972, CSU. Im Herbst 1974 warb Müller zusammen mit Beckenbauer unter dem Motto «Freunde wählen Freunde» für den CSU-Landtagskandidaten Hans Drachsler. Clubzeitung und Stadionzeitung des FC Bayern München, Jg. 26, Nr. 10, Oktober 1974.

86 Der Sportspiegel: Kleines, dickes Müller, 11. 4. 1979 (DVD des Zweiten Deutschen Fernsehens).

87 Der Spiegel, 16. 10. 1972. Neudecker präsentierte in seinen Memoiren eine andere Version über den Privatjet. Danach hatte Erwin Nehl, der Manager von Gerd Müller, das Flugzeug bestellt und versucht, die Kosten dafür dem FC Bayern aufzuhalsen. Als er damit gescheitert war, soll er die Rechnung an das Bayerische Finanzministerium geschickt haben, wo man sie schließlich beglich. Neudecker, Ein Skorpion geht durchs Leben, S. 220.

88 Bild, 22. 9. 1972.

89 Vgl. den kritischen Kommentar der Abendzeitung, 23./24. 9. 1972.

90 Zu Nehls Rolle im Umfeld von Ludwig Huber vgl. persönlicher Referent Hubers an Alexander Jauch, Präsident der Staatlichen Lotterieverwaltung, 28. 3. 1974, in: BayHStA München, Nachlass Ludwig Huber, Nr. 127; Gymnasium Haar an Nehl, 2. 2. 1973, in: Ebenda, Nr. 124; Aktenvermerk betreffend Staatliches Hofbräuhaus, 20. 4. 1972, in: Ebenda; persönlicher Referent an Huber, 14. 9. 1972, in: Ebenda, Nr. 114; Vermerk persönlicher Referent über Rechnung der Firma Süd-Helicopter, 4. 9. 1972, in: Ebenda, Nr. 117; Aktennotiz von Nehl über Rechnung der Firma Süd-Helicopter, 1. 9. 1972, in: Ebenda, Nr. 117; Huber an Frau Dassler (Adidas), 25. 7. 1972, in: Ebenda, Nr. 112.

## *8.*
## *Mit Manager auf dem Holzweg*

1 Mündliche Mitteilungen von Walter Fembeck vom 15. 9. 2015 und 8. 6. 2017.

2 Aktennotiz des persönlichen Referenten von Finanzminister Huber, 26. 3. 1974, in: BayHStA München, Nachlass Ludwig Huber, Nr. 127.

3 Schriftliche Mitteilung des Stadtarchivs München vom 17. 5. 2017.

4 Schriftliche Mitteilung der VOS vom 25. 6. 2018. Aus dieser Mitteilung geht hervor, dass der Vater oder Bruder Nehls von 1951 bis 1956 in Berlin-Hohenschönhausen inhaftiert war.

5 Marcel Hepp (persönlicher Referent von Strauß) an Conrad Ahlers vom Bundespresseamt, 9. 8. 1967, in: Archiv für Christlich-Soziale Politik, Nachlass Strauß, PV 5679; Nehl an Strauß, 17. 8. 1966, in: Ebenda, Nachlass Strauß, PV 4950; Hepp an Nehl, 17. 8. 1966, in: Ebenda, Nachlass Strauß, PV 4950; Nehl an Strauß, 6. 9. 1966, in: Ebenda, Nachlass Strauß, PV 5000; Süddeutsche Zeitung, 23. 3. 1973.

6 Nicht zuzuordnender Zeitungsartikel (vermutlich tz oder Münchner Merkur) vom 5. 9. 1975 (Rund um das Maximilianeum. Notizen zur Politik in Bayern von Ludwig M. Tränkner), in: Stadtarchiv München, Nachlass Max-Hermann Bloch, Nr. 2950.

7 Bild, 16. 7. 1973.

8 Quick, 28. 6. 1972.

9 Kicker, 3. 9. 1979.

10 Abendzeitung, 26./27. 9. 1970.

11 Quick, 22/1974 (in: Stadtarchiv München, Zeitungsausschnitte, Personen, ZA-P-29–44).

12 Vgl. Körner, Beckenbauer; Hans Blickensdörfer, Der Kaiser. Die Franz Beckenbauer Story, Heilbronn 1991.

13 Beckenbauer, Ich, S. 67.

14 Vgl. Sepp Maier, Wer mit dem Ball tanzt …, Hamburg/Wien 2000, S. 123 f.

15 Vgl. Fabian Brändle/Christian Koller, Goal! Kultur- und Sozialgeschichte des modernen Fußballs, Zürich 2002, S. 207–217.

16 Maier, Wer mit dem Ball tanzt, S. 124.

17 Blödorn, Fußballprofis, S. 96.

18 Mündliche Mitteilung vom 29. 6. 2017.

19 Bild, 23. 2. 1972. Frankfurts Trainer Erich Ribbeck sagte im Juni 1972: «Franz Beckenbauer ist große Klasse – aber für einen Müller gäbe ich zwei Beckenbauer» (Bild, 5. 6. 1972), und Max Merkel betonte: Müller sei mit «keiner Währung der Welt zu bezahlen» (ebenda).

20 Bild, 27. 5. 1972.

21 Bild, 8. 12. 1972.

22 Kicker, 14. 1. 1974.

23 Abendzeitung, 26. 2. 1971.

24 1974 brachte die Jugendzeitschrift sogar den DFB dazu, vor Länderspielen die «Bravo-Disco» in das Programm zu nehmen, sprich bekannte Sänger in den Stadien auftreten zu lassen. Bravo, 25. 4. 1974 und 16. 5. 1974.

25 Bravo, 11. 1. 1973. Bei der Wahl wurden 112 000 Stimmkarten abgegeben, die Hälfte davon stammte von Mädchen. Vgl. auch Bravo, 10. 1. 1974. Müller

nahm den «Goldenen Otto» des Jahres 1973 vor der Bundesligapartie gegen Fortuna Köln entgegen, bei der er drei Treffer erzielte. Bravo, 31. 1. 1974.

26 Süddeutsche Zeitung, 14. 1. 1974. Vgl. auch https://de.wikipedia.org/wiki/Bravo_Otto (aufgerufen am 3. 10. 2018).

27 Bravo, 30. 1. 1975.

28 Abendzeitung, 26. 10. 1973.

29 Interview mit Sepp Maier, in: Passauer Neue Presse, 3. 11. 2015.

30 Interview mit Witzigmann, in: Süddeutsche Zeitung, 2./3. 7. 2016.

31 Bild, 25. 7. 1970.

32 Abendzeitung, 22. 8. 1967.

33 Abendzeitung, 24. 6. 1977. Mündliche Mitteilung von Wolfgang Gröbl, dem ehemaligen Landrat von Miesbach, vom 31. 8. 2018. «Die wollten Geld machen», betonte Gröbl. Der Kauf wurde am 1. 7. 1971 notariell beglaubigt, nachdem zuvor von mehreren Seiten grünes Licht gegeben worden war – u. a. auch vom Bauausschuss der Gemeinde Schliersee.

34 Mündliche Mitteilungen von Wolfgang Gröbl vom 31. 8. 2018 und Anton Engelhard, einem ehemaligen Marktgemeinderat von Schliersee, vom 30. 8. 2018 sowie schriftliche Mitteilung der Marktgemeinde Schliersee vom 30. 8. 2018.

35 Undatierte und ungezeichnete Aktennotiz (vermutlich von Wilhelm Neudecker aus dem Jahr 1971) betreffend Sport- und Jugendzentrum Josefstal/Schliersee, in: BayHStA, Nachlass Keßler, Korrespondenz: MD-Privat, Nr. 1.

36 Abendzeitung, 3. 7. 1978. Das Grundstück hatte zuvor dem Landwirt Georg Huber gehört, es trug die Parzellennummer 1629 und wurde für 231 269,50 DM an die vier Investoren verkauft – und später an den FC Bayern weiterverkauft. «Rund eine halbe Million Mark überwies sich der Präsident dafür aus der Vereinskasse auf sein eigenes Konto», behauptete die Zeitschrift «Capital. Das deutsche Wirtschaftsmagazin» in ihrer Julinummer des Jahres 1978.

37 Süddeutsche Zeitung, 26. 4. 1974. Vgl. auch undatierte und ungezeichnete Aktennotiz (vermutlich von Wilhelm Neudecker aus dem Jahr 1971) betreffend Sport- und Erholungszentrum Josefstal/Schliersee, in: BayHStA, Nachlass Keßler, Korrespondenz: MD-Privat, Nr. 1.

38 Mündliche Mitteilung von Willi O. Hoffmann vom 29. 6. 2017.

39 Abendzeitung, 5. 5. 1972.

40 Süddeutsche Zeitung, 23. 3. 1973.

41 Abendzeitung, 14. 3. 1973.

42 Bild, 17. 7. 1973.

43 Bild, 28. 3. 1974. Das bestätigte auch Robert Schwan, der ebenfalls Netzer, Beckenbauer und Müller als die Spitzenverdiener in puncto Werbung bezeichnete. Abendzeitung, 9./10. 2. 1974.

44 Bild, 17. 7. 1973.
45 Abendzeitung, 6. 9. 1973.
46 Süddeutsche Zeitung, 12. 3. 1973.
47 Zu den Wechselabsichten Müllers findet sich im Archiv FC Bayern AG eine ganze Pressemappe: Gerd Müller. Angebot des FC Barcelona. Zum Thema Barcelona vgl. auch Muras/Strasser, Gerd Müller, S. 104–109.
48 Süddeutsche Zeitung, 14./15. 7. 1973.
49 Kicker, 23. 7. 1973; Süddeutsche Zeitung, 13. 7. 1973.
50 Kicker, 16. 7. 1973.
51 Text des Vertrages vom 10. 7. 1973 auf: http://www.blaugranas.com/el_caso_gerd_muller-itemap-118–88602–1.htm#2852172; aufgerufen am 2. 1. 2016.
52 Bild, 14. 7. 1973 und 1. 11. 1975.
53 Bild, 14. 7. 1973.
54 Kicker, 16. 7. 1973.
55 Ebenda.
56 Beckenbauer, Ich, S. 59.
57 Bild, 30. 7. 1973 und 31. 7. 1973.
58 Abendzeitung, 1. 4. 1975.
59 Der Spiegel, 6. 8. 1973.
60 Bild, 16. 6. 1973.
61 Süddeutsche Zeitung, 23. 7. 1973.
62 Protokoll der 10. Sitzung des DFB-Präsidiums am 8. 6. 1973, in: DFB-Archiv.
63 Kicker, 16. 7. 1973.
64 Kicker, 23. 7. 1973.
65 Ebenda; Süddeutsche Zeitung, 23. 7. 1973.
66 Bild, 23. 7. 1973.
67 Der Spiegel, 6. 8. 1973.
68 Kicker, 23. 7. 1973.
69 Süddeutsche Zeitung, 26. 7. 1973; vgl. auch Muras/Strasser, Gerd Müller, S. 109.
70 Abendzeitung, 4. 10. 1976.
71 Schriftliche Mitteilung der Staatlichen Lotterieverwaltung Bayern vom 28. 6. 2018. Nehl blieb bis 1998 bei der Lotterieverwaltung und arbeitete dort vor allem im Vertrieb. Vgl. auch Protokoll über die gemeinsame Großveranstaltung der Lotto-Toto-Vertriebsgemeinschaft in Bayern, 27. 9. 1976, in: BayHStA München, Nachlass Huber, Nr. 141.
72 Aktennotiz vom 26. 3. 1974, in: BayHStA München, Nachlass Ludwig Huber, Nr. 127. Aus der Aktennotiz geht auch hervor, dass Huber seinen Vertrauten seit längerem nicht gesehen hatte.
73 Abendzeitung, 1./2. 2. 1975.
74 Neudecker behauptete in seinen Memoiren, dass Nehl sich bei der Firma

Porsche einen Wagen auf Kosten von Müller gekauft habe. Vgl. Neudecker, Ein Skorpion geht seinen Weg, S. 220.

75 Abendzeitung, 23. 4. 1974.

76 Vgl. Jürgen Leinemann, Sepp Herberger. Ein Leben, eine Legende, Reinbek bei Hamburg 1998, S. 349.

77 Müllers Vertrauter, der legendäre Taxi-Mayer, kommentierte die Trennung so: Gerd Müller sei jetzt wieder sehr viel ruhiger. «Auf Nehl konnte er sich nicht verlassen. Bei seiner Frau und jetzigen Managerin Uschi fühlt er sich viel wohler.» Bild, 1. 11. 1976.

78 Fußballmagazin, Nr. 2, November/Dezember 1976.

79 Bild, 25. 9. 1991.

80 Süddeutsche Zeitung, 26. 9. 1991.

## *9.*
## *Der Weltmeister*

1 Breitner wäre gern beim FC Bayern geblieben. Die Vereinsführung bot ihm allerdings keinen neuen Vertrag mehr an. Er reagierte darauf auf seine Weise: «Das ist eine Ansammlung von Neureichen. Mir war bei den Bayern immer klar, daß ich hier mit niemandem warm werden würde.» Abendzeitung, 20. 8. 1974.

2 Vgl. dazu die Aussagen von Neudecker, der – ohne Breitner beim Namen zu nennen – klare Worte fand. Abendzeitung, 9. 12. 1974.

3 Süddeutsche Zeitung, 5. 11. 1973.

4 Mündliche Mitteilung von Jupp Kapellmann vom 14. 1. 2017.

5 Zit. nach Schulze-Marmeling, Die Bayern, S. 170.

6 Bild, 14. 5. 1973.

7 Bild, 12. 1. 1973.

8 Mündliche Mitteilung von Jupp Kapellmann vom 14. 1. 2017.

9 Vgl. Muras/Strasser, Gerd Müller, S. 111.

10 Süddeutsche Zeitung, 5. 10. 1973.

11 Abendzeitung, 8. 10. 1973.

12 Bild, 5. 4. 1976.

13 Zit. nach Schulze-Marmeling, Die Bayern, S. 170.

14 Die Partien gegen Dynamo Dresden und den FC Magdeburg standen unter der genauesten Beobachtung der Staatssicherheit der DDR. Vgl. dazu Der Bundesbeauftragte für die Unterlagen des Staatssicherheitsdienstes der ehemaligen Deutschen Demokratischen Republik, MfS, BV Dresden, KD Dippoldiswalde, Nr. 17013, Bd. 1; MfS-HA XVIII, Nr. 7759, Bd. 1; MfS-HA XX, Nr. 17537, Bd. 1; MfS-SdM, Nr. 1291, Bd. 1; MfS-SdM, Nr. 1280, Bd. 1; MfS-

ZAIG, Nr. 11616, Bd. 1; MfS-HA XX, Nr. 177427, Bd. 1; MfS-HA VIII, Nr. 11864, Bd. 1; MfS BV Dresden, KD Bischofswerda, Nr. 50301, Bd. 1; MfS BV Dresden, Abt. VIII, Nr. 12535, Teil 1 von 5; MfS-Abt. 26, Nr. 1152; MfS-ZOS, Nr. 3721, Bd. 1; MfS BV Magdeburg/AKG, Nr. 99, Bd. 1; MfS BV Magdeburg, Abt. XX, Nr. 4619, Bd. 1; MfS BV Magdeburg KD Havelberg, Nr. 4064, Bd. 1; MfS BV Magdeburg, Bdl./Dok. Nr. 2325 und Dok. 2326; MfS BV Magdeburg, KD Halberstadt, Nr. 621, Bd. 1; MfS-HA XX, Nr. 2200.

15 Süddeutsche Zeitung, 8. 11. 1973: «Müller gefiel, wenn man so sagen will, als bester Abwehrspieler». 12 500 DM brachte das Weiterkommen im Europapokal den Bayern ein. Abendzeitung, 8. 11. 1973.

16 Vgl. Klaus Müller, Bayern wird Europacupsieger. Schwarzenbecks Sternstunde, in: Huba, Sternstunden, S. 130–133.

17 Süddeutsche Zeitung, 19. 3. 1974; Abendzeitung, 19. 3. 1974.

18 Der Stern nannte am 3. 3. 1977 500 000 DM als Grundeinkommen von Gerd Müller, während Beckenbauer auf 600 000 DM gekommen sein soll, Hoeneß auf 450 000 und Maier auf 400 000 DM. Wilhelm Neudecker sprach in seinen ungedruckten Memoiren davon, dass Müller 1975 936 261 DM verdient habe, womit er sich auf das Grundgehalt, Prämien, Vertragsgelder, Voraus- und Teilzahlungen bezog. Neudecker, Ein Skorpion geht durchs Leben.

19 Süddeutsche Zeitung, 11. 2. 1974.

20 Kicker, 18. 2. 1974.

21 Süddeutsche Zeitung, 18. 3. 1974.

22 Vgl. Muras/Strasser, Gerd Müller, S. 117.

23 Mündliche Mitteilung von Werner Kern vom 17. 5. 2016 und 24. 5. 2016.

24 Vgl. Muras/Strasser, Gerd Müller, S. 118.

25 Helmut Schön, Fußball, Frankfurt a. M. (o. J.), S. 271.

26 Mündliche Mitteilung von Bernd Hölzenbein vom 22. 7. 2016.

27 Mündliche Mitteilung von Werner Kern vom 24. 5. 2016.

28 Mündliche Mitteilung von Hans Meyer vom 21. 6. 2016.

29 Schön, Fußball, S. 275.

30 Bild, 14. 6. 1974.

31 Bild, 5. 7. 1974.

32 Bild, 5. 7. 1974.

33 Vgl. Barbara Smit, Drei Streifen gegen Puma. Zwei verfeindete Brüder im Kampf um die Weltmarktführerschaft, Frankfurt a. M. 2005, S. 113; Bild, 9. 7. 1974.

34 Kicker, 26. 6. 1974; vgl. auch Thomas Raithel, Das Sparwasser-Tor. Entwicklung und Bedeutung des Sports in beiden deutschen Staaten, in: Udo Wengst/Hermann Wentker (Hrsg.), Das doppelte Deutschland. 40 Jahre Systemkonkurrenz, Bonn 2008, S. 259–282.

35 Bild, 24. 6. 1974.

36 Bild, 24. 6. 1974.
37 Bild, 24. 6. 1974.
38 Bild, 26. 6. 1974.
39 Vgl. Eichler, 90, S. 122–127.
40 Kicker, 4. 7. 1974.
41 Bild, 4. 7. 1974.
42 Zu Johan Cruyff und zum niederländischen Team von 1974 vgl. Dietrich Schulze-Marmeling, Der König und sein Spiel. Johan Cruyff und der Weltfußball, Göttingen 2012, S. 169–200.
43 Süddeutsche Zeitung, 8. 7. 1974.
44 Ebenda.
45 Ebenda.
46 Ebenda.
47 Schön, Fußball, S. 305; Gerd Müller – «Bomber der Nation» schrieb Rekorde für die Ewigkeit (http://de.fifa.com/classicfootball/players/player=1774790/index.html, aufgerufen am 9. 12. 2018).
48 Gerd Müller, Bomber der Nation, WM-Spezial, Augsburg 2015, S. 30.
49 Bild am Sonntag, Die Fußball-WM. Klassikersammlung: Deutsche Triumphe, deutsche Tragödien 2: Finale 1974: Deutschland-Niederlande 2:1 (DVD).
50 Zit. nach Kicker, 11. 7. 1974.
51 Schön, Fußball, S. 304.
52 Süddeutsche Zeitung, 22./23. 6. 1974.
53 Abendzeitung, 31. 5. 1974.
54 Bild, 21. 6. 1974.
55 Der DFB hatte anscheinend auch erwogen, den Spielerehepaaren ein kurzes Zusammensein zu gestatten. Hildegard Breitner fand dazu die angemessenen Worte: «Ich bin doch keine Nutte und lasse mich nicht ein paar Stunden in die Sexzelle kommandieren.» Sie fände es «indiskutabel und absolut geschmacklos [...], jetzt sozusagen auf Kommando zur Entspannungsaktion anzutreten». Abendzeitung, 22./23. 6. 1974.
56 Franz Beckenbauer meinte, das für die Frauen vorgesehene Hotel in München sei als «Absteige» bekannt gewesen. Vgl. Beckenbauer, Einer wie ich, S. 132.
57 Bild, 9. 7. 1974 und 11. 7. 1974.
58 Bild, 9. 7. 1974. Vgl. auch Stern, 6. 4. 1977, der Uschi Müller so zitierte: «Ich war vielleicht sauer.»
59 Beckenbauer, Einer wie ich, S. 139 f.
60 Wie gering der Zusammenhalt der siegreichen WM-Mannschaft war, zeigte sich daran, dass die Mannschaft nach dem Eklat einfach auseinanderlief. Die einen gingen ins Trader's Vics, die anderen ins Why not, die Dritten in

das P 1, während die Vierten privat feierten. Abendzeitung, 9. 7. 1974. Vgl. auch Stern, 12. 5. 1977, der Beckenbauer sagen ließ: «Es war die traurigste Siegesfeier, die ich je miterlebt habe.»

61 Süddeutsche Zeitung, 9. 7. 1974 und 10. 7. 1974.

62 Süddeutsche Zeitung, 10. 7. 1974.

63 Bild, 9. 7. 1974.

64 Bild, 29. 7. 1974. Vgl. auch Bravo vom 31. 10. 1974, der Müller sagte: «Wir wurden auf der einen Seite wie Kinder, auf der anderen Seite wie Strafgefangene behandelt.»

65 Süddeutsche Zeitung, 9. 7. 1974.

66 Bravo, 31. 10. 1974.

67 Vgl. Müller, Goldene Beine, S. 13.

68 Ebenda, S. 14.

69 Bild, 13. 8. 1974.

70 Der Spiegel, 10. 6. 1974.

71 Ebenda.

72 Bravo, 27. 2. 1975.

73 Interview von Uschi Müller mit der Sport-Illustrierten, zit. nach Muras/Strasser, Gerd Müller, S. 217.

74 Kicker, 30. 10. 1967; Bild, 16. 3. 1967. Die damit verbundene Monatsgage in Höhe von 150 DM lehnte Müller ab.

## 10.
## *Mürbe Helden*

1 Bild, 11. 7. 1974.

2 Kicker, 19. 12. 1974.

3 Süddeutsche Zeitung, 1. 4. 1975.

4 Eine regelrechte Kampagne startete lediglich die Jugendzeitschrift «Bravo», die ihre Leser aufforderte, entsprechende Briefe an Müller selbst oder an die Redaktion zu richten. Denn: «Unsere Leser sind sich einig: Ohne Gerd Müller sind Länderspiele nur halb so spannend.» Bravo, 25. 7. 1974 und 5. 9. 1974.

5 Abendzeitung, 28. 10. 1974. «Ein Anruf hätte genügt», betonte Uschi Müller am 25. 9. 2018.

6 Vgl. beispielsweise Abendzeitung, 1. 10. 1974, 2. 10. 1974 und 25. 11. 1974.

7 Vgl. Der Spiegel, 27. 1. 1975.

8 Süddeutsche Zeitung, 17. 1. 1975.

9 Abendzeitung, 17. 1. 1975.

10 Bild, 10. 8. 1971.

11 Der Spiegel, 5. 5. 1975.

12 Zit. nach Schulze-Marmeling, Die Bayern, S. 189; vgl. auch Beckenbauer, Einer wie ich, S. 273.
13 Kicker, 23. 9. 1976.
14 Vgl. Max Merkel, Geheuert, gefeiert, gefeuert. Die bemerke(l)nswerten Erlebnisse eines Fußballtrainers, München 1980, S. 113 f.
15 Abendzeitung, 28./29. 5. 1975.
16 Mündliche Mitteilung von Werner Kern vom 17. 5. 2016 und 24. 5. 2016.
17 Der Spiegel, 3. 3. 1975.
18 Mündliche Mitteilung von Eduard Kirschner vom 11. 7. 2015 und 28. 8. 2017.
19 Süddeutsche Zeitung, 30. 8. 1977.
20 Abendzeitung, 31. 3. 1976.
21 Süddeutsche Zeitung, 15./16. 4. 1976.
22 Bild, 15. 4. 1976.
23 Kicker, 12. 7. 1976.
24 Kicker, 7. 7. 1975.
25 Süddeutsche Zeitung, 5. 3. 1976; Bild, 5. 3. 1976; Abendzeitung, 5. 3. 1976.
26 Vgl. Muras/Strasser, Gerd Müller, S. 132.
27 Kicker/Sportmagazin, 23. 1. 1969.
28 Maier, Ich bin doch kein Tor, S. 186.
29 Bild, 12. 1. 1977 und 17. 1. 1977.
30 Kicker, 20. 1. 1977 und 24. 1. 1977.
31 Süddeutsche Zeitung, 9./10./11. 4. 1977.
32 Bild, 9. 4. 1977.
33 Kicker, 25. 4. 1977.
34 Der Sportspiegel: Kleines, dickes Müller, 11. 4. 1979 (DVD des Zweiten Deutschen Fernsehens).
35 Kicker, 7. 11. 1977.
36 Kicker, 7. 11. 1977.
37 Abendzeitung, 2. 9. 1976, 3. 9. 1976 und 9. 9. 1976.
38 Bild, 9. 12. 1974; Abendzeitung, 31. 3. 1973.
39 Mündliche Mitteilung von Peter Kupferschmidt vom 28. 7. 2015.
40 Abendzeitung, 8. 3. 1973; Stern, 16. 10. 1975.
41 Bild, 2. 11. 1974.
42 Bild, 19. 2. 1973.
43 Maier, Wer mit dem Ball tanzt, S. 204 und 65.
44 Der Spiegel, 8. 9. 1986.
45 Mündliche Mitteilung von Franz Roth vom 10. 5. 2016.
46 Berüchtigt war in dieser Hinsicht vor allem Gyula Lóránt, der Spannbauers Nachfolger als Vereinsarzt, Hans-Wilhelm Müller-Wohlfahrt, 1978 auf der Jahreshauptversammlung des FC Bayern öffentlich als viel zu milde atta-

ckierte. Der medizinische Volllaie riet seinen Spielern dringend, sich nicht an die Therapien des Arztes, sondern an seine Ratschläge zu halten (Abendzeitung, 5. 4. 1978), die in aller Regel aus der Mottenkiste ärztlicher Hausregeln stammten. Er hätte damals, so Müller-Wohlfahrt später, wegen des übergriffigen Trainers beinahe den Vertrag mit dem FC Bayern gekündigt, als dieser ihm erklärt habe, «daß man einen rausgesprungenen Meniskus am besten mit der Eckfahne wieder reinhaut». Zähne zusammenbeißen und die Schmerzen ignorieren – darauf liefen Lóránts Empfehlungen auch ansonsten hinaus. Abendzeitung, 16. 1. 1995.

47 Abendzeitung, 1./2. 7. 1978.

48 Bild, 7. 2. 1978.

49 Bild, 19. 9. 1972, 30. 9. 1972 und 2. 10. 1972.

50 Kicker extra 1/1979, S. 23.

51 Bild, 16. 10. 1975; Abendzeitung, 17. 10. 1975.

52 Vgl. Norman Ohler, Der totale Rausch. Drogen im Dritten Reich, Köln 2015.

53 Havemann, Samstags um halb 4, S. 393.

54 Vgl. Thomas Kistner, Schuss. Die geheime Dopinggeschichte des Fußballs, München 2015, S. 58 f. und 66 (Beckenbauer), 58 (Kapellmann), 53 und 71 (Breitner), 66 (Maier).

55 Ebenda, S. 58.

56 Vgl. Kicker, 11. 12. 1978; Süddeutsche Zeitung, 5. 12. 1978; vgl. Maier, Ich bin doch kein Tor, S. 166. Vier Bayern-Profis gaben 1978 zu, dass sie regelmäßig Captagon eingenommen haben. «Unser Trainer Cramer hat es uns gegeben.» Auch der Mannschaftsarzt Müller-Wohlfahrt räumte ein: «In der Bundesliga wird hin und wieder gedopt.» Bild, 6. 12. 1978 und 8. 12. 1978.

57 Süddeutsche Zeitung, 17. 5. 2010.

58 Vgl. beispielsweise Der Spiegel, 8. 9. 1986.

59 Bild, 22. 12. 1976; Abendzeitung, 22. 12. 1976.

60 Bild, 22. 12. 1976.

61 Mündliche Mitteilung von Hans Eiberle vom 5. 10. 2015.

62 Maier, Wer mit dem Ball tanzt, S. 213.

63 Mündliche Mitteilung von Sepp Weiß vom 22. 2. 2019.

64 Kistner, Schuss, S. 66.

## *11.*
## *Der Zerfall des «Kaiser»-Reichs*

1 Vgl. Wilhelm Schlötterer, Macht und Missbrauch. Franz Josef Strauß und seine Nachfolger. Aufzeichnungen eines Ministerialbeamten, Köln 2009, S. 52–54; 112. Sitzung des Bayerischen Landtags am 15. 12. 1993, 12. Wahlperiode, S. 7528–7535; mündliche Mitteilung von Wilhelm Schlötterer vom 30. 8. 2016.

2 Vgl. Schlötterer, Macht und Missbrauch, S. 53. Dort heißt es: «Beckenbauers Manager Robert Schwan sagte rundheraus, er habe aus der Finanzverwaltung eine Vorwarnung erhalten, nur den genauen Zeitpunkt habe er nicht gewusst.» Schriftliche Mitteilung von Wilhelm Schlötterer vom 17. 10. 2018.

3 Quick, 28. 4. 1977 (in: Stadtarchiv München, Zeitungsausschnitte, Personen, ZA-P-29–44).

4 Bild, 6. 12. 1977.

5 Der Spiegel, 25. 4. 1977.

6 Zit. nach Körner, Beckenbauer, S. 209.

7 David Goldblatt, The Ball is Round. A Global History of Football, London 2006, S. 530.

8 Vgl. Körner, Beckenbauer, S. 213.

9 Bild, 1. 6. 1977.

10 Vgl. Körner, Beckenbauer, S. 216.

11 Bild, 23. 7. 1977.

12 Bild, 12. 8. 1977.

13 Bild, 12. 9. 1975.

14 Abendzeitung, 25. 5. 1977.

15 Der Spiegel, 25. 4. 1977; Muras/Strasser, Gerd Müller, S. 141.

16 Bild, 20. 4. 1977.

17 Bild, 12. 9. 1978.

18 Ob es hier tatsächlich so große Unterschiede gab, vermag niemand zu sagen. Müller spürte sie jedenfalls. Mündliche Mitteilungen von Klaus Augenthaler und Martin Hägele vom 3. 9. 2018, die nur bestätigten, dass Beckenbauer einen viel besser dotierten Vertrag mit Adidas hatte als Müller.

19 Bild, 6. 5. 1977.

20 Bild, 24. 6. 1977.

21 Bild, 16. 7. 1977.

22 Abendzeitung, 16. 8. 1977.

23 Ebenda.

24 Süddeutsche Zeitung, 17. 4. 1977.

25 Süddeutsche Zeitung, 22./23. 10. 1977; laut Abendzeitung vom 22./23. 10. 1977 betonte Cramer, Müller sei die «Seele des Bayern-Spiels».

26 Süddeutsche Zeitung, 3. 10. 1977.

27 Süddeutsche Zeitung, 24. 10. 1977.

28 Bild, 2. 11. 1977.

29 Protokoll über die Jahreshauptversammlung vom 3. April 1978 im Löwenbräukeller, in: Amtsgericht München, Registergericht, Bestand: VR 2463 – Fußball-Club Bayern München e. V.

30 Seinem guten Ruf als Trainer tat auch die Tatsache keinen Abbruch, dass er bei der ersten Prüfung in der Sporthochschule Köln durchgefallen war. Vgl. Bild, 27. 2. 1965.

31 Vgl. Tobias Escher, Vom Libero zur Doppelsechs. Eine Taktikgeschichte des deutschen Fußballs, Reinbek bei Hamburg 2016, S. 180–184.

32 Bild, 30. 11. 1977.

33 Kicker, 27. 2. 1978.

34 Kicker, 6. 3. 1978.

35 Kicker, 10. 4. 1978.

36 Kicker, 10. 4. 1978.

37 Mündliche Mitteilung von Eduard Kirschner vom 28. 8. 2017.

38 Zit. nach Schulze-Marmeling, Die Bayern, S. 220.

39 So Breitner in dem Film: Christian Weisenborn/Michael Wulfes, Profis. Paul Breitner & Uli Hoeneß und die BL-Saison 78/79. Der FC Bayern im turbulentesten Jahr seiner Geschichte (mit einem ausführlichen Interview mit Paul Breitner & Sepp Maier).

40 Vgl. Schulze-Marmeling, Die Bayern, S. 219.

41 Protokoll über die Jahreshauptversammlung vom 3. April 1978 im Löwenbräukeller, in: Amtsgericht München, Registergericht, Bestand: VR 2463-Fußball-Club Bayern München e. V.

42 Bild, 4. 4. 1979. Neudecker bestätigt in seinen Memoiren diesen Vorgang. Er spricht allerdings von 10 Prozent für Hoeneß, bezieht sich aber nur auf die ersten drei Jahre der Vertragslaufzeit. Neudecker, Ein Skorpion geht durchs Leben, S. 295.

43 Kicker, 26. 3. 1979.

44 Kicker, 31. 3. 1977; Bild, 29. 3. 1977.

45 Bild, 22. 11. 1977.

46 Vgl. Thomas Hüetlin, Gute Freunde. Die wahre Geschichte des FC Bayern München, München 2007, S. 155.

47 Bild, 21. 9. 1978.

48 Bild, 12. 7. 1978 und 29. 8. 1978; Süddeutsche Zeitung, 31. 8. 1978; Kicker, 31. 8. 1978; Abendzeitung, 30. 6. 1978.

49 Kicker, 17. 8. 1978.

50 Süddeutsche Zeitung, 31. 8. 1978.

51 Zit. nach Hüetlin, Gute Freunde, S. 155.

52 Mündliche Mitteilung von Christian Weisenborn vom 15. 12. 2017. Vgl. dazu auch Stern, 29. 11. 1979.

53 Profis. Paul Breitner & Uli Hoeneß und die BL-Saison 78/79. Der FC Bayern im turbulentesten Jahr seiner Geschichte. Ein Film von Christian Weisenborn & Michael Wulfes.

54 Bild, 31. 8. 1978.

55 Bild, 1. 9. 1978.

56 Ebenda.

57 Zit. nach Schulze-Marmeling, Die Bayern, S. 221; Raimund Hinko, Karl-Heinz Rummenigge. Seine Traumkarriere beim FC Bayern und in der Nationalmannschaft, München 1992, S. 8.

58 Kicker, 26. 10. 1978.

59 Süddeutsche Zeitung, 27. 10. 1978.

60 Bild, 1. 12. 1978.

61 Süddeutsche Zeitung, 11. 12. 1978.

62 Kicker, 26. 3. 1979.

63 Undatierter, vertraulicher Bericht von Wilhelm Neudecker an die «Herren des Verwaltungsbeirates und Vorstandes». Privatbesitz Eckhart Müller-Heydenreich (Kopie beim Verfasser).

64 Kicker, 11. 12. 1978. Auch Gerd Müller äußerte später einen solchen Verdacht. tz, 2. 11. 1995.

65 Bild, 14. 12. 1978, 24. 1. 1979 und 2. 2. 1979.

66 Süddeutsche Zeitung, 13. 12. 1978.

## *12.*
## *Abschied von den Bayern*

1 Kicker, 17. 7. 1978.

2 Süddeutsche Zeitung, 12. 12. 1978.

3 Zit. nach Schulze-Marmeling, Die Bayern, S. 221.

4 Zit. nach Hüetlin, Gute Freunde, S. 122.

5 Bild, 28. 1. 1980.

6 Kicker, 8. 2. 1979.

7 Protokoll der Jahres-Hauptversammlung vom 9. April 1973, in: Amtsgericht München, Registergericht, Bestand: VR 2463 – Fußball-Club Bayern München e. V.

8 Maier berichtete auch darüber, dass er mit Müller nicht selten getrunken habe. «Wir sind oft noch aufs Zimmer und haben einen getrunken, wenn alle schon geschlafen haben.» Bild, 28. 1. 1980. Koulmann starb bereits mit 40 Jahren. Abendzeitung, 28./29. 7. 1979.

9 Bild, 10. 1. 1979.

10 Bild, 10. 11. 1975. Fälle vergleichbarer Art gab es zuhauf. Einer ereignete sich im Frühjahr 1968 in Nürnberg, wo zwei Spieler betrunken zum Training erschienen waren. Die Folge davon: mächtiger Theaterdonner, aber milde Geldstrafen, die sich nicht zuletzt der Fürsprache der Mannschaft verdankten. Bild, 27. 3. 1968.

11 Bild, 30. 1. 1979.

12 Mündliche Mitteilung von Klaus Augenthaler vom 3. 9. 2018.

13 Abendzeitung, 29. 8. 1975.

14 Schriftliche Mitteilung von Anton Löffelmeier, Stadtarchiv München, vom 17. 5. 2017; vgl. auch Bild, 6. 10. 1976.

15 Hüetlin, Gute Freunde, S. 123, und mündliche Mitteilung von Sabine Kirchmann vom 5. 3. 2018.

16 Neudecker bestätigte diese These indirekt in seinen Memoiren, in denen er schrieb: «Durch Vorsatz oder Ungeschicklichkeit eines Spielers, der eine Prüfung vom Finanzamt hatte, wurde der Verdacht bestärkt, daß beim FC Bayern eine ‹schwarze Kasse› bestand, wie übrigens bei nahezu allen Vereinen.» Ein Skorpion geht durchs Leben, S. 235.

17 Die Führung des FC Bayern wusste, dass sie hier mit falschen Karten spielte. Abendzeitung, 2. 12. 1976.

18 Süddeutsche Zeitung, 11. 3. 1977.

19 Süddeutsche Zeitung, 21. 9. 1976. Justizminister Hans-Jochen Vogel hatte den Bayern Unterstützung im Steuerstreit zugesagt, allerdings nur im Rahmen der geltenden Bestimmungen. Vgl. Abendzeitung, 21. 9. 1976.

20 Neudecker an Strauß, 22. 12. 1976, in: Archiv für Christlich-Soziale Politik, Nachlass Strauß, PV 11378; vgl. auch Bild, 6. 12. 1978, wo geringfügig andere Zahlen genannt werden.

21 Kicker, 9. 12. 1976.

22 Zit. nach Havemann, Samstags um halb 4, S. 307.

23 Ebenda, S. 309.

24 Ebenda, S. 529.

25 Bild berichtete am 31. 7. 1979, die Ursache der Hausdurchsuchungen sei ein Scheck über 42 000 DM für Gerd Müller gewesen, der nicht in den Büchern aufgetaucht sei. Vgl. dazu auch eine in seinen Memoiren abgedruckte Aktennotiz von Wilhelm Neudecker über die Steuerfahndung in seinem Haus. Neudecker, Ein Skorpion geht durchs Leben, S. 236 f.

26 In: BayHStA, Nachlass Keßler, Korrespondenz: MD-Privat, Nr. 1.

27 Bayerischer Landtag, 9. Wahlperiode, Drucksache 9/5254: Schriftliche Anfrage betr. Bußgeldbescheide gegen FC Bayern vom 24. 3. 1980; Kicker, 27. 3. 1980; Abendzeitung, 27. 3. 1980; tz, 26. 3. 1980. Wilhelm Neudecker wusste, weshalb er und seine Kollegen aus der Vereinsspitze so glimpflich

davonkamen. Er hätte nämlich die «Besprechung mit dem zuständigen Staatssekretär in die Medien» gebracht. Neudecker, Ein Skorpion geht durchs Leben, S. 237.

28 Bild, 27. 3. 1980.

29 Aktennotiz vom 21. 12. 1979. Neudecker bestätigt in seinen Memoiren, dass weder er noch die drei anderen das Bußgeld selbst bezahlten. Neudecker, Ein Skorpion geht durchs Leben, S. 315.

30 tz, 26. 3. 1980.

31 Abendzeitung, 26. 3. 1980.

32 tz, 26. 3. 1980; Bayerischer Landtag, 9. Wahlperiode, Drucksache 9/5266: Schriftliche Anfrage betr. Steuervergehen des FC Bayern München, 25. 3. 1980.

33 Mündliche Mitteilung von Willi O. Hoffmann vom 29. 6. 2017.

34 Süddeutsche Zeitung, 20. 9. 1983.

35 Muras/Strasser, Gerd Müller, S. 173; Süddeutsche Zeitung, 20. 9. 1983.

36 Abendzeitung, 19. 8. 1991. Das Boulevardblatt bezifferte die Nachzahlung auf 1,8 Millionen DM.

37 Kicker extra/Fußballmagazin, November/Dezember 1976; mündliche Mitteilung von Sabine Kirchmann vom 5. 3. 2018.

38 Auch «Bild» berichtete am 15. 2. 1979 darüber, dass die Shops schlecht gingen.

39 Schriftliche Mitteilung des Stadtarchivs München vom 17. 5. 2017.

40 Bild, 12. 5. 1978.

41 Abendzeitung, 3./4. 6. 1978, 12. 6. 1978, 16./17./18. 6. 1978, 20. 6. 1978, 27. 6. 1978 und 29. 6. 1978.

42 Bild, 3. 11. 1978.

43 Bild, 4. 1. 1978. Müller und Sepp Maier waren die Großverdiener in der Bundesliga mit rund 500 000 DM, während Kevin Keagan vom Hamburger SV, Uli Hoeneß und Paul Breitner auf 400 000 DM gekommen sein sollen.

44 Kicker extra 1/1979.

45 Ebenda.

46 Kicker, 7. 12. 1978; Kicker extra 1/1979; Süddeutsche Zeitung, 16./17. 12. 1978.

47 Süddeutsche Zeitung, 16./17. 12. 1978.

48 Kicker, 19. 2. 1979.

49 Süddeutsche Zeitung, 16./17. 12. 1978.

50 Kicker, 19. 2. 1979 und 26. 2. 1979.

51 Bild, 5. 1. 1979.

52 Bild, 24. 1. 1979.

53 Bild, 23. 1. 1979.

54 Bild, 24. 1. 1979. Auf Drängen Neudeckers zeigte sich der DFB Ende Januar

1979 dann doch bereit, im Abschiedsspiel von Gerd Müller die Nationalmannschaft zum Einsatz zu bringen. Abendzeitung, 29. 1. 1979.

55 Muras/Strasser, Gerd Müller, S. 20 f.; Kicker, 8. 2. 1979.

56 Bild, 30. 1. 1979.

57 Zur Auswechslung Müllers in Frankfurt finden sich im Archiv FC Bayern AG, im Bestand Presseausschnitte, zahlreiche Artikel.

58 Kicker, 5. 2. 1979.

59 Süddeutsche Zeitung, 5. 2. 1979. Paul Breitner meinte dazu, «der Gerd» habe nach Lóránts Entlassung und seiner Auswechslung durchgedreht. Stern, 29. 3. 1979.

60 Süddeutsche Zeitung, 5. 2. 1979.

61 Kicker, 8. 2. 1979.

62 Abendzeitung, 5. 2. 1979.

63 Zit. nach Muras/Strasser, Gerd Müller, S. 20.

64 Kicker, 8. 2. 1979.

65 Süddeutsche Zeitung, 5. 2. 1979.

66 Kicker extra 3/1979.

67 Süddeutsche Zeitung, 12. 2. 1979.

68 Bild, 15. 2. 1979.

69 Süddeutsche Zeitung, 15. 2. 1979.

70 Abendzeitung, 9. 8. 1995.

71 Süddeutsche Zeitung, 15. 2. 1979.

72 Hüetlin, Gute Freunde, S. 121.

73 Süddeutsche Zeitung, 15. 2. 1979.

74 Zit. nach Muras/Strasser, Gerd Müller, S. 23.

75 Bild, 23. 2. 1979; Süddeutsche Zeitung, 23. 2. 1979.

76 Süddeutsche Zeitung, 16. 2. 1979.

77 Kicker, 19. 2. 1979.

78 Kicker, 26. 2. 1979.

79 Ebenda.

80 Zit. nach Süddeutsche Zeitung, 23. 2. 1979.

81 Süddeutsche Zeitung, 24./25. 2. 1978.

82 Zit. nach Neudecker, Ein Skorpion geht durchs Leben, S. 223.

83 Der Text der Vereinbarung ist abgedruckt in: Ebenda. Unter Punkt 5 heißt es dort: «Herr Müller verpflichtet sich, weder mündlich noch schriftlich nachteilige Äußerungen über den FC Bayern und seine Vereinsführung zu machen.»

84 Bild, 26. 2. 1979.

85 Abendzeitung, 1. 7. 1981.

86 Neudecker, Ein Skorpion geht durchs Leben, S. 225.

87 Abendzeitung, 11. 4. 1980.

88 Abendzeitung, 1. 7. 1981.
89 Zit. nach Schulze-Marmeling, Die Bayern, S. 217.
90 Undatierte, vertrauliche Mitteilung von Wilhelm Neudecker an die «Herren des Verwaltungsbeirates und Vorstandes». Privatbesitz Eckhart Müller-Heydenreich (Kopie beim Verfasser).
91 Presseerklärung des FC Bayern München, 19. 3. 1979 (Privatbesitz Eckhart Müller-Heydenreich, Kopie beim Verfasser).
92 So Lóránt über Breitner, in: Bild, 16. 12. 1978.
93 Süddeutsche Zeitung, 20. 3. 1979.
94 Zit. nach Schulze-Marmeling, Die Bayern, S. 217.

## *13. Abenteuer Amerika*

1 Der Sportspiegel: Kleines, dickes Müller, 11. 4. 1979 (DVD des Zweiten Deutschen Fernsehens).
2 Abendzeitung, 24. 4. 1979.
3 Mündliche Mitteilung von Eckhard Krautzun vom 15. 11. 2016; vgl. auch Strikers History. South Florida Tradition (http://www.strikers.com/HISTORY, aufgerufen am 18. 2. 2016); Abel Iraola, A short but storied history of Miami soccer (HTTPS://THENEWTROPIC. COM/AUTHOR/ABEL729, aufgerufen am 3. 3. 2016).
4 Strikers History.
5 Eichler, 90, S. 344.
6 Mündliche Mitteilungen von Uli Köhler vom 23. 11. 2017 und Raimund Hinko vom 17. 2. 2016 und 8. 6. 2016.
7 Kicker extra 3/1979.
8 Bild, 27. 3. 1979 und 31. 3. 1979.
9 Bild, 28. 3. 1979.
10 Bild, 24. 4. 1979.
11 Bild, 27. 4. 1979.
12 Bild, 24. 4. 1979.
13 Zit. nach Muras/Strasser, Gerd Müller, S. 150.
14 Kicker, 26. 2. 1979.
15 Kicker, 8. 3. 1979.
16 Bild, 22. 3. 1979.
17 Quick, 10. 5. 1979.
18 Kicker, 26. 4. 1979.
19 Kicker, 26. 4. 1979.
20 Zit. nach Dietrich Schulze-Marmeling, George Best. Der ungezähmte Fußballer, Göttingen 2015.

21 Kicker, 30. 4. 1979; Abendzeitung, 28./29. 4. 1979.
22 Bild, 15. 5. 1979.
23 Bild, 28. 4. 1979 und 7. 5. 1979.
24 Kicker, 9. 8. 1979.
25 Kicker, 23. 8. 1979.
26 National Football Teams (http://www.national-football-teams.com/club/4853/1979_2/Fort _Lauderdale_ Strikers 1979, aufgerufen am 18. 2. 2016).
27 Abendzeitung, 23. 8. 1979.
28 Bild, 9. 9. 1977.
29 Bild, 15. 5. 1979.
30 Bild, 16. 10. 1979.
31 Kicker, 15. 10. 1979.
32 Bild, 5. 10. 1979.
33 Süddeutsche Zeitung, 5. 10. 1979.
34 Kicker, 15. 10. 1979.
35 Kicker, 15. 10. 1979 und 18. 10. 1979; Bild, 4. 10. 1979.
36 Protokoll der Sitzung des DFB-Ligaausschusses vom 28. 9. 1979, in: DFB-Archiv.
37 Süddeutsche Zeitung, 18. 10. 1979. Franz Beckenbauer hatte nach dem Ende seiner ersten Saison in Amerika 1977 ebenfalls den Versuch unternommen, in der Bundesliga wieder richtig Fußball zu spielen. Auch er scheiterte am Veto des DFB. Bild, 21. 12. 1977.
38 Kicker, 18. 10. 1979.
39 Abendzeitung, 12. 2. 1980.
40 Bild, 17. 11. 1979.
41 Kicker, 19. 11. 1979. Die Abneigung gegenüber Breitner ging so weit, dass Müller ihn bei seinem Abschiedsspiel 1983 zum Bankett einzuladen «vergaß» und dass er bei einem Spiel zwischen der deutschen und der niederländischen WM-Mannschaft des Jahres 1974, das 1984 in München ausgetragen wurde, kein Wort mit seinem «Intimfeind» sprach. Abendzeitung, 3. 7. 1984 und 4. 7. 1984.
42 Bild, 13. 12. 1979.
43 Bild, 27. 12. 1979 und 26. 3. 1980.
44 Kicker, 31. 7. 1980.
45 Bild, 19. 9. 1980.
46 Abendzeitung, 19. 9. 1980.
47 Abendzeitung, 18. 9. 1980.
48 Abendzeitung, 18. 9. 1980.
49 Abendzeitung, 23. 9. 1980.
50 Kicker, 9. 10. 1980.
51 Süddeutsche Zeitung, 23. 9. 1980.

52 Ebenda.
53 Ebenda.
54 Fort Lauderdale Strikers History.
55 Kicker, 9. 10. 1980.
56 Eine Ausnahme bildete der Stehempfang anlässlich der Präsentation der zweiten Auflage von Michael Graeters «Wer ist was in München», zu dem alles erschien, was in München Rang und Namen hatte, sogar Rainer Werner Fassbinder. Vgl. Abendzeitung, 19. 11. 1980.
57 Bild, 14. 10. 1980.
58 Bild, 1. 11. 1980.
59 Bild, 6. 11. 1980.
60 Bild, 24. 12. 1980.
61 Abendzeitung, Weihnachten 1980.
62 Abendzeitung, Weihnachten 1980.
63 Mündliche Mitteilung von Eckhard Krautzun vom 15. 11. 2016.
64 Mündliche Mitteilung von Eckhard Krautzun vom 15. 11. 2016.
65 Mündliche Mitteilungen von Eduard Kirschner vom 11. 7. 2015 und 28. 8. 2017.
66 Mündliche Mitteilung von Eckhard Krautzun vom 15. 11. 2016.
67 Mündliche Mitteilungen von Eduard Kirschner vom 11. 7. 2015 und 28. 8. 2016.
68 Schriftliche Mitteilung von Robert Meschbach vom 12. 4. 2016.
69 Mündliche Mitteilungen von Eduard Kirschner vom 28. 8. 2017 und Bernd Hölzenbein vom 22. 7. 2016.
70 Abendzeitung, 2./3. 5. 1981.
71 tz, 18. 5. 1981; Abendzeitung, 18. 5. 1981.
72 Abendzeitung, 7. 5. 1981.
73 Kicker, 9. 7. 1981; vgl. auch Kicker, 2. 7. 1981.
74 Bild, 22. 7. 1981.
75 Kicker, 8. 5. 1980.
76 Schriftliche Mitteilung von Robert Meschbach vom 23. 6. 2016.
77 Schriftliche Mitteilung von Robert Meschbach vom 23. 6. 2016.
78 Schriftliche Mitteilung von Robert Meschbach vom 11. 1. 2017.
79 Mündliche Mitteilung von Bernd Hölzenbein vom 22. 7. 2016.
80 Kicker, 9. 10. 1980.
81 Mündliche Mitteilungen von Eduard Kirschner vom 28. 8. 2017 und Bernd Hölzenbein vom 22. 7. 2016.
82 Schriftliche Mitteilung von Robert Meschbach vom 11. 1. 2018.
83 Abendzeitung, 27./28. 6. 1981.
84 National Football Teams (http://www.national-football-teams.com/player/16685/Gerd_Mueller.html, aufgerufen am 18. 2. 2016).

85 Abendzeitung, 4. 10. 1981; tz 3./4. 10. 1981 und 5. 10. 1981.
86 Abendzeitung, 6. 10. 1981, und mündliche Mitteilung von Eckhard Krautzun vom 15. 11. 2016.
87 Bild, 23. 7. 1981 und 24. 7. 1981.
88 Sportmagazin Kicker, Legenden & Idole, Nr. II, S. 74.
89 Der Sportspiegel: Kleines, dickes Müller, 11. 4. 1979 (DVD des Zweiten Deutschen Fernsehens).
90 tz, 18. 8. 1981.
91 Bild, 12. 8. 1981.
92 Abendzeitung, 6. 10. 1981.
93 Abendzeitung, 8. 12. 1981.
94 Mündliche Mitteilungen von Eduard Kirschner vom 28. 8. 2017 und Bernd Hölzenbein vom 22. 7. 2016.
95 Kicker, 23. 6. 1980.
96 Mündliche Mitteilung von Bernd Hölzenbein vom 22. 7. 2016.
97 Mündliche Mitteilung von Bernd Nickel vom 8. 7. 2016.
98 Mündliche Mitteilung von Eduard Kirschner vom 28. 8. 2017.
99 Süddeutsche Zeitung, 11. 8. 1983; vgl. auch Süddeutsche Zeitung, 6. 10. 1981.
100 Bild, 14. 10. 1980.
101 Abendzeitung, 2. 6. 1981 und 7. 5. 1980.
102 Protokoll der 45. Sitzung des DFB-Präsidiums, 26./27. 1. 1979, in: DFB-Archiv.
103 Abendzeitung, 6. 10. 1981; Süddeutsche Zeitung, 6. 10. 1981.
104 Abendzeitung, 20. 10. 1981.
105 Abendzeitung, 27. 10. 1981.
106 Kicker, 22. 9. 1983; Süddeutsche Zeitung, 20. 9. 1983.
107 Abendzeitung, 17./18. 9. 1983.
108 Kicker, 22. 9. 1983; vgl. auch Muras/Strasser, Gerd Müller (Bildteil nach S. 128).
109 Unveröffentlichtes Interview, um 2005 (Privatbesitz Hans Meyer, Kopie beim Autor). Abendzeitung, 19. 9. 1993, 20. 9. 1993, 21. 9. 1993 und 22. 9. 1993. Uschi Müller kritisierte vor allem den angeblich untätigen Uli Hoeneß, der sich die Angriffe nicht gefallen ließ, so dass sich ein hässlicher Streit daraus entwickelte, der eines zeigte: Das Verhältnis zwischen dem FC Bayern und den Müllers war völlig zerrüttet. Uschi Müller verließ die Abschiedsparty mit 300 Gästen denn auch vorzeitig, ihr Mann zog kurz danach mit einigen Freunden los.
110 Süddeutsche Zeitung, 20. 9. 1983.
111 Kicker, 22. 9. 1983.
112 tz, 10. 3. 1981.
113 Die Welt, 28. 5. 2013.
114 Vgl. Muras/Strasser, Gerd Müller, S. 165.

## *14.*
## *Tiefer Fall*

1 Vgl. den Bericht von Ludger Schulze über einen Besuch bei Gerd Müller 1991, in: DFB-Journal 1/91.
2 Mündliche Mitteilung von Uschi Müller vom 21. 2. 2019.
3 Muras/Strasser, Gerd Müller, S. 170 und 171.
4 Abendzeitung, 23. 8. 1990.
5 Mündliche Mitteilungen von Bernd Nickel vom 8. 7. 2016 und Uschi Müller vom 21. 2. 2019.
6 Münchner Merkur, 12. 5. 1986 (in: Stadtarchiv München, Zeitungsausschnitte, Personen, ZA-P-348–15).
7 Mündliche Mitteilung von Bernd Nickel vom 8. 7. 2016.
8 Vgl. Uwe Seeler, Danke, Fußball! Mein Leben, Reinbek bei Hamburg 2004, S. 245–247.
9 Mündliche Mitteilung von Werner Treimetten vom 1. 3. 2017.
10 Vgl. auch Hans Tilkowski, Und ewig fällt das Wembley-Tor. Die Geschichte meines Lebens, Göttingen 2006, S. 204. Müller selbst sagte im Mai 1986, dass er pro Jahr 25 bis 30 Mal gespielt habe. Münchner Merkur, 12. 5. 1986 (in: Stadtarchiv München, Zeitungsausschnitte, Personen, ZA-P-348–15).
11 Augsburger Allgemeine, 13. 10. 2012 und 22. 1. 2016.
12 Abendzeitung, 20. 6. 1990, 21. 6. 1990, 4. 7. 1990, 5. 7. 1990, 9. 7. 1990 und 11. 7. 1990.
13 Abendzeitung, 18. 1. 1990.
14 Bild, 18. 9. 1991.
15 Mündliche Mitteilung von Erich März vom 13. 12. 2017.
16 Mündliche Mitteilung von Willi O. Hoffmann vom 29. 6. 2017.
17 Abendzeitung, 13. 11. 2009.
18 Bild, 18. 9. 1991.
19 Mündliche Mitteilung von Reinhold Köcher vom 4. 12. 2017.
20 Bild, 18. 9. 1991.
21 Abendzeitung, 2. 11. 1995; Münchner Merkur, 18. 9. 1991.
22 Mündliche Mitteilung von Laura Reinhardt-Rohm vom 8. 3. 2016.
23 Abendzeitung, 6. 5. 1992.
24 Abendzeitung, 19. 9. 1991.
25 Südwestpresse Ulm, 19. 9. 1991.
26 Mündliche Mitteilung von Hans Meyer vom 21. 5. 2016.
27 Mündliche Mitteilung von Hans Meyer vom 21. 5. 2016.
28 Vgl. Hüetlin, Gute Freunde, S. 250–254.
29 Mündliche Mitteilung von Uli Hoeneß vom 14. 11. 2017. Vgl. auch Peter Bizer, Uli Hoeneß. Mensch, Macher, Mythos. Nachspiel, Hamburg 2014, S. 147; Jürgen Leinemann, Das Leben ist der Ernstfall, Hamburg 2009, S. 13 f.

30 Abendzeitung, 14./15. 9. 1991.

31 Ein Beispiel dafür ist der «Münchner Merkur», der auch später nur am Rande und gleichsam die Nase rümpfend auf den Fall Müller einging. «Unwürdige Demontage» war der Artikel vom 18. 9. 1991 überschrieben.

32 Bild, 19. 9. 1991.

33 Abendzeitung, 17. 9. 1991.

34 tz, 20. 9. 1991.

35 Abendzeitung, 18. 9. 1991.

36 Bild, 18. 9. 1991.

37 Mündliche Mitteilung von Uli Hoeneß vom 14. 11. 2017.

38 Abendzeitung, 18. 9. 1991.

39 Abendzeitung, 20. 9. 1991.

40 Über die Einzelheiten der Entgiftung berichtete Müller später der «Bild»-Zeitung in einer Art Protokoll der Entziehung. Bild, 8. 11. 1991 und 9. 11. 1991.

41 Wirtschaftswoche, 5. 10. 1990.

42 Bild, 25. 10. 1991.

43 Bild, 19. 10. 1991.

44 Vgl. Muras/Strasser, Gerd Müller, S. 179.

45 So treiben's die Deutschen: Der Playboy-Report. Die umfangreichste Untersuchung zum Sexualverhalten, Frankfurt a. M. 1985.

46 Bild, 8. 11. 1991, 9. 11. 1991 und 11. 11. 1991.

47 Bild, 11. 11. 1991.

48 Abendzeitung, 25. 11. 1991.

49 Abendzeitung, 29. 11. 1991.

50 Abendzeitung, 7. 5. 1992 und 6. 5. 1992.
Trotz intensiver Suche war es mir nicht gelungen, Willi Aschenbrenner ausfindig zu machen. Eine Gelegenheit zu einem Gespräch ergab sich drei Monate nach dem Erscheinen des Buches, am 14. 1. 2020, nachdem Aschenbrenner eine Buchvorstellung in Augsburg vom 18. 12. 2019 besucht und sich dort vorgestellt hatte. Das Gespräch am 14. 1. 2020 fand in Anwesenheit von Peter Eiba statt. Willi Aschenbrenner bot dabei folgende Version der Ereignisse, die sich zum Teil von den Berichten in der zeitgenössischen Presse und von den Mitteilungen einiger Zeitzeugen unterscheidet:
Herr Aschenbrenner kennt Gerd Müller seit Anfang der 1960er Jahre, als beide gegeneinander Fußball spielten. Danach riss der Kontakt nie mehr ganz ab, auch wenn die Berührungspunkte weniger wurden. Intensiver wurden sie erst wieder nach Müllers Rückkehr aus den USA. Aschenbrenner, der als freier Mitarbeiter beim Bayerischen Rundfunk arbeitete und deshalb über viel Freizeit verfügte, war Müllers Partner beim Racketball und vor allem dessen Fahrer, ohne für diese Dienste entlohnt zu werden. Als sich

Müllers Gesundheitszustand verschlechterte und seine Ehe vor dem Aus stand, nahm sich Aschenbrenner Müllers noch stärker an. «Generalmanager» zusammen mit seinem Schulfreund Hans Meyer, wie es damals in der Presse stand, war er aber nicht. Er verdiente an Müller nie einen Pfennig. Im Gegenteil: Er nahm Müller gelegentlich bei sich auf, kümmerte sich in brenzligen Situationen (Selbstmordgefahr) um ihn und drängte ihn zu einer Entziehungskur – in Absprache mit Beckenbauer, der Müllers Zustand kannte und Aschenbrenner immer wieder bat, auf Müller aufzupassen. Uli Hoeneß spielte zu diesem Zeitpunkt im Fall Müller keine Rolle, er trat auf Bitte Beckenbauers erst später auf, machte dann aber den Versuch, alle Lorbeeren für die Rettung Müllers für sich zu ernten.
Als 1991 ein Klinikaufenthalt unumgänglich wurde, schloss Aschenbrenner mit Müller einen von der Rechtsanwaltskanzlei Libbertz stammenden Vertrag (datiert vom 20. 9. 1991), der es Aschenbrenner erlaubte, während Müllers Krise dessen Geschäfte zu führen. Der Vertrag enthielt auch eine Vollmacht für ein Bankkonto, das Müller eröffnet hatte, nachdem dessen Frau die anderen Konten gesperrt hatte. Er lief bis Mitte 1992, war von beiden Seiten jederzeit kündbar und sicherte Aschenbrenner 15 Prozent der Einkünfte, die Müller aus gemeinsamen Projekten erzielen sollte. Aschenbrenner hob von diesem Konto, auf das auch die Einnahmen aus zwei Interviews mit der «Bild»-Zeitung geflossen waren, in der Folgezeit einen gewissen Betrag ab, der ihn für die beträchtlichen Kosten entschädigen sollte, die in den Jahren zuvor durch die vielen Reisen entstanden waren. Er stützte sich bei der Berechnung auf Aufzeichnungen über die Fahrten und orientierte sich bei der Bemessung an einem vom ADAC empfohlenen Richtwert pro Kilometer. Gerd Müller wusste von dieser Transaktion und war ausdrücklich einverstanden damit.
Aschenbrenner stand Müller während der kritischen Zeit (Entziehungskur, Reha) ständig bei und fiel aus allen Wolken, als er aus der Presse erfuhr, er habe Gerd Müller finanziell geschädigt und sich dessen Mercedes unter den Nagel gerissen. Der oder die Artikel stammten von dem AZ-Reporter Bernd Hildebrandt, der Aschenbrenner aus Verärgerung darüber, dass Aschenbrenner ihm Informationen über Müllers Herkunft (Vaterschaft von Johann Reinhardt) vorenthalten hatte, an den Pranger stellte.
Mit einem anwaltlichen Schreiben des FC Bayern konfrontiert, das juristische Schritte für den Fall ankündigte, dass er das abgehobene Geld nicht zurückzahle, überwies Aschenbrenner dennoch einen bestimmten Betrag auf das Konto von Müller zurück. Das Auto Müllers konnte er, wie vom FC Bayern gefordert, nicht zurückgeben, weil er es nicht besessen hatte. Der FC Bayern bedankte sich mit keiner Silbe für die wertvollen Dienste, die Aschenbrenner der Ikone des Vereins erwiesen hat, stattdessen sah Aschenbrenner sich dem von wem auch immer lancierten Versuch einer Kriminali-

sierung ausgesetzt, der ihn seinen Arbeitsplatz kostete, seine Gesundheit schwer schädigte und seine Ehe ruinierte.

51 Abendzeitung, 15. 3. 1993.

52 Vgl. Strasser/Klein, Hoeneß, S. 102–104, und Bausenwein, Das Prinzip Uli Hoeneß, S. 374–378.

53 Bild, 29. 11. 1991.

54 Bild, 14. 11. 1991 und 14. 12. 1991.

55 Bild, 14. 11. 1991.

56 Abendzeitung, 24. 9. 1991.

57 Bild, 14. 11. 1991.

58 Abendzeitung, Weihnachten 1991.

## 15.
## *Traineridylle an der Säbener Straße*

1 Abendzeitung, 30. 12. 1991; Uli Hoeneß betonte dagegen, dass der Vertrag nicht befristet gewesen sei. Mündliche Mitteilung von Uli Hoeneß vom 14. 11. 2017.

2 Abendzeitung, 30. 12. 1991; mündliche Mitteilung von Wolfgang Gerstmeier vom 18. 6. 2018.

3 Mündliche Mitteilung von Holger Fach vom 21. 11. 2016; Abendzeitung, 16. 12. 1992.

4 Mündliche Mitteilung von Klaus Augenthaler vom 3. 9. 2018.

5 Schriftliche Mitteilung des Deutschen Fußball-Bundes an Gerd Müller, 11. 11. 1992, in: DFB-Archiv; Abendzeitung, 16. 12. 1992.

6 Abendzeitung, 13. 11. 1979.

7 Abendzeitung, 13. 11. 1992.

8 Mündliche Mitteilung von Josef Weber vom 6. 5. 2016.

9 Mündliche Mitteilungen von Rainer Ulrich vom 18. 7. 2016, Wolfgang Gerstmeier vom 18. 6. 2018 und Udo Bassemir vom 12. 3. 2018.

10 Mündliche Mitteilungen von Werner Kern vom 24. 5. 2016 und Willi O. Hoffmann vom 25. 9. 2015.

11 Mündliche Mitteilung von Wolfgang Gerstmeier vom 18. 6. 2018.

12 Mündliche Mitteilung von Bernd Nickel vom 8. 7. 2016.

13 Abendzeitung, 22. 5. 1995, 13. 6. 1995, 19. 6. 1995 und 28. 6. 1995. Mündliche Mitteilung von Uli Hoeneß vom 14. 11. 2017.

14 Bayern Magazin, 46. Jg., Nr. 5, 15. 10. 1994, und Nr. 10, 25. 2. 1995.

15 Abendzeitung, 2. 11. 1995; Bayern Magazin, 46. Jg., Nr. 16, 20. 5. 1995.

16 Mündliche Mitteilung von Udo Bassemir vom 12. 3. 2018 und Rainer Ulrich vom 18. 7. 2016.

17 Mündliche Mitteilung von Wolfgang Gerstmeier vom 18. 6. 2018 und Udo Bassemir vom 12. 3. 2018.

18 Mündliche Mitteilung von Hermann Gerland vom 8. 9. 2018.

19 Vgl. dazu das Vorwort von Thomas Müller in Muras/Strasser, Gerd Müller, S. 10–13.

20 Der Münchner Oberbürgermeister Christian Ude hatte die Erlaubnis dazu erteilt. OB Ude an Stadtrat Reinhard Wieczorek, 29. 6. 1995, in: Stadtarchiv München, Direktorium, Abgabe 3/39, Nr. 685.

21 Abendzeitung, 11. 9. 1995 und 12. 9. 1995.

22 Abendzeitung, 23. 10. 1995.

23 Abendzeitung, 2. 11. 1995.

24 FC Bayern München. Clubzeitung – Stadionzeitung – Bayern Echo, Jg. 28, Nr. 3, März 1976.

25 Abendzeitung, 3. 11. 1995; tz, 2. 11. 1995; Bild, 2. 11. 1995.

26 Mündliche Mitteilung von Wolfgang Gerstmeier vom 18. 6. 2018. Vgl. dazu auch https://www.fupa.net/berichte/tsv-noerdlingen-lust-und-frust-mit-der-heimatstadt-378081.html, aufgerufen am 18. 11. 2018.

27 Mündliche Mitteilung von Wolfgang Gerstmeier vom 18. 6. 2018.

28 So blieb er der Goldenen Konfirmation ebenso fern wie der Wahl zum Sportler Nördlingens des Jahrhunderts.

29 Augsburger Allgemeine Zeitung (Rieser Nachrichten), 21. 7. 2008.

30 Noch 2004 hatte er sich geweigert, bei der Eröffnung des Sportgeschäfts seines Vertrauten Wolfgang Gerstmeier in Deiningen die paar Kilometer nach Nördlingen zu fahren, obwohl der Oberbürgermeister eindringlich darum gebeten hatte. Mündliche Mitteilung von Wolfgang Gerstmeier vom 18. 6. 2018.

31 Einige Aspekte davon thematisiert Christoph Biermann, Wenn wir vom Fußball träumen. Eine Heimreise, Köln 2014, S. 200–204.

32 Abendzeitung, 2. 8. 1999.

33 Abendzeitung, 30. 8. 1999. Die wichtigsten Sportjournalisten setzten ihn bei einer Umfrage des «Kicker» nach dem besten Spieler des Jahrhunderts auf Platz 3 – hinter Beckenbauer und Fritz Walter. Abendzeitung, 13./14. 11. 1999.

34 Abendzeitung, 2. 2. 1999.

35 Bayern Magazin, 57. Jg., Nr. 6, 5. 11. 2005.

36 Bayern Magazin, 52. Jg., Nr. 2, 6. 9. 2000; Bayern Magazin, 57. Jg., Nr. 6, 5. 11. 2005. In der Erlebniswelt wurde im Mai 2015 eine Sonderausstellung mit dem Titel «Kaiser. Kalle. Bomber» eröffnet, die auch Gerd Müller gewidmet war. Müller konnte der Eröffnung wegen fortgeschrittener Erkrankung nicht mehr beiwohnen.

37 Diesen Gesichtspunkt hat Holger Gertz im Juni 2018 im Magazin der «Süddeutschen Zeitung» hervorgehoben. «Ganz vorn. Warum eine Figur wie

Gerd Müller dem Fußball heute so fehlt – eine Verneigung», in: Süddeutsche Zeitung Magazin, 15. 6. 2018.

38 Abendzeitung, 4. 11. 2005.

39 Abendzeitung, 3. 11. 2005.

40 Bayern Magazin, 57. Jg., Nr. 6, 5. 11. 2005.

41 Vgl. Muras/Strasser, Gerd Müller, S. 184.

42 Abendzeitung, 19. 11. 1999.

43 Mündliche Mitteilung von Martin Hägele vom 18. 7. 2016 und 9. 8. 2018.

44 Abendzeitung, 10. 1. 1997.

45 Mündliche Mitteilung von Rainer Ulrich vom 18. 7. 2016.

46 Mündliche Mitteilung von Martin Hägele vom 18. 7. 2016.

47 Mündliche Mitteilung von Patrick Strasser vom 15. 3. 2017, Josef Weber vom 6. 5. 2016, Martin Hägele vom 18. 7. 2016 und Hermann Gerland vom 9. 8. 2018.

### *16.*
### *Weltstar wider Willen?*

1 Schiller, WM 74, S. 50.

2 Abendzeitung, 16. 9. 1991.

3 Vgl. Schiller, WM 74, S. 167 f.

4 So Jürgen Leinemann zit. nach Bizer, Uli Hoeneß, S. 147.

5 Mündliche Mitteilung von Hermann Gerland vom 9. 8. 2018.

6 Gerd Müller wurde im Frühjahr 2019 nicht umsonst in die Hall of Fame des Deutschen Fußballmuseums in Dortmund aufgenommen.

## Bildnachweis

| | |
|---|---|
| FMS, München, Landwehrstraße 74 | S. 177 |
| imago | S. 36, 41, 49, 67, 71, 78, 79, 102, 144, 149, 180, 206, 219, 223, 228, 237, 243, 271, 275 |
| Museum des Deutschen Fußballbundes | S. 290 |
| picture-alliance | S. 97, 280 |
| Privatbesitz Martin Hägele | S. 278 |
| Privatbesitz Hermann Reuter | S. 25 |
| SZ-Photo | S. 45, 47, 57, 116 |

# Quellenverzeichnis

## *1. Archive*

*Amtsgericht München, Registergericht*
Bestand: VR 2463 – Fußball-Club Bayern München e. V.

*Archiv des Bundesbeauftragten für die Unterlagen des Staatssicherheitsdienstes der ehemaligen Deutschen Demokratischen Republik*
MfS BV Dresden, Abt. VIII, Nr. 12535, Teil 1 v. 5
MfS BV Dresden, KA Bischofswerda, Nr. 50301, Bd. 1
MfS BV Dresden, KD Dippoldiswalde, Nr. 17013, Bd. 1
MfS BV Magdeburg, Abt. XX, Nr. 4619, Bd. 1
MfS BV Magdeburg, AKG, Nr. 99
MfS BV Magdeburg, Bdl./Dok. 2325 und 2326
MfS BV Magdeburg, KD Halberstadt, Nr. 621, Bd. 1
MfS BV Magdeburg, KD Havelberg, Nr. 4064, Bd. 1
MfS SdM, Nr. 1280, Bd. 1
MfS SdM, Nr. 1291, Bd. 1
MfS ZAIG, Nr. 11616, Bd. 1
MfS ZOS, Nr. 3721, Bd. 1
MfS-Abt. 26, Nr. 1152
MfS-HA VIII, Nr. 11864, Bd. 1
MfS-HA XVIII, Nr. 7759, Bd. 1
MfS-HA XX, Nr. 2200
MfS-HA XX, Nr. 17537, Bd. 1
MfS-HA XX, Nr. 174727, Bd. 1

*Archiv des DFB*

*Archiv FC Bayern AG*
Clubzeitung des FC Bayern München e. V. 1964 bis 1979 und 1992 bis 2000
Nachlass Dettmar Cramer
Zeitungsausschnittsammlung

*Archiv für Christlich-Soziale Politik*
Nachlass Hans Klein
Nachlass Günther Müller
Nachlass Franz Josef Strauß
Nachlass Richard Stücklen

*Bayerisches Hauptstaatsarchiv München*
Nachlass Ludwig Huber
Nachlass Rainer Keßler
Nachlass Ernst Müller-Meiningen
Nachlass Max Streibl

*Staatsarchiv München*
Spruchkammerakten: Wilhelm Neudecker

*Stadtarchiv München*
Direktorium, Abgabe 3/16, Nr. 164 und 181; Abgabe 3/27, Nr. 156; Abgabe 3/33, Nr. 321; Abgabe 3/39, Nr. 685
Nachlass Max-Hermann Bloch
Zeitungsausschnitte, Personen

*Stadtarchiv Nördlingen*

*Stadtarchiv Würzburg*
Einwohnermeldebogen Josef Friedrich Schwan

*History Management Adidas*

## 2. Presse

Abendzeitung
Bild
Bravo
Kicker
Münchner Merkur
Quick
Sportmagazin
Stern
Süddeutsche Zeitung
tz

## *3. Interviews*

Augenthaler, Klaus (Fußballprofi und Trainer), 3. September 2018
Auktor, Greta (Nachbarin in Nördlingen), 17. September 2015
Bassemir, Udo (Trainer), 12. März 2018
Baumgärtner, Manfred (Schulkamerad), 8. Juli 2015
Dürnberger, Bernd (Fußballprofi), 15. Oktober 2015
Eiberle, Hans (Journalist), 30. September 2015 und 5. Oktober 2015
Engelhard, Anton (ehemaliger Marktgemeinderat von Schliersee), 30. August 2018
Ettmayer, Johann «Buffy» (Fußballprofi), 13. Juli 2016
Fach, Holger (Fußballprofi und Trainer), 21. November 2016
Fembeck, Walter (Geschäftsführer des FC Bayern), 15. September 2015 und 8. Juni 2017
Friedrich, Wolfgang (Nachbar in Nördlingen und Mitglied des TSV Nördlingen), 17. September 2015
Gerland, Hermann (Fußballprofi und Trainer), 9. August 2018
Gerstmeier, Wolfgang (Unternehmer und ehem. Spieler der Amateure des FC Bayern München), 18. Juni 2018
Grausam, Udo (Kulturhistoriker), 4. August 2016
Gröbl, Wolfgang (ehemaliger Landrat von Miesbach), 31. August 2018
Hägele, Martin (Journalist und leitender Angestellter des FC Bayern München), 18. Juli 2016, 9. August 2018 und 3. September 2018
Hajo, Rolf (Fotograf), 17. Februar 2016 und 27. September 2016
Hinko, Raimund (Journalist), 17. Februar 2016 und 8. Juni 2016
Hölzenbein, Bernd (Fußballprofi), 22. Juli 2016
Hoeneß, Uli (Fußballprofi, Manager und Präsident des FC Bayern), 14. November 2017
Hoffmann, Willi O. (Kassier und Präsident des FC Bayern), 25. September 2015, 13. November 2015 und 29. Juni 2017
Horsmann, Udo (Fußballprofi), 10. Dezember 2014 und 14. August 2017
Jeromin, Martin (Fußballspieler und Weggefährte aus Nördlingen), 24. Juli 2015, 17. September 2015 und 18. Juni 2018
Kapellmann, Jupp (Fußballprofi), 14. Januar 2017
Kaufmann, Rainald (Mitglied der Sinti- und Roma-Familie Reinhardt), 13. Juli 2016
Kern, Werner (Trainer), 17. Mai 2016 und 24. Mai 2016
Kirchmann, Sabine (ehemalige Skilehrerin im Sportshop Gerd Müller in Aschheim), 5. März 2018
Kirschner, Eduard (Fußballprofi), 11. Juli 2015 und 28. August 2017
Köcher, Reinhold (Zufallsbekanntschaft), 4. Dezember 2017
Köhler, Uli (Journalist), 23. November 2017

Krause, Norbert (Arbeitskollege aus Nördlingen), 17. September 2015
Krautzun, Eckhard (Trainer), 15. November 2016
Kupferschmidt, Peter (Fußballprofi), 28. Juli 2015
März, Erich (Manager), 13. Dezember 2017
Martin, Elke (Autorin), 2. August 2016
Meschbach, Robert (Fußballprofi), 29. Februar, 4. März, 12. April, 13. April, 19. April, 18. Mai, 23. Juni, 25. Juni 2016 sowie 11. Januar und 5. Februar 2017
Meyer, Hans (Unternehmer und Weggefährte aus Nördlingen), 21. Mai 2016
Müller, Richard «Ritchie» (Masseur und Heilpraktiker), 4. August 2016
Müller, Uschi (Ehefrau von Gerd Müller), 11. Juli 2018, 11. Oktober 2018, 19. November 2018 und 21. Februar 2019
Müller-Heydenreich, Eckhart (Stadtrat in München und Mitglied des Verwaltungsbeirats des FC Bayern München), 28. November 2018
Muras, Udo (Journalist), 8. Juli 2016
Neudecker, Markus (Enkel des früheren Präsidenten des FC Bayern München), 18. Juli 2018
Nickel, Bernd (Fußballprofi), 8. Juli 2016
Ohlhauser, Rainer (Fußballprofi), 4. Dezember 2015
Olk, Werner (Fußballprofi), 3. September 2015
Reinhardt-Rohm, Laura (Jugendliebe), 8. März 2016
Reuter, Frank (Historiker), 2. August 2016
Roth, Franz (Fußballprofi), 10. Mai 2016
Schlötterer, Wilhelm (Jurist, Beamter im Bayerischen Finanzministerium), 30. August 2016
Schönwälder, Peter (Arbeitskollege aus Nördlingen), 17. September 2015
Schulze, Ludger (Journalist), 18. Juni 2014 und 20. April 2016
Strasser, Patrick (Journalist), 15. März 2017
Treimetten, Werner (Manager von Uwe Seeler), 1. März 2017
Ulrich, Rainer (Trainer), 18. Juli 2016
Weber, Josef (Maler, Zufallsbekanntschaft), 6. Mai 2016
Weisenborn, Christian (Dokumentarfilmer und Torjäger), 29. Juli 2015 und 15. Dezember 2017
Weiß, Sepp (Fußballprofi), 13. Juni 2015 und 22. Februar 2019
Wurm, Helmut (Schulkamerad aus Nördlingen), 17. September 2015 und 8. März 2016
Ziegler, Elfriede (Wirtin des Vereinslokals in Nördlingen), 17. September 2015
Zobel, Rainer (Fußballprofi), 29. Oktober 2015

# Literaturverzeichnis


Albrecht, Dirk, Fußballsport. Ergebnisse sportwissenschaftlicher Forschung, Berlin/München/Frankfurt a. M. 1979

Anderson, Chris/Sally, David, Die Wahrheit liegt auf dem Platz. Warum (fast) alles, was wir über Fußball wissen, falsch ist, Reinbek bei Hamburg 2014

Angermair, Elisabeth/Eiberle, Hans/Heimers, Manfred P., München und der Fußball. Von den Anfängen 1896 bis zur Gegenwart, München 1997

Angster, Julia, Die Bundesrepublik Deutschland 1963–1982, Darmstadt 2012

Bachmair, Angela, «Wir sind stolz, Zigeuner zu sein». Vom Leben und Leiden einer Sinti-Familie, Augsburg 2014

Barthes, Roland, Was ist Sport?, Berlin 2005

Bausenwein, Christoph, Geheimnis Fußball. Auf den Spuren eines Phänomens, Göttingen 1995 und 2006

Bausenwein, Christoph, Das Prinzip Uli Hoeneß. Ein Leben für den FC Bayern, Göttingen 2009

Bausenwein, Christoph, Das große Bayern-Buch, Göttingen 2010

Beck, Oskar, «Wir haben den Sumpf trockengelegt». Hans Kindermann und der Bundesliga-Skandal, in: Deutscher Fußball-Bund, 100 Jahre DFB, S. 433–440

Beckenbauer, Franz, Einer wie ich, München/Gütersloh/Wien 1975

Beckenbauer, Franz, Ich. Wie es wirklich war, München 1992

Becker, Frank/Schäfer, Ralf (Hrsg.), Die Spiele gehen weiter. Profile und Perspektiven der Sportgeschichte, Frankfurt a. M. 2014

Benninger, Jim (Hrsg.), Fußball im Ries. Die Entwicklung von 1946 bis 1999 mit allen Vereinen und vielen Fotos, Grosselfingen 1999

Benninger, Jim, 100 Jahre Fußball in Nördlingen. Die Entwicklung seit 1908, Nördlingen 2008

Berendonk, Brigitte, Doping. Von der Forschung zum Betrug, Reinbek bei Hamburg 1992

Bertram, Jürgen, Die Helden von Bern. Eine deutsche Geschichte, Frankfurt a. M. 2004

Beyer, Bernd-M., Helmut Schön. Eine Biografie, Göttingen 2017

Biermann, Christoph, Wenn wir vom Fußball träumen. Eine Heimreise, Köln 2014

Biermann, Christoph, Matchplan. Die neue Fußball-Matrix, Köln 2018
Biermann, Christoph/Fuchs, Ulrich, Der Ball ist rund, damit das Spiel die Richtung ändern kann, Köln 2002
Biermann, Christoph/Köster, Philipp, Fast alles über 50 Jahre Bundesliga, Köln 2013
Bizer, Peter, Uli Hoeneß. Der programmierte Weltmeister, München 1975
Bizer, Peter, Uli Hoeneß. Mensch, Macher, Mythos. Nachspiel mit Beiträgen von Jörg Albrecht und Christian Kraus, Hamburg 2014
Blees, Thomas, 90 Minuten Klassenkampf. Das Fußball-Länderspiel BRD–DDR am 22. Juni 1974, Frankfurt a. M. 1999
Blickensdörfer, Hans, Der Kaiser. Die Franz Beckenbauer Story, Heilbronn 1991
Blödorn, Manfred, Fußballprofis. Die Helden der Nation, Hamburg 1974
Böttiger, Helmut, Kein Mann, kein Schuß, kein Tor. Das Drama des deutschen Fußballs, München 1993
Böttiger, Helmut, Günter Netzer – Manager und Rebell. Autorisierte Biographie, Frankfurt a. M. 1994
Böttiger, Helmut, Schlußball. Die Deutschen und ihr Lieblingssport, Frankfurt a. M. 2006
Bouvier, Beatrix (Hrsg.), Zur Sozial- und Kulturgeschichte des Fußballs, Trier 2006
Bracher, Karl Dietrich/Jäger, Wolfgang/Link, Werner, Republik im Wandel 1969–1976. Die Ära Brandt, Stuttgart/Mannheim 1986
Brändle, Fabian/Koller, Christian, Goal! Kultur- und Sozialgeschichte des modernen Fußballs, Zürich 2002
Braun, Jutta/Hagemann, Ulrich (Hrsg.), Deutschland – einig Fußballland? Deutsche Geschichte nach 1949 im Zeichen des Fußballs. Fachdidaktische Handreichungen zur politisch-historischen Urteilsbildung, Berlin 2008
Breitner, Paul, Ich will kein Vorbild sein. Unser Fußball – so wie ich ihn sehe, München 1980
Breitner, Paul/Schroeder, Bernd (Hrsg.), Kopf-Ball, Frankfurt a. M. u. a. 1984
Brüggemeier, Franz-Josef, Zurück auf dem Platz. Deutschland und die Fußball-Weltmeisterschaft 1954, München 2004
Brüggemeier, Franz-Josef (Hrsg.), Der Ball ist rund, Essen 2000
Bruns, Andrea/Buss, Wolfgang (Hrsg.), Sportgeschichte erforschen und vermitteln, Hamburg 2009
Burns, Jimmy, Hand of God. The Life of Diego Maradona, London 1997
Čajkovski, Tschik, Ich mache Mannschaften, München 1966
Dermutz, Klaus, Ernst Happel. Genie und Grantler, Göttingen 2012
Derwall, Jupp (unter Mitarbeit von Günther Wiese), Fußball ist kein einfaches Spiel. Autobiographie, Berlin 2002
Deutscher Fußball-Bund (Hrsg.), 100 Jahre DFB. Die Geschichte des Deutschen Fußball-Bundes, Berlin 1999

Eggers, Erik, Fußball in der Weimarer Republik, Kassel 2001
Eichler, Christian, Lexikon der Fußballmythen, Frankfurt a. M. 2000
Eichler, Christian, 90 oder Die ganze Geschichte des Fußballs in neunzig Spielen, München 2017
Eisenberg, Christiane (Hrsg.), Fußball, soccer, calcio. Ein englischer Sport auf seinem Weg um die Welt, München 1997
Eisenberg, Christiane u. a. (Hrsg.), 100 Jahre Weltfußball. Die FIFA 1904–2004, Göttingen 2004
Escher, Tobias, Vom Libero zur Doppelsechs. Eine Taktikgeschichte des deutschen Fußballs, Reinbek bei Hamburg 2016
Fischer, Gerhard/Lindner, Ulrich, Stürmer für Hitler. Vom Zusammenspiel zwischen Fußball und Nationalsozialismus, Göttingen 2002
Fischer, Gerhard/Roth, Jürgen, Leben voller Fallrückzieher. Fußballer erzählen – von Fritz Walter bis Lothar Matthäus, Leipzig 1998
Gebauer, Gunter, Poetik des Fußballs, Frankfurt a. M./New York 2006
Gebauer, Gunter, Das Leben in 90 Minuten. Eine Philosophie des Fußballs, München 2016
Gebauer, Günter, Die Bundesliga und das Fernsehen, in: Pyta, Geschichte des Fußballs in Deutschland und Europa, S. 17–26
Geppert, Dominik, Die Ära Adenauer, Darmstadt 2012 (3., bibliographisch aktualisierte Auflage)
Gessmann, Martin, Mit Nietzsche im Stadion. Der Fußball in der Gesellschaft, Paderborn 2014
Goldblatt, David, The Ball is round. A Global History of Football, London 2006
Grengel, Ralf/Jockenhöfer, Rafael, 100 Jahre FC Bayern München, Berlin 2000
Großhans, Götz-T., Fußball im deutschen Fernsehen, Frankfurt a. M. 1997
Grüne, Hardy, 90 Jahre deutscher Ligafußball, Kassel 1995
Grüne, Hardy, 100 Jahre Deutsche Meisterschaft. Die Geschichte des Fußballs in Deutschland, Göttingen 2003
Grüne, Hardy/Melchior, Claus, Legenden in Weiß und Blau. 100 Jahre Fußballgeschichte eines Münchner Traditionsvereins, Göttingen 1999
Grüne, Hardy/Schulze-Marmeling, Dietrich, Das goldene Buch des deutschen Fußballs, Göttingen 2016 (aktualisierte und erweiterte Neuauflage)
Hacke, Axel, Fußballgefühle, München 2014
Hackforth, Josef, Sport im Fernsehen. Ein Beitrag zur Sportpublizistik unter besonderer Berücksichtigung des Deutschen Fernsehens (ARD) und des Zweiten Deutschen Fernsehens (ZDF) in der Zeit von 1952–1972, Münster 1975
Hafer, Andreas/Hafer, Wolfgang, Hugo Meisl oder: Die Erfindung des modernen Fußballs. Eine Biographie, Göttingen 2007
Hansch, Werner (mit Uli Hesse), «… Alles andere ist Schulli-Bulli!» Mein verrücktes Reporterleben, Göttingen 2014

Hansen, Klaus (Hrsg.), Verkaufte Faszination. 30 Jahre Fußball-Bundesliga, Essen 1993

Harig, Ludwig/Kühn, Dieter (Hrsg.), Netzer kam aus der Tiefe des Raumes. Notwendige Beiträge zur Fußball-Weltmeisterschaft, München 1974

Havekost, Folke/Stahl, Volker, Gerd Müller. Schrecken im Strafraum, Kassel 2007

Havemann, Nils, Fußball unterm Hakenkreuz. Der DFB zwischen Sport, Politik und Kommerz, Frankfurt a. M. 2005

Havemann, Nils, Samstags um halb 4. Die Geschichte der Fußballbundesliga, München 2013

Havemann, Nils, Die Gründung der Fußball-Bundesliga im Spannungsfeld von Kommerz und Kultur, in: Pyta, Geschichte des Fußballs in Deutschland und Europa, S. 85–94

Heinrich, Arthur, Der Deutsche Fußballbund. Eine politische Geschichte, Köln 2000

Heinze, Timo, Nachspielzeit. Eine unvollendete Fußballkarriere, Reinbek bei Hamburg 2012

Herbert, Ulrich, Geschichte Deutschlands im 20. Jahrhundert, München 2014

Herzog, Markwart (Hrsg.), Fußball zur Zeit des Nationalsozialismus. Alltag – Medien – Künste – Stars, Stuttgart 2008

Herzog, Markwart/Brändle, Fabian (Hrsg.), Europäischer Fußball im Zweiten Weltkrieg, Stuttgart 2015

Hesse-Lichtenberger, Ulrich, Flutlicht und Schatten. Die Geschichte des Europapokals, Göttingen 2005

Hildebrand, Klaus, Von Erhard zur Großen Koalition 1963–1969, Stuttgart/Wiesbaden 1984

Hinko, Raimund, Karl-Heinz Rummenigge. Seine Traumkarriere beim FC Bayern und in der Nationalmannschaft, München 1992

Homann, Ulrich/Nöllenheidt, Achim (Hrsg.), Don Hennes und die Liebe zur Liga. Geschichten aus der Bundesliga 1973–1982, Essen 1992

Homann, Ulrich/Thoman, Ernst (Hrsg.), Als die Ente Amok lief. Geschichten aus den ersten zehn Jahren Fußball-Bundesliga 1963–1974, Essen 1989

Hopf, Wilhelm (Hrsg.), Fußball. Soziologie und Sozialgeschichte einer populären Sportart, Münster 1998

Horeni, Michael, Klinsmann. Stürmer – Trainer – Weltmeister, Frankfurt a. M. 2005

Horeni, Michael, Gebrauchsanweisung für die Fußball-Nationalmannschaft, München 2018

Huba, Karl-Heinz (Hrsg.), Sternstunden des Fußballs. Highlights, Sensationen, Kuriositäten, München 2003

Hüetlin, Thomas, Gute Freunde. Die wahre Geschichte des FC Bayern München, München 2007

Jäger, Wolfgang/Link, Werner, Republik im Wandel 1974–1982. Die Ära Schmidt, Stuttgart/Mannheim 1987

Jonas, Hannah, Konjunkturen des Fußballkonsums – Professioneller Vereinsfußball in der Bundesrepublik seit 1963, in: Pyta, Geschichte des Fußballs in Deutschland und Europa, S. 95–108

Jonas, Hannah, Vom Verlierer der Wohlstandsgesellschaft zum Vorreiter der Globalisierung. Fußball in England und Deutschland seit 1961, Diss. Tübingen 2017

Kasza, Peter, Fußball spielt Geschichte. Das Wunder von Bern 1954, Berlin 2004

Kaube, Jürgen, Lob des Fußballs, München 2018

Kauffmann, Bernd (Hrsg.), Der Pass in den freien Raum. Fußball und Politik, Berlin 2009

Kistner, Thomas, Schuss. Die geheime Dopinggeschichte des Fußballs, München 2015

Kistner, Thomas/Schulze, Ludger, Die Spielmacher. Strippenzieher und Profiteure im deutschen Fußball, Stuttgart/München 2001

Kistner, Thomas/Weinreich, Jens, Das Milliardenspiel. Fußball, Geld und Medien, Frankfurt a. M. 1998

Kleßmann, Christoph, Die doppelte Staatsgründung. Deutsche Geschichte 1945–1955, Göttingen 1991

Kleßmann, Christoph, Zwei Staaten, eine Nation. Deutsche Geschichte 1955–1970, Bonn 1997

Körner, Torsten, Franz Beckenbauer. Der freie Mann, Frankfurt a. M. 2005

Krüger, Arnd, Sport und Politik. Von Turnvater Jahn zum Staatsamateur, Hannover 1975

Krüger, Michael (Hrsg.), Erinnerungskultur im Sport. Vom kritischen Umgang mit Carl Diem, Sepp Herberger und anderen Größen des deutschen Sports, Berlin 2012

Lahm, Philipp, Der feine Unterschied, München 2012

Leinemann, Jürgen, Sepp Herberger. Ein Leben, eine Legende, Reinbek bei Hamburg 1998

Leinemann, Jürgen, Das Leben ist der Ernstfall, Hamburg 2009

Lexikon berühmter Fußballspieler, München o. J.

Lindner, Rolf/Breuer, Heinrich Th., «Sind doch nicht alles Beckenbauers». Zur Sozialgeschichte des Fußballs im Ruhrgebiet, Frankfurt a. M. 1978

Löffelmeier, Anton, Die «Löwen» unterm Hakenkreuz. Der TSV 1860 München im Nationalsozialismus, Göttingen 2009

Hesse-Lichtenberger, Ulrich, Tor! The Story of German Football, London 2003

Maier, Sepp, Ich bin doch kein Tor, Hamburg 1980

Maier, Sepp, ... und wer küsst mich? Fußballer-Anekdoten, Bergisch-Gladbach 1985

Maier, Sepp, Wer mit dem Ball tanzt ..., Hamburg/Wien 2000

Matz, Dieter/Meyer-Odewald, Jens, Fußball in Deutschland: Geschäft oder Lei-

denschaft? Eine Standortbestimmung vor der Fußball-Weltmeisterschaft 2006 in Deutschland, Hamburg 2003
Mau, Andreas, Fußballpublikum und Vereinsmitglieder – Überlegungen zum Spitzenfußball als Zuschauersport in der Bundesrepublik 1960–1980, in: Pyta, Geschichte des Fußballs in Deutschland und Europa, S. 125–138
Merkel, Max, Geheuert, gefeiert, gefeuert. Die bemerke(l)nswerten Erlebnisse eines Fußballtrainers, München 1980
Möller, Horst, Franz Josef Strauß. Herrscher und Rebell, München/Berlin/Zürich 2015
Moreno, Juan, Uli Hoeneß. Alles auf Rot, München 2014
Moritz, Rainer (Hrsg.), Doppelpaß und Abseitsfalle. Ein Fußball-Lesebuch, Stuttgart 1995
Morsey, Rudolf, Die Bundesrepublik Deutschland. Entstehung und Entwicklung bis 1969, München 2007 (5., durchgesehene Auflage)
Müller, Gerd, Goldene Beine, Rosenheim 1969
Müller, Gerd, Tore entscheiden, München 1992 (aktualisierte Auflage der Ausgabe von 1967)
Muras, Udo/Strasser, Patrick, Gerd Müller. Der Bomber der Nation, München 2015
Netzer, Günter, Rebell am Ball, Frankfurt a. M. 1971
Neudecker, Wilhelm, Ein Skorpion geht durchs Leben, [München] 1989 (unveröffentlichte Memoiren)
Ohler, Norman, Der totale Rausch. Drogen im Dritten Reich, Köln 2015
Oswald, Rudolf, Fußball-Volksgemeinschaft. Ideologie, Politik und Fanatismus im deutschen Fußball 1919–1964, Frankfurt a. M./New York 2008
Peace, David, Damned United, München 2011
Pöppl, Michael, Fußball ist unser Leben. Eine deutsche Leidenschaft, Berlin 2002
Pyta, Wolfram (Hrsg.), Der lange Weg zur Bundesliga. Zum Siegeszug des Fußballs in Deutschland, Münster 2004
Pyta, Wolfram, Bundesligaskandal, in: Skandale in Deutschland nach 1945, hrsg. von Stiftung Haus der Geschichte der Bundesrepublik Deutschland, Bielefeld/Leipzig 2007, S. 94–103
Pyta, Wolfram (Hrsg.), Geschichte des Fußballs in Deutschland und Europa seit 1954, Stuttgart 2013
Pyta, Wolfram, Die Bundesliga hat viele Kinder, in: Ders., Geschichte des Fußballs in Deutschland und Europa, S. 7–15
Raithel, Thomas, Fußballweltmeisterschaft 1954. Sport – Geschichte – Mythos, München 2004
Rödder, Andreas, Die Bundesrepublik Deutschland 1969–1990, München 2004
Rytlewski, Ralf/Opp de Hipt, Manfred, Die Bundesrepublik Deutschland in Zahlen 1945/49–1980. Ein sozialgeschichtliches Arbeitsbuch, München 1987

Schaffrath, Michael (Hrsg.), Die Zukunft der Bundesliga. Management und Marketing im Profifußball, Göttingen 1999
Schauppmeier, Kurt, FC Bayern München, Regensburg 1969
Schildt, Axel/Siegfried, Detlef, Deutsche Kulturgeschichte. Die Bundesrepublik – 1945 bis zur Gegenwart, Bonn 2009
Schiller, Kay, Bundesliga-Krise und Fußball-Weltmeisterschaft 1974, in: Pyta, Geschichte des Fußballs in Deutschland und Europa, S. 139–155
Schiller, Kay, WM 74. Als der Fußball modern wurde, Berlin 2014
Schiller, Kay/Young, Christopher, München 1972. Olympische Spiele im Zeichen des modernen Deutschland, Göttingen 2012
Schlemmer, Thomas, Zwischen Tradition und Traditionsbildung. Die CSU auf dem Weg zur Hegemonialpartei 1945 bis 1976, in: Mitteilungshefte des Instituts für Soziale Bewegungen 24 (2000), S. 159–180
Schlemmer, Thomas, Erfolgsmodelle? Politik und Selbstdarstellung in Bayern und Baden-Württemberg zwischen «Wirtschaftswunder» und Strukturbruch «nach dem Boom», in: Grüner, Stefan/Mecking, Sabine (Hrsg.), Wirtschaftsräume und Lebenschancen. Wahrnehmung und Steuerung von sozialökonomischem Wandel in Deutschland 1945–2000, Berlin/Boston 2017, S. 171–190
Schlemmer, Thomas, Die CSU 1945 bis 2018. Eine kurze Bilanz, in: Aus Politik und Zeitgeschichte 51/52 (2018), S. 29–34.
Schlicht, Wolfgang/Lang, Werner (Hrsg.), Über Fußball. Ein Lesebuch zur wichtigsten Nebensache der Welt, Schorndorf 2000
Schlötterer, Wilhelm, Macht und Missbrauch. Franz Josef Strauß und seine Nachfolger. Aufzeichnungen eines Ministerialbeamten, Köln 2009
Schlötterer, Wilhelm, Wahn und Willkür. Strauß und seine Erben oder wie man ein Land in die Tasche steckt, München 2013
Schmeh, Klaus, Titel, Tore, Transaktionen. Ein Blick hinter die Kulissen des Fußball-Business, Heidelberg 2005
Schön, Helmut, Fußball, Frankfurt a. M. o. J.
Schönau, Birgit, La Fidanzata. Juventus, Turin und Italien, Berlin 2018
Schröder, Ulfert, Franz Beckenbauer, München [1974]
Schulze, Ludger, Trainer. Die großen Fußballstrategen, München 1989
Schulze, Ludger, Die Geschichte des Europapokals, München 1990
Schulze, Ludger, Vom Pickelhauben-Fußball zur Kunstform. Die Geschichte der Nationalmannschaft, in: Deutscher Fußball-Bund, 100 Jahre DFB, S. 141–176
Schulze-Marmeling, Dietrich, Der gezähmte Fußball. Zur Geschichte eines subversiven Sports, Göttingen 1992
Schulze-Marmeling, Dietrich (Hrsg.), Die Geschichte der Fußball-Nationalmannschaft, Göttingen 2008
Schulze-Marmeling, Dietrich, Der FC Bayern und seine Juden. Aufstieg und Zerschlagung einer liberalen Fußballkultur, Göttingen 2011

Schulze-Marmeling, Dietrich, Der König und sein Spiel. Johan Cruyff und der Weltfußball, Göttingen 2012

Schulze-Marmeling, Dietrich, Die Bayern. Die Geschichte des Rekordmeisters, Göttingen 2012

Schulze-Marmeling, Dietrich, George Best. Der ungezähmte Fußballer, Göttingen 2015

Schulze-Marmeling, Dietrich, Die Bayern-Chronik, Bd. 1: 1900 bis 1979. Mit Beiträgen von Elisabeth Angermair, Bernd-M. Beyer, Hardy Grüne, Florian Kohnke, Dirk Kämper, Anton Löffelmeier, Andreas Wittner, Göttingen 2017

Schulze-Marmeling, Dietrich, Die Bayern-Chronik, Bd. 2: 1979 bis heute. Mit Beiträgen von Christoph Bausenwein, Bernd-M. Beyer, Armin Radtke, Kieran Schulze-Marmeling, Göttingen 2017

Schulze-Marmeling, Dietrich, Lew Jaschin. Der Löwe von Moskau, Göttingen 2017

Schulze-Marmeling, Dietrich/Grüne, Hardy/Skrentny, Werner/Dahlkamp, Hubert, Fußball für Millionen. Die Geschichte der deutschen Nationalmannschaft, Göttingen 1999

Schümann, Helmut, Das Runde muß ins Eckige. Ein Geschichte der Bundesliga, Berlin 2001

Schumacher, Toni, Anpfiff. Enthüllungen über den deutschen Fußball, München 1987

Schümer, Dirk, Gott ist rund. Die Kultur des Fußballs, Berlin 1996

Schümer, Dirk, Schland. Wie der Fußball Deutschland neu erfunden hat, München 2010

Schwaegerl, Tony, Der «Bomber» aus München. Gerd Müller. Deutschlands Torjäger Nr. 1, München 1969

Schwarz, Hans-Peter, Die Ära Adenauer. Gründerjahre der Republik 1949–1957, Stuttgart/Wiesbaden 1981

Schwarz, Hans-Peter, Die Ära Adenauer. Epochenwechsel 1957–1963, Stuttgart/Wiesbaden 1983

Seeler, Uwe, Danke, Fußball! Mein Leben, Reinbek bei Hamburg 2004

Seitz, Norbert, Bananenrepublik und Gurkentruppe. Die nahtlose Übereinstimmung von Fußball und Politik 1954–1987, Frankfurt a. M. 1987

Siebenmorgen, Peter, Franz Josef Strauß. Ein Leben im Übermaß, München 2015

Smit, Barbara, Drei Streifen gegen Puma. Zwei verfeindete Brüder im Kampf um die Weltmarktführerschaft, Frankfurt a. M. 2005

Sportmagazin Kicker, Legenden & Idole: Gerd Müller. Der größte Torjäger aller Zeiten, Nr. II

Stanjek, Eberhard, Die Meisterelf: Bayern München, Frankfurt a. M. 1973

Stein, Uli, Halbzeit. Eine Bilanz ohne Deckung. Mit einem Vorwort von Klaus von Dohnanyi, Frankfurt a. M. o. J.

Strasser, Patrick/Klein, Günther, Hoeneß. Die Biografie, München 2014

Tegelbeckers, W. Ludwig/Milles, Dietrich (Hrsg.), Quo vadis, Fußball? Vom Spielprozess zum Marktprodukt, Göttingen 2000
Theweleit, Klaus, Tor zur Welt. Fußball als Realitätsmodell, Köln 2006
Thielke, Thilo, «An Gott kommt keiner vorbei ...». Das Leben des Reinhard «Stan» Libuda, Göttingen 2002 (überarbeitete Neuauflage)
Tilkowski, Hans, Und ewig fällt das Wembley-Tor. Die Geschichte meines Lebens, Göttingen 2006
Tomlinson, Alan/Young, Christopher (Hrsg.), German football. History, culture, society, London/New York 2006
TSV 1861 Nördlingen (Hrsg.), 150 Jahre TSV 1861 Nördlingen, Nördlingen 2010
Väth, Heinrich, Profifußball. Zur Soziologie der Bundesliga, Frankfurt a. M. 1994
Vaubel, Jan-Eberhard, Gerd Müller (Zauberer am Ball, Nr. 6), Wuppertal 1972
Verlagsgruppe Weltbild GmbH (Hrsg.), Gerd Müller: Bomber der Nation, WM Spezial, Augsburg 2005
Wegele, Manfred/Faul, Lothar, Ortsfamilienbuch der St. Aegidius-Kirchengemeinde Balgheim 1651–1930 (Ehen bis 1947) (Sterbefälle bis 1950), Tapfheim-Donaumünster 2017
Wehler, Hans-Ulrich, Deutsche Gesellschaftsgeschichte, Bd. 5: Bundesrepublik und DDR, 1949–1990, München 2008
Weigand, Hans-Georg (Hrsg.), Fußball – eine Wissenschaft für sich, Würzburg 2006
Weisweiler, Hennes, X. Fußballweltmeisterschaft Deutschland 1974, Gütersloh 1974
Wiedemann, Silke, Franz Beckenbauer. Der Erfolg spielt mit. Die Biographie einer Sportlegende, Braunschweig 2002
Wirsching, Andreas, Abschied vom Provisorium 1982–1990, München 2006
Wolf, Ror, Das nächste Spiel ist immer das schwerste, Frankfurt a. M. 2010
Wolfrum, Edgar, Die geglückte Demokratie. Geschichte der Bundesrepublik Deutschland von ihren Anfängen bis zur Gegenwart, Stuttgart 2006
Young, Christopher, England – Deutschland. Überlegungen zu einer vergleichenden Fußballgeschichte, in: Pyta, Geschichte des Fußballs in Deutschland und Europa, S. 157–170
Zdral, Wolfgang, Die Lederhosen AG. Was Sie schon immer über den FC Bayern wissen wollten, München 2004
Zentrum für Europa- und Nordamerika-Studien (Hrsg.), Fußballwelten. Zum Verhältnis von Sport, Politik, Ökonomie und Gesellschaft, Opladen 2002
Zeyringer, Klaus, Fußball. Eine Kulturgeschichte, Frankfurt a. M. 2016

# Namensregister

(Uschi und Gerd Müller wurden nicht erfasst.)

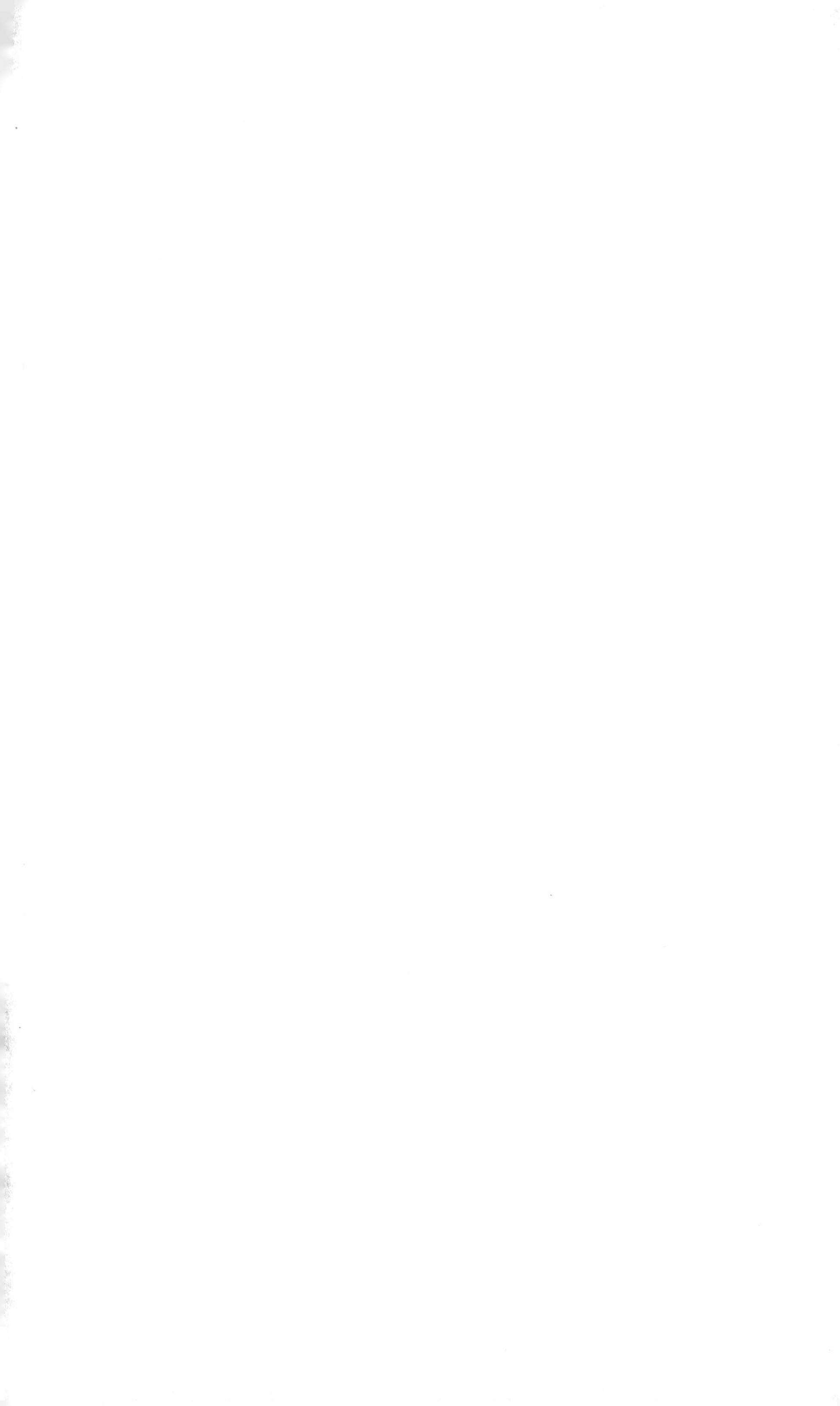